Adolf Bernhard Marx

**Allgemeine Musiklehre**

Adolf Bernhard Marx

**Allgemeine Musiklehre**

ISBN/EAN: 9783743398887

Hergestellt in Europa, USA, Kanada, Australien, Japan

Cover: Foto ©Thomas Meinert / pixelio.de

Manufactured and distributed by brebook publishing software (www.brebook.com)

Adolf Bernhard Marx

**Allgemeine Musiklehre**

# Allgemeine Musiklehre.

Ein Hülfsbuch

für

# Lehrer und Lernende in jedem Zweige musikalischer Unterweisung,

von

## Adolf Bernhard Marx.

*Zehnte Auflage.*

**Leipzig, 1884.**

Druck und Verlag von Breitkopf und Härtel.

Entd Stat. Hall. London.

# Vorwort zur siebenten Auflage.

Eltern und Erziehern, — die gewissenhaft dahin zu sehn haben, dass die Musikbildung Sinn und Herz der ihnen anvertrauten Jugend erfrische, Seel' und Geist erhebe, dass die Kunst in ihrer reinigenden, Ahnungen des Ewigen weckenden Macht nicht verkümmert werde, noch verkehrt in eine Pflanzstätte geist- und gemütherschlaffender Zerstreutheit und Eitelkeit, und alles Edlere auflösender Sinnlichkeit und Gedankenlosigkeit, — ihnen hatt' ich die sechs ersten Ausgaben dieses Buchs gewidmet.

Jetzt, mit der siebenten Ausgabe, wend' ich mich an meine lieben Genossen im Lehrberufe, deren Theilnahme vornehmlich dies Buch zur siebenten Ausgabe gefördert hat.

Ein Wort möcht' ich ihnen in die Seele legen, ein Wort des Lebens! ein Wort des Lebens und der Befeuerung sollt' es sein für alle hochgesinnt dem Ewigen in der Kunst Zugewendeten, — ein Stachel in der Brust, wo Zagen und Schwanken in der Treue sich hat einschleichen und den tapfern Dienst im Berufe hat lähmen wollen, — ein Trost für so viel Gedrückte, die gern rüstig vorschritten und fortwirkten, und denen die Last des Tags oft schwer wird.

«Haltet Euch gering!» — wollen wir Einer dem Andern zurufen, — «haltet Euren Beruf hoch! haltet Euch hoch in Eurem Berufe!»

Was sind wir, was ist jeder von uns mit seinem beschränkten Vermögen und Wirken, wenn wir das Wenige
messen an der Grösse und Hoheit unsrer Aufgabe! Es giebt
nur Ein Verdienst und Eine Rechtfertigung gegenüber aller
Unzulänglichkeit und allem Fehlen: das ist die Treue. Sie
beginnt mit der unablässigen Arbeit an unsrer eignen Aus-
rüstung und Vervollkommnung. Was wir nicht in uns selber
erworben haben, können wir nicht spenden, — und abermals: wie wir sind, so wirken wir, der Handwerker hand-
werkerlich, der Künstler künstlerisch, der Eitle Eitelkeit
nährend, der Reine reinigend. Das ist Naturgesetz; Jeder
kann es beobachten.

Die Kunst, die wir lehren, birgt Gift in sich! — was
auch würde nicht, in falscher Verwendung und im Ueber-
maasse gebraucht, zu Gift? . . . aber die nervenreizende,
nerven- und geistverzehrende Musik vor vielem Andern,
Sinnlichkeit und Erschlaffung des Geistes, Leichtfertigkeit,
Falschheit, Karakterlosigkeit bis zur Unsittlichkeit: das Alles
schleicht sich hinter der Kunst her in das jugendlich unbe-
wachte Gemüth ein, wenn wir es nicht bewahren und zum
Reinen und Edlen hinaufleiten.

Und die Meisten, die sich und die Ihrigen uns anvertraun, sie wissen das nicht, oder beherzigen es nicht. Ihnen
sind wir (wenn sie es auch aus Artigkeit nicht sagen) Diener
der Unterhaltung, des Luxus, eines Bedürfnisses, das sie
sich ohne nähere Rechenschaft davon einreden.

Wir sind Besseres. Wir sind Besseres, sobald wir wollen! sobald wir wahrer Kunst getreu bleiben und sie der
offnen Brust der uns Vertrauenden einpflanzen, die uns Anvertrauten mitten aus Missnahme und Versunkenheit empor-
heben zu der Wohlthat, die so oft nicht geheischt und nicht
erlangt wird, blos weil man nicht von ihr weiss. Ja, inmitten
einer Zeit des Rücksinkens und vielfältigen Irrens sind wir
Lehrer vor allen Andern berufen, Hort und Anhalt zu sein,

dass die schon erworbnen Schätze der Kunst nicht verschüttet, sondern dem Leben erhalten werden, und dass strebende Jugend nicht durch den ächt künsterischen Trieb selber nach frischem Gestalten allzutief in das Labyrinth zielloser oder unwürdiger Versuche hineingelockt werde. Uns ist Besonnenheit erlangbarer und darum höhere Pflicht.

Unsre Aufgabe, — nach welcher Seite wir sie betrachten: in Bezug auf die Kunst, in Bezug auf Bildung und Sittlichkeit, nach ihrem Einfluss' auf den geistigen Zustand und Karakter des Volks, — sie ist gross und bedeutend, wenn wir sie recht begreifen und erfassen, sie ist gering und nichtig, wenn wir uns nicht zu ihrer wahren Bedeutung erheben. An ihr ermessen, ist die Kraft jedes Einzelnen unzulänglich, unzulänglich selbst für den Theil, der ihm zur Lösung zugefallen.

Wie ist da zu helfen? —

Wir müssen aus unserer Vereinzelung heraus!

Wohl weiss ich, was Alles dem entgegensteht. Das gebieterische Interesse des Lebensunterhalts, die Furcht vor Nebenbuhlern, die knappe Zeit, Eingewöhnung in diese, jene Lehr- und Lebensgewöhnung, der wir vielleicht schon guten Erfolg zu danken haben, — vieles Andre; am stärksten wohl jene dem Wesen unsrer Kunst selbst entsprungne Neigung, sich der eignen Gefühlsweise ohne Klarheit des Bewusstseins, der dämmerumhüllten Subjektivität hinzugeben, die sich nur zu oft dahin zuspitzt, entgegenstehende Subjektivität ohne nähere Prüfung als feindlich zu empfinden und zu befeinden. Gleichwohl müssen wir uns überwinden; der eigne Vortheil räth uns Vereinigung, sobald wir die Unzulänglichkeit des Einzelnen erkannt.

Gebe Jeder dem Andern, was er hat! der geistige Reichthum ist der einzige, der um so mehr wächst, je mehr wir von ihm ausspenden.

Und sei Jeder willig, vom Andern zu nehmen, was er in ehrlicher, unbefangner Prüfung als annehmbar erkennt.

Und annehmen müssen wir Musiklehrer gar viel, wenn wir
unsrer Aufgabe nach dem Bildungsstand' unsrer Kunst und
der Zeit überhaupt genügen wollen. Wir müssen nicht blos
Musiker sein, sondern auch Lehrer; und dazu genügt keineswegs reinmusikalisches Wissen und Können. Wir Musiker
müssen, um Lehrer zu sein, bei der Pädagogik in die Lehre
gehn; um unsrer Kunst und Zeit zu genügen, müssen wir
humanistische Bildung mit der künstlerischen vereinen. Ohnehin ist diese nicht mehr ohne jene denkbar, der nicht huma-
nistisch Gebildete kann nur noch Musikant sein.

Was ich in dieser hochwichtigen Angelegenheit zu sagen
und zu rathen gewusst, ist in meiner Schrift: «Die Musik
des neunzehnten Jahrhunderts und ihre Pflege»
niedergelegt, nachdem es schon in der vorliegenden Musiklehre (die zugleich Hülfsbuch und encyklopädische Zusammenfassung und Vorbereitung der verschiedenen Fächer musikalischer Lehre sein will) in allgemeinern Zügen begründet
worden. Möge dies Vorwort mit jenem Buche zusammen-
klingen, wie der Grundton zum vollkommnen Dreiklange!
Beides ist derselben tief und treu empfundenen Regung ent-
stiegen.

Berlin, am 18 Juni 1863.

**Adolf Bernhard Marx.**

# Allgemeine Inhaltsanzeige.

# EINLEITUNG.

---

## Uebersicht des Musikgebiets. Aufgabe der Musiklehre.

Die allgemeine Musiklehre ist bestimmt, Jedem, der sich in irgend einer Weise — als Sänger oder Spieler eines Instruments, als Komponist oder Lehrer — gründlich mit Musik* beschäftigen will, die erfoderlichen allgemeinen Kenntnisse und Anweisungen mitzutheilen, und ihn von Grund aus soweit zu unterrichten, dass er zu dem besondern Fache, dem er sich widmet, vollkommen vorbereitet und ausgerüstet sei. Sie bietet die für jeden Musik-Uebenden nöthige Elementarschule dar, mit deren Hülfe Jeder Gesang, oder Instrumentenspiel, oder Komposition üben und studiren, die für diese Zwecke Niemand entbehren kann. Vermöge ihrer Bestimmung für die allgemein nothwendige Unterweisung giebt sie auch Gelegenheit zur Mittheilung einiger besonderer Kenntnisse (z. B. Partiturlesen und -spielen), die zwar nicht jedem Musiker unentbehrlich, Vielen aber erwünscht sind, und nirgend eine bessere Stelle finden, als hier**.

Die allgemeine Musiklehre will allen Musikübenden zur Förderung dienen, muss für Jedermann die Elementarkenntnisse vollständig, vom Anfang aus, mittheilen, darf nichts voraussetzen, als was Jedem schon aus der täglichen Umgebung bekannt ist, oder

---

\* Musik hat ihren Namen aus uralter Zeit von den Griechen erhalten, die darunter alle musischen Künste (denen die Musen vorstehn), mithin den Inbegriff höherer geistiger Ausbildung (im Gegensatz zu den gymnastischen Künsten oder den einem Freien anständigen Leibesübungen) verstanden. Uns Neuern gilt bekanntlich dieser früher so umfassende Name ausschliesslich für die Tonkunst, die durch Töne und Tonverbindung — dabei aber auch durch das Element des Klangs und durch den Rhythmus wirkende Kunst.

\*\* In den Anmerkungen ist Mancherlei mitgetheilt oder angedeutet, das nicht gerade jedem Musikübenden nöthig, wohl aber dem Lehrer (der sein Wissen nicht auf das Nöthige beschränken darf, sondern gelegentlich auch zu weiterer Auskunft bereit sein muss) erspriesslich sein kann.

Jeder sogleich selbst wahrnehmen kann. Hiermit ist ihre a l l g e - m e i n e und d a b e i p r a k t i s c h e B e s t i m m u n g ausgesprochen. Die wissenschaftliche Begründung gehört der Musikwissenschaft an; nur hier und da kann auf sie h i n g e d e u t e t werden, und auch dies nur, um Grundbegriffe etwas fester und bestimmter, als durch blosse Beschreibung und Anschauung möglich ist, hinzustellen.

Welches sind nun die Kenntnisse, die der Musikbeflissene hier zu suchen, die Gegenstände, über die er sich zu unterrichten hat? — Die Antwort ist: ü b e r a l l e s z u r M u s i k im A l l g e m e i n e n G e h ö r i g e. Betrachten wir also die Musik, wie sie sich überall uns vorstellt, um jene zu überblicken.

Wir wissen, dass Musik zunächst auf unser Gehör wirkt. Alles, was wir hören, wird mit dem allgemeinen Namen

### S c h a l l

bezeichnet, gleichviel, wie das Hörbare auf uns wirkt, ob der Schall laut oder leise, kurzdauernd oder anhaltend u. s. w. ist.

Mit der Verwendung der menschlichen Stimme zum Gesang ist in der Regel die Sprache, der G e s a n g t e x t, verbunden. Bei der mit dem Singen vereinten Sprache kommt aber nicht blos der geistige Inhalt, sondern auch die sinnliche Aeusserungsweise im Allgemeinen sowohl als in den einzelnen S c h a l l e n, aus denen die Worte bestehn, in Betracht. Diese einzelnen Schalle heissen

### L a u t *

und Laute.

Wir sehn ferner, dass Musik sowohl mit menschlichen Stimmen, als auch Instrumenten mancherlei Art — Flöten, Trompeten, Violinen, Fagotten u. s. w. — ausgeübt wird. Jeder weiss, dass diese verschiedenen Organe der Musik sich durch die Weise ihres Schalls von einander unterscheiden; die Flöte spricht sanft, weich, fliessend an, die Trompete erschallt heftiger, gedrungen, schmetternd u. s. w. Wir nennen diese unterscheidende Weise des Schalls

### K l a n g, —

hätten also zuvor sagen müssen: der K l a n g der Flöte ist sanft, die Trompete k l i n g t schmetternd u. s. w. Die L a u t e der Sprache sind ebenfalls K l ä n g e, durch die Sprachorgane hervorgebracht.

Endlich bemerken wir an ein und demselben Instrumente, dass

---

* Der Ausdruck L a u t wird auch gleichbedeutend mit S c h a l l genommen; es scheint aber wohlgethan, ihn ausschliesslich im obigen Sinn, als bestimmten Namen für einen bestimmt und wesentlich unterschiednen Gegenstand anzuwenden. — Die Unterscheidung der Laute in S e l b s t l a u t e (Vokale), D o p - p e l l a u t e (Diphthonge), d r e i f a c h e Selbstlaute (Triphthonge) und M i t l a u t e oder Beilaute (Konsonanten) ist bekannt.

die auf ihm hervorgebrachten Schalle noch eine besondre Verschiedenheit unter einander haben, dass z. B. die vier Saiten einer Violine, oder die Saiten einer Harfe ganz verschieden erschallen, die einen (nach dem gemeinen Sprachgebrauche) gröber, die andern feiner, und zwar die längern Saiten der Harfe oder die dickern der Violine gröber, die kürzern der Harfe oder die dünnern der Violine feiner. Wollen wir den Schall in dieser Beziehung bezeichnen, so nennen wir ihn

T o n.

Wir besitzen also verschiedne — und zwar viel Töne. Die Töne der längern oder dickern Saiten heissen t i e f e r e, die der kürzern oder dünnern Saiten h ö h e r e T ö n e. Dasselbe nehmen wir an der Stimme der Menschen und andern Geschöpfe wahr. So sind im A l l g e m e i n e n die Töne der Männerstimme tiefer als die der Knaben- oder weiblichen Stimme, die der Flöte, Violine, Trompete höher, als die des Fagotts, Kontrabasses und Waldhorns. Wir sagen: im Allgemeinen. Denn da jede Singstimme und die meisten Instrumente viel Töne hervorbringen, so können die höchsten Töne einer tiefen Stimme höher liegen, als die tiefsten einer hohen Stimme*.

Am anschaulichsten wird der Begriff von Höhe und Tiefe des Tons bei dem Anblick eines Klaviers, oder andern Tasteninstruments. Hier giebt jede Taste, sie sei O b e r - oder U n t e r t a s t e**, einen besondern Ton. Wir erblicken also auf diesem Bilde:

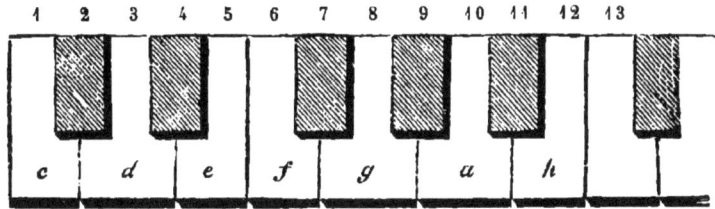

zwölf oder dreizehn Tasten zu eben so viel verschiednen Tönen; die nach der Linken zu sind die tiefen, die nach der Rechten die hohen Töne. Die äusserste Taste links, 1, giebt den tiefsten Ton, jede folgende giebt einen höhern, die Tasten 12 und 13 geben die höchsten Töne***. Man merke noch den Sprachgebrauch, dass von dem

---

* Vgl. S. 16.

** Vgl. S. 13.

*** Klang und Ton sind also nicht abgesondert und selbständig hervortretende Erscheinungen, etwa so, als dürfte man sagen: d i e s e r Körper (z. B. diese Metallscheibe) giebt einen Klang, j e n e r Körper (z. B. jene Glocke) giebt einen Ton, — oder: j e t z t giebt der Schallkörper (z. B. die Metallscheibe) einen Ton und j e t z t einen Klang zu vernehmen. Sie sind vielmehr b l o s E i g e n s c h a f t e n, die wir am H ö r b a r - W e r d e n d e n, am Schall, unterscheiden. Wenn wir einen S c h a l l h i n s i c h t s s e i n e r Höhe (oder Tiefe) betrachten,

tiefern Tone gesagt wird: er liege u n t e r dem höhern, und von dem
höhern: er liege ü b e r dem tiefern. Der von der Taste No. 1 anzugebende Ton liegt also u n t e r dem Tone der Taste No. 2, dieser
u n t e r dem Tone der Taste No. 3, — der Ton der Taste No. 12
liegt ü b e r No. 11, der Ton der Taste No. 13 liegt ü b e r allen vorhergehenden Tasten. — Man sieht, dass es hierbei n i c h t darauf
ankommt, ob eine Taste Ober- oder Untertaste ist.

Von den tiefern Tönen oder Tasten sagt man auch wohl: sie
liegen v o r den höhern. Der Ton oder die Taste No. 1 liegt also v o r
No. 2, diese v o r No. 3 und so fort. —

Gehn wir nun zu andern Begriffen über.

Jeder Ton oder Schall, der hervorgebracht wird, muss in einer
gewissen Zeit hervorgebracht werden, also auch einen gewissen

---

so nennen wir ihn in dieser Hinsicht Ton ; — achten wir auf die Art und W e i s e,
w i e  e r  s i c h, abgesehn von Höhe und Tiefe, vom S c h a l l  a n d r e r  K ö r-
p e r l i c h k e i t e n (z. B. der Schall einer Metallscheibe vom Schall einer Holz-
scheibe oder alle Töne einer Flöte von allen Tönen einer Trompete oder Violine)
unterscheidet, so nennen wir ihn in dieser Hinsicht K l a n g. — Neben diesen
beiden Eigenschaften hat der Schall noch die ebenfalls zu sondernden der
S t ä r k e oder Schallstärke und D a u e r, die in den mannigfachsten Abstufungen
statthaben können.

Uebrigens finden sich Schalle, die weder bestimmt kenntlichen Klang, noch
bestimmte Tonhöhe haben ; diese bezeichnen wir mit mancherlei Namen: Geräusch, Getöse, Sausen, Schwirren, Lärm — und andern die Schallart malenden
Ausdrücken. Andre Schalle haben bestimmten Klang, aber keine bestimmte
Tonhöhe, z. B. Trommeln und die Mehrzahl der Glocken ; man erkennt sie am
bestimmten Klange, kann auch unterscheiden, dass ihr Schall tiefer oder höher,
sehr tief oder weniger tief ertönt, ohne dass der Unterschied genauer zu ermessen, z. B. zu bestimmen wäre, es erschalle der Ton *c* oder *d* oder *e*. Dies
Alles können wir für jetzt bei Seite stellen ; wir brauchen es noch nicht, und
haben es nur angeführt, um Missverständnisse zu vermeiden.

Hiernächst müssen wir erwähnen, dass der Ausdruck K l a n g in der Tonlehre (und von den Akustikern, — man vergleiche H. E. B i n d s e i l s Akustik,
S. 66 u. A.) meist in einem andern Sinn gebraucht worden ist. Man hat nämlich mit Klang einen Schall von b e s t i m m b a r e r, mit T o n einen Schall von
b e s t i m m t e r Höhe bezeichnet, so u. A. Gottfr. Weber in der Einleitung zu
seiner Theorie der Tonsetzkunst § 1. Für den Musiker ist dieser Unterschied
unwichtig, hingegen sichre Bezeichnung dessen, was wir Klang nennen, unentbehrlich ; so rechtfertigt sich unsre Nennweise, in deren Ermangelung von der
andern Seite die Ausdrücke: d e s  T o n e s  e i g e n t h ü m l i c h e s  G e p r ä g e, —
*timbre*,  — T o n f a r b e, — K l a n g f a r b e, — Q u a l i t ä t  d e s  K l a n g e s
neben einander gebraucht werden. Schon dies Schwanken deutet darauf hin,
dass keiner der Ausdrücke genügend befunden worden ; in der That sind sie
theils blosse Umschreibungen, theils Vergleichungen, theils geradezu unrichtig
zu nennen. Die nähere Erörterung gehört der Musikwissenschaft an.

Endlich sei noch angemerkt, dass auch der Ausdruck »T o n« im gemeinen
Leben oft ungenau für »K l a n g« gebraucht wird. Man sagt: dieses Instrument,
diese Singstimme hat einen guten T o n, statt dass es heissen müsste : sie haben
guten K l a n g.

Zeitraum ausfüllen, — einen längern oder kürzern, bestimmt abge-
messenen oder unbestimmten. Die einem Ton oder Schall zuge-
messene Zeit nennen wir seine

Geltung;

wir sagen also von einem Ton: er hat keine bestimmte, oder eine
so und so lange Geltung, — er gilt mehr, oder weniger, oder eben
so viel, als ein bestimmter andrer Ton.

Lassen wir nun eine Reihe von Tönen oder Schallen bestimmter
Geltung nach irgend einem sie ordnenden Gesetz, in irgend einer
bestimmten und festgehaltnen, das heisst sich wiederholenden Folge
von Zeitmomenten nach einander eintreten: so nennen wir diese
Ordnung der Zeitfolge

Rhythmus;

findet solche Ordnung nicht statt, haben die Töne entweder gar
keine bestimmte Geltung, oder folgen sie in keiner bestimmten und
sich wiederholenden Ordnung der Zeitdauer auf einander: so heisst
die Tonfolge unrhythmisch. Es ist also Tonfolge ohne Rhythmus,
auch ohne bestimmte Geltung denkbar, wir finden sie z. B. in den
mehrsten Weisen des Vogelgezwitschers. Umgekehrt kann auch
Rhythmus gar wohl ohne bestimmte Töne, durch blosse Schalle,
z. B. auf Trommeln, dargestellt werden.

Eine Folge von Tönen, die nach irgend einem Sinne gebildet
und auch rhythmisch geordnet (rhythmisirt) ist, nennen wir (gleichviel, ob sie wohlgefällig, ausdrucksvoll u. s. w. sei, oder nicht)

Melodie*.

Ein Tonstück kann entweder aus einer einzigen Tonreihe bestehn, dann heisst es

einstimmig; —

oder aus zwei, drei, vier und mehr gleichzeitig mit einander fortgehenden Tonreihen; dann heisst es

zwei-, drei-, vier- und mehrstimmig.

Jede Tonreihe, sie mag gesungen oder auf einem Instrumente
hervorgebracht werden, heisst in der Kunstsprache

Stimme;

auch dann, wenn verschiedne gleichzeitige Tonreihen auf ein und
demselben Instrumente, z. B. auf dem Klavier oder der Orgel, vorgetragen werden, gelten sie für ebensoviel besondre Stimmen.

Die gleichzeitig zusammentreffenden Töne verschiedner Stimmen
müssen gegen einander irgend ein vernünftiges, der Bestimmung der
Kunst entsprechendes Verhältniss haben, sie müssen in irgend einer
Weise zu einander passen. Dieses Verhältniss wird

---

* Deutlicher kann der Begriff von Melodie erst in der vierten Abtheilung
gegeben werden.

### Harmonie

genannt; schon im gemeinen Leben bezeichnen wir Uebereinstimmung oder Verträglichkeit verschiedener Dinge mit diesem Namen, sagen z. B. von zwei zusammenpassenden Farben, oder von zwei mit einander einigen Personen: sie harmoniren mit einander.

Aus allen diesen Bestandtheilen: aus Tönen und Klängen, — Tonfolge und Rhythmus, — Melodien und Harmonien, bestehn die Ton- oder

### Musikstücke.

Wer nur mit einiger Aufmerksamkeit eine Reihe von Musikstücken gehört hat und die einzelnen unter einander vergleicht, muss wenigstens oberflächlich bemerken, dass manche nach Ausdehnung und Einrichtung verschieden, andre mehr oder weniger von gleicher Einrichtung sind. So wird man leicht gewahr, dass Märsche sich von Tänzen, die meisten weltlichen Lieder sich von Kirchenliedern (Chorälen) schon in der äussern Einrichtung kenntlich unterscheiden; während wiederum alle Märsche unter einander, alle Choräle u. s. w. in ihrer allgemeinen Gestalt mehr oder weniger übereinkommen. Diese Einrichtungen, diese schon äusserlich von einander sich unterscheidenden Gestaltungen der Kunstwerke heissen

### Kunstformen;

schon aus obigen Beispielen können wir Marschform, Tanzform, Choralform als verschiedne Kunstformen anführen; es giebt aber deren noch viel mehr.

Jetzt kehren wir zu dem Anfang unserer Betrachtung zurück. Wir haben schon bemerkt, dass Musik sowohl durch menschliche Stimmen, als durch Instrumente ausgeführt werden kann. Die musikalischen Instrumente sowohl als die menschlichen Stimmen in ihrer Verwendung zum Gesang bezeichnen wir insgesammt mit dem Namen:

### Musikorgane.

Jenachdem die eine oder andre Gattung von Musikorganen in Anwendung kommt, wird auch die Musik in verschiedne Gattungen getheilt und verschieden benannt. Sollen blos Instrumente angewendet werden, so heisst die Musik

### Instrumentalmusik;

soll die menschliche Stimme, — Gesang, — angewendet werden, so heisst die Musik

### Gesang- oder Vokalmusik*.

Vokalmusik und Instrumentalmusik können entweder jede für sich allein, als

---

\* Bekanntlich von dem lateinischen *Vox*, Stimme, abgeleitet.

**reine Vokal- und reine Instrumentalmusik,**
oder verbunden, als

**begleitete Vokalmusik**
ausgeübt werden.

Endlich kann die Musik ihre eignen Zwecke für sich haben oder sich fremden Zwecken widmen, z. B. dem geselligen Tanz als

**Tanzmusik,**
dem künstlerischen, eigne Ideen künstlerisch darstellenden Tanze (Ballet und Pantomime) als

**Balletmusik,**
dem Drama als

**dramatische Musik,**
den kirchlichen Zwecken gemeinsamer Andacht und Erbauung als

**Kirchenmusik.**

Hiermit haben wir in allgemeinen Umrissen die Grundbestand-theile, Grundgestaltungen und Grundrichtungen der Musik angegeben. Nach allen diesen Richtungen kann man sich mit Musik

**praktisch**
als ausübender Sänger, Spieler, Dirigent oder Komponist, oder

**theoretisch**
als Lernender und Lehrender beschäftigen. Jeder Zweig praktischer Beschäftigung setzt aber freilich mehr oder weniger theoretische Bildung voraus.

Die Lehre von dem Tonwesen heisst

**Tonlehre.**

Sie begreift die Lehre von der Melodie, —

**Melodik**
von der Harmonie, —

**Harmonik,**
und von Verbindung verschiedener Stimmen zu Einem Satz, oder

**Lehre vom Kontrapunkt.**

Die Lehre vom Rhythmus heisst

**Rhythmik,**
und die Lehre von den Kunstformen

**Formenlehre.**

Die Anweisung zur kunstmässigen Hervorbringung von Ton-stücken heisst

**Kompositionslehre.**

Sie umfasst ausser der ganzen Tonlehre und Rhythmik noch die

**Lehre vom Vokal- und Instrumentalsatz,**
von der Verwirklichung musikalischer Ideen durch das Organ des Gesangs (Singstimme) im Verein mit der in Musik übergehenden

Sprache (Gesangtext) und durch die als Musikorgane dienenden Instrumente.

Die wissenschaftliche Begründung aller musikalischen Erkenntniss endlich ist

**Musikwissenschaft**

zu nennen. Neben dieser Lehre läuft die Lehre von der

**musikalischen Schrift**

und die Unterweisung in Spiel und Gesang her.

Diese letztere Unterweisung überlassen wir den Gesanglehren, Instrumentschulen und für Gesang und Spiel thätigen Lehrern. Kompositionslehre und Musikwissenschaft müssen besonders behandelt werden*. Die übrigen Lehren sind hier theils vollständig abzuhandeln, theils, soweit sie allgemein-nöthig, ihren Anfangsgründen und Grundbegriffen nach mitzutheilen.

Dies ist also der nothwendige Inhalt der allgemeinen Musiklehre. Als Anhang folgen noch allgemeine Bemerkungen über Musikbildung und Lehre, über den Beruf zum Musiker und die Art des Lernens — als die wichtigste der S. 1 angekündigten Zugaben — nach.

Ganz ausgeschlossen bleiben Geschichte der Musik und Instrumentenbaukunde, die in unserm Kreise keine Stelle finden, sondern selbständig behandelt werden müssen.

---

* Erstere ist dargeboten worden unter dem Titel: Die Lehre von der musikalischen Komposition, praktisch-theoretisch von A. B. Marx, in vier Theilen, deren erster Melodik, Rhythmik, Harmonik, Choralsatz und Begleitungskunst, — deren zweiter Liedkomposition, Figural-, Fugensatz und Kanon, — deren dritter Etüden-, Variationen-, Rondo-, Sonatenform in Anwendung auf den Klaviersatz, die Rezitativ-, Lied- und Chorkomposition, — deren vierter den Orchestersatz und den Satz für Gesang und Orchester enthält.

# Erste Abtheilung.

# TONLEHRE.

# Erster Abschnitt.

## Das Tonsystem.

Ein Ton ist ein Schall von bestimmter Höhe.

Wir haben schon in der Einleitung vernommen, dass es sehr viel Töne (sehr viel Schalle von verschiedner Höhe und Tiefe) giebt; die Menge der verschiednen möglichen Tonabstufungen kann fast zahllos genannt werden. In der Musik wird aber nicht von allen möglichen, sondern nur von einem Theil dieser Abstufungen Gebrauch gemacht, nur eine gewisse Anzahl von Tönen wirklich und bestimmt angewendet*. Der Inbegriff dieser Töne heisst

### Tonsystem.

---

* Die in der Musik wirklich in Anwendung kommenden Tonabstufungen sind nicht willkürlich oder zufällig angenommen, sondern nach bestimmten Grundsätzen ausgewählt, die in der Akustik (der Wissenschaft vom Hörbaren) nachgewiesen werden. Hier nur soviel davon, um den Begriff von Ton und Tonsystem bestimmter festzustellen.

Die Akustik weiset nach, dass der Schall aus elastischer Erzitterung des schallenden Körpers hervorgeht; elastisch aber nennen wir die Eigenschaft eines Körpers, vermöge deren seine Theile, wenn sie durch äussern Antrieb aus ihrer ursprünglichen Lage heraus bewegt worden, von selbst wieder in diese Lage zurückzukehren streben. So sehn wir eine Degenklinge, wenn wir sie aus ihrer geraden Fläche biegen und dann plötzlich loslassen, so lange hin und her zittern, bis sie endlich in der ursprünglichen Lage wieder zur Ruhe gelangt ist; so sehn wir an den tiefsten Saiten eines Pianoforte, wenn wir sie stark anschlagen und die Dämpfung aufgehoben haben (damit sie nicht hemme), die Erzitterung ganz deutlich vor sich gehn, allmählich mit dem Schall abnehmen, und endlich die Saite zur Ruhe zurückkehren.

Eine solche hörbar werdende Erzitterung kann nun unregelmässig erfolgen, wie bei den Trommeln; dann hören wir ein blosses Geräusch. — Oder sie erfolgt regelmässig, jede Bewegung oder Schwingung in gleichem Zeitraume, dass sie gezählt oder berechnet werden kann; dann entsteht ein Ton. Der Ton ist die Summe der in gleichen Zeiträumen erfolgenden Schwingungen, die unser Gehör als einen einigen, ungetrennten Schall auffasst und zu ermessen (nach Leibnitz: unbewusst zu berechnen) vermag.

Wie weit reicht die Möglichkeit dieses Auffassens und Ermessens? Das heisst: wie viel Schwingungen müssen wenigstens und dürfen höch-

Das Tonsystem enthält also alle in der Musik zur Anwendung kommenden Töne.

---

stens innerhalb einer bestimmten Zeit erfolgen, damit das Gehör einen Ton auffassen könne? — Bestimmte Antwort dürfte schon deswegen nicht zu geben sein, weil Art der Tonerzeugung, Schallstärke, Gehörfähigkeit von erheblichem Einflusse bei der Untersuchung sind. Savart (*Sur la limite de la perception des sons graves* in den *Annales de Chimie et de Physique, par Gay-Lussac et Arago, XLIV*) vermochte Töne hervorzubringen, die 14 bis 16 Schwingungen in der Sekunde enthielten, ja, er vernahm 8 Schläge eines 6 Fuss langen (am Gestell jenes, Sirene genannten akustischen Apparats in Umschwung durch eine Brettlücke gesetzten) Stabes innerhalb des Zeitraums einer Sekunde schon als zusammenhängenden Ton, während andre Akustiker (z. B. Chladny, H. und W. Weber) den tiefsten Ton auf 30 bis 32 Schwingungen, oder ebenfalls (Fischer) auf 16 Schwingungen setzten. Nach der Höhe zu ist die Grenze noch weniger bestimmt; es werden auf die Sekunde 8192 Schwingungen (Fischer) oder 32768 Schwingungen (3 Oktaven höher als das 4gestrichne *c*) oder sogar 36500, oder 48000 und noch mehr Schwingungen (Desprez und Savart) angenommen. Fasst man nun die äussersten hier gegebnen Grössen, den tiefsten Ton zu 8, den höchsten zu 48000 Schwingungen, zusammen: so ergiebt das eine Reihe von 47992 Tönen. Geht man auf die engsten Grenzen, 16 und 8192 Schwingungen, zurück: so ergiebt sich immer noch eine Reihe von 8176 möglicher Töne.

Allein es liegt ausser dem Interesse und Vermögen der Kunst, alle diese Tonabstufungen zu verwenden — wenigstens als bestimmt gewollte und unterschiedne Grössen.

Zunächst verzichten wir mit Recht auf die vielleicht möglichen aber zu schwer und zu unsicher hervorzubringenden und zu fassenden tiefsten und höchsten Töne.

Sodann stellen wir nur diejenigen Tonabstufungen zusammen, die von einander vollkommen deutlich unterscheidbar und zugleich in nahen, fasslichen und darum verträglichen Verhältnissen zu einander stehn. Die zu schwer unterscheidbaren, gegen einander unverträglichen Tonabstufungen sind nicht mit aufgenommen. Nun sind aber die allerwenigsten Musikübenden im Stande, innerhalb einer grossen Sekunde 9 Abstufungen (die 9 Kommata der Akustik) zu unterscheiden; dies ergäbe für die Oktave 54, für 7 Oktaven 378 Töne. Selbst Vierteltöne (vier Abstufungen der grossen Sekunde, 24 der Oktave) werden von der im Gehör weniger sorgfältig geschulten Mehrzahl nur mit Anstrengung und Unsicherheit unterschieden; als halbes Wunder wird dem feinsinnigsten Mozart (Jahn, Biographie, 2. Aufl. I. 24) nacherzählt: er habe den Unterschied von einem Achtelton in der Stimmung vernommen. Hieraus hat sich der Halbton als kleinste bestimmte Grösse für unser Musiksystem ergeben.

Endlich kann man sich leicht überzeugen, dass die Tonkunst gar keiner grössern Zahl von Verhältnissen bedarf, um für ihre Gestaltungen hinreichenden Stoff zu finden. Acht Töne (der Inhalt einer einzigen Oktave) bieten schon 40,320 Gestaltungen, — oder vielmehr 46,232, wenn man die kleinern Verhältnissreihen bis 8 (2, 3, 4 Töne u. s. w.) mitrechnet; zwölf Töne (der chromatische Inhalt einer Oktave) bieten 479,001,600 oder vielmehr 522,950,400 Tongestaltungen, und zwar blos für Monodie oder einfache Tonfolge. Hierzu setze man noch die harmonischen, rhythmischen Verhältnisse, nebst denen des Klangs und der Schallkraft u. s. w., und man befindet sich einem unausschöpflichen Meer gegenüber. Obenein ist aber diese ganze Rechnung — im höchsten Grade

Dieser Töne sind über hundert. Es würde beschwerlich sein, wollte man für jeden einen besondern Namen festsetzen. Man hat also Anlass genommen, alle Töne unter s i e b e n Inbegriffe zu bringen, die

**T o n s t u f e n**

heissen. Diese Tonstufen werden mit den sieben Buchstaben

$$C — D — E — F — G — A — H$$

benannt*. Alle Töne führen einen dieser Buchstaben - Namen**, oder einen von denselben abgeleiteten Namen.

---

oberflächlich, da sie auf die V e r s c h i e d e n h e i t  d e r  T o n v e r h ä l t n i s s e keine Rücksicht nimmt. Sie geht davon aus, dass zwei Töne zwei Verhältnisse geben, lässt aber ganz bei Seite, welche Töne das sein sollen, ob (um nur in einer Oktave zu bleiben) *c - cis*, oder *c - d*, *c - es*, *c - e*, *c - f*, *c - fis*. Diese sechs verschiednen Paare von Tönen geben aber nicht 2, sondern 12 Verhältnisse. — Es war indess unnöthig, so tief einzudringen, um den Ueberreichthum des Tongebiets zu erweisen.

Derjenige Theil der Akustik übrigens, der sich mit Berechnung der Tonverhältnisse abgiebt, heisst K a n o n i k. Die Bestimmung der Tonverhältnisse nach den Bedürfnissen unsrer Kunst (in der wir, aus Gründen, die nicht hier, sondern in der Musikwissenschaft abzuhandeln sind — die Töne nicht nach ihren ursprünglichen einfachsten, natürlichsten Verhältnissen brauchen können) heisst T e m p e r a t u r, die dahin führende Berechnung T e m p e r a t u r b e - r e c h n u n g; endlich die praktische Ein- oder Zurichtung eines Instruments (z. B. eines Pianoforte, einer Geige) heisst d a s  S t i m m e n, die S t i m m u n g. Giebt das Instrument nicht die rechten Tonverhältnisse, so nennen wir es v e r- s t i m m t; die nicht genauen Töne selbst aber heissen u n r e i n. Für letztern Ausdruck gebraucht man bisweilen auch den Ausdruck: f a l s c h; aber mit Unrecht. Falsch sollte nur ein Ton genannt werden, der statt des eigentlich gehörigen und beabsichtigten angegeben wird.

* Franzosen, Italiener und andere Südvölker bedienen sich statt unserer Tonnamen der Silben

*ut, re, mi, fa, sol, la, si*

für *c, d* u. s. w. Die ersten sechs sind die Anfangssilben eines Verses aus einer an den heil. Johannes gerichteten Hymne, deren sich ein alter Musiklehrer, der Mönch G u i d o  v o n  A r e z z o, im elften Jahrhundert bediente, um seinen Schülern das Treffen zu erleichtern. Die Benennung der Töne nach diesen sechs Silben heisst S o l m i s a t i o n, und war lange Zeit eine Qual der Musikschüler. Viel später gerieth man auf den Gedanken, für die siebente Tonstufe auch einen siebenten Namen (*si*) anzuwenden, und bildete diesen aus den Anfangsbuchstaben der letzten Zeile jenes Verses: *Sancte Johannes*. In neuerer Zeit gebrauchen die Franzosen statt der Benennung *ut* die Silbe *do*, welche von den Stimmbildnern als günstiger für Klangbildung im Gesang' eingeführt worden ist.

** Warum eben diese, und nicht die ersten sieben Buchstaben unsers Alphabets in ihrer herkömmlichen Ordnung? — Der Grund ist ein geschichtlicher. Ursprünglich hat man in der That die Buchstabennamen in ihrer feststehenden Ordnung, *A, B, c, d, e, f, g*, gebraucht, und *B* bezeichnete den von uns *H* genannten Ton; die durch unsere Obertasten angegebenen Töne fehlten. Von diesen wurde nun zuerst der unter unserm *H* liegende eingeführt, und ebenfalls

Am leichtesten finden wir uns in diese Benennung, wenn wir
ein Klavier mit seinen Tasten, oder das S. 3 gegebne Abbild betrachten. Wir sehn da längere und breitere, gewöhnlich weissfarbige
Tasten, U n t e r t a s t e n genannt, — und z wischen ihnen höher liegende, kürzere und schmalere, gewöhnlich schwarzgefärbt, O b e r -
t a s t e n genannt. Von diesen Obertasten liegen erst zwei, dann
drei einander näher, z. B. auf unserm Bilde S. 3 liegen die mit 2
und 4, ferner die mit 7, 9, 11 überschriebnen Obertasten näher an
einander, zwischen den Obertasten 4 und 7 aber, oder 11 und der
nach 13 folgenden ist ein grösserer Zwischenraum. Diese leicht er-
kennbaren Abtheilungen dienen zum Merkzeichen.

Die zunächst v o r z w e i Obertasten gelegne Untertaste (wir
gehn i m m e r v o n d e r L i n k e n z u r R e c h t e n) giebt

die Tonstufe *C,*

die folgende Untertaste *D,* die folgende *E;* die links v o r d r e i Obertasten liegende Untertaste giebt *F* an, und so fort. In unserm Bilde
sind alle Namen der Tonstufen auf den Untertasten eingeschrieben.

Nun sehn wir auf dem Klavier viel mehr Tasten, als wir abge-
bildet haben; aber immer kehrt dieselbe Ordnung der Tasten, der
Töne, folglich der Namen wieder. Die nächste Untertaste nach *H*
(im Bilde mit 13 überschrieben) giebt also wieder die Tonstufe *c,*
dann folgt wieder *d, e* und so fort; stets dieselben Tonverhältnisse,
aber stets höher.

Wir bemerken also, dass jede Stufe, dass die ganze Stufenfolge
im Tonsystem mehrmals vorkommt, dass wir mehr als ein *c, d*
u. s. w. haben. Wie sollen diese unterschieden werden?

Wir fassen die sieben Tonstufen bis zur Wiederkehr der ersten
zusammen, und nennen sie nach der wiederkehrenden ersten, da
diese der achte Ton ist,

O k t a v e.

Oktave ist also ein Inbegriff aller sieben Tonstufen bis zur
Wiederkehr der ersten, die man gleichsam als achte Tonstufe ansieht.

Diese Oktaven werden durch besondre Namen von einander
unterschieden. Die tiefsten Töne auf dem Klavier bis zum nächsten
*C* heissen

K o n t r a t ö n e,

---

*B* genannt. Man hatte also zwei verschiedne Töne mit einem einzigen Namen *B*,
unterschied sie erst (nach den für sie angewendeten Schriftzeichen, dem gothi-
schen eckigen — und dem lateinischen runden *B*) durch den Beinamen (*B*) *quadratum* — unser *H* — und (*B*) *rotundum*, und gab dann später dem Erstern einen
besondern Namen, — den folgenden Buchstaben *H*. Noch später erkannte man
die von *C* beginnende Tonreihe (also *c, d, e, f, g, a, h*) als die wichtigste, als
wahre Grundlage aller andern, und so kam die Sache richtig, die Namenreihe
aber unregelmässig zu stehn.

die nächste Oktave heisst

**grosse Oktave,**

dann folgt die

**kleine Oktave,**

nach dieser folgt die

**eingestrichene, zwei-, drei-, viergestrichene** Oktave. Wollte man über sie hinausgehn, so käme dann die fünfgestrichene Oktave.

Die höchsten Töne, von denen die Musik Gebrauch macht, finden sich auf der Orgel. Hier ist der tiefste Ton ein *C* das eine Oktave unter Kontra-*C* steht. Kontra-*C*, das jetzt auf den meisten Pianofortes (wenigstens dem Flügel) der tiefste Ton ist\*, steht eine Oktave unter dem **grossen** *C*, dem tiefsten Ton auf dem Violoncell. Eine Oktave höher steht das **kleine** *c*, der tiefste Ton auf der Bratsche. Die Pianos gehn jetzt in der Höhe über das viergestrichene *c* bis zu *g* oder auch *a* oder *b* hinaus\*\*.

In der Schrift gebraucht man für die grosse Oktave grosse, für die kleine Oktave kleine lateinische Buchstaben, für die eingestrichne Oktave kleine einmal **überstrichne**\*\*\*, für die zweigestrichne zweimal **überstrichne** Buchstaben, u. s. w. Für die Kontratöne

---

\* Allerdings werden in neuester Zeit Pianos gebaut, die unter dem Kontra-*C* noch *H, B, A* haben, Töne, die man **Doppel-Kontratöne** zu nennen hat. Demungeachtet darf Kontra-*C* (nicht ein höherer Ton) als äusserste Grenze der selbständig gebrauchten Tonreihe nach der Tiefe bezeichnet werden; wenigstens ist dem Verf. kein Komponist von Bedeutung bekannt, der tiefer hinabgestiegen wäre. Ohnehin werden, besonders auf Saiteninstrumenten, allzutiefe Töne leicht unbestimmt. Man mag jene Unterweltstöne allenfalls zur Bekräftigung höherer Oktaven verwenden; dazu dienen sie (in den 32füssigen Registern) im Orgelspiel, dazu auch die tiefern Kontratöne auf dem Piano. Dagegen verspricht ihr selbständiger Gebrauch wohl so wenig wesentlichen Gewinn, wie der der äussersten Höhe.

\*\* Das tiefste *C* ist derjenige Ton, der unserm Gehör die Summe von 32 Schwingungen in der Sekunde (s. die Anmerk. S. 11) darstellt. Folglich fodert Kontra-*C* die Schnelligkeit von 64 Schwingungen in der Sekunde, gross *C* 128, eingestrichen *c* 512, dreigestrichen *c* 2048, fünfgestrichen *c* würde 8192 Schwingungen in der Sekunde fodern. Dies ist wenigstens die von der Akustik als Regel angenommene Stimmung; wobei man nicht übersehn darf, dass man auch eine ein wenig höhere oder tiefere Stimmung für diese Töne annehmen kann, wofern nur alle übrigen mit ihnen im richtigen Verhältnisse bleiben. — Beiläufig sei angemerkt, dass die Musik von den in der Anmerkung S. 12 als möglich errechneten 47992 oder 8476 Tönen nur 95 wirklich anwendet, vom Doppelkontra-*C* mit 32 Schwingungen bis zum viergestrichnen *b*, — unter Zurechnung der im vierten Abschnitte der ersten Abtheilung zur Erwägung kommenden Tonabstufungen.

\*\*\* Daher die Benennung der höhern Oktaven als ein-, zwei-gestrichne u. s. w.

kann man einmal unterstrichne, für Doppel-Kontratöne (s. die
Anm. S. 15) zweimal unterstrichne grosse Buchstaben verwenden. Es würden also

$$
\begin{array}{rl}
\text{Doppelkontra} - A \ B \ H \text{ so:} & \underset{\underset{\smile}{=}}{A} \ \underset{=}{B} \ \underset{=}{H}, \\
\text{Kontra} - C \ D \ E \text{ so:} & \overline{C} \ \overline{D} \ \overline{E}, \\
\text{Gross} - C \ D \ E \text{ so:} & \overline{C} \ \overline{D} \ \overline{E}, \\
\text{Klein} - c \ d \ e \text{ so:} & c \ d \ e \\
\text{eingestrichen } c \ d \ e \text{ so:} & \overline{c} \ \overline{d} \ \overline{e} \\
\text{zweigestrichen } c \ d \ e \text{ so:} & \overline{\overline{c}} \ \overline{\overline{d}} \ \overline{\overline{e}}
\end{array}
$$

zu bezeichnen sein, die Buchstabennamen der nächsten höhern Oktave würden dreimal, die der folgenden viermal zu überstreichen
sein.

Eine solche Tonreihe, in der man von Stufe zu Stufe, wie auf
einer Leiter, immer höher oder immer tiefer steigt, heisst

### Tonleiter,

oder auch, mit einem lateinischen oder italischen Worte, Scala.

Vollständig ist die Tonleiter schon, wenn sie nur einmal die
sieben Stufen bis zu — oder mit der achten enthält. Denn alles
Weitere ist nur Wiederholung in einer höhern oder tiefern Oktave.

Uebrigens fasst man Kontratöne, grosse und kleine Oktave (und
allenfalls einen Theil der eingestrichnen Oktave) unter dem Namen

### Bass

oder Basstöne, — die höhern Oktaven nebst der ganzen eingestrichnen (auch allenfalls den höchsten Tönen der kleinen Oktave) unter
dem Namen

### Diskant

oder Diskanttöne zusammen. Die eigentliche Gränze würde demnach
eingestrichen *c* sein; doch hat man Anlass, sich, wie gesagt, nicht
so streng an sie zu binden. Die ganze Eintheilung ist nur eine oberflächliche, um sich schnell zurechtfinden zu können, wenn es auf
genauere Angaben nicht ankommt\*.

---

\* Ist nun unser Tonsystem, wie — und soweit wir es hier kennen, das
einzig in Gebrauch gekommene, einzig brauchbare? — Keineswegs. Die älteste
Zeit, lehrt die Geschichte, hatte statt unserer sieben Tonstufen deren fünf
in dieser Folge:

$$c - d - e - g - a$$

(worauf dann die Oktave des ersten Tons kam) im Gebrauch, blieb sogar diesem
Fünftonsystem treu anhängig, nachdem ihr die Zwischentöne bekannt geworden waren. Auf diesem System beruht die Musik China's, Indiens und der
vom Innern Asiens in sehr früher Zeit (600 Jahre vor Chr. etwa) nach Europa
eingewanderten gaelischen oder keltischen Volksstämme, von deren Musik noch
in hochschottischen, irischen, wälischen Volksgesängen Ueberbleibsel vorhanden

# Zusatz.

## Ueber die absolute Tonhöhe in der praktischen Musik.

Schon in der Anmerkung S. 11—12 hat sich gezeigt, dass es keinen absolut höchsten und tiefsten Ton giebt, weil es zuletzt von der Gehörfähigkeit jedes Einzelnen abhängt, welchen tiefsten Ton er als deutlich erkennbare Schalleinheit zu vernehmen und bis zu welcher Höhe er die Reihe der Töne zu verfolgen im Stand' ist; die Akustiker selbst beweisen das dadurch, dass sie die Gränzen so abweichend bestimmen. Alles, was bisher von Höhe und Tiefe der Töne gesagt worden, und was weiter noch davon zu sagen, dient also nur, das Verhältniss der Töne gegen einander festzusetzen; in der zweiten Anmerkung S. 14 z. B. ist festgesetzt, dass Kontra-*C* 64, Gross-*C* 128 Schwingungen in der Sekunde enthalten muss, wenn Doppel-Kontra-*C* deren 32 enthält. Ist es aber nothwendig, gerade die Summe von 32 Schwingungen als diesen letzten Ton zu bestimmen? Gewiss nicht. Man kann ebensowohl 30 Schwingungen (oder jede andre nahe Summe) als diesen Ton festsetzen; nur würden damit auch alle Verhältnisse auf andre Summen gebracht, Kontra-*C* hätte dann 60, Gross-*C* 120 Schwingungen in der Sekunde.

Ist aber nicht wenigstens durch den Gebrauch eine absolute Tonhöhe in der Musik eingeführt? Auch das nicht. In Italien unterschied man ehedem drei Stimmungen, von der höchsten zur tiefsten gezählt: die lombardische, venetianische, römische; in Deutschland ebenso den Kornett-, Chor- (Orgel-) und Kammer- (Kapell-) ton, oder Kammerton, Chorton und hohen Chorton; der Chorton war um einen, der hohe Chorton um zwei Töne höher als der Kammerton. Dass hiermit keine absolute Tonhöhe festgestellt war, leuchtet ein. In der That waren die Abweichungen nach Zeit und Ort — und sogar am selben Orte bei verschiedenen Musikinstituten — erheblich genug. Das eingestrichene *a* hatte in Paris

---

sind. Erst die Griechen (vergl. des Verf. Artikel über chinesische und griechische Musik im Universal-Lexikon der Tonkunst) gelangten zu dem Siebentonsystem, das sie zuerst in dieser Ordnung

*g—a—h—c—d—e—f*

aufgestellt zu haben scheinen. Ihr Tonsystem wurde (zum Theil) von der christlichen Kirche angenommen, und nun traten nach und nach (vergl. d. letzte Anm. S. 13) die Halbtöne ein. Die Temperatur, deren wir uns jetzt bedienen, ist vor nicht viel länger als hundert Jahren praktisch und dann theoretisch festgestellt worden.

1680 unter L u l l y . . . . . . . . 808
1774  –  G l u c k  (Iphigenie) . . 820
1807  –  S p o n t i n i  (Vestalin)  840
1829  –  R o s s i n i  (Tell) . . . . 860

Schwingungen* in der Sekunde, so dass man an dieser Zahlenreihe gewissermaassen ein Thermometer für die wachsende musikalische Aufregung hat.   Vergleicht man verschiedene Musikstätten, so findet man denselben Ton mit

832 Schwingungen in Wien zu H a s s e — G l u c k s Zeit,
850  –  daselbst in M o z a r t s Zeit,
872  –  in Petersburg 1796;

dann in neuerer Zeit mit

862 Schwingungen in der Grand'-opéra,
848  –  im Théâtre italien,
816  –  in der Opéra comique

in Paris, mit

874 Schwingungen in Berlin im Jahre 1839,
892 (oder 880) in Dresden im Jahre 1861,
932 in Wien in demselben Jahre, —

und was sich sonst noch hat ermitteln lassen.

Dass eine wohl abgemessene Höhe für Singstimmen und Instrumente zuträglich, für die künstlerische Wirkung beachtenswerth ist, kann Niemand verkennen.   Man hat daher auch schon öfter danach gestrebt, eine N o r m a l s t i m m u n g für alle Musikstätten festzustellen; schon 1700 hat S a u v e u r, in neuester Zeit haben u. a. Paris und Dresden Hand an's Werk gelegt.   Im Jahre 1834 setzte auf S c h e i b l e r's Vorschlag die Naturforscherversammlung zu Stuttgart fest: dass für A k u s t i k die unveränderliche Höhe von $\bar{a}$ auf 440 Schwingungen sein solle. —

Die Stimmgabeln für die Orchester geben den Ton $\bar{a}$; von diesem Ton' aus wird e i n g e s t i m m t, das heisst, die Stimmung aller Instrumente und Saiten ermessen und festgestellt.

---

* In den frühern Ausgaben dieses Buchs sind Doppelschwingungen, hier einfache angegeben.

# Zweiter Abschnitt.

## Das Notensystem.

Zur Aufzeichnung der Töne bedienen wir uns einer besondern Schrift,

### Notenschrift

oder **Noten** genannt. Man ist bei der Erfindung derselben von der Vorstellung der **Tonleiter** ausgegangen, und hat **Stufen** hinge-zeichnet, auf denen die Noten, in Gestalt von runden geschwärzten Punkten oder leergelassenen Ovalen*, —

ihre Stelle finden sollten.

Eigentlich hätte man also so viel Stufen hinmalen müssen, als Töne aufgeschrieben werden sollen, z. B. zu einer Oktave sieben oder acht Stufen.

Auf der untersten dieser Linien oder Stufen hätte der unterste oder tiefste Ton, z. B. *c*, auf der folgenden Linie der nächste Ton, *d*, auf der dritten Linie *e* seine Stelle gehabt, u. s. f. Allein dann hätte man so viel Linien gebraucht, dass es kaum möglich gewesen wäre, die Noten auf ihnen zusammenzufinden.

Man hat sich also auf **fünf Linien**** beschränkt und die **Zwischenräume** zwischen denselben, so wie die Stellen über und unter den Linien ebenfalls zu Notenstellen benutzt. Diese fünf zusammengehörigen Linien heissen zusammengenommen,

---

\* Eigentlich vielmehr Ellipsen. — Früher bediente man sich viereckiger Noten, von denen weiterhin Einiges zu erwähnen ist.

\*\* Warum eben auf **fünf** Linien? — Erstens hat die **ungerade** Linienzahl den Vortheil, dass eine Linie Mittellinie ist, das Liniensystem in zwei Hälften theilt und übersichtlicher macht. Zweitens geben **drei** Linien mit ihren Zwischenräumen nicht einmal zur Oktave Raum, sind also für unser System nicht zureichend; wogegen fünf Linien von der obersten und untersten Linie Raum für die Oktave bieten, also reichlich genügen. Hieraus folgt, dass es einer grös-sern Linienzahl, z. B. **sieben** Linien, nicht bedürfen konnte.

2 \*

## Liniensystem*,

auch wohl kurzweg: System; und bieten, nebst den Zwischenräumen und den Räumen über und unter dem System, wie man hier sieht,

elf Notenstellen dar. — Auch hier steht die Note des tiefsten Tons zu unterst, und zwar u n t e r der e r s t e n L i n i e; der folgende Ton steht auf der ersten Linie, der dritte zwischen der ersten und zweiten Linie, im e r s t e n Z w i s c h e n r a u m e, u. s. f.; der höchste Ton über der letzten oder fünften Linie aufgezeichnet.

Nun haben wir aber weit mehr als elf Töne. Wie zeichnen wir h ö h e r e, als die obigen elf, auf? —

Der zwölfte Ton würde e i n e s e c h s t e L i n i e erfodern. Da wir aber das Liniensystem (oder, wie man sich auch ausdrückt, den Notenplan) nicht mit Linien überhäufen wollen, so setzen wir statt einer vollständigen sechsten Linie eine kurze N e b e n l i n i e, neben der das F ü n f l i n i e n s y s t e m, als Hauptsache, doch noch deutlich in die Augen fällt. Jetzt können wir

den zwölften Ton a u f d i e N e b e n l i n i e, und einen dreizehnten Ton über die Nebenlinie setzen. Eine z w e i t e N e b e n l i n i e würde uns —

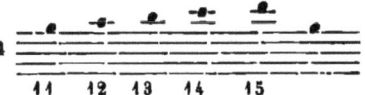

Stellen zu dem vierzehnten und funfzehnten Ton geben, u. s. f.

Das gleiche Mittel wenden wir für tiefere Töne an. Setzen wir (beispielsweise) eingestrichen *c* auf die erste Linie, so haben wir klein *h* unter die erste Linie zu schreiben. Wollen wir noch tiefere Töne notiren, so brauchen wir für *a* die erste Nebenlinie (nämlich u n t e r dem Liniensystem), *g* würde unter die erste Nebenlinie, *f* auf die zweite Nebenlinie

zu setzen sein, und so fort.

---

\* Die Fünflinien werden mit einem besondern dazu erfundnen Instrument, dem R o s t r a l, gezogen, das fünf metallne in Eins verbundne Schnäbel (rostra) für die fünf Linien hat.

Jetzt könnten wir alle Noten lesen und schreiben, wüssten wir nur bestimmt, welcher Ton wirklich auf irgend einer Linie stehen soll. Setzten wir z. B. wie bei No. 5 fest, dass auf der ersten Linie eingestrichen *c* stehn solle: dann wüssten wir, dass über der ersten Linie eingestrichen *d*, auf der zweiten Linie *e*, unter der ersten Linie das kleine *h* stehen müsste; denn die Noten folgen einander in derselben Ordnung, wie die Töne in der Tonleiter. Wir könnten aber statt des eingestrichnen *c* irgend einen andern Ton auf die erste Linie setzen; dann würden alle Töne ihre Stellung danach richten. Stände z. B. auf der ersten Linie nicht $\bar{c}$, sondern $\bar{e}$: so würde unter derselben $\bar{d}$, über ihr $\bar{f}$, auf der zweiten Linie $\bar{g}$ stehn, und so fort. Es muss also festgesetzt werden, wo irgend ein Ton stehen soll, von dem aus wir die Stelle für andere Töne bestimmen.

Hierzu bedient man sich gewisser Zeichen,

Schlüssel*

genannt, die andeuten, dass auf der von ihnen bezeichneten Linie irgend ein bestimmter Ton notirt werden soll. Solcher Schlüssel sind drei in Gebrauch:

der *G*- oder Violinschlüssel,<br>
der *C*-Schlüssel,<br>
der *F*-oder Bassschlüssel.

## 1. Der *G*-Schlüssel

hat diese Gestalt

 oder

und zeigt an, dass auf der von seinem untern Bogen umschlungnen Linie eingestrichen *g* stehn soll. Er wird jetzt stets auf die zweite Linie gesetzt. Ehedem (zumal in französischen Notenschriften) stellte man ihn auch auf die erste Linie, so dass auf dieser eingestrichen *g* notirt wurde. In dieser letztern Anwendung nannte man ihn den französischen Violinschlüssel.

Hier sehen wir eine Notenreihe nach dem heutigen Violinschlüssel aufgezeichnet.

---

\* Auch kurzweg Zeichen, z. B. Basszeichen, Diskantzeichen — genannt. Sie sind aus gothisch verzierten Buchstaben entstanden, oder an deren Stelle eingeführt worden.

Wollte man mit diesem Schlüssel das kleine *f* notiren, so käm
es auf eine dritte Nebenlinie **unter** dem Liniensystem; das drei-
gestrichene *a* ständ' über der vierten Nebenlinie **über** dem Liniensystem, und so fort.

### 2. Der *C*-Schlüssel

deutet an, dass auf der von ihm bezeichneten Linie **eingestrichen**
*c* stehn soll. Er hat diese Gestalten:

$$\text{⊟} \} \text{ oder } \mathbf{3} \text{ oder } \|\|:$$

und wird in dreifacher Weise, als Diskant-, Alt- und Tenorschlüssel,
gebraucht.

#### a. Der Diskantschlüssel

weiset dem eingestrichnen *c* seine Stelle auf der ersten Linie an. Hier

ist eine Notentabelle dazu, die man nach obiger Anweisung unten
oder oben mittels Nebenlinien erweitern kann.

#### b. Der Altschlüssel

bezeichnet die dritte Linie als Sitz des eingestrichnen *c*, giebt also
folgende Notenreihe her:

#### c. Der Tenorschlüssel

setzt eingestrichen *c* auf die vierte Linie und hat diese Notenreihe:

Dies sind die drei üblichen Anwendungen des *C*-Schlüssels. In
alten Schriften findet man ihn auch auf der zweiten Linie für den
tiefern oder Mezzo-Sopran*. — Wir kommen nun zum dritten
Schlüssel.

### 3. Der *F*-Schlüssel

Er hat diese Gestalt,

$$\text{⊃}: \text{ oder } \text{⊃}\|\|:$$

---

* Vergl. den zweiten Abschnitt der dritten Abtheilung.

und zeigt an, dass auf der von ihm umschlungnen Linie das kleine *f* stehn soll. Bei uns nimmt er stets seinen Platz auf der vierten Linie, und hat folgende Notenreihe:

Kontra A H Gross C D E F G A H c d e f g a h c d e

Will man dieselbe nach unten oder oben erweitern, so würde Kontra - *G* unter die dritte Nebenlinie, Kontra - *F* auf eine vierte Nebenlinie, Kontra-*E* unter dieselbe, — ferner eingestrichen *f* oberhalb des Liniensystems über die zweite Nebenlinie, eingestrichen *g* auf eine dritte Nebenlinie u. s. f. gesetzt werden müssen. — In ältern Notenschriften zeigt sich der *F*- Schlüssel bisweilen auf der dritten*, bisweilen auch auf der fünften Linie**.

---

* Dann heisst er B a r i t o n - S c h l ü s s e l, weil er für den Bariton (s. den zweiten Abschnitt der dritten Abtheilung) gebraucht wurde.

** Wozu bedarf es so vieler Schlüssel? Sollte man nicht an einem einzigen genug haben? — Wir überzeugen uns leicht vom Gegentheile.

Wollten wir irgend einen Schlüssel allein gebrauchen, so würden wir in der Höhe oder in der Tiefe zu viel Nebenlinien nöthig haben. Bei dem *F*- Schlüssel z. B. brauchten wir schon zum eingestrichnen *e* zwei Nebenlinien, das zweigestrichne *e* würde über die fünfte, das dreigestrichne gar auf die neunte Nebenlinie zu setzen sein. Wollten wir im *G*-Schlüssel das grosse und Kontra-*G* notiren, so brauchten wir ebenfalls sechs und neun Nebenlinien. Wie unbequem würde aber eine solche Schrift —

zu lesen und zu schreiben sein! Offenbar ist der Violinschlüssel für die höchsten Oktaven (z. B. für die Tonreihe der Violinen und Flöten), der Bassschlüssel für die tiefsten Oktaven (z. B. für den Kontrabass, für die tiefste Singstimme, den Bass) am geeignetsten, dagegen der erstere für die tiefen und der letztere für die hohen Tonreihen ungeeignet.

Hiernach erräth man aber schon, warum auch zwei Schlüssel, z. B. der *G*- und *F*-Schlüssel, noch nicht hinlänglich bequem für alle Tonreihen und Stimmen sein können. Für eine Stimme (wie z. B. der Tenor, oder Alt, oder die Viola), die sich etwa vom kleinen bis zum zweigestrichnen *c* hin erstreckt, würde der *F*-Schlüssel zu tief sein, und der *G*-Schlüssel zu hoch; ersterer brauchte mehr als vier Nebenlinien in der Höhe, letzterer eben so viel in der Tiefe. Wie viel bequemer zeigt sich der Alt-Schlüssel,

oder auch der Tenorschlüssel! Man bedarf also auch mittlerer (für mittlere Ton-

Noch eines Auskunftmittels ist zu erwähnen, dessen man sich für sehr umfangreiche Tonreihen bedient. Wenn nämlich eine Tonreihe sich so weit erstreckt, dass keiner von allen Schlüsseln ganz genügen kann: so wechselt man mit den Schlüsseln. Eine Tonreihe vom grossen bis zum zweigestrichnen $g$ z. B. würde weder für den Violin- noch für den Bass- oder einen der Mittelschlüssel bequem zu fassen sein, wie dieses Schema

zeigt. Dann lässt man am geeigneten Ort einen andern Schlüssel eintreten. Hier z. B.

sind alle Töne dieser drei Oktaven ohne Hülfe einer Nebenlinie, mit Hülfe des Schlüsselwechsels bequem aufgezeichnet.

Verbinden sich in einem Tonstück mehrere Stimmen, so notirt man sie auf verschiednen, gleichzeitig mit einander fortlaufenden Systemen und giebt jedem System den geeigneten Schlüssel für die ihm zufallenden Tonreihen, also z. B. den $G$-Schlüssel dem für die hohen, — den $F$-Schlüssel dem für die tiefen Tonreihen bestimmten System*. In diesem Falle gilt jeder Schlüssel für die ganze No-

---

reihen geeigneter) Schlüssel; und dazu dienen die drei $C$-Schlüssel. Denn etwas tiefer, als der Violinschlüssel (und zwar um zwei Stufen tiefer) steht der Diskantschlüssel; tiefer als dieser (vier Stufen) der Altschlüssel, noch zwei Stufen tiefer der Tenorschlüssel, endlich vier Stufen unter diesem der Bassschlüssel. So hat jede Tonregion ihren angemessnen Schlüssel.

Auf der andern Seite können freilich auch allzuviel Abstufungen im Gebrauche der Schlüssel verwirrend und überlästig werden. So hat man früher zwar nicht blos (wie schon oben erwähnt) den Violinschlüssel auf der ersten Linie, sondern auch den $C$-Schlüssel auf der zweiten Linie (als Mezzo- oder Halb-Sopran-Schlüssel), den $F$-Schlüssel auf der dritten Linie (als Baritonschlüssel) und auf der fünften (als tiefen Bassschlüssel) angewendet, ist aber von diesen überhäuften Nebenanwendungen mit Recht wieder zurückgetreten.

* Noch ein, nur selten vorkommender Fall ist hier zu erwähnen. Bisweilen fehlt es in vielstimmigen Werken an Raum, jeder besondern Tonreihe, oder auch allen wesentlich von einander abweichenden Tonreihen besondre Systeme, jedes unter seinem geeigneten Schlüssel, einzuräumen. Dann drängt man ihrer zwei Stimmen auf einem System unter dem für beide noch geeignetsten Schlüssel zusammen und setzt im Nothfalle für solche Noten, die unter dem gewählten Schlüssel nicht füglich darzustellen sind, einen zweiten Schlüssel zu, während für die andre Stimme der vorangestellte Hauptschlüssel fortgilt. So fehlte es in der stimmreichen Partitur von Beethoven's grosser Messe S. 48 an Raum, dem ersten, hochliegenden, und dem zweiten, tiefliegenden Fagott besondre Systeme zu geben und es musste in dieser Weise —

tenzeile, vor der er steht, bis ein andrer Schlüssel eintritt. Soll der neu eingetretene Schlüssel auch in der folgenden Zeile weiter gelten, so setzt man in der Regel, um die Stimme zu bezeichnen, zuerst den gewöhnlichen Schlüssel, danach aber den neueingeführten. Soll z. B. in Bassnoten der Violinschlüssel gleich vom Anfang einer Zeile gelten, so wird diese so

bezeichnet*.

notirt werden; die obere Notenreihe steht nun durchgängig im Tenorschlüssel, die untere vom zweiten bis vorletzten Takte (was hier noch Unerklärtes zum Vorschein kommt, gehört nicht zur Erläuterung des Falles) im *F*-Schlüssel. — Man bemerke, dass der *F*-Schlüssel, um recht in die Augen zu fallen, auf einer falschen Stelle steht und schon hierdurch die ganze Schreibweise sich als blosse N o t h h ü l f e karakterisirt, deren man sich wo möglich gar nicht bedienen sollte, — wie denn auch mit dem *F*-Schlüssel für beide Stimmen auszukommen gewesen wäre.

* Es ist wünschenswerth, dass jeder an Musik Theilnehmende sich r echt gründlich von der Trefflichkeit unsers Notensystems überzeuge (die noch mehr einleuchten wird, wenn wir im ersten Abschnitte der zweiten Abtheilung erfahren, dass unsre Tonzeichen auch die bequemste Bezeichnung der Geltung an sich aufnehmen), da von Zeit zu Zeit — bis in die letzten Jahre hinein — noch Vorschläge zu neuen Tonschriften (oder zur Rückkehr auf alte, z. B. auf Systeme von vielen Linien, wie vor einigen Jahrzehnten Prof. K r a u s e in Göttingen wollte, um Schlüssel zu sparen), oft von der wunderlichsten Art, laut werden. Dergleichen Vorschläge, ein durch Jahrtausende herausgebildetes und mit dem Leben und Wesen der Kunst und der kunstübenden Völker unlösbar verwachsenes Schriftsystem zu verlassen; — ein Unternehmen, das nur hervortreten kann, wo man der Vernünftigkeit, Nothwendigkeit und Macht geschichtlicher Entwickelung vergessen ist, — solche Vorschläge können zwar niemals auf das Bestehen und Gedeihen der Kunst störenden Einfluss gewinnen, wohl aber Einzelne, und bisweilen ganze Massen Musiklernender, unnütz bemühn, irre leiten, oder gar von höherer Musikbildung abwendig machen. Dieser Art ist das noch jetzt nicht ganz beseitigte Z i f f e r s y s t e m, das wohlmeinende, aber nicht genugsam im Musikalischen unterrichtete Pädagogen vor einer Reihe von Jahren zur vermeintlichen Erleichterung der Schuljugend vielfach eingeführt haben. Hier sollen Ziffern in drei Fächern (drei Oktaven vorstellend) die Stufenzahl und dadurch die Noten angeben, z. B. diese Zifferreihe

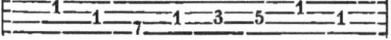

## Methode zur Erlernung des Notenlesens.

Wer sich nicht tiefer mit Musik beschäftigen, sondern nur singen, oder ein Instrument spielen will, kann in der Regel mit

soll diese Noten

vorstellen. Dass hier die belebende Anschaulichkeit unsers Notensystems ganz fehlt, dass so nur eine kleine Notenreihe darzustellen und die Geltung an dem Tonzeichen (der Ziffer, nicht auszudrücken ist, leuchtet ein. Auch schreiben Vertreter des Ziffersystems selbst ihm nicht gleichen Werth mit dem Notensystem zu; jenes soll das Notensystem nur einstweilen bei den Kindern vertreten, und ihnen das Notenlernen sparen, bis sie bei weiterm Fortschreiten — doch die Noten (also zwei Schriften für eine) lernen müssen.

Sinnreicher, wenn einmal Zifferschrift angewendet werden sollte, war die vom Franzosen G a l i n dem berühmten J. J. R o u s s e a u entlehnte und von C h e v é (*Méthode élémentaire de musique vocale,* 1854) angewendete. Die Töne werden, von c an, mit den Ziffern 1, 2, 3 u. s. w. bezeichnet, die tiefere Oktave mit Punkten unter, die höhere mit Punkten über den Ziffern, so dass z. B. diese Zifferreihe

$$\overset{\cdot\ \cdot\ \cdot}{5\ \ 6\ \ 7\ \ 1\ \ 2\ \ 3\ \ 4\ \ 5\ \ 6\ \ 7\ \ }\underset{}{1\ \ 2\ \ 3\ \ 4}$$

die Tonreihe von klein *g* bis zweigestrichen *f* bezeichnete. Erhöhte Töne werden von der Rechten ('*1, 5* bezeichnen also *fis, gis*), erniedrigte von der Linken (*2, 3* bezeichnen also *des, es*) abwärts durchstrichen. Der Umfang von drei in dieser Weise darstellbaren Oktaven genügt für den Gehalt der Singstimmen (wenigstens der meisten), wenn man die Zifferreihe für Männerstimmen um eine Oktave tiefer anwendet. Allein auch hier müssen die Noten, in denen unsre ganze Literatur geschrieben ist, nachgelernt werden, auch hier fehlt die Anschaulichkeit des Notensystems, das die Tonleiter in der Notenleiter abbildet. Und dazu kommt, dass die abstrakte Zifferbezeichnung nur für *C*dur zutrifft und in den andern Tonarten alle Verhältnisse verwirrt, z. B. wenn in *D*dur der erste Ton mit 2, die Quinte (der fünfte Ton) mit 6 bezeichnet wird.

Uebrigens giebt es kaum einen Weg und Umweg, den man nicht bei der Erfindung und Umgestaltung der Tonschrift schon gegangen wäre. Die Griechen und ihre Nachfolger bedienten sich der (mannigfach gestellten und umgestalteten) Buchstaben als Tonzeichen, dann — aus und mit diesen — entwickelte sich eine Schrift von besondern Zeichen (N e u m e n genannt), die man bis in das zwölfte Jahrhundert brauchte. Um ihrer Unübersichtlichkeit abzuhelfen und Höhe und Tiefe anschaulicher zu machen, stellte man die Neumen höher oder tiefer, zog dann (im neunten oder zehnten Jahrhundert) e i n e e i n z e l n e L i n i e gleichsam als Grundlinie, ging von hier auf z w e i L i n i e n (die untere roth, die obere gelb) über, fügte (Guido von Arezzo machte diesen Fortschritt) über jeder derselben eine schwarze Linie zu, so dass man nun v i e r L i n i e n hatte, und setzte Notennamen mit Buchstaben vor, aus denen später, wie schon bemerkt, unsre Schlüssel geworden sind. Erst im zehnten Jahrhundert scheinen einzelne Versuche mit N o t e n, und zwar auf s i e b e n, a c h t und z e h n Linien (man ging auch wohl auf z w ö l f und mehr) gemacht worden zu sein, und erst im zwölften Jahrhundert, wo nicht noch später, scheint die Notenschrift allgemeiner geworden. Daneben erhielten sich aber noch andre mehr neumenartige Tonschriften mancherlei Art, besonders für das oder jenes Instrument (z. B. die

einem oder zwei Schlüsseln auskommen. Jedem aber muss wünschenswerth sein, Noten und Notenlesen leicht, sicher und nach
einer Methode zu lernen, die ihm den Weg bahnt, auch nach fremden Schlüsseln geläufig Noten zu lesen.

Hierhin führt weder Auswendiglernen, noch die Notentafel,
deren sich neuere Klavierlehrer* bedienten, sondern eine recht klare
Anschauung vom Notensystem und dessen Uebereinstimmung mit
dem Tonsystem. Man muss klar erkennen, dass die Notenleiter
getreues Abbild der Tonleiter ist, dass die Noten stufenweis auf Linien und Zwischenräumen auf- und absteigen, gleich den
Tönen in der Tonleiter. Nun ist die erste Uebung: dass man irgend
einen Ton oder Schlüssel festsetzt, z. B. den G-Schlüssel** (das
eingestrichne *g* auf der zweiten Linie), und von da aus auf- und
abwärts die stufenweis folgenden Noten erst aufzeichnet und
dann benennt; z. B.

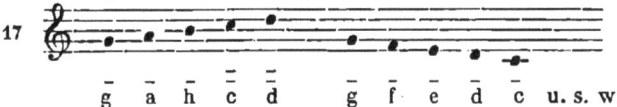

und darauf das Geschriebene benennend.

Dann nimmt man wahr, dass von Linie zu Linie (weil ein
Zwischenraum mitten inne liegt) und ebenso von Zwischenraum
zu Zwischenraum der je dritte Ton zu notiren ist, und übt auch
diese Notenfolgen auf- und abwärts schriftlich, z. B.

und darauf das Geschriebene benennend.

Laute), Tabulaturen genannt, noch Jahrhunderte lang. Vergl. die Artikel
Notensystem u. s. w. im Universal-Lexikon der Tonkunst.

 \* Es ist dies, so viel wir wissen, eine Erfindung J. B. Logier's, scharf-
sinnig wie die meisten Erfindungen dieses hellen und höchst talentvollen
Lehrers, aber auch — zu mechanisch, wie die ganze Methode desselben nach
seinen besondern Zwecken hat werden müssen. Die Notentafel ist ein zwischen
Tastatur und Notenpult angebrachtes Brett, auf dem alle Tasten des Instruments in gleicher Breite als eben so viel Fächer abgezeichnet sind. Durch diese
Fächer hindurch gehn zwei Notensysteme, eins mit dem F-Schlüssel für den
Bass, das andre mit dem G-Schlüssel für den Diskant; in jedem Fache steht die
auf der darunter liegenden Taste anzugebende Note und unter ihr der Noten-
name (*c*, *d*, *e* u. s. w.), darüber aber die Oktavenbenennung; so dass der Schüler
fortwährend die Taste zugleich mit der Note und deren Namen vor Augen hat,
bis sich ihm die Schrift unbewusst einprägt. Also ein erleichtertes Auswendiglernen.

 \*\* Methodisch richtiger finge man mit dem C-Schlüssel an, weil dieser
die erste Tonstufe bezeichnet und als Anknüpfungspunkt festsetzt. Allein der
G-Schlüssel ist jetzt weit häufiger im Gebrauch als der C-Schlüssel.

So sieht man ferner, dass auf der je dritten Linie oder dem je dritten Zwischenraum der je fünfte Ton notirt wird, z. B.

und übt auch diese Tonfolgen, wie die vorher bezeichneten.

Hierauf geht man an die Verbindung aller dieser Abzählungsweisen, beginnt mit der einen, tritt zur andern über, z. B.

nimmt endlich das erste beste Musikstück vor, und liest alle Noten ab, überall, wo man eine Note nicht gleich erkennt, von der nächstliegenden bekannten Note Schritt für Schritt, oder von Linie zu Linie u. s. w. zu ihr hinzählend. — Wohl möglich, dass diese Methode anfangs mehr Zeit kostet, als Auswendiglernen der Noten. Aber sie prägt dieselben auch besser ein und bewirkt, dass man, wenn man sich nach dieser Weise nur in einem oder zwei Schlüsseln geübt hat, die übrigen Schlüssel gleichsam schon von selbst versteht und das Auge zum schnellen Notenlesen bedeutend vorgeübt hat.

Uebrigens setzt sie eine Fertigkeit voraus, die ohnehin zuerst erworben werden muss: die Töne des Tonsystems auf- und abwärts, und auch ausser der Reihe schnell und sicher zu finden und zu benennen.

### Zusatz.

### Zusammenfassung der Schlüssel.

Für Lehrer und gereiftere Lernende, die sich nicht auf das Nothdürftige beschränken wollen, sei noch Folgendes bemerkt.

Das Notenlesen findet seine grösste Schwierigkeit in der Mehrheit der Schlüssel, deren der Klavierspieler schon zwei, wo nicht drei, der Violoncellist zwei oder drei, der Sänger oft zwei, der Partiturspieler fünf oder noch mehr bedarf. Es ist für den weniger Geübten allerdings beschwerlich und verwirrend, dass jede Note je nach dem Schlüssel fünf und noch mehr verschiedene Töne bezeichnen kann. Diese Schwierigkeit wird durch die Erkenntniss von der Nothwendigkeit verschiedener Schlüssel (S. 23) nicht beseitigt, höchstens lernt man daran, sich in sie ergeben.

Hellern Einblick gewinnt man durch Zusammenstellung der drei
gebrauchtesten Schlüssel, wie wir sie hier

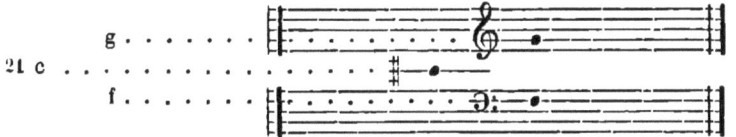

bewirkt haben. Hier tritt *c* sachgemäss als Mittel- und Vereinigungs-
punkt zwischen Bass und Diskant oder *G*- und *F*-Schlüssel; zugleich
zeigen sich schon hier die drei wichtigen Momente,

*F-C-G*,

Tonika, Ober-, Unterdominante u. s. w., die in der Kompositionslehre eine so wichtige Rolle spielen. Der Scharfblick des Lehrers
kann hieran Mancherlei knüpfen.

Auch die Abzählungsmethode für Notenlesen schliesst Keime für
spätere Lehre in sich. Man sieht:

| | | | | | |
|---|---|---|---|---|---|
| Terzen | schreiben sich auf | erster | und | nächster | |
| Quinten | – | – | – | – | dritter |
| Septimen | – | – | – | – | vierter |
| Dreiklänge | – | – | – | drei nächsten | |
| Septimenakkorde | – | – | – | vier | – |
| Nonenakkorde | – | – | – | fünf | – |

Linien oder Zwischenräumen. Jede Methode für Anfänger wird mithin auch für Fortgeschrittene nachwirken und gewinnt eben damit
höhere Bedeutung.

# Dritter Abschnitt.

## Erleichterungen bei der Notenschrift.

Wir haben keinen höhern Schlüssel, als den *G*-Schlüssel, und keinen tiefern, als den *F*-Schlüssel. Gleichwohl bedürfen wir bei jenem für die höchsten, und bei diesem für die tiefsten Töne vieler Nebenlinien; Töne der drei- und viergestrichnen Oktaven würden bei jenem so:

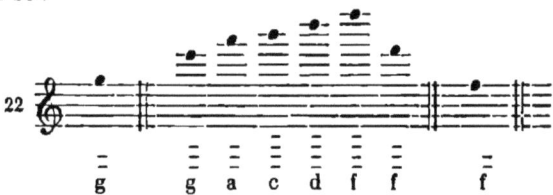

und Kontratöne bei diesem so:

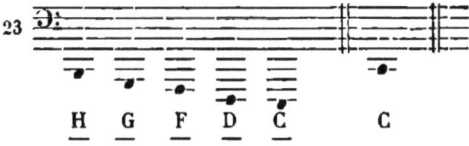

aufgezeichnet werden müssen und unbequem zu lesen sein.

Bei solchen Tönen bedient man sich daher einer erleichternden Schreibart. Man notirt nämlich die zu hohen Töne e i n e  O k t a v e  t i e f e r, und setzt ü b e r  d i e  N o t e n die Ziffer

$$8 \text{ oder } 8^{\underline{va}}$$

(*ottava*), um anzudeuten, dass sie in der Oktave (nämlich in der höhern Oktave) zu spielen oder zu singen seien. Wird eine ganze Reihe solcher Töne tiefer notirt, so verlängert man das Oktavzeichen, soweit es gelten soll,

$$8\text{------}, \; 8^{\underline{va}} \text{------}$$

und bezeichnet die Stelle, wo die Noten wieder nach ihrer ursprünglichen Bedeutung zu lesen sind, mit

$$l. \text{ oder } loco,$$

am (rechten) Orte. Diese Notenreihe z. B.

würde bequemer so

zu notiren sein.

Umgekehrt: sollen zu tiefe Töne notirt werden, so schreibt man sie eine Oktave höher und setzt das Oktavzeichen (8, 8$^{\underline{va}}$, 8$^{\underline{va}}$ - - -) d a r u n t e r; z. B.

Hier ist die zweite Note Kontra-*C*, die achte bis zehnte als Kontra-*G*, *E* und *C*, die elfte aber als Gross-*C* zu lesen.

Dass diese Schreibart in jedem Schlüssel anwendbar ist, versteht sich von selbst. Man thut übrigens wohl, nicht zu oft mit ihr und der ordentlichen Notirung zu wechseln, damit die Schrift nicht zu bunt, und die beabsichtigte Erleichterung nicht in der That Erschwerung werde. Niemand würde es z. B. bequem finden, wenn man diese Stelle

so notiren wollte:

Man würde, wie sich von selbst versteht, entweder die ganze Stelle tiefer (und so auch No. 26 höher) notiren und im Ganzen mit einem 8$^{\underline{va}}$ bezeichnen, —

oder, wenn dies aus irgend einem Grunde nicht anginge, lieber mit Nebenlinien, wie in No. 27, fertig zu werden suchen.

Aehnlicher Erleichterung bedient man sich, wenn eine Tonreihe von einer zweiten in der höhern oder tiefern Oktave begleitet werden soll, wenn zwei Tonreihen z. B.

mit einander in Oktaven gehn. Dann kann man statt der äussern
Notenreihen (der tiefsten im Bass', oder der höchsten im Diskant)
über oder unter die innere Notenreihe

*all' 8<sup>va</sup> (all' ottava)*

(in der Oktave mitzuspielen) setzen, also die obigen Tonreihen,
No. 30, so:

aufzeichnen. Das Zeichen

verlängert hier, wie vorher (No. 25), die Bezeichnung des Oktaven-
gangs, soweit es sich erstreckt.

Oefters findet man übrigens in Musikalien statt *all' ottava* blos
*ottava* (8<sup>va</sup>) gesetzt, eine ungenaue, oder vielmehr unrichtige Schreibart. Da kommt es nun darauf an, aus den Umständen zu
errathen, welches die eigentliche Absicht des Komponisten gewesen ist. Hätte ein Oktavengang angefangen, und es folgte ein
blosses 8 oder 8<sup>va</sup>, z. B. in diesem Sätzchen:

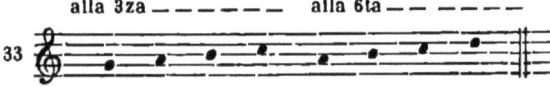

so müsste man annehmen, dass der Oktavengang fortgesetzt, nicht
etwa blos die tiefern Noten von *c* an in der höhern Oktave allein
gespielt werden sollen.

Seltner finden sich noch die Bezeichnungen

*alla 3<sup>za</sup> (alla terza),*

und

*alla 6<sup>ta</sup> (alla sista),*

um anzudeuten, dass mit der einen in Noten hingeschriebnen Tonreihe —

eine höhere (oder tiefere, wenn die Zeichen unten stehn) um d r e i
oder s e c h s Töne höher

mitgehen soll.

In mehrstimmigen Sätzen, z. B. in Chor- oder Orchesterstücken,
bedient man sich auch der Verweisung einer Stimme auf die andre,
schreibt z. B. in die Stimme des Tenors statt der Noten ein blosses

*col Basso*

(mit dem Bass), oder in die zweite Violine ein

col I<u>mo</u> (*Violino*),

um anzudeuten, dass jener mit dem Bass gehn, diese die Noten der
ersten Violine mitspielen soll.

Endlich hat man noch gewisse Zeichen und Bestimmungen, um
die Notenschrift stellenweis ganz zu ersparen.

Soll eine Stelle zwei-, drei-, viermal wiederholt werden, so
schreibt man sie nur einmal hin, und setzt

*bis, — ter, — quater*

darüber, schliesst auch wohl die ganze Stelle zu mehrerer Deutlichkeit mit einem Bogen oder Punkten ein.

Soll ein grösserer Satz, vielleicht ein Theil eines Tonstücks,
wiederholt werden, so setzt man an dessen Ende das

### Wiederholungszeichen,

zwei Querstriche durch die Linien, mit vorgesetzten Punkten oder
kurzen Strichen zwischen den Linien. — Hier sind folgende Fälle
zu unterscheiden.

Soll ein Theil oder Satz vom Anfang des Tonstücks her wiederholt werden, so setzt man das Wiederholungszeichen, wie es
eben gezeigt worden ist, an die Stelle, von welcher man zum Anfange zurückgehn und wiederholen soll.

Soll die Wiederholung nicht von Anfang an, sondern eine oder
einige Noten später beginnen, so setzt man vor den Punkt, von
dem an wiederholt wird, das umgekehrte Wiederholungszeichen (die
Punkte oder Striche hinter den Linien)

so dass die ganze zu wiederholende Stelle von beiden Wiederholungzeichen eingeschlossen ist. Dieses Sätzchen z. B.

wird bis zur vorletzten Note (*g*) vorgetragen, dann wird von der
dritten Note (*e*) Alles wiederholt, und nun erst zur letzten oben
niedergeschriebnen Note (*a*) und weiter gegangen.*

---

* Man muss sich statt der eingeschlossnen Noten einen ganzen Satz oder
Theil vorstellen; denn für eine so kleine Stelle, wie wir der Kürze wegen gesetzt, würde man zweckmässiger blos *bis* setzen.

Soll nach dem einen Satz oder Theil auch der folgende wiederholt werden, so vertheilt man die Strichelchen oder Punkte des
Wiederholungszeichens auf beide Seiten,

um im Voraus darauf aufmerksam zu machen, dass und von wo
ein zweiter Satz zu wiederholen sein wird.

Soll ein grösserer Satz wiederholt werden, dessen Ende aber
bei der Wiederholung eine Aenderung erfährt, so bezeichnet man
die abzuändernde Stelle vor dem Wiederholungszeichen mit einem
übergezogenen Bogen oder einer Klammer, und den Worten

1<u>ma</u> (prima volta),

so wie die darauf folgende Abänderung (die also nach dem Wiederholungszeichen zu stehen kommt) mit

2<u>da</u> (seconda),

um auszudrücken, dass d a s  E r s t e m a l die erste Stelle genommen,
bei der Wiederholung aber (d a s  Z w e i t e m a l) die erste Stelle
ü b e r g a n g e n und s t a t t  i h r e r die zweite genommen werden soll.
Obiger Satz z. B. würde, so geschrieben:

wiederholt werden, wie zuvor; die Wiederholung würde aber nur
bis zur zwölften Note (*f*) gehen, dann würden die vier folgenden Noten (*e-g-c-g*) übergangen und statt ihrer die hinter dem
Wiederholungszeichen stehenden (*e-g-f-e*), mit 2<u>da</u> bezeichneten genommen.

Aehnliche Bedeutung haben die Worte

*D a  c a p o* (*D. C.* oder *D. c.* oder *d. c.*),

vom Anfang, — nämlich zu wiederholen.

Soll die Wiederholung nur bis auf einen bestimmten Punkt
gehen und da das Tonstück geschlossen werden, so bezeichnet man
den Schlusspunkt mit

*F.* oder *Fine* (Ende),

fügt auch wohl, um ihn mehr in die Augen fallend zu machen,
über der letzten Note dieses Zeichen

⌢

(das wir später in andrer Bedeutung wiederfinden werden) zu, und
setzt statt des einfachen *da capo* ein

*D. C. al fine,*

das heisst: vom Anfang bis zu dem (bezeichneten) Ende.

Soll endlich nicht von Anfang, sondern von einer spätern Stelle an wiederholt werden, so bezeichnet man diese durch ein vorgesetztes Zeichen,

und schreibt statt des *da capo* ein

d. s. (dal segno),

das heisst: vom Zeichen.

Dieses Sätzchen z. B.

würde bis zu Ende durchzuspielen, dann aber vom Zeichen (von der neunten Note, *c*) zu wiederholen sein, bis zu der mit *fine* und dem Zeichen

als Schluss angegebnen Note (dem tiefen *c*), wo der ganze Satz zu Ende wäre.* Meist wird übrigens dies Zeichen mit dem verkehrten Wiederholungszeichen (S. 33) unterschiedlos gebraucht.

Noch andre Abkürzungs- oder Erleichterungszeichen werden wir später kennen lernen.

Schliesslich ist noch eines Zeichens zu gedenken, das am Ende der Seite (oder bei einem unvollständig geschriebnen Satze) dazu dient, die nächste Note der folgenden Seite (oder die nächste Fortsetzung des Satzes) anzudeuten. Es ist dieses —

und wird

**Anführungszeichen**

genannt. Hier z. B.

deutet es an, dass die nächsten Noten das zweigestrichne *f* und das eingestrichne *a* sein werden.

---

* Auch hier (wie in No. 36) muss man sich statt des winzigen Sätzchens einen weit ausgeführten Satz vorstellen; so wenige Noten würde man, statt der breiten Bezeichnung, lieber noch einmal hingeschrieben haben.

# Vierter Abschnitt.

## Erhöhung und Erniedrigung.*

Vergleichen wir unser Noten- und Tonsystem, so weit es bisher betrachtet worden, mit der Tastenreihe an einem Klavier oder unserm Abbilde S. 3 : so findet sich, dass wir noch nicht alle Töne kennen und schreiben gelernt, mithin das System noch nicht vollständig in Besitz genommen haben; es fehlen noch die durch die Obertasten anzugebenden, in unserm Bilde mit 2, 4, 7, 9, 11 überschriebnen Töne. Wir haben uns diese Unvollständigkeit einstweilen gestattet, um erst eine sichre Grundlage zu gewinnen, und wollen nun die ausgelassnen Töne zugleich mit ihrer Bezeichnung nachträglich kennen lernen, wobei wieder die S. 3 abgebildete Tastatur als Mittel leichterer Anschauung dient.

### A. *Erhöhung.*

Setzen wir vor irgend eine Note dieses Zeichen:

♯

Kreuz oder Erhöhungszeichen genannt: so wird nicht der ursprünglich durch die Note bezeichnete, sondern der auf der nächsten höhern Taste anzugebende Ton genommen: gleichviel, ob die nächste höhere Taste Ober- oder Untertaste ist. Setzen wir z. B. vor die Note c ein Kreuz,

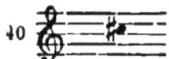

so wird nicht die im Bilde S. 3 mit 1 bezeichnete Taste c, sondern die nächste höhere Taste, die mit 2 überschriebene Obertaste, genommen. Steht vor d ein Kreuz, so wird die Obertaste, 4, genommen; steht vor e ein Kreuz, so wird die nächste höhere Taste, 6, genommen, — wie wir sehn, eine Untertaste.

Der so erhöhte Ton muss dann anders genannt werden. Man hängt seinem ursprünglichen Namen die Silbe

*is*

an.** So wird

---

* Vollendet kann die hier beginnende Lehre erst in der zweiten Abtheilung, im neunten Abschnitte, werden.

** Die Franzosen setzen ihren Tonbenennungen das Wort „*dièse*" zu, nennen also *cis: ut dièse*, oder *do dièse*, — *dis: re dièse*, u. s. w.

| aus | *c* | also | *cis,* |
|---|---|---|---|
| - | *d* | - | *dis,* |
| - | *e* | - | *eïs* (*e-is*), |
| - | *f* | - | *fis,* |
| - | *g* | - | *gis,* |
| - | *a* | - | *aïs* (*a-is*), |
| - | *h* | - | *his.* |

Hier —

41

c  cis  d  dis  e  eïs  f  fis  g  gis  a  aïs  h  his  c

sehn wir die Töne einer Oktave, jeden mit seiner Erhöhung. Es scheinen ihrer 14 zu sein, sind aber nur 12; denn *eïs* ist kein anderer Ton als *f*, und *his* kein anderer als *c*. Nun erst haben wir alle im Bilde S. 3 und auf der Tastatur vorfindlichen Töne benannt und aufgezeichnet.

Dasselbe kann aber auch noch von der entgegengesetzten Seite her geschehn.

## B. *Erniedrigung.*

Setzen wir vor irgend eine Note ein

♭

(Erniedrigungszeichen oder schlechtweg »b« genannt), so wird statt des ursprünglich von der Note bezeichneten Tons der auf der nächsten tiefern Taste anzugebende Ton genommen, gleichviel, ob diese Taste Ober- oder Untertaste ist. Steht z. B. vor *c* ein *b*, so wird nicht die *c*-Taste (im Bilde 13), sondern dafür die nächste tiefere, 12, genommen, also eine Untertaste. Steht vor *h* ein *b*, so wird nicht die Taste 12, sondern die nächste tiefere, 11, genommen, also eine Obertaste.

Ein solcher erniedrigter Ton verändert seinen Namen; man hängt die Silbe

*es*

an, * macht also

| aus | *c* | nun | *ces,* |
|---|---|---|---|
| - | *d* | - | *des,* |
| - | *e* | - | *eës,* |
| - | *f* | - | *fes,* |
| - | *g* | - | *ges,* |
| - | *a* | - | *aës,* |
| - | *h* | - | *hes.* |

---

* Die Franzosen setzen statt dessen das Wort „*bémol*" zu, nennen also *ces: ut bémol* oder *do bémol*, — *des: re bémol*, u. s. w.

Nur schreibt und spricht man statt des *eës* kurzweg *es*, und statt *aës* kurzweg *as*; statt *hes* sagt man aber *b*.*

Hier —

c   ces   h   b   a   as   g   ges   f   fes   e   es   d   des   c

sehn wir die Töne einer Oktave, jeden mit seiner Erniedrigung. Es scheinen wieder bis zur Oktave ihrer vierzehn. Aber wiederum müssen wir bemerken, dass *ces* derselbe Ton wie *h*, und *fes* derselbe Ton wie *e* ist; also bleiben richtig nur zwölf verschiedne Töne, wie im Bilde, für die Oktave.

Solche Töne, die nur dem Namen nach verschieden, in der That (der Tonhöhe nach) aber dieselben sind, heissen

**enharmonisch;**

also *h* und *ces*, *e* und *fes*, *eës* und *f*, *his* und *c*, *cis* und *des*, *as* und *gis*, *b* und *aës* u. s. w. sind enharmonische Töne.

Es muss auf den ersten Hinblick auffallen, dass wir sonach für die Töne doppelte Namen haben. Warum nennen wir nicht die Töne der Obertasten ein für allemal *cis*, *dis*, u. s. w., oder *des*, *es*, u. s. w.? warum soll *e* bisweilen *fes*, und *f* bisweilen *eës* heissen? — Diese scheinbar überflüssigen Doppelbenennungen haben guten Grund für sich; sie sind für Klarheit und Leichtigkeit der Schreibart unentbehrlich. Zum Theil wird sich das schon in diesem Werke zeigen lassen; erschöpfend kann es nur in der Kompositionslehre und Musikwissenschaft dargethan werden.

Die Tonleiter mit Einfügung aller erhöhten, oder aller erniedrigten Töne, die nicht schon unter anderm Namen (enharmonisch) vorhanden sind, nennen wir

**chromatische Tonleiter.**

Hier

* Die Engländer gebrauchen auch wirklich die Benennung *hes* statt *b*, — und dass dies folgerichtiger ist, bedarf keines Beweises. Allein in allem geschichtlich Gewordnen und Werdenden (hier in der Musiksprache, wie in der Bildung aller Sprachen und viel andern Dingen) muss die starre Folgerichtigkeit oft der Macht der Thatsachen weichen, — wenn jene nämlich nicht soviel Werth hat, dass es lohnte, diese mit ihren Folgen zum Opfer zu bringen. Die Benennung *b* (statt *hes*) hat — wie die letzte Anmerkung S. 43 nachweiset — geschichtlichen Anlass und ist seit Jahrhunderten in Deutschland, das für Musik und Musiksystem ungleich thätiger und erfolgreicher gearbeitet hat, als das uns sonst vielfältig überlegne England, unabänderlicher Sprachbrauch geworden.

sehn wir die chromatische Tonleiter mit Erhöhungen, bei *A.*, —
und mit Erniedrigungen, bei *B.*, — vor uns.

Dagegen heisst die (Seite 14 aufgewiesene) Folge aller Stufen,
in der jede Stufe nur einmal auftritt,

### diatonische Tonleiter,

die durch die Töne gehende, keine Tonstufe auslassende, — aber
jede nur in einer Form, mit einem Ton besetzende Tonleiter.

Haben wir ein Erhöhungs- oder ein Erniedrigungszeichen angewendet und wollen später nicht mehr den erhöhten oder erniedrigten Ton, sondern wieder den ursprünglichen eintreten lassen : so
bietet sich dafür

### C. das Widerrufungszeichen

dar, das diese Gestalt

hat und auch *b quadratum* oder B-Quadrat genannt wird. Es hebt
die Wirkung des vorhergegangenen Kreuzes oder Be's auf, stellt
also den erhöht oder erniedrigt gewesenen Ton wieder auf seine
ursprüngliche Höhe. So wird z. B. hier —

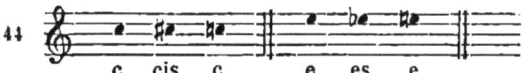

aus *cis* wieder *c* und aus *es* wieder *e*; das Kreuz hatte das zweite
*c* zu *cis* erhöht, das Widerrufungszeichen sagt uns, dass der zweite
Ton nicht mehr erhöht, nicht mehr *cis*, sondern *c* sein solle; das
zweite *e* war durch das vorgesetzte Erniedrigungszeichen *es* geworden, durch das Widerrufungszeichen wird *es* wieder zu *e*.

Wir dürfen hierbei nicht unbemerkt lassen, dass die Wirkung
des Widerrufungszeichens eine zwiefältige ist; hebt es eine Erhöhung auf, so erniedrigt es den Ton, hebt es eine Erniedrigung auf, so erhöht es den Ton. Weiterhin wird diese einfache
Bemerkung nützlich werden.

### D. Doppel-Erhöhung und Doppel-Erniedrigung.

Es ist unter Umständen, die wir später kennen lernen, nöthig,
bisweilen einen Ton doppelt zu erhöhn oder zu erniedrigen,
so dass statt seiner Taste die zweite höhere oder tiefere zu
nehmen ist.

Die Doppelerhöhung wird durch ein Doppelkreuz, das
diese Gestalt hat,

✕ oder ✳

angedeutet*. Erscheint also das Doppelkreuz z. B. vor c, so wird nicht c, nicht *cis*, sondern die nächste über *cis* liegende Taste (die wir bisher d nannten, im Bilde mit 3 bezeichnet) genommen. Dem Notennamen wird die Erhöhungssilbe *is* doppelt angehängt; also

| aus | c | wird | *cisis,* |
|---|---|---|---|
| – | d | – | *disis,* |
| – | e | – | *eïsis,* |
| – | f | – | *fisis,* |
| – | g | – | *gisis,* |
| – | a | – | *aïsis,* |
| – | h | – | *hisis.* |

Unangemessen scheint die Benennungsweise Einiger, die statt der Erhöhungssilbe den ganzen Namen verdoppeln, also statt *cisis* c i s c i s, statt *disis* d i s d i s sagen, oder auch Doppel–*cis*, Doppel-*dis* u. s. w. Man weiss dabei nie sicher, ob z w e i m a l *cis*, oder *dis* n a c h e i n a n d e r, oder wirkliche Doppelerhöhung gemeint ist.

Die D o p p e l e r n i e d r i g u n g wird durch ein Doppel–*b*.

oder auch durch ein einfaches aber grösser geschriebenes *b* angezeigt: erstere Bezeichnung ist offenbar die deutlichere. Erscheint das Doppel-*b* vor einer Note, so wird nicht deren ursprüngliche, nicht die nächste, sondern die z w e i t e tiefere Taste genommen. Steht z. B. das Doppel-*b* vor d, so wird nicht d, nicht *des*, sondern die nächste Taste unter *des* (im Bilde mit 1 und c bezeichnet) genommen. Dem Notennamen wird die Erniedrigungssilbe *es* doppelt angehängt; also

| aus | c | wird | *ceses,* |
|---|---|---|---|
| – | d | – | *deses,* |
| – | e | – | *eses,* |
| – | f | – | *feses,* |
| – | g | – | *geses,* |
| – | a | – | *ases* (üblicher *a s a s*), |
| – | h | – | *bb* (statt *b-ės*). |

---

* Es erscheint befremdend, dass das Doppelkreuz die Gestalt eines einfachen, und das einfache die Gestalt eines doppelten (zweier in einander geschobner Kreuze) hat. Dies rührt daher, weil das Doppelkreuz später in Gebrauch kam, als das einfache, und man die wirkliche Verdoppelung der Gestalt des sogenannten einfachen Kreuzes, —

oder allenfalls oder

zu bunt und unbequem fand; da griff man denn zur einfachen Kreuzgestalt.

Uebrigens hat sich's wohl gefügt, dass das häufiger nöthige einfache Kreuz die in die Augen fallendere Form hat.

Hier sehn wir Doppelerhöhungen und Doppelerniedrigungen auf Noten.

         g    gis   gisis      d   des   deses

Wie soll nun eine Doppelerhöhung oder Doppelerniedrigung widerrufen werden? — Durch ein D o p p e l - W i d e r r u f u n g s - z e i c h e n , z. B.

       g   gis   gisis  g     d  des  deses  d

Wie aber, wenn wir die Doppel–Erhöhung oder -Erniedrigung nicht ganz, sondern nur zum Theil widerrufen, also auf die ein-fache Erhöhung oder Erniedrigung zurückkehren wollen? — Dann brauchen wir n u r E i n Widerrufungszeichen zu setzen; dies müsste, streng genommen, genügen. Damit aber Niemand irre werde und das einfache Zeichen auf gänzlichen Widerruf deute, pflegt man d a s e i n e Kreuz oder Be, das noch fortgelten soll, hinter das einfache Widerrufungszeichen zu setzen.

       g   gis   gisis  gis     d  des  deses  des

Man sieht übrigens, dass durch die Doppel–Erhöhungen und -Erniedrigungen noch viel mehr Namen für ein und denselben Ton eingeführt worden sind, als bisher (S. 38) schon da waren; und zwar kann jetzt jeder Ton drei verschiedne Namen führen, —

      c   kann  auch  *his*  oder  *deses*  heissen,

   *cis*    —     —   *des*   —  *hisis*    —

   *d*     —     —  *eses*   —  *cisis*    —

und so jeder den Namen von drei nebeneinander liegenden Stufen annehmen. Wozu diese mehrfachen Benennungen nöthig sind, kann wie gesagt,* nicht hier, sondern muss anderswo gezeigt werden. Wir wollen nur die Namen selbst merken, und uns nochmals ein-prägen, dass verschieden benannte, in unserm System aber gleich hohe (durch dieselbe Taste anzugebende) Töne e n h a r m o n i s c h e T ö n e heissen. Also *c, his* und *deses*, — desgleichen *cis, des* und *hisis* u. s. f. sind enharmonische Töne.

Auch müssen wir zugestehn, dass der Zweck der Widerru-fungszeichen hier noch nicht eingesehn werden kann, sondern erst dann, wenn wir wissen, wie lange überhaupt ein V e r s e t z u n g s - z e i c h e n** (Erhöhungs- oder Erniedrigungszeichen) gilt. Aber diese

---

   \* Vergl. S. 38.

   \*\* So nennt man alle Erhöhungs- und Erniedrigungszeichen, Kreuz und Be, Doppelkreuz und Doppel-Be, das einfache und doppelte Widerrufungszeichen.

ganze Zeichenlehre ist so leicht im Zusammenhange zu fassen, dass
man sie nicht zu trennen nöthig fand.

Nun endlich kehren wir zu den

### sieben Tonstufen

zurück, um sie vollständig zu erkennen.

Als wir sie S. 13 aufführten, sagten wir schon, dass alle Töne
den Namen einer der sieben Tonstufen, oder einen von diesem abgeleiteten Namen führen. Jetzt sehn wir, dass jede Tonstufe i n
f ü n f e r l e i  G e s t a l t  erscheinen kann: unverändert, einfach und
doppelt erhöht, einfach und doppelt erniedrigt, dass sie also auch
fünf Töne und fünf Namen unter sich fasst. — Wir rechnen also
von nun an alle Töne, die von Einer Stufe benannt sind, zu dieser
Stufe. Folglich gehören

zu der Stufe *C* die Töne *c, cis, cisis, ces, ceses,*

\-    -    -    *D* -    -    *d, dis, disis, des, deses,*

und so fort, wenngleich diese Töne u n t e r  a n d e r m  Namen auch
zu einer andern Stufe gerechnet werden können, z. B. der Ton
*cis* als *des* zur *D*-Stufe und als *hisis* zur *H*-Stufe.

Endlich kennen wir jetzt erst den gesammten Inhalt unsers
T o n s y s t e m s, von dem wir im ersten Abschnitte nur die sieben
unveränderten Stufen auffassen konnten. Wir wissen nun, dass jede
Oktave ausser den sieben Tonstufen (*c, d, e, f, g, a, h*) auch
noch fünf durch Erhöhung oder Erniedrigung erhaltene Zwischentöne
(*cis, dis, fis, gis, ais,* oder *des, es, ges, as, b*) enthält, also im
Ganzen z w ö l f  v e r s c h i e d n e  T ö n e  umfasst; und bezeichnen nunmehr das T o n s y s t e m — a l s  I n b e g r i f f  a l l e r  s i e b e n  T o n -
s t u f e n  n e b s t  i h r e n  E r h ö b u n g e n  u n d  E r n i e d r i g u n g e n
durch alle Oktaven.

# Fünfter Abschnitt.

## Messung der Tonverhältnisse.

Da in der Musik Töne mit einander verbunden werden sollen, so ist es nöthig, ihr Verhältniss zu einander zu bestimmen.

Am oberflächlichsten geschieht das, wenn wir blos anmerken, dass der eine Ton höher ist, als der andre, z. B. *g* oder *a* höher als *c* in derselben Oktave. Da es indess zu jedem Tone viele höhere und tiefere Töne giebt, so ist diese Angabe allerdings sehr unbestimmt.

Genauer ist schon die Abzählung der Stufen. Man beginnt von irgend einer, die man die erste nennt; von da aus heisst die nächste höhere die zweite, die folgende die dritte und so fort. Es ist üblich, sich dabei der lateinischen Zahlnamen zu bedienen; mithin heisst

| die | erste | Stufe | Prime | oder | *prima,* |
|-----|-------|-------|-------|------|----------|
| –   | zweite | –    | Sekunde | –  | *secunda,* |
| –   | dritte | –    | Terz   | –   | *tertia,* |
| –   | vierte | –    | Quarte | –   | *quarta,* |
| –   | fünfte | –    | Quinte | –   | *quinta,* |
| –   | sechste | –   | Sexte  | –   | *sexta,* |
| –   | siebente | –  | Septime | –  | *septima.* |

Für gewisse Theile der Kunstlehre ist es bequem, weiter zu zählen; da heisst denn

| die | achte | Stufe | Oktave | oder | *octava,* |
|-----|-------|-------|--------|------|-----------|
| –   | neunte | –    | None   | –    | *nona,* |
| –   | zehnte | –    | Dezime | –    | *decima,* |
| –   | elfte  | –    | Undezime | –  | *undecima,* |
| –   | zwölfte | –   | Duodezime | – | *duodecima,* |
| –   | dreizehnte | – | Terzdezime | – | *decima tertia,* |
| –   | vierzehnte | – | Quartdezime | – | *decima quarta.* |

Man gewahrt leicht, dass die achte Stufe* keine andre ist, als die erste in einer höhern Oktave, die neunte keine andre,

---

\* Von dieser haben wir schon früher (S. 14) den Inbegriff aller sieben Stufen (mit ihrem Anhange von versetzten Tönen: S. 42) Oktave genannt.

als die zweite in einer höhern Oktave, u. s. f. Auch wird für die Meisten genügen, sich die Stufennamen bis zur Oktave und None zu merken; die andern kommen erst in der Kompositionslehre bei der Lehre vom doppelten Kontrapunkt' in Anwendung.

Wenn also *C* als Prime angenommen wird, so ist *D* die Sekunde, *E* die Terz, *F* die Quarte u. s. f. Wird *F* als Prime angenommen, so ist *G* die Sekunde, *A* die Terz u. s. f. Hiermit können wir das Verhältniss der Töne schon weit genauer angeben; wir können nun z. B. von *G* nicht blos sagen, dass es höher ist als *C* (in derselben Oktave), sondern auch, dass es um vier Stufen höher, dass es die fünfte Stufe, die Quinte, von *C* ist.*

Vergleichen wir nun zwei Töne mit einander hinsichts ihrer Höhe, so setzen wir sie dadurch in ein Verhältniss zu oder mit einander. Der allgemeine Name für ein solches Verhältniss ist

### Intervall.

Wir sagen also: *C* und *D* bilden mit einander das Intervall einer Sekunde, *G* und *d* das Intervall einer Quinte, *C* mit *C* das Intervall einer Prime.**

Allein auch diese Bestimmungen sind nicht vollkommen genügend; denn wir wissen ja, dass jede Stufe fünf verschiedne Töne begreift. Welcher von diesen ist nun gemeint? — Wenn wir z. B. von *c* die Quinte verlangen: ist da *g*, oder *gis* oder *gisis*, *ges* oder *geses* gemeint? sie alle stehn auf der fünften Stufe von *c*, sind also alle Quinten dieses Tons. Hier lässt die Abzählung der Stufen und der blosse Intervallname ungewiss.

Es bedarf daher eines genauern

### Tonmaasses,

und dazu sind die kleinsten Tonabstufungen unsers Systems genommen.

Wir haben ihrer zwei Maasse nöthig, die wir

---

* Der Regel nach wird, wie gesagt, von unten nach oben hin abgezählt. Will man umgekehrt von einem obern nach einem untern Ton hin zählen, so setzt man dem Zahlnamen das Wort Unter vor. Also *F* von *G* die Untersekunde, von *A* die Unterterz u. s. w. Im Gegensatz dazu fügt man bisweilen bei der ordentlichen Zählung das Wort Ober bei, sagt z. B.: *C* ist von *F* die Unterquarte, *H* von *F* die Oberquarte.

** Intervall heisst verdeutscht: Zwischenraum, passt also eigentlich nur für Töne verschiedner Höhe, nicht aber für die Prime, in der ein Ton mit sich selbst verglichen wird. Da wir aber auch dieses Verhältniss in Betracht ziehn müssen, so wenden wir jenen Namen uneigentlich auf dasselbe an.

Ganzton (ganzen Ton), und
Halbton (halben Ton)*

nennen.

Einen Ganzton bilden zwei Töne neben einander liegender Stufen, zwischen denen sich in unserm System noch irgend ein Ton (auf der Tastatur noch irgend eine Taste) befindet. Also *c* und *d* bilden einen Ganzton; denn sie gehören neben einander liegenden Stufen an, und zwischen ihnen befindet sich noch ein Ton, *cis* oder *des*. Dessgleichen sind *cis* und *dis*, *e* und *fis*, *b* und *c* Ganztöne, denn sie stehn auf neben einander liegenden Stufen (*cis* und *dis* stehn auf der *C*- und *D*-Stufe, *fis* auf der *F*-Stufe, *b* auf der *H*-Stufe; es sind also in diesen Fällen die Stufen *C* und *D*, *E* und *F*, *H* und *C* neben einander) und zwischen ihnen liegt noch ein Ton, — nämlich *d* zwischen *cis* und *dis*, *f* zwischen *e* und *fis*, *h* zwischen *b* und *c*.**

----

\* Die bisherige Lehre (und so auch die ersten Auflagen des vorliegenden Werks) hielt für nothwendig, aus der Akustik dreierlei Maasse festzuhalten: den Ganzton, — den grossen Halbton, — und den kleinen Halbton. Den grossen Halbton bildeten zwei von neben einander liegenden Stufen benannte Töne ohne Zwischenton, z. B. *h* und *c*, *c* und *des*, *fis* und *g*; den kleinen Halbton zwei von derselben Stufe benannte Töne ohne Zwischenton, z. B. *h* und *his*, *c* und *cis*, *fis* und *fisis*, *b* und *h* u. s. w. Als Grundmaass für diese drei Maasse nahm man dann ferner die kleinste für das Gehör unterscheidbare Tonabstufung an, die man Komma nannte und deren neun man auf den Ganzton, fünf auf den grossen, vier auf den kleinen Halbton rechnete.

Allein diese ganze Unterscheidung entbehrt jeder praktischen Anwendung und verdient desshalb nicht, in der praktischen Musiklehre beibehalten zu werden. Denn 1) ist der wirkliche Unterschied des Tonmaasses zwischen grossem und kleinem Halbton durch die Temperatur systematisch längst aufgehoben, obgleich er von der Singstimme und auf mehrern Instrumenten dargestellt werden kann und ausnahmsweis', im Solospiel und Sologesang, wirklich bisweilen zu besonderm Ausdrucke benutzt wird; in der Regel und systematisch klingt in unsrer Musik *c-cis* wie *c-des*, *h-c* ist eben so gross wie *b-h* oder *c-cis*. 2) erfolgt die Bestimmung der Intervalle ohne jene Unterscheidung eben so sicher. Die erniedrigte Terz von *c* z. B. muss *es* und kann nicht *dis* heissen; denn *c-dis* wäre gar keine Terz. Dasselbe gilt 3) von der Bestimmung der Tonleitern, Akkorde, Hülfstöne und Durchgänge u. s. f. — Zu gründlicher Bildung ist so viel Wissen wahrhaft erforderlich, dass wir nicht nöthig und nicht das Recht haben, noch Unnützes dazuzuthun.

Da wir hier des kleinsten, für das Gehör vernehmbaren Tonmaasses (der Kommate) gedenken, so sei noch eine Seite 13 schon berührte Begriffsbestimmung hierauf angewendet. Rein nennen wir die Stimmung eines Tons, oder einen Ton, wenn er das im Tonsystem ihm zugewiesne Maass hat, unrein, wenn er um irgend einen Betrag (um ein oder einige Kommate) höher oder tiefer ist, als ihm systematisch gebührt.

\*\* Hier zeigt sich der Einfluss der Doppelbenennungen, die wir S. 38 und 44 wahrgenommen. *Cis* und *dis*, *e* und *fis* sind Ganztöne; aber *des* und *dis*, *e* und *ges* sind keine, denn *des* und *dis* gehören ein und derselben, *e* und *ges* aber nicht neben einander liegenden, sondern einer ersten und dritten Stufe an. Gleich-

Also auch hier kommt nichts darauf an, ob die einen Ganzton bildenden Töne auf Ober- oder Untertasten angegeben werden, und ob der zwischenliegende Ton einer Ober- oder Untertaste zufällt.

E i n e n H a l b t o n bilden zwei, derselben Stufe oder zwei neben einander liegenden Stufen zugehörige Töne, zwischen denen sich kein Ton in unserm System befindet. Also *h* und *his*, *c* und *cis*, *fis* und *fisis*, *des* und *deses* bilden Halbtöne, denn sie gehören derselben Stufe an und zwischen ihnen befindet sich in unserm Tonsystem kein Mittelton, — auf unsern Klavieren auch keine Taste. Ebenso bilden *h* und *c*, *c* und *des*, *fis* und *g* Halbtöne, denn sie gehören neben einander liegenden Stufen an und haben zwischen sich keinen Mittelton.*

Mit diesen Maassen lässt sich jedes in unserm Tonsystem vorhandne Tonverhältniss** genau angeben; man zählt nämlich ab, wie viel Halbtöne und Ganztöne darin enthalten sind.

Untersuchen wir zuvörderst den G a n z t o n, z. B. *c–d*, so finden wir, dass er zwei Halbtöne enthält; nämlich *c–cis* und *cis–d*, oder (was dasselbe ist) *c–des* und *des–d*.

Untersuchen wir die Terz *c–e*, so finden wir, dass sie zwei Ganztöne (*c–d* und *d–e*) enthält.

Untersuchen wir die Septime *c–h*, so finden wir in ihr

     2 Ganztöne, *c–d* und *d–e*,

     1 Halbton, *e–f*,

und noch

     3 Ganztöne, *f–g*, *g–a*, *a–h*.

Dasselbe Resultat hätten wir bei jeder Art der Ausmessung, z. B. so —

     2 Ganztöne, *c–d*, *d–e*,

     1 Ganzton, *e–fis*,

     1 Ganzton, *fis–gis*,

     1 Halbton, *gis–a*, — oder 1 Ganzton, *gis–aïs*,

     1 Ganzton, *a–h*      - 1 Halbton, *aïs–h*,

gefunden; wir messen also überall, wie es uns gefällt oder am bequemsten ist.

---

wohl sind es Töne von gleicher Höhe, — und wir müssen von späterm Unterrichte die Aufklärung erwarten, wozu eine scheinbar nur im Namen steckende Unterscheidung nöthig sei.

  * Auch hier springt die enharmonische Gleichheit von *h-his*, *c-cis* u. s. w. mit *h-c*, *c-des* u. s. w. in die Augen.

  ** Nicht jedes Tonverhältniss überhaupt. Denn dass jede Grösse, also auch der Abstand zweier Töne von einander, bis in das Unendliche theilbar ist, lehrt die Mathematik; es sind also (S. 11) unzählige Tonverhältnisse möglich. Dass ferner nicht immer und überall die bei uns einheimischen Tonverhältnisse, sondern oft ganz andre gebraucht, — oder versucht worden sind, erfahren wir aus der Akustik und der Geschichte der Musik (vergl. u. a. des Verf. Artikel über griechische Musik im Universal-Lexikon der Tonkunst).

Nun können wir erst die Tonverhältnisse auf das Bestimmteste angeben. Wenn wir von *c* diejenige Septime verlangen, die fünf Ganztöne und einen Halbton höher liegt: so kann nur *h* gemeint sein; denn *b* würde von *c* nur vier Ganztöne (*c-d*, *d-e*, *f-g*, *g-a*) und zwei Halbtöne (*e-f*, *a-b*) entfernt,* also einen Halbton zu nahe, — *his* aber sechs Ganztöne (*c-d*, *d-e*, *e-fis*, *fis-gis*, *gis-aïs*, *aïs-his*), also einen Halbton zu weit entfernt sein; *bb* läge noch näher als *b* und *hisis* noch ferner als *his*.

Allein es wäre zu umständlich, jedesmal das Maass des Intervalls anzuführen, wenn man dessen Grösse genau angeben wollte. Man hat daher

vier Klassen von Intervallen

unterschieden, und kann mit einem einzigen Beiworte die eigentliche Grösse jedes Intervalls genau angeben. Jedes Intervall kann sein

gross, . . . . . . oder<br>
klein, . . . . . . oder<br>
vermindert, . . oder<br>
übermässig.

Jedes **kleine Intervall** entsteht durch Verkleinerung des grossen um einen Halbton, oder ist einen Halbton **kleiner**, als dasselbe grosse, z. B. die kleine Quinte oder Sexte einen Halbton kleiner, als die grosse Quinte oder Sexte.

Jedes **verminderte Intervall** ist einen Halbton kleiner, als das kleine, — oder zwei Halbtöne kleiner, als das grosse.

Jedes **übermässige Intervall** ist einen Halbton grösser, als das grosse Intervall. — Wir wollen bei dieser Gelegenheit merken, dass in unserer Kunstsprache

vermindert — kleiner als klein,<br>
übermässig — grösser als gross

heisst.

Sobald wir also wissen, wie gross die grossen Intervalle sind, können wir aus ihnen leicht kleine, verminderte, übermässige machen, indem wir jene um einen oder um zwei Halbtöne verkleinern oder um einen Halbton vergrössern. Und für die Vorstellung der grossen Intervalle giebt es ein unvergesslich Vorbild:

die Reihenfolge der Tonstufen.

In dieser Reihenfolge bildet **jeder Ton zum Anfangston ein grosses Intervall**. Folglich ist —

---

* Können wir nicht sagen: fünf Ganztöne? statt der zwei Halbtöne einen Ganzton rechnen? — Wir müssten so zählen: *c-d*, *d-e*, *e-e*, *fis-gis*, *gis-aïs*. Allein *aïs* ist nicht Septime von *c*, obwohl derselben enharmonisch gleich, — und *gis-b* ist kein Ganzton, weil die Stufen *g* und *h* nicht neben einander liegende sind.

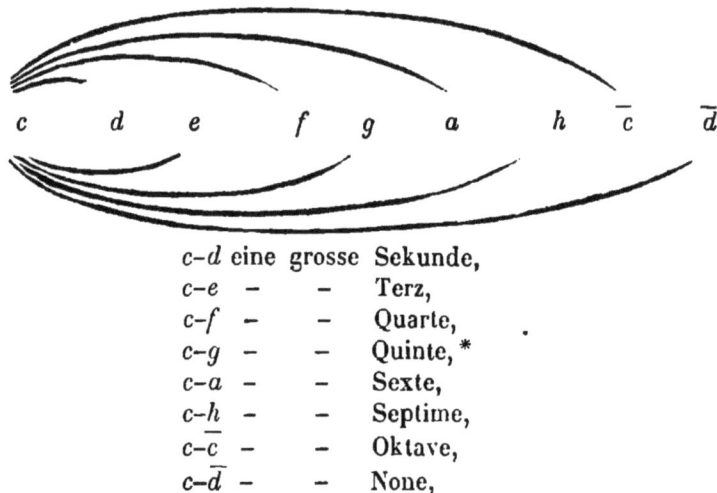

$$c\text{-}d \quad \text{eine grosse} \quad \text{Sekunde,}$$

| | | |
|---|---|---|
| c-d | eine grosse | Sekunde, |
| c-e | - - | Terz, |
| c-f | - - | Quarte, |
| c-g | - - | Quinte, * |
| c-a | - - | Sexte, |
| c-h | - - | Septime, |
| c-c̄ | - - | Oktave, |
| c-d̄ | - - | None, |

und so fort. ** Dies können wir nicht vergessen, so lange wir uns der Stufennamen, und, dass in ihnen die Norm für die grossen Intervalle liegt, erinnern.

Wir sehn also, dass

| | | | | | |
|---|---|---|---|---|---|
| die grosse Sekunde | 1 Ganzton, | | | | |
| —  — Terz | 2 Ganztöne, | | | | |
| —  — Quarte | 2 — | und 1 Halbton, | | | |
| —  — Quinte | 3 — | — 1 — | | | |

---

* In diesen Benennungen herrscht bei den Musikern und Schriftstellern keineswegs die wünschenswerthe Uebereinstimmung. Grosse und kleine Terz werden auch harte und weiche, oder Dur- und Mollterz genannt, die grosse Quinte heisst reine Quinte (als wenn nicht jedes Intervall rein sein müsste), die kleine Quinte wird gar falsche Quinte genannt, obgleich sie natürlich an ihrer Stelle eben so richtig ist, wie jedes andre Intervall.

Am merkenswerthesten ist die Benennung der Quarte (von 2 Ganztönen und einem Halbton) c-f als kleine Quarte und der Quarte f-h oder c-fis (von 3 Ganztönen) als grosse Quarte. Diese Benennung hat nicht blos im Gebrauche früherer Schriftsteller ihren Grund, sondern in einem Parallelismus. Die grosse Sekunde und Terz nämlich ergeben in der Umkehrung eine kleine Septime und Sexte; da schien es entsprechend, die aus der Umkehrung der grossen Quinte entstehende Quarte eine kleine zu nennen. Allein diese Umkehrungsverhältnisse haben keine praktische Wichtigkeit, und es scheint angemessner, alle Verhältnisse der Urstufen zu ihrem Anfang als gleiche aufzufassen, alle für grosse zu erklären. Dies lohnt sich durch die oben gebrauchte leichte Methode der Intervallbestimmung.

** Ausdrücklich erinnern wir, dass nur der Entfernung des höhern Tons vom Anfangston (c) das richtige Intervall giebt. Unter einander geben die Stufennamen allerlei Intervalle; z. B. d-f und e-g sind nicht grosse Terzen, f-h ist nicht eine grosse Quarte, — wie die obigen Maasse gleich zeigen werden.

| die grosse Sexte | 4 Ganztöne und | 1 Halbton, |
| - - Septime | 5 - | - 1 - |
| - - Oktave | 5 - | - 2 Halbtöne, |
| - - None | 6 - | - 2 - |

enthält. Sollten wir eine dieser Grössen vergessen, so hätten wir nur das Intervall aus den Stufennamen wieder hervorzusuchen und auszumessen. *

---

\* Es muss hier noch einer besondern Unterscheidung der Intervalle gedacht werden, die in der Theorie der Musik uralt ist, und, wenn auch für unsre Ansichtsweise ohne Erheblichkeit, doch dem Musiker oder Kunstfreunde nicht ganz unbekannt bleiben darf.

Um sie zu begreifen, muss man aus der Akustik (S. 11) sich merken, dass ein Ton um so höher heisst, je schnellere Schwingungen der tönende Körper macht, dass, wenn irgend ein Ton e i n e Schwingung erfodert, s e i n e h ö h e r e Oktave in derselben Zeit deren z w e i (also von doppelter Geschwindigkeit), — die h ö h e r e Q u i n t e derselben d r e i, — die z w e i t e höhere Oktave v i e r Schwingungen, — die n ä c h s t e g r o s s e T e r z über dieser Oktave f ü n f Schwingungen, — die n ä c h s t e k l e i n e T e r z darüber s e c h s Schwingungen braucht. Angenommen, ein tönender Körper, der in der Sekunde eine Schwingung machte, gäbe das grosse C zu hören: so würde ein Tonkörper, der in der Sekunde zwei Schwingungen macht, das kleine c geben. Es würden sich also die Töne

$$C \ : \ c \ : \ g \ : \ \overline{c} \ : \ \overline{\overline{e}} \ : \ \overline{\overline{\overline{g}}}$$
$$\text{wie} \ 1 \ : \ 2 \ : \ 3 \ : \ 4 \ : \ 5 \ : \ 6$$

verhalten. — Die nächste Verhältnisszahl wäre 6 : 7; sie würde einen Ton ergeben, für den wir (wenn auch nicht ganz genau) den Ton $\overline{b}$, die kleine Septime von $\overline{c}$, setzen müssten.

Nun können wir jene Unterscheidung der ältern Tonlehre fassen. Man unterschied nämlich z w e i e r l e i Intervalle:

Konsonanzen, — oder wohlklingende, und

Dissonanzen, — oder übel (nicht oder weniger angenehm) klingende.

Konsonanzen sollten sein: der Einklang, die grosse Oktave, Quinte, Quarte, die grosse und kleine Terz und Sexte, — Dissonanzen sollten alle übrigen Intervalle sein.

Diese Unterscheidung ist vor allen Dingen eine u n w e s e n t l i c h e zu nennen, da es der Musik keineswegs blos oder hauptsächlich um Ergötzung oder Reizung des Sinns mit angenehmen und widrigen Tonverhältnissen zu thun ist, sie vielmehr nur unsern Sinn trifft, um durch ihn Seele und Geist zu treffen. Sodann ist sie eine o b e r f l ä c h l i c h e. Denn das Wesen, der Sinn eines Intervalls ist keineswegs damit zu erschöpfen, dass wir es wohlthuend (einfacher oder leichter fasslich) oder widerstrebend nennen; schon in diesem Werk, im zweiten Abschnitt der sechsten Abtheilung, gründlicher in der Musikwissenschaft, werden ganz andre Begriffe davon zu geben sein; — und man erkennt schon die Oberflächlichkeit, wenn eine und dieselbe Klasse so verschiedne Dinge, wie Quarte, Terz und Oktave, oder alle verminderten und übermässigen Intervalle u. s. w. ohne nähere Unterscheidung fassen soll. Endlich ist die Scheidung eine r e i n w i l l k ü r l i c h e, — wenigstens so, wie sie sich hat geltend machen sollen. Denn in der durchaus gleichmässigen Progression 1 : 2 : 3 : 4 : 5 : 6 : 7..... ist nicht mehr Grund, bei 6 : 7 die Scheidewand zu ziehn, als bei 5 : 6 oder

Wollen wir aber von irgend einem andern Ton aus ein grosses
Intervall darstellen, so setzen wir erst die nöthige Stufe fest, messen dann die Entfernung, und thun zu oder ab, wo wir dieselbe
zu klein oder zu gross finden. Wollen wir z. B. von *f* eine
g r o s s e Q u a r t e bestimmen, so finden wir vor allem, dass von
*f* die vierte Stufe *h* ist; *f-h* enthält aber drei Ganztöne, und
unsere Normalquarte *c-f* hat nur zwei Ganztöne und einen Halbton; folglich müssen wir *f-h* verengern, *h* in *b* verwandeln, und
haben nun die Ganztöne *f-g*, *g-a* und den Halbton *a-b*. Oder
wollen wir von *h* eine grosse Quinte haben, so müssen wir vorerst die Quintenstufe, *f*, festsetzen, und dann gegen die Normal-
quinte *c-g* messen. Diese enthält drei Ganztöne (*c-d*, *d-e*, *f-g*)
und einen Halbton (*e-f*), unsere Quinte aber nur zwei Ganztöne
(*c-d*, *d-e*) und zwei Halbtöne (*h-c* und *e-f*), ist also zu klein.
Wir erhöhn also *f* zu *fis*, machen dadurch den Halbton *e-f* zu
einem Ganzton und haben damit die grosse Quinte *h-fis* erlangt.

Sobald wir nun ein grosses Intervall haben, ist es leicht, daraus ein kleines, vermindertes, übermässiges zu machen; wir thun
blos durch Erhöhung und Erniedrigung so viele Halbtöne zu oder
ab, als der Unterschied (S. 47—48) beträgt. Soll z. B. die g r o s s e
Q u i n t e *c-g* in eine k l e i n e verwandelt werden, so müssen wir
einen Halbton abziehn, also *g* erniedrigen zu *ges*: *c-ges* ist eine
kleine Quinte. Die kleinen Intervalle, z. B. von *c* aus, sind also:

| | | | |
|---|---|---|---|
| *c-des*, | die kleine Sekunde, | | |
| *c-es*, | - | - | Terz, |
| *c-fes*, | - | - | Quarte, |
| *c-ges*, | - | - | Quinte, |
| *c-as*, | - | - | Sexte, |
| *c-b*, | - | - | Septime. |

Soll *c-g* in eine ü b e r m ä s s i g e Q u i n t e verwandelt werden,

---

7 : 8. Und in der That sind einige Theoretiker auch nicht bei dieser Unterscheidung stehn geblieben. Sie haben noch weiter die Konsonanzen geschieden in
v o l l k o m m n e (Oktave und Quinte) und u n v o l l k o m m n e (Quarte, grosse
und kleine Terz und Sexte), ferner die Dissonanzen in w e s e n t l i c h e und z u-
f ä l l i g e, welche letztere alle in einer Tonart auftretenden fremden Töne umfassen. — Endlich haben einige die Q u a r t e d u r c h a u s, Andre n u r b i s w e i-
l e n für eine Dissonanz ansehn wollen; und so hat man redlich dafür gesorgt,
sich und die Lernenden ohne Noth zu plagen und von dem Wesen der Sache
abzubringen.

Gründlicher ist dieser Punkt (und mancher andre für die Kunstlehre wichtige) in des Verf. Schrift: „Die alte Musiklehre im Streit mit unsrer Zeit", bei
Breitkopf und Härtel in Leipzig abgehandelt worden.

Uebrigens haben wir nur der bequemern Anschauung wegen angenommen,

so muss *g* um einen Halbton hinaufgerückt werden. Wollen wir die
grosse Septime *cis-his* in eine kleine verwandeln, muss *his*
um einen Halbton erniedrigt, zu *h* werden; soll die kleine Septime *cis-h* in eine verminderte verwandelt werden, so müssen
wir *h* nochmals erniedern zu *b*; *cis-b* ist eine verminderte Septime. Hiernach ist es leicht, jedes kleine, verminderte, übermässige
Intervall herzustellen.

Dem Anfänger in diesem Theile der Theorie\* rathen wir, sich
in doppelter Weise darin zu üben. Erstens schriftlich. Er
entwerfe von jedem Ton aus alle grossen Intervalle (wie wir S. 48),
dann alle kleinen (wie wir oben); dann nehme er bald dieses, bald
jenes grosse Intervall (z. B. *g-d*, *ges-des*, eine grosse Quinte)
und verwandle es in ein kleines (*g-des*, *ges-deses*), vermindertes (*g-deses*, *ges-deseses*),\*\* übermässiges (*g-dis*, *ges-d*).
Zweitens übe er seinen Sinn im Erkennen der Intervalle,
besonders der grossen und kleinen. Er suche nach dem Gehör
die verschiednen Intervalle (z. B. grosse Quinten, grosse und kleine

---

es gebe Töne von einer, zwei Schwingungen. Das Genauere ist S. 11 in der
Anmerkung zu lesen; gross *C* würde (Seite 15, Anm.) die Summe von 128
Schwingungen (oder eine dieser naheliegende) in der Sekunde geben.

\* Wenn wir hier den Anfänger zuerst auf theoretische, dann auf sinnliche Kenntnissnahme hinweisen: so setzen wir mehr oder weniger lange rein-
praktische Beschäftigung mit Musik voraus, und hoffen (oder fodern), dass
der Lehrer bei dieser Beschäftigung Gelegenheit genommen, den Sinn des
Schülers zu wecken und aufzuklären. Denn in der Kunst ist alles Theoretische
todt und ganz unfruchtbar, dem nicht sinnliche Erkenntniss und Anschauung
vorangegangen oder zur Seite geht; Intervalle abzählen, ausmessen und benennen, wenn man nicht die richtige und deutliche Vorstellung von ihrer sinnlichen Wirkung in sich bereit hat, ist für Musikübung ganz leerer Verstandes-
und Gedächtnisskram. Lehrer und alle sonst Betheiligte werden hinsichts dieses
wichtigen Punkts auf des Verf. „Methode der Musik, die Musik des
neunzehnten Jahrbunderts und ihre Pflege" (bei Breitkopf und
Härtel) verwiesen. — Ist der Sinn gebildet, oder ist ohnedem die Zeit zu theo-
retischer Kenntnissnahme da: dann muss sie vorantreten und mit der sinnlichen
Erkenntniss vereint werden. Vergl. S. 56.

\*\* Hier treffen wir auf eine dreifache Erniedrigung, von der oben (S. 37)
gar nichts gesagt worden. Der Grund unsers Schweigens war, weil man dreifache Erniedrigungen und Erhöhungen nicht braucht, nicht — oder doch
nur höchst selten nöthig hat. Dergleichen in der Ausübung gar nicht vorkommende, nur von pedantischen Lehrern herausgezählte und notirte Intervalle
nannte man ehedem spottweise papierne Intervalle; sie existirten gar
nicht, als auf dem geduldigen Papiere, — das sich freilich noch jetzt viel
unnütze Tabellen und andre Last von unkundigen Lehrern und ihren
armen Schülern gefallen lassen muss. Auch unser gelegentliches *deseses*
hätten wir sparen können; wenigstens lasse es jeder Lehrer und Schüler bei
der beiläufigen Erwähnung bewenden, da es einer Uebung weder bedürftig noch
werth ist.

Terzen und Sexten, kleine Septimen) auf beliebigen Stufen auf; glaubt er sie gefunden zu haben, so benenne er die Töne und messe die Grösse des Intervalls; dies wird ihm zeigen, ob er das Rechte getroffen.

Es ist klar, dass man mit Hülfe der doppelten Erhöhungen und Erniedrigungen noch gar viel Intervalle herstellen könnte. Die verminderte Septime *cis-b* könnte durch nochmalige Erniedrigung des *b* in eine doppelt, und durch nochmalige Erhöhung des *cis* in eine dreifach verminderte Septime (*cis-bb* und *cisis-bb*) verwandelt, die übermässige Quinte *c-gis* noch zwei- oder dreifach (*c-gisis, ces-gisis, ceses-gisis*) ausgedehnt werden. Und wollte man gar über Doppelkreuze und Be'e hinausgehn zu dreifachen Erhöhungen und Erniedrigungen: so würde die Zahl der Intervalle sich in das Ungemessne vermehren. — Zum Glück aber können wir (wie in der letzten Anmerkung gesagt ist) alle diese Fabrikate in der wirklichen Kunst nicht brauchen, wollen sie also ein- für allemal bei Seite gestellt haben.

Im vorigen Abschnitt haben wir e n h a r m o n i s c h e Töne kennen gelernt. Jetzt finden wir Intervalle, die bei gleicher Höhe ihrer beiderseitigen Töne ganz anders zu benennen sind, und deshalb

### e n h a r m o n i s c h e   I n t e r v a l l e

heissen müssen. Man findet sie leicht auf, wenn man in irgend einem gegebnen Intervall einen oder beide Töne enharmonisch umnennt. Verwandeln wir z. B. in der k l e i n e n   T e r z *c-es* das *es* enharmonisch in *dis*, so steht eine ü b e r m ä s s i g e   S e k u n d e, *c-dis*, vor uns, deren Töne in unserm Tonsystem gleiche Tonhöhe mit der T e r z *c-es* haben. Nennt man in der ü b e r m ä s s i - g e n  Q u i n t e *c-gis* den obern Ton um, so erhält man die k l e i n e  S e x t e *c-as*. So wird aus der v e r m i n d e r t e n   S e p t i m e *cis-b* eine grosse Sexte *cis-aïs* oder *des-b*, desgleichen aus der Quinte *cis-gis* durch Umnennung b e i d e r   T ö n e eine andre Quinte *des-as*, — und was der ähnlichen Verwandlungen mehr sind.

# Sechster Abschnitt.

## Die Tongeschlechte.

Wir haben erkannt, dass der Musik **sieben Tonstufen**, auf diesen aber eine **grosse Anzahl von Tönen** und Tonverhältnissen zu Gebote stehn. Möglicherweise können alle diese Töne und Tonverhältnisse in jedem besondern Tonstücke vorkommen. Da aber jedes Kunstwerk abgegränzten Inhalt, eine wenigstens einigermaassen bestimmte Richtung, einen bestimmten Kreis von Gedanken und Empfindungen auszusprechen hat: so ist es natürlich, dass nicht in jedem Tonstück alle möglichen Töne und Verhältnisse, wenigstens nicht alle in gleicher Wichtigkeit, auftreten, sondern für jedes Tonstück ein bestimmter Kreis von Tönen und Verhältnissen sich abrundet, in dem das Tonstück ausschliesslich oder vorzugsweise sich bewegt.

Dieser Umstand erleichtert auch der Lehre das Geschäft, den Schüler in das weite Reich der Tongestaltungen einzuführen, ohne Gefahr, sich in der Unzahl mannigfacher Gebilde zu verwirren und zu verlieren.

Für jedes Tonstück bieten sich naturgemäss
### die sieben Tonstufen
als Grundlage dar. Aber jede Tonstufe kann sich fünffach darstellen und dies giebt fast zahllose Möglichkeiten, die sieben Tonstufen zu verbinden; man könnte möglicherweise mit $c-d-e-f$, oder $cis-d-e-f$, oder $ces-d-e-f$, oder $c-dis-e-f$, oder $cis-dis-e-f$, u. s. w. anfangen.

Von allen diesen Möglichkeiten hebt das System der neuern Musik **zwei** heraus als allein wesentliche. Sie heissen
### Tongeschlechte[*]

---

[*] Dieser Name wird auch in einem andern Sinne gebraucht. Man nennt die Tonfolge, in der jede Stufe nur einmal auftritt (oder auch, die sich in Ganz- und Halbtönen bewegt) das **diatonische** Geschlecht, die Tonfolge, die durch lauter Halbtöne geht (S. 36), das **chromatische** Geschlecht, endlich die, in der alle Töne (oder wenigstens die chromatischen) mit ihren enharmonischen Doppelnamen ($c-cis-des-d-dis-e-es$ u. s. w.) auftreten, das **enharmonische** Geschlecht. Allein die letzten beiden Geschlechte sind ungeeignet, **Grundlagen** im System musikalischer Komposition zu werden, weil das sogenannte chromatische Geschlecht schon alle wirklich vorhandnen

und zwar das ha r t e und das w e i c h e , oder D u r (das Durton-
geschlecht, Durgeschlecht) und M o l l (Mollgeschlecht).

Beide kommen darin überein, dass in ihnen die sieben Tonstufen enthalten sind. Worin also unterscheiden sie sich? In den
Verhältnissen der Tonstufen zu einander, in der Grösse der Intervalle, die jede Tonstufe zu der ersten bildet. Das

## D u r g e s c h l e c h t

hat lauter g r o s s e I n t e r v a l l e , — nämlich der folgenden Stufen
zur ersten. Es folgt also auf die Prime eine g r o s s e Sekunde,
g r o s s e Terz, Quarte, Quinte, Sexte, Septime. Folglich sehn wir
in der ursprünglichen Stufenfolge (S. 12)

$$c—d—e—f—g—a—h—$$

das Vorbild des Durgeschlechts. — Wollen wir bei der Angabe
der Verhältnisse nicht immer auf den ersten Ton zurückkehren, so
messen wir den Abstand jeder Stufe von der folgenden. Da finden
wir denn, dass die erste von der zweiten einen Ganzton, diese
von der dritten wieder einen Ganzton, diese von der vierten einen
Halbton entfernt ist, und so fort. Hier —

$$c \underset{1}{\smile} d \underset{1}{\smile} e \underset{1/2}{\smile} f \underset{1}{\smile} g \underset{1}{\smile} a \underset{1}{\smile} h \underset{1/2}{\smile} c$$

sehn wir alle Abstände von Stufe zu Stufe vor uns: es folgen
sich zwei ganze und ein halber, wieder drei ganze Töne und noch
ein halber.

Das

## M o l l g e s c h l e c h t

hat ebenfalls lauter grosse Intervalle, m i t A u s n a h m e d e r T e r z
u n d S e x t e , die klein sind. Da wir wissen, wie grosse Intervalle in

---

Töne enthält, mithin den Unterschied von zwei oder mehr Geschlechten auf-
hebt, das enharmonische Geschlecht ebenfalls alle Töne in sich fasst — und
obenein jeden derselben unter verschiednen Benennungen, zwei- oder mehrmals. Es scheint sogar ein Missverständniss, wenn man glaubt, die alte g r i e -
c h i s c h e T o n k u n s t habe sich dieser (oder einigermaassen ähnlicher, gleich-
benannter) Tonreihen als Geschlechte, als Grundlagen der Komposition bedient,
obwohl die Aussprüche der griechischen T h e o r e t i k e r dafür sind (vergl. des
Verf. Artikel über gr. Musik im Universal-Lexikon der Tonkunst), von diesen
nämlich ist die alte Begriffsbestimmung auf uns übergegangen. Es bleibt also
von den angeblichen d r e i Geschlechten E i n s übrig, das heisst: die ganze
Eintheilung nach diesen Begriffen ist nichtig.

Nun hätte man also die Wahl, statt Tongeschlecht T o n g a t t u n g für Dur
und Moll zu sagen. Aber Gattung setzt schon höhere Theilung in Geschlechte
voraus, und — was die Hauptsache ist — der Begriff von Geschlecht entspricht
dem Sinne von Dur und Moll; beide verhalten sich zu einander etwa wie
Männliches und Weibliches. Gattung deutet auf Verschiednes; Moll aber ist
nicht ursprünglich Verschiednes, überhaupt nicht ursprünglich Eignes, sondern
aus Dur hervorgegangen oder gemacht.

kleine verwandelt werden, so können wir leicht aus Dur Moll
machen; wir brauchen nur Terz und Sexte zu erniedrigen,
um z. B. *C* dur:

$$c—d—e—f—g—a—h—c$$

in *C* moll ·

$$c—d—es—f—g—as—h—c$$

zu verwandeln.

Hiernach finden wir, dass die Tonreihe des Mollgeschlechts
folgende Schritte enthält:

Auffallend ist hier der in Dur gar nicht und in Moll nur einmal
vorkommende Schritt von anderthalb Tönen oder einer übermässigen
Sekunde, *as-h.* Unsre Empfindung wird von demselben im Laufe
der Tonleiter, —

herb berührt, — wie von allen übermässigen Intervallen. Allein dies
ist nicht in jeder Tonfolge, z. B. nicht in diesen, —

(wo die übermässige Sekunde umgangen ist) der Fall; und es kommt
auch bei der Bildung der Geschlechte gar nicht darauf an, eine
möglichst milde Tonfolge,* sondern eine wohl geeignete Grundlage für Komposition zu finden.

---

* Diese ganz fremde Rücksicht hat viele Tonlehrer verleitet, die Molltonleiter abweichend, und zwar auf verschiedne Weise zu bilden. Im Hinauf-
steigen nämlich geben sie derselben blos eine kleine Terz, —

$$c—d—es—f—g—a—h—c,$$

im Hinabsteigen aber kleine Terz, Sexte und Septime, —

$$c—b—as—g—f—es—d—c.$$

Allerdings sind nun beide Tonfolgen milder, als die mit einer übermässigen
Sekunde; aber der Begriff eines einigen Tongeschlechts ist ganz aufgehoben,
die Sexte heisst sowohl *as* als *a,* die Septime sowohl *b* als *h,* man müsste also
das angebliche Tongeschlecht für eine zwiefältige Grundlage, für zwei Tongeschlechte erklären, oder man müsste gar beide Tonreihen durch einander
mischen, —

$$c—d—es—f—g—as—a—b—h—c,$$

was denn eine halb diatonische, halb chromatische (S. 38) Tonleiter ergäbe (diatonisch: *c-d-es-f-g,* chromatisch: *g-as-a-b-h-c*), die in sich selber
viel zu uneins wäre, als dass sie den Zweck erfüllte. Noch bestimmter

Warum aber sind die beiden Tongeschlechte eben so und nicht
anders gebildet? warum hat das Durgeschlecht lauter grosse Intervalle? und warum werden im Mollgeschlechte nur Terz und Sexte
klein genommen? — Diese Fragen lassen sich später beantworten;
für jetzt genügt es, beide Geschlechte nach ihrer wirklichen Beschaffenheit zu kennen und ihre Tonfolge bilden zu lernen.

Beiläufig zeigt sich in Bezug auf die S. 51 angerathne Uebung
in der Kenntniss der Durtonleiter ein Erleichterungsmittel für die
Aufstellung aller grossen Intervalle. Die grossen Intervalle von einem
gegebnen Ton' aus aufstellen, heisst nichts anders, als: die Durtonleiter von ihm aus bilden; und hierzu führt sehr leicht das Gehör,
ist auch S. 60 erleichternde Anleitung gegeben. Daher ist auch ein
einzelnes grosses Intervall leicht aufzufinden: man stellt auf seinem
tiefsten Ton die Durtonleiter auf, — denkt sich z. B., um die grosse
Quinte oder Septime von *H* zu finden, die Durtonleiter von *H*.

---

widerlegt sich dieses Verfahren in der Harmonielehre, wie in Theil I der
Kompositionslehre des Verf. nachgewiesen worden. Dort ist auch die neuerlich
aufgetauchte wunderliche Lehre von d r e i Tongeschlechten (Dur, Moll und
Molldur) oder gar von v i e r Geschlechten beleuchtet.

Eine ganz andre Frage ist: ob der Komponist nicht in besondern Fällen
(z. B. um sanftere oder fliessendere Tonfolgen zu gewinnen) von der systematischen Tonreihe, No. 48, abweichen und dafür so, wie in No. 49, oder auf
noch ganz andre Weise setzen darf? Die Kompositionslehre giebt ihm diese
Freiheit und zeigt, wie und aus welchen Gründen er sich ihrer zu bedienen
habe. So mag auch der Lehrer, um seinem Schüler in Spiel und Gesang Fertigkeit und Leichtigkeit zu erwerben, neben der grundsätzlichen Tonleiter die
fliessendern Formen üben lassen, — ja selbst diesen f ü r d i e t e c h n i s c h e
U e b u n g den Vorzug geben, um nicht die herbe Weise der systematischen
Tonleiter dem Sinn des Schülers zu häufig (zur Qual und Abstumpfung bei über-
häufter Anwendung) aufzudringen. Nur darf aus diesem Zugeständnisse für
besondre Fälle in der Komposition, oder aus der schonenden Berücksichtigung
des Schülers bei seinen technischen Uebungen, nicht ein Umstoss des systematisch Wahren und Nothwendigen werden.

# Siebenter Abschnitt.

## Die Tonarten.

Wir haben schon oben (S. 44) bemerkt, dass die Intervalle von jeder beliebigen Stufe aus gebildet werden können, ebensowohl von *d* oder *e*, *cis* oder *dis* aus, als von *c* aus. Folglich können wir auch von jedem beliebigen Ton aus alle grossen und kleinen Intervalle bilden, haben dies auch S. 50 an einzelnen beispielsweise gethan.

Folglich können wir auch jedes Tongeschlecht auf jedem beliebigen Ton erbauen, ebensowohl auf *cis*, *d* oder *es* u. s. w., als auf *c*. Die Darstellung eines Tongeschlechts auf bestimmten Stufen nennen wir

T o n a r t.

Es giebt also D u r t o n a r t e n (Darstellungen des Durgeschlechts) und M o l l t o n a r t e n (Darstellungen des Mollgeschlechts), und zwar kann auf jedem Ton, den unser System darbietet, eine Dur- und eine Molltonart gebildet werden.

Wie viel Töne hat nun unser System?

Erstens die sieben Stammtöne,

$$c—d—e—f—g—a—h,$$

zweitens die f ü n f zwischen ihnen liegenden Halbtöne,

$$cis—dis—fis—gis—ais,$$

also im Ganzen z w ö l f. Es muss also

z w ö l f  D u r t o n a r t e n

und

z w ö l f  M o l l t o n a r t e n

geben.

Allerdings kann jeder unserer Töne noch enharmonisch umgenannt werden, die Halbtöne zu *c-d* u. s. w., die wir oben *cis-dis* u. s. w. genannt haben, könnten auch

$$des—es—ges—as—b,$$

kurz jeder Ton könnte, wie wir S. 41 gesehn haben, dreifach genannt werden. Aber damit würden wir nicht neue Töne, sondern nur neue Namen bekommen.

Wie können wir nun die verschiednen Tonarten bilden?

Wir setzen von dem bestimmten Anfangston aus alle sieben Stufen fest, und untersuchen dann, ob jede Stufe von der andern die S. 54 und 55 ausgemittelte Entfernung hat, ob sich also

in Dur    1,    1,    $1/_2$,    1,    1,    1,    $1/_2$ Ton
in Moll    1,    $1/_2$,    1,    1,    $1/_2$,    $1\,1/_2$,    $1/_2$ Ton

folgen. Wo der Schritt zu klein ist, erhöhn wir, wo er zu gross ist, erniedrigen wir den obern Ton auf das rechte Maass.

Soll z. B. die Durtonart von *A*, oder

*A* d u r

dargestellt werden, so setzen wir vor allen Dingen die Stufen von *A* aus fest, also:

*a—h—c—d—e—f—g—a.*

Nun untersuchen wir schrittweis die Entfernungen. *A-h* ist richtig ein Ganzton. *H-c* ist nur ein Halbton, soll aber ein ganzer sein; wir erhöhn also *c* auf *cis*, und finden so den Ganzton *h-cis*. Die Entfernung von *cis-d* und *d-e* ist richtig. Nun soll wieder ein ganzer Ton kommen, *e-f* ist aber nur ein halber; wir müssen also *f* in *fis* verwandeln. Ebenso müssen wir zuletzt noch *g* in *gis* verwandeln, um statt des Halbtons *fis-g* den letzten Ganzton *fis-gis* zu erhalten. Die Tonleiter von *A* dur heisst also:

*A—h—cis—d—e—fis—gis—a.*

Wollen wir eine Durtonart auf *As* bauen, so müssen wir vorerst wieder die Stufen von *As* aus, —

*as—h—c—d—e—f—g—a,*

hinschreiben, und dann die Schritte messen. Da finden wir nun *as-h* für einen Ganzton zu gross, müssen also *h* zu *b* erniedrigen. So fahren wir fort und erhalten die Tonleiter

*As—b—c—des—es—f—g—as.*

In gleicher Weise können wir auch jede Molltonart* bilden. Viel leichter haben wir es aber, wenn wir die auf demselben Ton ruhende Durtonart schon kennen; denn alsdann brauchen wir blos, ohne weitere Messung, Terz und Sexte zu erniedrigen, um z. B. *A* dur in *A* moll —

*A—h--cis—d—e—fis—gis—a*
      *c*           *f*
*A—h—c—d—e—f—gis—a*

oder *As* dur in *As* moll —

---

$$As-b-c\ \ -des-es-\ f\ -g-as$$
$$ces\qquad\qquad fes$$
$$As-b-ces-des-es-fes-g-as$$

zu verwandeln. *

Nun erst haben wir für jedes Tonstück eine ganz bestimmte Grundlage. Wir können nun nicht mehr blos sagen: dass die Töne eines Tonstücks insgesammt oder hauptsächlich dem Dur- — oder Mollgeschlechte, sondern: dass sie dieser oder jener bestimmten Durtonart oder Molltonart zugehören, dass das Stück sich in dieser oder jener bestimmten Tonart bewegt, dass es z. B. aus *A d u r* oder *A m o l l g e h t*, — wie der gewöhnliche Kunstausdruck ist. In der Regel (n i c h t ohne Ausnahme) geht jedes Tonstück aus einer bestimmten Tonart, und kommt, wenn es sie auch eine Zeit lang verlassen, in Tönen andrer Tonarten sich bewegen sollte, doch auf jene zurück. Es wird uns in der Auffassung und Darstellung eines Tonstücks fördern, wenn wir wissen, welches seine Tonart ist.

---

* Dies Verfahren muss Jeder, der nur einigermaassen gründlich unterrichtet sein will, kennen. Doch rathen wir dem Anfänger dringend, z u r e r s t e n B i l d u n g d e s G e h ö r s u n d d e r V o r s t e l l u n g s k r a f t sich erst *C d u r* r e c h t f l e i s s i g v o r z u s p i e l e n, und d a n n die übrigen Durtonarten, zuletzt auch die Molltonarten auf einem Klavier n a c h d e m b l o s s e n G e h ö r zusammen zu suchen. Meint er, eine Tonart richtig gefunden zu haben, so benenne er die Töne, so dass jeder folgende von der nächstfolgenden Stufe seinen Namen erhält, z. B. der zweite Ton in *As* dur nicht etwa von *a* (*aïs*), sondern von *h* (*b*), da die *A*-Stufe, ja schon besetzt ist. Nun messe er die einzelnen Schritte und prüfe die Richtigkeit seines Fundes. — Man kann diese Uebung bei den bequemern Tönen (*G, D, A, E, F, B, Es, As*) beginnen, muss sie aber recht fleissig vornehmen. Die auf sie verwendete Zeit bringt für die Ausbildung des musikalischen Vorstellungsvermögens grossen Gewinn, den das blos verstandesmässige Bilden (das wir oben gezeigt) und das noch leerere Auswendiglernen, an dem viele Lehrer sich genügen lassen, nicht gewährt, wie schon S. 54 in der ersten Anmerkung gesagt worden.

# Achter Abschnitt.

## Zusammenfassung aller Tonarten.

Die im vorigen Abschnitt aufgewiesene Art, die Tonarten zu bilden, ist, — wir können es nicht leugnen, — etwas umständlich; besonders wenn das Geschäft mehrmals hinter einander vorgenommen werden soll. Wir bedürfen daher eines bequemern Verfahrens, wodurch wir uns sogleich jede beliebige Tonart, oder alle zusammen vorstellen können.

Was heisst nun, sich eine Tonart vorstellen oder bilden? — Erfahren, welche Stufen in ihr erhöht oder erniedrigt werden müssen; — denn die sieben Stufen, das wissen wir, haben alle Tonarten mit einander gemein.

Hier ist das bequemere Verfahren.

### A. *Die Durtonarten.*

*C* dur ist diejenige Durtonart, die gar keiner Erhöhung oder Erniedrigung bedarf, da sie nur die sieben Urtöne

$$C—D—E—F—G—A—H$$

enthält. Sie hat auch deswegen den Namen N o r m a l - D u r t o n - l e i t e r erhalten. Wir beginnen also bei *C*, setzen es als den Anfang und schreiben eine Null darüber, zum Zeichen, dass in der Tonart *C* kein Ton erhöht oder erniedrigt wird. Dann schreiben wir hinter *C* die fünfte Stufe, und so fort die jedesmalige fünfte Stufe, bis wieder zu *C* hin. Endlich merken wir, ausser der Linie, die fünfte Stufe vor *C* an. Also:

*F.*  0

*C*  *G*  *D*  *A*  *E*  *H*  *F*  *C*.

Nun findet sich, dass in jeder nach *C* verzeichneten Tonart ein Ton erhöht wird, und jeder erhöhte Ton in den folgenden Tonarten erhöht bleibt. In *G* dur ist also e i n Ton erhöht; in *D* dur bleibt dieser, und es kommt ein z w e i t e r dazu; in *A* dur bleiben beide, und es kommt ein d r i t t e r dazu, u. s. f. Hier —

*F.*  0  $\overset{\#}{1}$  2  3  4  5  6  7

*C*  *G*  *D*  *A*  *E*  *H*  *F*  *C*

haben wir über jeder Tonart angemerkt, **w i e  v i e l  S t u f e n** in ihr
erhöht sind.

Aber noch wissen wir nicht, **w e l c h e  S t u f e n.** — **J e d e s -
m a l  d i e  z w e i t - v o r h e r g e h e n d e** wird neu erhöht. Also in
*G*–dur die *F*-Stufe, aus *f* wird *fis*. (Wir wollen dies mit folgen-
dem Zeichen —

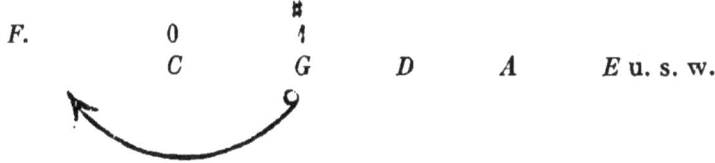

anmerken.) — Folglich in *D* dur die *C*-Stufe;

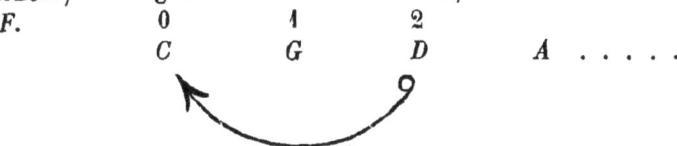

aus *c* wird *cis*. Zugleich bleibt aber die vorige Erhöhung stehn,
folglich sind in *D* dur *f* und *c* in *fis* und *cis* erhöht.

Nun sehn wir erst, dass die Tonarten nach *H* nicht *F* und
*C*, sondern *Fis* und *Cis* heissen müssen; denn jede Erhöhung wird
ja für die folgenden Tonarten beibehalten.

Jetzt brauchen wir nur unsrer Tonreihe nachzufolgen, um zu
sehn, welche Erhöhungen wir für jeden Ton brauchen. *G* dur hatte
*fis*, *D* dur *fis* und *cis*; folglich wird

*A* dur *fis*, *cis* u n d . . . . . *gis*

*E* dur  –      –                – u n d . . . . . *dis*

*H* dur  –      –                –           – u n d . . . . . *ais*

haben, und so fort. Ja, wollen wir über *Cis* dur hinausgehn, so
wird *Gis* dur mit **a c h t** *, *Dis* dur mit **n e u n**, *Ais* dur mit **z e h n**,

---

  * Hier muss uns auffallen, wo wir mit **a c h t** Erhöhungen hin sollen, da
wir **n u r  s i e b e n  T o n s t u f e n** haben, die schon alle in *Cis* dur

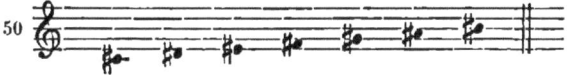

erhöht worden sind? — Welche Stufe haben wir zuletzt erhöht? — *H*. Welche
muss nun erhöht werden? — Nach der Ordnung *F*, das aber bereits *fis* geworden, bereits einmal erhöht ist. Folglich — wird es **n o c h  e i n m a l** erhöht,
statt eines einfachen Kreuzes wird also ein **D o p p e l k r e u z**

gesetzt. *Dis* dur wird also **z w e i** Doppelkreuze (ohne die bleibenden **f ü n f**
einfachen) erhalten, vor *F* und *C*, — *Ais* dur **d r e i** Doppelkreuze (ohne die

*Eïs* dur mit el f, *His* dur mit z w ö l f Erhöhungen kommen. *His* ist aber enharmonisch mit *C* gleich. Wir sind also durch alle zwölf Durtonarten bis wieder auf den ersten Ton, *C*, zurückgekommen, und zwar in lauter Quintenschritten. Diese Vorstellung der Tonarten heisst der

## Quintenzirkel.

Allein wir wissen, dass auch mit erniedrigten Stufen Tonarten dargestellt werden können, haben z. B. S. 58 die Tonart *As* dur gebildet. Welche Tonreihen haben nun diese Tonarten?

Erniedrigung ist das Gegentheil von Erhöhung. F o l g l i c h wird d a s  u m g e k e h r t e  V e r f a h r e n die Tonarten mit erniedrigten Tonstufen zeigen. Wir schreiben also den Quintenzirkel von *C* aus nach der linken Hand in umgekehrter Ordnung, *C—F—H* u. s. w. hin, und wissen, dass in *C* dur keine Erniedrigung stattfindet, in *F* dur e i n e Stufe, in der nächsten Tonart (die wir einstweilen *H* genannt) z w e i Tonstufen erniedrigt werden, u. s. f. ; auch erinnern wir uns, dass jede Erniedrigung (wie zuvor jede Erhöhung) für die folgende Tonart beibehalten wird. Hier —

$$
\begin{array}{ccccccccc}
 &  &  &  &  &  &  & b &  \\
F. & 7 & 6 & 5 & 4 & 3 & 2 & 1 & 0 \\
 & C & G & D & A & E & H & F & C
\end{array}
$$

ist unser neues Schema.

Wo erfahren wir aber, welche Tonstufe jedesmal erniedrigt werden soll? — Es wird jedesmal die im Schema l i n k s gestellte*

---

bleibenden v i e r einfachen) vor *F, C* und *G* u. s. f. — Uebrigens werden wir bald sehn, dass wir diese Tonarten n i c h t  b r a u c h e n.

\* Dies scheint willkürlich, — mit der Voraussetzung: dass bei den Erniedrigungen das Gegentheil von dem bei den Erhöhungen Geschehenden eintrete, nicht übereinstimmend. Aber e s  s c h e i n t nur so, weil wir der Kürze halber den Quintenzirkel nicht bis zu Ende verfolgt haben. Wollten wir ihn nämlich von S. 64 fortsetzen:

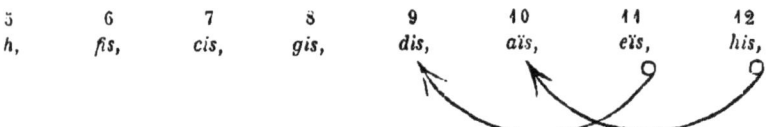

$$
\begin{array}{cccccccc}
5 & 6 & 7 & 8 & 9 & 10 & 11 & 12 \\
h, & fis, & cis, & gis, & dis, & aïs, & eïs, & his,
\end{array}
$$

so würden wir finden, dass (nach dem ersten Zeichen) die Erhöhungen für *Eïs* b i s  z u  *d i s i s* gingen (nämlich *d* ist schon in *E* dur zu *dis* geworden und wird nun in *Eïs* dur abermals erhöht) und die Tonreihe von *Eïs* hiesse —

*eïs, fisis, gisis, aïs, his, cisis, disis, eïs.*

In *His* dur tritt noch die zwölfte Erhöhung ein, und trifft (nach dem zweiten Zeichen) *aïs*, das also zu *aïsis* wird.

Will man nun *His* dur wieder zurückverwandeln in *Eïs* dur, so muss man aus erniedrigt. Also in *F* dur wird *H* erniedrigt zu *b*; — nun sehn wir sogleich, dass die nächste Tonart nicht *H*, sondern *B* dur sein kann. In *B* dur wird vorerst *b* beibehalten und *e* erniedrigt zu *es*; mithin ist die folgende Tonart nicht *E* dur, sondern *Es* dur. Indem wir so fortschreiten, gestaltet sich unser obiges Schema so um:

|  |  |  |  |  |  |  | *b* |  |
|----|----|----|----|----|----|----|----|----|
| *F.* | 7 | 6 | 5 | 4 | 3 | 2 | 1 | 0 |
|  | C | G | D | A | E | H | F | C |
|  | *Ces* | *Ges* | *Des* | *As* | *Es* | *B* |  |  |

Wir sehn also, dass in *Es* dur drei erniedrigte Stufen vorkommen: *b*, *es* und *as*; in *Des* dur fünf: *b*, *es*, *as*, *des* und *ges*; — in *Ces* dur sieben: *b*, *es*, *as*, *des*, *ges*, *ces* und *fes*.

Wollten wir weiter gehn, so würde nach *Ces* dur *Fes* dur mit acht, *Bb* dur mit neun, *Eses* dur mit zehn, *Asas* dur mit elf, *Deses* dur mit zwölf Erniedrigungen auftreten. *Deses* ist aber enharmonisch gleich *C* dur, folglich ist auch hier der Quintenzirkel vollständig durchlaufen und zu seinem Anfang zurückgekehrt. Durch diese Schemate, durch den Quintenzirkel mit Erhöhungen und den mit Erniedrigungen, sind wir im Stande, jede beliebige Durtonart rasch und sicher hinzustellen. Sehr leicht sind die Tonarten mit wenig Erniedrigungen oder Erhöhungen zu bilden und zu merken, umständlicher natürlich die mit vielen Veränderungen.*

die letzte Erhöhung *aïsis* wieder auf *aïs* zurückbringen, also *aïsis* erniedrigen; dann hat man wieder die obige Tonreihe von *Eïs*. Die Erniedrigung hat also den Ton links vor *Eïs* (der Tonart, nach welcher wir suchten) getroffen.

Nun ist aber *His* dur nichts anders, als *C* dur, *Eïs* dur nichts anders, als *F* dur, *aïsis* ist enharmonisch gleich *h*, und *aïs* gleich *b*. So wie wir nun, um von *His* aus *Eïs* dur zu bilden, *aïsis* in *aïs* erniedrigen mussten, ebenso müssen wir, um von *C* dur aus *F* dur zu bilden, *h* in *b* erniedrigen. Und das ist oben geschehn.

* Sinnreich ist die Weise, wie Logier einer Mehrzahl von Schülern die gesammten Durtonarten darstellt und einprägt. Er wendet ihr die geöffnete linke Hand zu, nennt den Arm (den Stamm der Hand) *C* und dies die Stammtonart, den Daumen *G*, den zweiten Finger *D*, den dritten *A*, den vierten *E*, den fünften *H*, — den Zeigefinger der Rechten *F*. Der Stamm hat keine Vorzeichnung. Der nächste Ton (*G*) bekommt ein Kreuz vor — hier wird der rechte Zeigefinger gehoben — also vor *f*; der folgende Ton (*D*) bekommt — hier wird auf den Stamm (den Arm) gewiesen — ein zweites Kreuz vor *c*; der nächstfolgende Ton (*A*) bekommt ein drittes Kreuz — hier wird auf den linken Daumen gewiesen — vor *g*, und so fort. Umgekehrt erhält *F* sein *b* von dem vorhergehenden kleinen Finger der Linken, der *H* bezeichnete, und so weiter.

Uebrigens kann man zwar den Namen Quintenzirkel am füglichsten dahin deuten, dass er uns rundum durch alle Tonarten hindurch, bis wieder in die

Allein hier tritt uns sehr erfreulich die Ueberzeugung entgegen, dass die Tonarten mit zu vielen Veränderungen g a n z w o h l ent-b e h r l i c h sind.

Stellen wir nämlich hier —

| 0 | 1 | 2 | 3 | 4 | 5 | 6 | 7 | 8 | 9 | 10 | 11 | 12 |
|---|---|---|---|---|---|---|---|---|---|----|----|----|
| *C* | *G,* | *D,* | *A,* | *E,* | *H,* | *Fis,* | *Cis,* | *Gis,* | *Dis,* | *Ais,* | *Eis,* | *His* |
| *Deses,* | *Asas,* | *Eses,* | *Bb,* | *Fes,* | *Ces,* | *Ges,* | *Des,* | *As,* | *Es,* | *B,* | *F,* | *C* |
| 12 | 11 | 10 | 9 | 8 | 7 | 6 | 5 | 4 | 3 | 2 | 1 | 0 |

die mit Kreuzen, und die mit Be'en vorgezeichneten Tonarten zur Vergleichung gegenüber, so finden wir, dass:

*Deses* mit 12 Erniedrigungen gleich ist *C* dur ohne Erhöhung.

*Asas*  – 11      –          –   –  *G* –  mit einer Erhöhung,
*Eses*  – 10      –          –   –  *D* –  –  2 Erhöhungen,
*Bb*   – 9       –          –   –  *A* –  –  3   –
*Fes*   – 8       –          –   –  *F* –  –  4   –
*Ces*   – 7       –          –   –  *H* –  –  5   –

desgleichen, dass:

*His* mit 12 Erhöhungen gleich ist *C* dur ohne Erniedrigung,

*Eis*  – 11      –          –   –  *F* –  mit einer Erniedrigung,
*Ais*  – 10      –          –   –  *B* –  –  2 Erniedrigungen,
*Dis*  – 9       –          –   –  *Es* –  –  3   –
*Gis*  – 8       –          –   –  *As* –  –  4   –
*Cis*  – 7       –          –   –  *Des* –  –  5   –

erste zurück, führt; doch soll nicht unerwähnt bleiben, dass man auch liebte, die Tonarten in der Form eines Zirkels, etwa so:

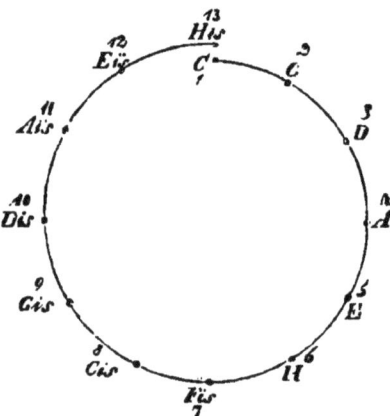

darzustellen, und an dieser etwas unbequemen Figur das von uns im Text oben Ausgeführte aufzuweisen.

denn alle hier einander entgegengestellte Tonarten sind nur enharmonische Umnennungen von einander, die desshalb auch
e n h a r m o n i s c h e  T o n a r t e n
genannt werden.

Wer wollte sich nun mit zwölf oder zehn, oder sieben Versetzungen in *Deses* oder *His*, *Eses* oder *Aïs*, *Ces* oder *Cis* bemühn, wenn er in *C*, *D*, *B*, *H*, *Des* dur die gleichen Tonarten
ohne Versetzung, oder nur mit zwei oder fünf Versetzungen findet?*
Daher machen wir i n  d e r  R e g e l von Tonarten mit sieben und
mehr Versetzungen keinen Gebrauch. Die grösste und unentbehrliche Zahl von Versetzungen ist s e c h s, nämlich sechs Erhöhungen
in *Fis* dur und eben so viel Erniedrigungen in *Ges* dur; beide Tonarten sind sich wieder enharmonisch gleich. Nur in besondern und
seltnen Fällen hat man gegründeten Anlass, einen Schritt weiter,
etwa nach *Cis* dur mit sieben Erhöhungen, oder nach *Ces* dur mit
eben so viel Erniedrigungen, zu gehn. Dies kann vornehmlich dann
rathsam werden, wenn man zuvor schon in einer Tonart mit vielen
Zeichen gewesen ist und zu einer andern mit noch mehr Zeichen
derselben Art fortschreiten will. Wäre man z. B. in *H* oder *Fis*
dur gewesen und wollte von da zu *Cis* oder *Des* dur fortschreiten,
so wär' es offenbar bequemer, zu den schon vorhandnen fünf oder
sechs Kreuzen noch zwei oder eins zuzufügen, als dieselben durch
eben so viel Widerrufungszeichen aufzuheben und dann noch fünf
Be'e hinzuschreiben. Nach der ersten Weise würde man e i n oder
z w e i Zeichen nöthig haben, nach der letztern z e h n oder e l f.
Dies wird im folgenden Abschnitte deutlicher werden.

## B. *Die Molltonarten.*

Für die Bildung der Molltonarten bedarf es keiner weitern Anweisung; jede Molltonart wird von i h r e r Durtonart (mit der sie
gleichen Anfangston hat) durch Erniedrigung der Terz und Sexte
gemacht, z. B. *C* moll von *C* dur, wie wir bereits S. 55 gezeigt
haben. Unter ihnen wird übrigens *A* moll als N o r m a l - M o l l t o n -
l e i t e r angenommen.

---

* Um sich die Anzahl der für jede Tonart nöthigen Versetzungen leichter
einzuprägen, bemerke man, dass die Versetzungen zweier enharmonischer Tonarten vereinigt stets z w ö l f betragen; z. B. *His* oder *Deses* hat zwölf Versetzungen und *C* keine, — *Eses* hat zehn und *D* zwei, — *Dis* hat neun und
*Es* drei. Weiss man nun die Versetzungen der einen Tonart, so ergiebt sich
daraus die Zahl der Versetzungen für die andere: man zieht jene von 12 ab.
Z. B. *G* dur hat eine Versetzung, folglich muss *Asas* elf haben.

---

# Neunter Abschnitt.

## Nähere Betrachtung der Tonarten.

### A. *Die Vorzeichnung.*

### 1. Die Durtonarten.

Wir haben im vorigen Abschnitte gesehn, dass in allen Durtonarten, mit Ausnahme von *C* dur, mehr oder weniger Erhöhungen oder Erniedrigungen statthaben. Diese werden mit den nöthigen Kreuzen oder Be'en zu Anfang eines Tonstücks, oder besser zu Anfang jeder Zeile unmittelbar nach dem Schlüssel angemerkt, und heissen Vorzeichnung. Hier —

sehn wir die Vorzeichnungen der gebräuchlichern Tonarten; man bemerke, dass die Kreuze und Be'e in derselben Reihenfolge aufgezeichnet sind, wie wir sie (S. 61 und 63) im Quintenzirkel aufgefunden haben: erst *fis*, dann *cis*; erst *b*, dann *es* u. s. w.

Die Vorzeichnung gilt, wie sich von selbst versteht, nicht blos für die Oktave, in der sie zufällig aufgeschrieben ist, sondern für die Stufe, die sie betrifft, in welcher Oktave dieselbe auch erscheine. In *G* dur z. B. soll nach obiger Vorzeichnung nicht blos das zweigestrichene, sondern überhaupt jedes *F*, es stehe, wo es wolle, in *Fis* verwandelt werden.

Soll nun ausnahmsweise die Vorzeichnung bei einem einzelnen Tone nicht gelten, z. B. in einem in *G* dur stehenden, also mit einem Kreuze für die *F*-Stufe vorgezeichneten Satz' einmal nicht *fis*, sondern *f* genommen werden; so stellt man vor die Note ein Widerrufungszeichen, — und hier sehn wir jenes früher (S. 39) vorgewiesne Zeichen zum ersten Male wirklich zur Anwendung geeignet. In diesem Satze z. B.

52

ist statt der drei ersten *f*, der Vorzeichnung zufolge, *fis* zu lesen; das viertemal heisst die Note, vermöge des Widerrufungszeichens, wirklich *f*, und nicht *fis*.

Daher muss auch, wenn ein Tonstück seine ursprüngliche Tonart bleibend verlassen will, die Vorzeichnung derselben aufgehoben (widerrufen) und die Vorzeichnung der neuen Tonart dafür eingeführt werden; dies kann mitten im Laufe des Tonstücks und mitten in der Notenzeile geschehn. Hier z. B.

53

sehn wir die Vorzeichnung von *D* dur und einige Noten, die den Schluss eines Tonsatzes in *D* dur bedeuten sollen. Nun soll der Tonsatz in *B* dur weiter gehn; es werden also die Kreuze von *D* dur widerrufen und zwei Be'e für *B* dur vorgezeichnet.

Bisweilen bedarf es nur theilweisen Widerrufs; wenn man nämlich auf einer Tonart mit mehr Kreuzen in eine mit weniger Kreuzen, — oder aus einer Tonart mit mehr Be'en in eine mit weniger Be'en übergehn will. Dann würde der Widerruf der nun überflüssigen Zeichen genügen, wie z. B. hier bei *A.*, —

54

wo von *H* dur nach *D* dur übergegangen wird. Der Deutlichkeit wegen setzt man aber, wie bei *B.*, die fortgeltenden Zeichen nochmals zu, damit der Ausübende beim Anblick mehrerer Widerrufzeichen nicht meine, Alles sei widerrufen.

Ein ähnlicher Fall tritt ein, wenn von einer Tonart mit wenig Kreuzen oder Be'en in eine andre mit mehr Kreuzen und Be'en übergegangen werden soll, z. B. von *D* dur oder *B* dur mit zwei Kreuzen oder Be'en nach *E* dur oder *As* dur mit vier Versetzungszeichen. Hier würde es, streng genommen, genügen, die neuen Zeichen hinzusetzen, z. B. hier —

55

der schon vorhandnen Vorzeichnung von *D* dur zwei neue Kreuze folgen zu lassen. Allein auch hier ist es deutlicher und darum allgemein üblich, die folgende Vorzeichnung —

56

zu setzen.

Ein solcher Wechsel der Vorzeichnung wird übrigens nur angewendet, wenn man sich auf längere Zeit in eine neue Tonart
begiebt.  Geschieht dies nur im Vorübergehn, so lässt man es bei
der bisherigen Vorzeichnung und hilft sich bei jeder Note, die verändert werden muss, durch besonders vorgesetzte Kreuze, Be'e
oder Widerrufzeichen.  Nehmen wir an, dass diese Notenreihe

einem grössern Satz aus *D* dur gehöre, so sehn wir bei 4. den Ton *c*,
der in *D* dur gar nicht existirt.  Allein bei 2. tritt schon wieder *cis*
ein; wir haben also nicht etwa *D* dur auf längere Zeit verlassen,
ändern daher auch nicht die Vorzeichnung, sondern geben der einen
*C*-Note ein Widerrufungszeichen, und der folgenden wieder ein
Kreuz.  So ist es bei 3. und 4. der Fall, wo wir aus *h b* und wieder aus *b h* machen.

## 2. Die Molltonarten.

Ein eignes Gesetz bestimmt die Vorzeichnung der Molltonarten.

Sie werden nicht ganz so vorgezeichnet, wie ihre
Tonreihe erfodert, sondern

> jede Molltonart erhält die Vorzeichnung
> derjenigen Durtonart, die eine kleine Terz
> höher liegt. *

Also *A* moll wird nicht, wie man erwarten sollte (denn es heisst
ja *a–h–c–d–e–f–gis*), mit einem Kreuze vor *g* vorgezeichnet, *D* moll
(*d–e–f–g–a–b–cis*) nicht mit einem *cis* und einem *b*: sondern *A* moll
erhält die Vorzeichnung von *C* dur, das heisst gar keine, und *D* moll
die von *F* dur; denn *C* liegt eine kleine Terz über *A*, und *F* eine
kleine Terz über *D*.  Hier —

| E. | H. | Fis. | Cis. | Gis. | Dis. | D. | G. | C. | F. | B. | Es. |

sehn wir die Vorzeichnungen der üblichsten Molltonarten; *E* moll ist
wie *G* dur, *D* moll wie *F* dur, *H* moll wie *D* dur u. s. w. vorgezeichnet, und so fort.

Zwei Tonarten (eine Dur- und eine Moll-Tonart), die gleiche
Vorzeichnung haben, nennt man

---

\* Der Schüler unterscheide wohl: gebildet wird jede Molltonart nach
ihrer Durtonart, das heisst nach der, die mit ihr gleichen Anfangston hat;
vorgezeichnet wird sie nicht nach ihrer, sondern einer andern, eine
kleine Terz höher liegenden Durtonart.

## Paralleltonarten

oder **Paralleltöne**. Der Parallelton zur Molltonart liegt, wie wir gesehn haben, **eine kleine Terz höher**; folglich liegt umgekehrt der Parallelton jeder Durtonart **eine kleine Terz tiefer**. Der Parallelton von *As* dur z. B. war *F* moll, der Parallelton von *H* dur muss *Cis* moll, von *Des* dur aber *B* moll sein, und so fort. Hiernach kann man alle Paralleltöne zusammenfinden und weiss nun die Molltöne vorzuzeichnen.

Jetzt erst vermögen wir vollständig zu erkennen, welchen Zweck die Vorzeichnung hat. **Zunächst den**, anzuzeigen, welche Stufen im Tonstück erhöht oder erniedrigt sein sollen, und dadurch eine Menge Kreuze und Be'e zu sparen, die sonst im Laufe des Tonstücks bei jedesmaligem Auftreten dieser Stufen besonders gesetzt werden müssten. **Sodann den**, als vorläufiges

### Kennzeichen der Tonart

zu dienen, in der das Tonstück gesetzt ist. — Allein wir wissen bereits, dass jede Vorzeichnung **zwei** Tonarten (den Paralleltönen) gemeinschaftlich gehört, also nicht Bestimmtheit giebt, welche von diesen beiden gemeint sei. Verlangt man nun die durch Vorzeichnung nicht erreichte Bestimmtheit, so können wir nur auf die Harmonie- und Modulationslehre verweisen, in der sich die rechten Kennzeichen für die Tonart eines Satzes finden werden. Einstweilen merke man sich, dass **in der Regel**

### der letzte Ton

eines Tonstücks, und, wenn dasselbe mit einer Harmonie (S. 6) schliesst, **in der Regel**

### der tiefste Ton

dieser Harmonie, in Verbindung mit der Vorzeichnung, die Tonart bestimmt angiebt. Wären z. B. zwei Kreuze vorgezeichnet, so wäre die Tonart *D* dur oder *H* moll. Wäre nun der letzte Ton, oder der tiefste Ton der letzten Harmonie *H*, so müssten wir der Regel nach *H* moll als Tonart des Satzes ansehn.

Aber was wird in Mollsätzen aus den Tonstufen, für die in Moll die Vorzeichnung nicht passt? — Sie erhalten das ihnen gebührende Kreuz oder Be im Laufe des Tonstücks besonders. So ist z. B. für die Tonart *D* moll *b* vorgezeichnet, aber sie hat ausserdem noch *cis*. So oft dies nun vorkommen soll, wird ein besondres Kreuz vor *c* gesetzt.

Woher diese sonderbare Art, die Molltöne anders vorzuzeichnen, als sie eigentlich heissen? — Man muss sich freilich darein fügen, weil es allgemein so üblich ist, aber zufriedengeben kann man sich nur, wenn man hinter der allgemeinen Gewohnheit vernünftigen Grund sieht. Hier nur so viel.

Erstens würde genaue Vorzeichnung der Molltonarten mancherlei Unbequemlichkeiten haben. Zwei Molltonarten,

$$D—e—f—g—a—b—cis—d \ . \ . \ . \ . \ cis \text{ und } b,$$
$$G—a—b—c—d—es—fis—g \ . \ . \ . \ . \ fis, \ b \text{ und } es,$$

würden Kreuze und Be'e zugleich erfodern, und dadurch wider das bei den Durtonarten Gewohnte und so natürlich Entwickelte verstossen. Die andern, z. B.

$$A—h—c—d—e—f—gis—a \ . \ . \ . \ . \ . \ gis,$$
$$E—fis—g—a—h—c—dis—e \ . \ . \ . \ . \ . \ fis \text{ und } dis,$$
$$C—d—es—f—g—as—h—c \ . \ . \ . \ . \ . \ es \text{ und } as,$$
$$F—g—as—b—c—des—e—f \ . \ . \ . \ . \ . \ b, \ as \text{ und } des,$$

würden ein, zwei und mehr Kreuze und Be'e zur Vorzeichnung erhalten, wie andre ganz fremde Durtöne. Wie viel Irrthümer würden aber bei der gewöhnlichen (oft sogar unvermeidlichen) Flüchtigkeit des Hinblicks auf die Vorzeichnung entstehn, wie oft würde man die *A* moll-Vorzeichnung mit der von *G* dur, die *F* moll-Vorzeichnung mit der von *Es* dur —

A moll.      G dur.      F moll.      Es dur.

verwechseln, da in den Durtonarten schon die Zahl der Kreuze oder Be'e die Tonart anzeigt!* Man müsste also jede Vorzeichnung genau untersuchen und merken. Dies wäre aber wieder weit beschwerlicher als in den Durtonarten. Denn in diesen folgen Kreuze und Be'e stets in Quinten; nach dem *Fis*-Kreuze muss das von *Cis*, dann *Gis* u. s. w. folgen, — von den Erniedrigungen muss die von *h* die erste sein, dann muss *es*, *as* u. s. w. folgen. Dieser regelmässige Gang erleichtert ungemein die Auffassung, und nichts der Art zeigt sich bei der Vorzeichnung der Molltöne.

---

* Daher hat man vorgeschlagen, bei der Mollvorzeichnung durch Widerrufungszeichen auch diejenigen Stufen zu markiren, die im Durton derselben Tonika, — oder im Paralleltone verändert gewesen, z. B. *A* moll und *C* moll so

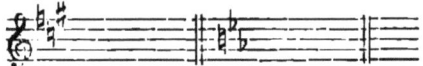

vorzuzeichnen. Allein — abgesehn davon, dass hier ein durchgängig anwendbares Prinzip fehlt (*D* moll und *G* moll würden unter keine der obigen Bestimmungen passen), ist es auch widersinnig, ein Widerrufungszeichen anzubringen, ohne dass zuvor Erhöhung oder Erniedrigung, die man widerrufen könnte, stattgefunden hätte.

Z w e i t e n s bleiben die meisten Tonstücke (besonders die grössern, für die die Vorzeichnung am wichtigsten ist) nicht in einer
Tonart, sondern wenden sich nach andern, und zwar in der Regel
zunächst nach denen, die sie am bequemsten, ohne zu viel Tonver-
änderung erreichen können. Eine Vorzeichnung also, die die Vereinigung der nächstgelegnen Tonarten begünstigt, verdient offenbar
den Vorzug. — Welcher Ton liegt nun einer Molltonart am nächsten: ihr D u r t o n? oder ihr P a r a l l e l t o n? Der letztere; denn
von diesem ist Moll nur auf einer einzigen Stufe, von jenem auf
zweien abweichend. *C* moll z. B.

$$C-d-e-f-g-a-h-c-d-e \dots \dots C\,\text{dur}$$
$$C\,\text{moll} \dots \dots C-d-es-f-g-as-h-c-d-es$$
$$Es-f-g-as-b-c-d-es \dots Es\,\text{dur}$$

ist von *C* dur in zwei Tönen (*es* und *as*), von *Es* dur aber nur in
einem einzigen (*h*) abweichend.*

## B. *Hauptpunkte der Tonarten.*

Wir haben oben gefunden, dass auf jeden Ton eine Tonart gegründet werden kann. Dieser Ton ist Anfang, Grundlage der ganzen auf ihn gegründeten, nach ihm genannten Tonart, und wird
durch einen besondern Namen,

### T o n i k a,

ausgezeichnet.

Die fünfte Stufe in jeder Tonart (die grosse Quinte der Tonika)
wird

### D o m i n a n t e

genannt, — die herrschende Stufe. Warum sie diesen Namen führt,
werden wir erst in der Harmonielehre ganz erkennen. Hier wollen
wir nur darauf hindeuten, dass die Dominante der Ton ist, zu
dem man im Quintenzirkel von der jedesmaligen Tonika zuerst gelangt. Von *C* z. B. ist *G*, von *G* ist *D* die Dominante, im Quintenzirkel kommen wir von *C* nach *G*, von *G* nach *D*.

Aber es giebt (S. 63) auch einen Quintenzirkel der Tonarten
mit Erniedrigungen, der nach der jedesmaligen Unterquinte führt,

---

* Ein dritter, wichtigerer Grund, der die Molltonarten bestimmt, lieber
in den Paralleldurton, als in ihren eigenen auszuweichen (z. B. *A* moll lieber
nach *C* dur als nach *A* dur), gehört der Kompositionslehre an. Die Ausweichung
in den eignen Durton würde nämlich weniger wirksam sein, weil Dur und Moll
die wichtigsten Stufen (Tonika und Dominante) und die geschäftigste Harmonie
(den Dominantakkord) gemeinschaftlich haben, während die Paralleltonart ganz
neue Haupttöne bringt.

z. B. von *C* nach *F*, von *F* nach *B*. Und auch in den Tonarten
mit Erhöhungen können wir diesen umgekehrten Weg machen: von
*D* nach *G*, von *G* nach *C*. Wir werden also auf einen neuen
Moment in der Tonart aufmerksam, die g r o s s e Quinte u n t e r der
Tonika, und nennen dieselbe

### U n t e r d o m i n a n t e ,

oder auch, mit einem lateinischen Namen S u b d o m i n a n t e. Im
Gegensatze zu ihr wird die Dominante auch bisweilen

### O b e r d o m i n a n t e

genannt. — Also in der Tonart *C* ist *G* die Ober- und *F* die
Unterdominante.

Zuletzt sind noch zwei weniger wichtige Benennungen zu
erwähnen. Die dritte Stufe in jeder Tonart (die Terz der Tonika) heisst

### M e d i a n t e ;

zur Erklärung sagen wir einstweilen nur, dass sie zwischen Tonika
und Dominante (Oberdominante) liegt, Mittel oder Mittelglied,
V e r m i t t l u n g (oder Verbindung) beider ist. Wie dies eigentlich zusammenhängt, und welche Bedeutung es hat, wird sich erst
in der Harmonielehre offenbaren.

Eben so ist aber die Terz u n t e r der Tonika Vermittlung
zwischen ihr und der Unterdominante, heisst daher

### U n t e r m e d i a n t e ;

im Gegensatze zu ihr wird dann die Mediante

### O b e r m e d i a n t e

genannt. Also in *C* dur ist *E* Mediante (Obermediante) und *A* Un-
termediante; *e* ist Mittelglied zwischen *c* und *g*, *a* ist Mittelglied
zwischen *f* und *c*. In *C* moll ist *Es* Obermediante und *As* Unter-
mediante; ersteres ist Mittelglied zwischen *c* und *g*, letzteres Mittelglied zwischen *f* und *c*.*

### C. *Verwandtschaft der Tonarten.*

Kehren wir auf den vorigen Abschnitt zurück, in welchem alle
Tonarten nach und mit einander gebildet worden sind: so findet

---

* Es bedarf kaum der Erinnerung, dass alle diese Benennungen jedem
Ton nur in einer bestimmten Tonart zukommen, und dass ein und derselbe Ton in verschiednen Tonarten eine ganz verschiedne Bedeutung
haben muss. *A* z. B. nannten wir oben U n t e r m e d i a n t e, — nämlich von *C*
dur; in *F* dur würde es O b e r m e d i a n t e, in *D* Oberdominante, in *E*
Unterdominante, in *A* dur oder *A* moll Tonika sein.

sich, dass zwar jede Tonart von der andern abweicht, aber eine mehr, die andre weniger. Vergleichen wir z. B. *C* dur mit *G* dur, —

$$c-d-e-f-g-a-h-c-d-e-f-g$$
$$g-a-h-c-d-e-\textit{fis}-g,$$

so sehn wir, dass beide nur in einem einzigen Ton von einander abgehn: *C* dur hat *f*, und *G* dur *fis*, alle übrigen Stufen, *g-a-h-c-d-e*, haben sie gemeinschaftlich. Vergleichen wir dagegen *C* dur etwa mit *E* dur, —

$$c-d-e-f-g-a-h-c-d-e$$
$$e-\textit{fis}-\textit{gis}-a-h-\textit{cis}-\textit{dis}-e,$$

so finden sich beide Tonarten auf vier Stufen von einander abweichend; *C* dur hat *f*, *c*, *g*, *d*, *E* dur dagegen *fis*, *cis*, *gis*, *dis*.

Zwei Tonarten, die mehrere Töne mit einander gemeinschaftlich haben, nennt man

## verwandt.

Nun haben wir eben gesehn, dass diese Verwandtschaft bald enger, bald weniger eng geknüpft sein kann, jenachdem bald mehr, bald weniger Töne beiden Tonarten gemeinsam sind. Es giebt also verschiedne

### Grade der Verwandtschaft.

Endlich haben wir selber schon verschiedne Weisen, wie Tonarten mit einander zusammenhängen, aufgefunden; die Durtonarten fanden wir in Form des Quintenzirkels zusammenhängend, die Molltonarten mit Paralleldurtönen und mit ihren eignen Durtonarten. Es muss also drei Arten der Verwandtschaft geben.

## 1. Verwandtschaft der Durtonarten.

Hier zeigt der Quintenzirkel die Verwandtschaft mit ihren Graden an. Die im Quintenzirkel unmittelbar neben einander liegenden Tonarten sind nur in einem Tone von einander abweichend, folglich im ersten Grade mit einander verwandt. Betrachten wir hier —

| 6 | 5 | 4 | 3 | 2 | ♭1 | 0 | ♯1 | 2 | 3 | 4 | 5 | 6 |
|---|---|---|---|---|---|---|---|---|---|---|---|---|
| *Ges* | *Des* | *As* | *Es* | *B* | *F* | *C* | *G* | *D* | *A* | *E* | *H* | *Fis* |

den vereinten Quintenzirkel der Kreuz- und Be-Tonarten (soweit wir sie unentbehrlich fanden), so sehn wir, dass jede Tonart ihre beiden Nachbarn rechts und links als nächste Verwandte neben sich hat. *C* dur z. B. hat als Verwandte ersten Grades *G* dur und *F* dur, desgleichen *E* dur als Verwandte ersten Grades *H* dur und *A* dur neben sich. Welches sind die nächsten Verwandten von *Ges* dur?

Auf der einen Seite *Des* dur, auf der andern (S. 64) *Ces* dur, statt dessen wir *H* dur setzen können.* Eben so sind von *Fis* dur auf der einen Seite *H* dur, auf der andern *Cis* dur (wofür wir *Des* dur setzen können) Verwandte ersten Grades.

Verwandte zweiten Grades sind die einen Schritt weiter gelegenen Tonarten, z. B. von *C* dur auf der einen Seite *D* dur, auf der andern *B* dur. So können wir, wofern es nöthig scheint, alle fernern Verwandtschaftsgrade berechnen.

## 2. Verwandtschaft der Paralleltöne.

Die Paralleltonarten sind mit einander i m e r s t e n G r a d e verwandt, denn sie sind (S. 71) nur in einem einzigen Ton von einander abweichend. *C* dur und *A* moll, *C* moll und *Es* dur u. s. w. sind also mit einander im ersten Grade verwandt.

Verbinden wir diese Verwandtschaftsart mit der vorigen, so giebt sich eine neue Weise verwandtschaftlichen Zusammenhangs unter den Tonarten kund. Wir haben gefunden, dass zuerst jede Durtonart mit ihren beiden Nachbardurtönen, — dann jede Durtonart mit ihrer Parallelmolltonart im ersten Grade verwandt ist, z. B. *C* dur mit *G* dur, *F* dur und — *A* moll. Nun sind aber die Durtonarten *G* dur und *F* dur wieder mit i h r e n Parallelmolltonarten (*E* moll und *D* moll) im ersten Grade verwandt. Folglich können wir diese Molltöne als V e r w a n d t e z w e i t e n G r a d e s von der ersten Durtonart (*C* dur) ansehn. Diese Tafel zeigt es:

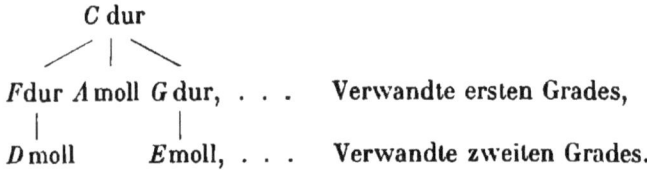

C dur

F dur  A moll  G dur, . . .        Verwandte ersten Grades,

D moll        E moll, . . .        Verwandte zweiten Grades.

---

* Wir wollen für tiefer in das Wesen der Musik Eindringende nicht unbemerkt lassen, dass in dem Wesen der Tonarten noch ganz andre, man könnte sagen: s y m p a t h e t i s c h e Beziehungen liegen (namentlich sind solche zwischen Tonarten vorhanden, deren Toniken eine Terz von einander liegen, z. B. *C* dur mit *A* moll und — *As* dur, mit *E* moll und — *Es* dur u. s. w.), während oben nur die äussern, gröbern Verwandtschaftsverhältnisse (deren Kenntniss dem Schüler nöthig ist) aufgefasst werden konnten und durften. Nur aus dem äusserlichen Gesichtspunkt ist es gewiss, dass *H* dur (statt *Ces*) und *Cis* dur (statt *Des*) mit *Ges* dur nächstverwandt zu nennen sind. Dieser Gesichtspunkt genügt aber hier, und überhaupt für die ganze Schulzeit. Vorzeitige Kenntnissnahme vom Tiefern würde unfruchtbar bleiben, oder zu leerem phantastischem Gedankenspiel ausarten. Der rechte Ort für tiefere Erörterung ist die M u s i k w i s s e n s c h a f t.

Auch diese Reihe von Verwandtschaften können wir weiter ausdehnen. Hier z. B.

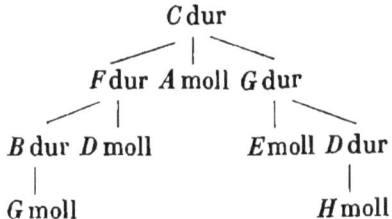

sehn wir eine Tafel mit Verwandtschaften e r s t e n Grades: *G* dur, *F* dur, *A* moll; z w e i t e n Grades: *D* dur, *E* moll, *B* moll, *D* moll; und d r i t t e n Grades: *H* moll und *G* moll. Aber wir haben nicht nöthig, die Verwandtschaften so weit oder noch weiter zu verfolgen.

## 3. Verwandtschaft der Molltöne mit ihren Durtönen und unter einander.

Wir haben bereits S. 71 erkannt, dass jede Molltonart von i h r e r Durtonart a u f z w e i S t u f e n abweicht, in Terz und Sexte. Hiernach müssten wir sie als V e r w a n d t e z w e i t e n G r a d e s ansehn.

Allein ein besondrer Umstand tritt dazu, das Band der Vereinigung enger zu ziehn. Dur und Moll haben nämlich die wichtigsten Momente jeder Tonart:

Tonika,
Oberdominante und
Unterdominante, —

mit einander gemein; und dies ist, wie wir späterhin (in der Harmonielehre) sehn werden, so einflussreich, dass wir beide Tonarten als in nächster Vereinigung anzusehn haben.

Und so nehmen wir endlich auch die Molltöne unter einander, die im Verhältniss von Tonika und Dominante oder Unterdominante zu einander stehn, wegen der innigen Beziehung der Tonika auf ihre Dominanten (Ober- und Unterdominante) als nächstverwandt an. So gilt uns also *A* moll mit *E* moll und mit *D* moll als nächstverwandt, obgleich es von ihnen —

$$d—e—f—g—a—b—cis—d—e—f—g—a—$$
*A* moll . . . . . . . . $a—h—c—d—e—f—gis—a—h—c—d—e$
$$e—fis—g—a—h—c—dis—e$$

nicht in einem, sondern sogar in drei Punkten abweicht. Verknüpft man diese Verwandtschaften mit den unter 2. gefundnen, so stellt sich für Moll eine ähnliche Tafel für die Verwandtschaften ersten und zweiten Grades,

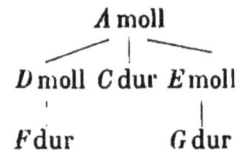

zusammen, wie S. 74 für Dur, deren weitere Ausführung mit den Verwandtschaften zweiten und dritten Grades nach dem oben für Dur gegebnen Vorbilde Jedem überlassen bleibt.

## Zusatz.

### Von den Kirchentönen.

In den vorstehenden Abschnitten haben wir die Tongeschlechte und Tonarten so dargestellt, wie sie in unserm jetzigen Musiksystem bestehn.

Allein nicht von jeher hat man dieses System besessen und walten lassen. Namentlich ist bis in das sechszehnte und siebzehnte Jahrhundert ein ganz andres System von Tonarten herrschend gewesen, das wir

#### System der Kirchentöne

oder Kirchentonarten, oder auch **alten Tonarten** nennen. Nach der Mode jener Zeit wurde es auch (und vorzugsweise) System der griechischen Tonarten, die Tonarten wurden **griechische** und mit den Namen alter griechischer Tonarten benannt, obgleich sie mit diesen keinen näher nachweislichen Zusammenhang haben, und selbst die griechischen Benennungen nur willkührlich* herübergenommen sind.

Dieses System hat fünf oder sechs verschiedne Tonarten,

die **ionische:**       $c—d—e—f—g—a—h—c,$

– **dorische:**       $d—e—f—g—a—h—c—d,$

– **phrygische:**       $e—f—g—a—h—c—d—e,$

– **lydische** (die aber nie rechte Selbständigkeit gewinnen konnte):

                 $f—g—a—h—c—d—e—f,$

– **mixolydische:** $g—a—h—c—d—e—f—g,$

– **äolische:**       $a—h—c—d—e—f—g—a,$

---

* Und auch das nur theilweise. Die Griechen hatten — nimmt man an — anfangs drei Tonarten: die dorische, phrygische, lydische, — zwischen denen später noch die iastische oder ionische und die äolische Tonart eingeschoben wurden. Nach **Fortlage's** scharfsinnigen Forschungen (Das

von denen, wie man sieht, nur eine unsern Durtonarten vollkommen gleich eingerichtet ist, und auch dies nur, beiläufig gesagt,
der Tonleiter nach. Zwei andre, die mixolydische und lydische,
sind unserm Dur ähnlich, aber nicht gleich; denn jene hat eine
kleine Septime, diese eine übermässige Quarte, da doch unsre
Durtonarten grosse Septime und Quarte haben. Die andern drei
Tonarten ähneln unserm Moll; aber die dorische hat eine grosse
Sexte und kleine Septime, die äolische eine kleine Sexte und Septime, die phrygische ausserdem eine kleine Sekunde.

Von diesen Tonarten konnten die Alten Seitentonarten
eine Quinte höher oder Quarte tiefer, bilden, die genau nach den
Haupttonarten eingerichtet und mit ihrem Namen unter Beisetzung
des Wortes „Hypo" benannt wurden. * So hiess z. B. die Seitentonart des Ionischen die hypoionische Tonart:

$$g—a—h—c—d—e—fis—g\,;$$

die Seitentonart des Dorischen hiess die hypodorische:

$$a—h—c—d—e—fis—g—a.$$

Und so die übrigen.

Auch auf andern Tonstufen konnten diese Tonarten nachgebildet werden, z. B. die äolische auf $G$:

$$g—a—b—c—d—es—f—g,$$

und endlich konnte man sich auch fremder Töne unter gewissen
Verhältnissen bedienen. Es waren nämlich ausser den Tönen $c$, $d$,
$e$, $f$, $g$, $a$ und $h$ noch die Töne $b$ und $es$, $fis$, $cis$ und $gis$ vorhanden; die Stimmung des ganzen Tonsystems war aber abweichend
von der unsrigen der Art, dass man $fis$, $cis$ und $gis$ nicht als $ges$,
$des$ und $as$, dessgleichen $b$ und $es$ nicht als $aïs$ und $dis$ gebrauchen
konnte.**

---

musikalische System der Griechen in seiner Urgestalt, Breitkopf und Härtel,
1847) sind sie schon früh zu den Tonarten des mittelaltrigen Systems gelangt;
ihre lydische, phrygische, dorische, hypolydische, hypophrygische, hypodorische Tonart hätte den Kirchentönen, und zwar der ionischen, dorischen,
phrygischen, lydischen, mixolydischen, äolischen Tonart entsprochen; ihre
mixolydische Tonart, die sich aus Verhältnissen von $1/2$ 1 1 $1/2$ 1 1 1 Tönen
(z. B. $h$-$c$-$d$-$e$-$f$-$g$-$a$-$h$) bildete, konnte im System der Kirchentöne keinen
Widerhall finden.

* Hypo bedeutet im Griechischen bekanntlich „Unter"; es muss daher
auffallen, dass dieses Wort eine Versetzung in die Oberdominante bezeichnen soll. Der Grund ist einfach der, dass die Anwendung des Ausdrucks dem
griechischen Musiksystem und Sprachgebrauch entnommen ist. Die Griechen
aber entwickelten ihr Tonsystem nicht wie wir (S. 60) nach Quinten, sondern
nach Quarten; folglich fanden sie ihre Hypo-Tonarten (z. B. von $C$ aus $G$)
wirklich auf den tiefern Quarten, — und die sind eben unsre Oberdominanten.

** Die Stimmung war nicht temperirt (Anm. S. 11), wie bei uns, $b$ und $es$
würden für $aïs$ und $dis$ zu tief, $fis$, $cis$ und $gis$ für $ges$, $des$ und $as$ zu hoch
gewesen sein; der Unterschied grosser und kleiner Halbtöne (Anm. S. 45) war
noch ein wirklicher.

Dieses alte, besonders in seinen Modulationsgrundsätzen von
dem unsrigen abweichende System ist nicht nur geschichtlich, es
ist auch noch für die Anwendung in unsern Tagen, besonders für
Kirchenmusik, von eigenthümlichem Interesse. Denn wir besitzen
noch zahlreiche Choralmelodien (und es sind unsre besten), die unter
dem Walten des alten Systems erfunden und nur mit Kenntniss
desselben wohl und sicher zu behandeln sind. Es darf also keinem
gebildeten Musiker ganz fremd bleiben.

Allein die nähere Kunde darüber gehört zunächst in die Kompositionslehre,* wo sie in unmittelbare Wirksamkeit tritt. Hier
müssen wir uns auf die gegebne, freilich nur oberflächliche Nachricht beschränken. Nur zu einer ungefähren Orientirung geben wir
hier die vorzüglichsten Schlussarten jedes Kirchentons, die
einigermaassen zur Erkennung desselben dienen können —

und die man mit unserm heutigen, im siebenten Abschnitte der
vierten Abtheilung No. 7 aufgewiesnen Schlusse vergleichen mag.

---

* Man findet das Nöthigste darüber in Theil I der Kompositionslehre.

# Zweite Abtheilung.

## RHYTHMIK.

# Vorbemerkung.

Schon in der Einleitung S. 4 und 5 ist darauf hingewiesen worden, dass jeder Ton bestimmte oder unbestimmte Zeit dauern muss und dass aus einer bestimmten und festgehaltnen Ordnung der Zeitmomente der Rhythmus entsteht. Dieser kommt hier, — in der Rhythmik — zur Betrachtung. Es sind dabei drei wesentlich unterschiedne Gegenstände zu fassen.

Erstens die Zeitdauer der einzelnen Momente, in denen ein Ton erschallen kann. — Die Zeitdauer kann absolut bestimmt werden, indem man festsetzt, dass ein Ton den so und so vielen Theil einer Sekunde oder Minute dauern soll; oder man kann auch ein ungefähres, auf allgemeinem Uebereinkommen oder gemeinsamer Gefühlsweise beruhendes Maass der Zeit im Sinne führen und hiernach die Zeitdauer der Töne erwägen. Sodann aber kann die Zeitdauer auch relativ bestimmt, ein Ton gegen den andern gemessen und in Verhältniss gebracht, z. B. festgesetzt werden, dass dieser eine Ton eben so lange, noch einmal so lang oder kurz u. s. w. gehalten werden soll, als jener andre Ton. Diese relative Zeitbestimmung ist es, die schon in der Einleitung mit dem Namen Geltung bezeichnet worden ist.

Das absolute Zeitmaass kommt im Anhange zum vierten Abschnitte, das ungefähr, aber ebenfalls allgemein bestimmte im vierten Abschnitte, die Geltung im ersten Abschnitte zur Betrachtung.

Zweitens die Zusammenordnung der Zeitmomente. Jede Ordnung hat einen ordnenden Gedanken, ein Gesetz, zum Grunde, wodurch bestimmt wird, dass Dies und nichts Anderes geschehn soll. Die Ordnung der Zeitmomente kann nur darin bestehn, dass so und so viel gleiche oder ungleiche Momente zusammengehören und als zusammengehörig sich ausprägen. Die einfachere Darstellung solcher Ordnungen ist die, welche gleiche Zeitmomente zusammenbindet und ein solches Gebilde wiederholt, damit es leicht gefasst und das in ihm fortwaltende Gesetz anerkannt werde. Die musikalische Rhythmik unserer Zeit* geht von dieser einfachsten

---

* In frühern Perioden (z. B. bei den Griechen und im Mittelalter) hatte die Musik ihre Rhythmik noch nicht selbständig ausgebildet, schloss sich vielmehr der Rhythmik der Poesie an.

Darstellungsweise aus, die als **Taktwesen** vom fünften Abschnitt an zur Betrachtung kommt.

**Drittens das Zeitgewicht.** Sobald eine Zeitordnung Töne nach rhythmischem Gesetze zusammenfasst, tritt der eine dieser Töne als vorzüglich zu beachtender hervor, (z. B. weil er eine Zeitabtheilung anfängt) und zieht vorwiegende Theilnahme an sich, die sich, abgesehn von andern Aeusserungsweisen, darin zu erkennen giebt, dass man ihm grössere Schallkraft zuwendet, ihn **accentuirt.** Dies wird im zehnten Abschnitte betrachtet.

Soviel zur vorläufigen festen Uebersicht der ganzen Rhythmik. Wenn in den folgenden Abschnitten die hier entwickelte Anordnung verlassen wird, so geschieht es, um alle Einzelheiten fasslicher darzustellen und sich der allgemeinen Anschauungsweise der Musikübenden zu nähern.

---

# Erster Abschnitt.

## Die Geltung der Töne.

Die Geltung eines Tons ist die ihm in Verhältniss zu andern Tönen zugemessne Zeitdauer. Nicht absolut soll also durch sie die Dauer eines Tons bestimmt werden, sondern nur im Verhältniss eines Tons zum andern. Der eine Ton soll noch einmal, zweimal, dreimal so lange u. s. w. gehalten werden, als der andre, — oder umgekehrt: der eine soll ein Halb, ein Drittel, ein Viertel u. s. w. des andern gelten.

Die einfachste Bestimmung der Zeit- oder Geltungsverhältnisse erfolgt durch die kleinste Theilungszahl, durch die Zwei. Mit ihr beginnen wir.

## A. *Geltung*
### durch Zweitheilung bestimmt.

Wir gehn davon aus, dass ein ganzer Zeitmoment auf einen einzigen Ton verwendet wird. Diesen Ton nennen wir, weil er den ganzen Zeitmoment einnimmt,

**ganzen Ton\***

oder ganze Note oder »eine Ganze«.

---

\* Nicht bequem ist es, hier auf ein Paar Benennungen zu stossen, die ähnlich oder buchstäblich auch in einem ganz andern Sinne gebraucht werden, einmal, um ein Tonverhältniss (S. 45), und ein andermal, um eine Geltung zu bezeichnen. Indess ist Missverstehn des jedesmaligen Sinns kaum möglich; und wo man es doch besorgt, mag man sich der Ausdrücke: ganze Note oder Ganze, bedienen.

Die Zeitdauer des ganzen Tons theilen wir in zwei Hälften. Ein Ton, der eine solche Hälfte ausfüllt, also halb so lange dauert, als ein ganzer, heisst

**halber Ton,**

oder **halbe Note,** »Halbe«. Wir können dies auch so ausdrücken: der ganze Ton wird in zwei Halbe getheilt.

Der halbe Ton wird in zwei

**Viertel**

getheilt, gilt also so viel, wie zwei Viertel; oder umgekehrt. ein Viertel gilt die Hälfte eines halben Tons.

Das Viertel wird in zwei

**Achtel,**

das Achtel in zwei

**Sechszehntel,**

das Sechszehntel in zwei

**Zweiunddreissigstel,**

das Zweiunddreissigstel in zwei

**Vierundsechszigstel,**

das Vierundsechszigstel in zwei

**Hundertachtundzwanzigstel**

getheilt.

Wir haben hier jeden Ton der Geltung nach in zwei kleinere getheilt. Es folgt aber daraus, dass

ein ganzer Ton vier Viertel,
acht Achtel, u. s. w.,
ein halber Ton vier Achtel,
acht Sechszehntel, u. s. w.,
ein Viertel vier Sechszehntel,
acht Zweiunddreissigstel

hat —und so fort.

Wie bezeichnen wir nun die Tongeltung in der Notenschrift? Durch die Gestalt der Noten selbst.

Ein ganzer Ton wird

durch einen l e e r e n Notenkopf . . . . . . . . ○

ein halber Ton

durch einen leeren Notenkopf mit einem Striche
(Hals) daran. . . . . . . . . . .

ein Viertel

durch einen gefüllten Notenkopf mit Hals . . .

ein Achtel

durch eine eben solche Note mit angefügtem Querstrich (Fahne) . . . . . . . . . . .

6*

ein Sechszehntel
    durch eine gleiche Note mit zwei Fahnen . . . . .

ein Zweiunddreissigstel mit drei Fahnen . . . . . . . .

ein Vierundsechszigstel mit vier Fahnen . . . . . . . .

ein Hundertachtundzwanzigstel mit fünf Fahnen . . . . .
angeschrieben.

    Erscheinen mehrere Noten mit Fahnen, so können diese zu-
sammengezogen werden;

die zusammengezognen Fahnen heissen dann

### Geltungsstriche

oder auch Geltungsrippen.

    Ob Hals und Fahne aufwärts oder abwärts, rechts oder links
notirt werden, ist zwar gleichbedeutend. Man pflegt aber die Hälse
der tiefern Noten aufwärts (und zwar zur rechten Hand) und die
der höhern abwärts (und links) zu zeichnen, und die Geltungsstriche stets nach der Rechten hin anzuhängen; in der That hat das
Auf- und Abwärtsstreichen auf verschiednen Seiten besonders bei
an einander gränzenden Notenköpfen den Vorzug der Deutlichkeit. —
Hängen mehrere Noten zusammen, so richtet man die Lage der
Hälse nach der Mehrzahl der Noten, wie im obigen Beispiel zu
sehn ist. Hier — .

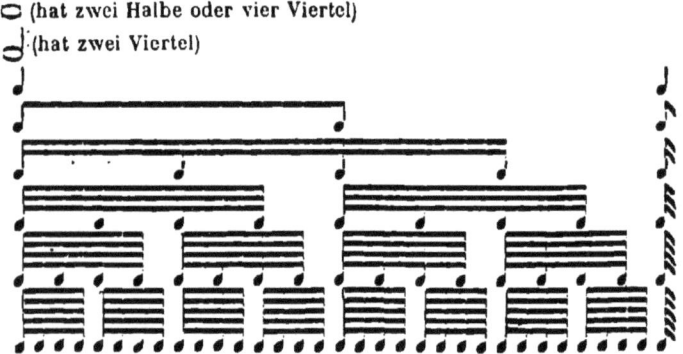

sehn wir noch einmal alle aus der Zweizahl gewonnenen Geltungen
unter einander gestellt; es ist jedoch nur ein Viertel vollständig ausgeführt. Wir sehn hier ·

ein Vierundsechszigstel hat 2 Hundertachtundzwanzigstel,
- Zweiunddreissigstel - 2 Vierundsechszigstel, oder
        4 Hundertachtundzwanzigstel,
- Sechszehntel    - 2 Zweiunddreissigstel, oder
        4 Vierundsechszigstel, oder
        8 Hundertachtundzwanzigstel,
und so weiter.

Wie wenn wir Töne von längerer Geltung notiren wollten, als die ganze Note? — Hierzu giebt es dreierlei Mittel.

Erstens finden wir, dass man sich ehedem Noten von einer grössern Geltung bedient hat. In der Periode der Mensural-Musik,* in der man zuerst Geltung und Taktwesen ordnete, bediente man sich folgender Notengestalten:

*maxima* oder *duplex longa,*

*longa,*

*brevis,*

*semibrevis,*

*minima.***

Aus der Minima ist, wie man schon erräth, unsere halbe Note, aus der Semibrevis unsre ganze Note entstanden. Von den grössern Notengattungen bedienen wir uns noch jetzt der

      **Brevis,**,

für die Geltung von zwei ganzen Noten. Noch grössere Noten werden in neuerer Musik nicht gebraucht.

Zweitens können wir, wenn ein Ton grössere Geltung haben soll, als unser System nach Obigem darbietet, uns

      **der Bindung**

---

* Näheres im Universal-Lexikon der Tonkunst unter dem Art. des Verf. Mensural-Musik. Hier nur so viel. Der Name Mensuralmusik (*musica mensurabilis* oder *mensurata*) bezeichnete die in bestimmte taktmässige Ordnung (oder vielmehr taktmässig bestimmte Geltung) gebrachte Musik von dem Anbeginn des Taktwesens (das sich wohl zuerst aus der Prosodie, den Längen und Kürzen der gesungnen Kirchentextworte, entfaltete und in Frank von Köln den ersten bis jetzt namentlich bekannten und bedeutendern Lehrmeister gehabt zu haben scheint) bis in das 16. und 17. Jahrhundert, wo das alte Takt- oder Mensuralwesen in unser jetziges Taktsystem überging. Der Gegensatz zur *musica mensurata* war *musica plana* oder *cantus planus,* der meist in gleichen oder in zweierlei Noten einhergehende Kirchengesang. Die Mensuraltheorie war übrigens äusserst verwickelt und unpraktisch.

** Die Orgelkomponisten scheinen zuerst, schon im 15. und 16. Jahrhundert, für schneller dahinrauschende Tonfiguren Viertel, Achtel und Sechszehntel unter dem Namen *semiminima, fusa, semifusa* gebraucht zu haben.

bedienen. Wir schreiben nämlich den Ton so oftmals hinter einander, bis die Summe der Geltung, die wir begehren, erfüllt ist, und verbinden die verschiednen Noten durch das

**Bindezeichen,**  ,

oder den **Bogen.** Dies deutet an, dass die verschiednen Noten nicht einzeln genommen, sondern **als ein Ton** einmal angegeben und so lange Zeit gehalten werden sollen, wie die Summe ihrer Geltungen beträgt. Wollten wir z. B. einen Ton vier ganze Noten lang halten lassen, so würden wir so

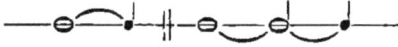

schreiben, sollte er fünf — oder sieben Viertel lang gelten, so müsste man so

notiren, folglich würde dieser Ton

sieben Viertel und drei Sechszehntel lang zu halten sein. Man sieht, dass auf diese Weise jede beliebige Geltung angegeben werden kann.

**Drittens** endlich können wir uns des

**Punkts**

hinter der Note bedienen, der andeutet, dass die Note um die Hälfte ihrer eigentlichen Geltung länger gehalten werden soll. Eine ganze Note z. B. gilt **zwei** halbe Noten; mit einem Punkte

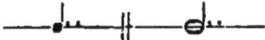

würde sie den Werth (die Geltung) von **drei** halben Noten haben. Ein Achtel hat zwei Sechszehntel; mit einem Punkte —

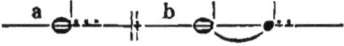

gilt es drei Sechszehntel.

Setzt man hinter einen solchen Punkt einen zweiten oder — wie man beide zusammen nennt, einen

**Doppelpunkt,**

so gilt der zweite Punkt wieder die Hälfte des ersten, und verlängert um so viel die Geltung des Tons. Ein Viertel z. B. mit zwei Punkten, oder dem Doppelpunkte,

gilt ein Viertel, ein Achtel und noch ein Sechszehntel; eine halbe Note mit dem Doppelpunkte gilt sieben Achtel.

Man kann sich auch eines dreifachen Punkts bedienen, z. B. hier bei *a,* um eine Geltung von drei Vierteln und drei Sechszehnteln auszudrücken. Allein diese Häufung kleiner zu berechnender Zeichen ist leicht missverstehn oder schwerer erkennbar. Besser schreibt man ausser der ersten noch eine zweite Note, (wie bei *b*) und fügt dieser zwei Punkte zu. — Doch mag in einzelnen Fällen die erstere Schreibweise vortheilhaft erscheinen.

## B. *Geltung*
### durch Dreitheilung bestimmt.

Nach dem Vorbilde der Zweitheilung müsste man nun erwarten, dass durch Drei ein ganzer Ton in d r e i D r i t t e l t ö n e, ein Drittelton in d r e i N e u n t e l t ö n e getheilt würde, u. s. w., — und dass man für diese Drittel-, Neunteltöne u. s. f. besondre Notengestalten eingeführt hätte. Dies ist aber nicht geschehn, weil es unsre Rhythmik mit einer verwirrenden Masse von Namen und Zeichen beladen haben würde. Gleichwohl hat man darum die Sache nicht aufgegeben.

Will man das Drittel einer Tongrösse bezeichnen, so bedient man sich der Namen und Zeichen aus der Zweitheiligkeit, aber mit der Bestimmung, dass n i c h t z w e i, s o n d e r n d r e i solcher Theile für Eins gerechnet werden sollen.

Eine Gruppe von drei Tönen, die die Geltung von zweien haben soll, nennt man

### T r i o l e,

und bezeichnet sie dadurch, dass man über drei Noten einen Bogen und unter denselben eine 3 setzt.[*] Hier —

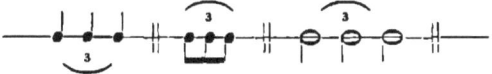

sehn wir also Triolen von Viertel-, Achtel-, halben Noten; drei Viertel gelten in der Triole so viel, wie zwei Viertel oder eine halbe Note, — drei Achtel gelten ein Viertel, — drei halbe eine ganze Note. Man bemerkt, dass dabei die Ausdrücke: Viertel, Achtel u. s. w. für die Theile der Triole u n e i g e n t l i c h gebraucht werden.

Von den drei Theilen einer Triole können nun natürlich z w e i wieder zusammengezogen werden, entweder durch Bindung

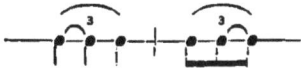

oder, indem man statt ihrer gleich eine grössere Note setzt. Im Vorstehenden sehn wir eine Vierteltriole, die den Werth einer hal-

---

[*] Oefters unterbleibt auch diese Bezeichnung, und man muss dann die eigentliche Geltung aus den Umständen entnehmen; wovon späterhin.

ben Note, — und eine Achteltriole, die den Werth eines Viertels hat; von jener sind die beiden ersten Viertel, von dieser die beiden letzten Achtel zu Einem Ton (von Zweidrittelgeltung — Geltung von **z w e i T r i o l e n v i e r t e l n,**\* oder zwei **T r i o l e n a c h t e l n**) verbunden. Dasselbe stellen wir so dar, dass wir statt der zwei gebundnen Triolenviertel gleich

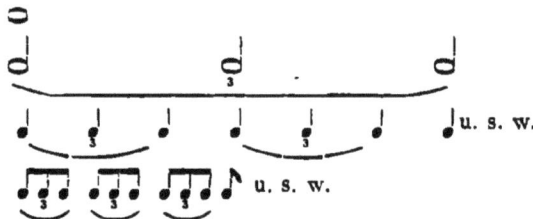

eine Triolenhalbe, und statt der zwei gebundnen Triolenachtel gleich ein Triolenviertel setzen.

Hier lernen wir eine ganz andre Reihe von Theilungen, als die der Zweitheiligkeit, kennen. Wir können nun eine Ganze in **d r e i** Halbe, eine Halbe in **d r e i** Viertel, ein Viertel in **d r e i** Achtel, u. s. w., —

theilen, — die Ausdrücke »Halbe« u. s. w. uneigentlich genommen. Hieraus lässt sich noch eine untergeordnete Gestalt ableiten.

Ziehen wir nämlich **z w e i T r i o l e n,** z. B. die Vierteltriolen zweier halben Noten, oder die Achteltriolen zweier Viertel, —

zusammen, so entsteht eine **G r u p p e v o n s e c h s T ö n e n;** es ist ein Ton der Geltung nach in **s e c h s,** z. B. eine ganze Note in **s e c h s** Viertel, eine halbe Note in **s e c h s** Achtel, getheilt worden. Eine solche Gruppe wird

### S e x t o l e

genannt. Da wir weiterhin (S. 89) eine ähnliche und doch innerlich verschiedne Tongruppe, ebenfalls unter dem Namen Sextole, finden werden, so wäre wünschenswerth, der aus zwei zusammengezognen Triolen entstandnen Sextole einen besondern Namen,

### D o p p e l t r i o l e,

und besondre Bezeichnung, etwa

---

\* So könnte **man** die uneigentlichen Geltungsnamen verdeutlichen oder beseitigen.

zu geben, und den Namen Sextole, so wie die Bezeichnung

jener andern, später zu erwähnenden Gestalt allein zu überlassen. Der Gebrauch hat indess anders entschieden; der Name Sextole wird beiden Gestalten gegeben, und bezeichnet m e i s t e n s die, welche wir Doppeltriole nennen möchten, da die andre Gestalt in der That weit seltener erscheint.

Hiernach können wir Zwei- und Dreitheiligkeit zu

### C. *gemischten Geltungsgruppen*

brauchen, zweitheilig anfangen und dreitheilig fortfahren.

Hier z. B. —

haben wir ein Viertel in z w e i Achtel, jedes Achtel aber in d r e i Sechszehntel (Triolensechszehntel) getheilt. Das Resultat war ein Paar von Triolen, eine D o p p e l t r i o l e, oder — nach obiger Nenn- weise — eine S e x t o l e.

Dessgleichen haben wir hier —

ein Viertel in eine A c h t e l t r i o l e aufgelöst, jedes Triolenachtel aber in z w e i Sechszehntel. Wir haben also wieder eine Gruppe von sechs Tönen, eine S e x t o l e, gebildet (und dies ist die zuvor erwähnte zweite Sextolenart), aber — von andrer Ableitung. Später* wer- den wir sehn, dass die Ableitung auch auf das Wesen Einfluss hat, und die letztere Sextole sich von der erstern wesentlich unterscheidet.

Bisher sind wir bei der zweitheiligen und dreitheiligen Geltung stehn geblieben, und haben aus der Fortsetzung der erstern vier-,

---

* Im zehnten Abschnitte der zweiten Abtheilung.

achttheilige Notengruppen (z. B. vier Achtel auf eine Halbe, acht auf
eine Ganze), aus der Fortsetzung der andern sechstheilige Notengruppen, namentlich die sogenannte Sextole oder Doppeltriole, erhalten, auch beide Theilungsarten gemischt.

Zuletzt gehen wir auf

### D. *tonreichere Gruppen*

über. Wir theilen eine Note, statt in v i e r — in f ü n f Theile, z. B.
eine Halbe in fünf Achtel, ein Viertel in fünf Sechszehntel (die Benennungen Achtel und Sechszehntel gelten uneigentlich),

die zusammen also so viel, wie ursprünglich vier gelten sollen. Eine
solche Gruppe heisst

Q u i n t o l e.

In gleicher Weise bildet sich die

S e p t i m o l e,

in der s i e b e n Theile statt v i e r, — oder auch statt sechs,* — die

N o v e m o l e,

in der n e u n Theile statt a c h t, — oder sechs, — die

D e z i m o l e,

in der z e h n Theile statt a c h t oder sechs oder vier auftreten; und
so kann man jede Geltung in elf, dreizehn, — in beliebig viel Theile
zerfällen, z. B. hier —

---

* Wollte man in einen Sechsachteltakt (was darunter zu verstehn, erfahren wir weiterhin) statt sechs Achtel sieben stellen, so wäre dies eine Sep-
timole, in der sieben nicht statt vier, sondern statt sechs ständen.

ein Viertel in fünfzehn Theile statt vier oder acht; und überall genügt die übergesetzte Ziffer zur Verständigung, ohne dass auch nur auf die Zahl der Geltungsstriche gar zu streng* gesehen wird; überall wird auch den einzelnen Noten ohne Rücksicht auf Ableitung gleiche Geltung zugemessen.

Die bestimmtere Erkenntniss und Eintheilung solcher, ohnehin nur selten und meist vereinzelt auftretender Tongruppen wird weiterhin durch die Lehre von Takt und Takteintheilung erleichtert.

---

* Man schreibt meistens nach der Geltung der vorhergehenden ordentlichen Eintheilung, z. B. Novemolen so, wie die vorhergehende Eintheilung von acht Noten; also die Novemole einer Halben mit Sechzehnteln, die Novemole eines Viertels mit Zweiunddreissigsteln. Andre begnügen sich mit einem blossen Zusammenstreichen durch einen Achtel- oder zwei Sechzehntelstriche. So schreibt J. Haydn in seiner Einleitung zur Schöpfung (S. 5 der Partitur) jenen genialen Klarinettwurf von 15 Noten, — der wie ein Meteor aus dem Chaos, das der Komponist malt, emporfliegt, —

nur mit Achtelnoten. — Noch freier gestalten die Pianisten unsrer Tage. Chopin z. B. wirft in seiner glänzenden Polonaise Op. 53 eine solche Figur über die Geltung von fünf Achteln —

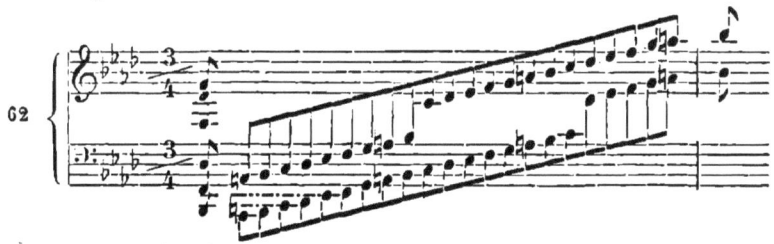

und in einem Walzer (Op. 64 No. 1) eine gleiche —

zum Schluss über den Raum von drei Takten.

# Zweiter Abschnitt.

## Die Pausen.

Wir haben die Dauer der Töne bestimmt, auch die Zeitdauer von mehrern Tönen, die als Theile eines Tons von grössrer Geltung erschienen, beurtheilen gelernt. Für den letztern Fall setzten wir voraus, dass ein Ton unmittelbar dem andern folge. Allein es ist auch das Entgegengesetzte möglich: dass zwischen dem Ende des einen und dem Anfang des andern Tons eine Zeit lang inne gehalten, pausirt* werden soll. Diese Momente des Schweigens,

### Pausen

genannt, werden in derselben Weise bestimmt, wie die Geltung der Töne, durch besondre Zeichen, die ebenfalls Pausen heissen. Hier ist das Verzeichniss der Pausen:

1) die ganze Pause (der ganzen Note entsprechend, also zwei Halbe oder vier Viertel geltend), ein Querstrich unterhalb einer der Linien, —

2) die halbe Pause, zwei Viertel geltend, ein Querstrich auf einer der Linien stehend,** —

3) ↝, oder ⌇, oder ⌇, die Viertelpause, —

4) 𝄾, die Achtelpause, eine nach der Linken geöffnete Fahne mit Hals, —

5) 𝄿, die Sechszehntelpause, zwei Fahnen, wie die Sechszehntelnote, habend, —

6) 𝄿, die Zweiunddreissigstel-Pause, —

7) 𝄿, die Vierundsechszigstel-Pause, —

8) 𝄿, die Hundertachtundzwanzigstel-Pause.

---

* Pausiren stammt aus dem Griechischen und heisst: aufhören.
** Es kommt also, wie gesagt, nichts darauf an, auf welcher Linie diese Pausen stehn. Ja, wenn zwei oder mehr Tonreihen auf einem Liniensystem stehn, und für eine in einer Tonreihe nöthige Pause kein Platz auf den Linien ist, so zieht man eine kurze Nebenlinie, blos um die Pause darauf (oder darunter) anzubringen. Hier z. B. sehn wir für die Unterstimme eine ganze Pause, dann für die Oberstimme erst eine Viertel-, dann

eine halbe Pause angebracht.

Die Gestalten der letztern fünf unterscheiden sich ebenfalls, wie die Notengestalten, durch die Zahl der Fahnen.

Alle diese Pausen können, wie die Noten, durch Punkte und Doppelpunkte um die Hälfte und Dreiviertel ihres Werthes vergrössert werden.

Für grössere Pausen, deren man besonders in mehrstimmigen Sätzen für einzelne Stimmen bedarf, besitzen wir noch folgende Zeichen:

1) eine, zwei ganzen Noten,

2) eine, vier ganzen Noten,

3) oder eine, sechs ganzen Noten,

4) eine, acht ganzen Noten gleichgeltende Pause.

Durch Aneinanderreihen dieser Pausen kann jede beliebige Summe einzelner Zeitmomente angegeben werden; hier z. B.

sehn wir acht, nochmals acht, sechs und dann noch eine ganze Pause, — also zusammen drei und zwanzig ganze Pausen angeschrieben. In der Regel macht man es sich bei grössern Pausen bequem; man zieht, statt der eigentlichen Pausen, schräge Striche, oder einen wagerechten, und bemerkt die Zahl der Takte, die zu pausiren sind, in Ziffern, schreibt also z. B. die obigen Pausen so

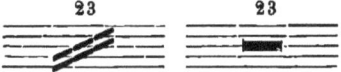

an. —

Zergliedert man nun Noten in kleinere Zeiträume, so können, wie sich von selbst versteht, diese theils durch Pausen, theils durch Noten ausgefüllt werden. Hier z. B.

sehn wir Viertel bei

1) in eine Achtelnote und eine Achtelpause,
2) in eine Triole — Achtelnote, Achtelpause, Achtelnote,
3) in eine Triole — Triolen-Viertelpause und Triolen-Achtelnote,

aufgelöst. Aehnliche Auflösungen, Verbindungen von Noten und Pausen, kann sich Jeder leicht bilden und enträthseln.

# Dritter Abschnitt.

## Die unbestimmtern Geltungszeichen.

In den vorigen Abschnitten haben wir Noten und Pausen von bestimmter Geltung, von bestimmtem Zeitverhältnisse gegen einander kennen gelernt. Es bleiben noch einige Fälle zu erwähnen, in denen von der bestimmten Geltung mehr oder weniger abgegangen wird.

### 1. *Das Staccato.*

Wenn einzelnen Tönen oder ganzen Tonreihen etwas kürzere Zeit zugemessen werden soll, als ihnen nach der Notengeltung eigentlich gebührt: so bezeichnet man sie mit *Staccato* (gestossen), oder mit feinen Strichelchen, dem Notenkopfe gegenüber,

oder — wenn sie nicht gar zu kurz angegeben werden sollen, mit Punkten den Notenköpfen gegenüber,

Um wie viel kürzer dergleichen Noten sein sollen, bleibt unbestimmt, die vorstehenden mit Punkten werden etwas kürzer als Achtel, etwa in der Geltung von drei Zweiunddreissigsteln, die mit Strichen noch kürzer, etwa in der Geltung von einem Sechszehntel, —

angegeben und der Rest der Geltung wird, wie wir oben angedeutet haben, nach jeder Note pausirt. Wollte man noch kürzere Geltung, so müsste man Pausen und Staccato-Zeichen verbinden,

oder über den Satz

*Staccatissimo*

setzen.

## 2. Das Legato.

Soll in einer Tonreihe jeder Ton voll ausgehalten werden, bis unmittelbar zum Eintritte des folgenden Tons, oder auch noch etwas länger, so dass beide Töne gleichsam in einander schmelzen: so setzt man *legato* (gebunden), oder

*legato assai*

(sehr gebunden), oder den Superlativ des ersten Wortes,

*legatissimo*

(möglichst gebunden), oder statt des erstern Wortes den Bindebogen

darüber. Hier wird also entweder die Geltung jedes einzelnen Tons vor jeder Verringerung bewahrt, oder auch noch vergrössert bis in den Zeitraum des folgenden Tons hinein.

Soll ein einzelner Ton besonders genau bis zu Ende seiner Geltung — oder auch um ein Weniges länger — gehalten werden, so bezeichnet man ihn mit

*tenuto (ten.)* oder *ben tenuto,*

gehalten, oder gut — genau ausgehalten. — In neuester Zeit wird, besonders wenn mehrere Noten hinter einander *tenuto* gespielt werden sollen, auch wohl ein Querstrich über jede Note gesetzt. So sollen hier —

die letzten drei Viertel bis auf den letzten Augenblick ihrer Geltung — oder auch noch etwas länger ausgehalten werden.

Soll eine Zeit lang die Geltung der einzelnen Töne nicht scharf beobachtet, sondern jeder unmerklich verlängert oder verkürzt werden, so bezeichnet man dies mit

*tempo rubato*

(geraubtes Zeitmaass), oder mit

*a piacere*

(nach dem Gefallen oder Geschmack des Ausführenden), oder mit

*ad libitum (ad lib.),*

nach Belieben.

Ist einer Hauptstimme, z. B. der Singstimme in einer Arie, ein solches *ad libitum* oder *a piacere* gegeben, so müssen die begleitenden Stimmen sich nach ihr richten, und dies wird ihnen durch ein bei ihren Noten bemerktes

colla parte (c. p.)

— mit der Hauptstimme — angedeutet. Soll die Geltung ganz der Willkühr anheimgegeben werden, so wird

senza tempo oder senza ritmo

(ohne bestimmtes Maass) gesetzt.

Alle diese Willkührlichkeiten werden durch

a tempo, al rigore del tempo

(nach bestimmtem oder strengem Zeitmaasse) wieder aufgehoben.

Soll endlich die Geltung einer Note oder Pause erheblich, aber unbestimmt verlängert werden: so überschreibt man sie mit einem

R u h e z e i c h e n,

das aus Punkt und Bogen

besteht, nach dem Italienischen auch

F e r m a t e*

genannt wird.

Man hat vorschlagen wollen, dass ein solches Ruhezeichen die Geltung ungefähr verdopple. Aber auch diese Bestimmung ist nicht annehmbar; man muss sich in jedem einzelnen Falle nach dem Sinn des Satzes richten.

Schliesslich wollen wir noch anmerken, dass eine Pause, die durch alle Stimmen eines mehrstimmigen Satzes geht,

G e n e r a l p a u s e,

und ein durch alle Stimmen gleichzeitig eintretendes Ruhezeichen ein

H a l t

heisst.

---

* Das Zeichen selbst heisst bei den Italienern aus dem Lateinischen c o - r o n a , Krone.

# Vierter Abschnitt.

## Das Tempo.

Alle Geltungen geben den Noten und Pausen nur relativen Werth. Sie setzen fest, dass ein Viertel noch einmal so viel gelten soll wie ein Achtel, oder halb so viel wie eine halbe Note, und diese wiederum halb so viel wie eine ganze. Aber wie lange irgend eine, z. B. wie viel Sekunden, oder welchen Theil einer Sekunde eine ganze Note währen soll: das ist durch die Geltung nicht bestimmt.

Nun ist klar, dass wir bei einigen Tonstücken lebhaftere, bei andern langsamere Bewegung angemessen finden müssen. Frohe, aufgeregte Stimmung beseelt und beschleunigt all' unsre Bewegung, also auch die unsrer Töne; trübe, niedergeschlagne erschlafft und hemmt unsre Bewegung auch in der Musik. Man hat also verschiedne Grade der Bewegung angenommen und mit Kunstausdrücken bezeichnet, die Bewegung überhaupt aber nach ihrer absoluten Geschwindigkeit

### Zeitmaass

oder Tempo genannt.

Gewöhnlich werden fünf Hauptstufen der Bewegung, und von jeder verschiedne kleinere Abstufungen angenommen.

## 1. Die sehr langsame Bewegung.

Sie wird zu Anfang des Tonsatzes über den Noten mit
Largo (breit), largo assai (assai heisst: sehr), oder Larghissimo (höchst langsam),
Adagio (langsam), Adagiosissimo (sehr langsam),
Lento (schleppend),
Grave (schwer)
angezeigt; Largo und seine Verstärkungen gelten gewöhnlich für die langsamste Bewegung; Adagio wird öfters weniger langsam genommen, als Lento; so auch Grave.

## 2. Die mässig langsame Bewegung.

Larghetto (etwas breit),
Andante (gehend, — also nicht geschwind), abgekürzt And^{te},

*Andamento* (nach Art des *Andante*),

*Andantino* (etwas gehend, also noch weniger geschwind),

*Sostenuto* (gehalten, etwas zurückgehalten in der Bewegung),

*Commodo* (bequem).

Auch hier sind die Benennungen nach dem zunehmenden Grade der Schnelligkeit, die sie bezeichnen, geordnet. Uebrigens herrscht freilich in diesen feinern Unterscheidungen unter den Tonsetzern und Lehrern keine allgemeine Uebereinstimmung; namentlich wird von nicht Wenigen *Andantino* für eine weniger langsame Bewegung genommen, als *Andante*.

### 3. *Die mässig geschwinde Bewegung.*

Sie wird durch

*Allegretto* (etwas lebhaft),

*Moderato* (mässig, gemässigt),

*Allegramento* (nach Art des *Allegro*, fast so lebhaft),

*Allegro moderate* (mässig lebhaft),

*Allegro ma non troppo* (lebhaft, aber nicht zu sehr)

angezeigt.

### 4. *Die geschwinde Bewegung*

hat folgende Bezeichnungen:

*Allegro* (munter, lebhaft), abgekürzt *All°.*,

*Animato* (beseelt),

*Allegro con brio* oder *brioso* (frisch bewegt),

*Allegro con moto* (in lebhafter Bewegung),

*Allegro con fuoco* oder *fuocoso* (feurig bewegt),

*Allegro agitato* (mit Unruhe bewegt),

*Allegro appassionato* (leidenschaftlich bewegt).

Endlich

### 5. *Die sehr schnelle Bewegung*

wird durch die Ausdrücke:

*Allegro assai*, oder *Allegrissimo* (sehr lebhaft),

*Allegro vivace* (lebhaft bewegt),

*Vivace, Vivacissimo* (sehr lebhaft),

*Presto* (schnell), *Presto assai*, oder *Prestissimo* (sehr,
— möglichst schnell)

angezeigt.

Dass mit all' diesen Ausdrücken, und wären ihrer noch viel mehr, nicht alle möglichen Grade der Bewegung erschöpft sein können, ist von selbst einleuchtend. Man hilft also (wie zum Theil

schon oben geschehn ist) durch Verstärkungs- und Verringerungs-
ausdrücke,

    *più* (mehr),

    *meno* (weniger),

also z. B.

    *più Allegro*, lebhafter (als zuvor),

    *meno Allegro*, weniger lebhaft (als zuvor),

    *più moto*, auch *mosso* (bewegter),

    *più vivo* (belebter),

nach. Zuletzt muss man die feinste Bestimmung doch der richtigen
Auffassung des Vortragenden — und der Gunst des Augenblicks anvertraun.

    Alle diese Ausdrücke dienen, einen möglichst oder hinlänglich
bestimmten, in jedem Moment eines Tonstücks s i c h g l e i c h b l e i -
b e n d e n Bewegungsgrad vorzuschreiben. Nun kann es aber auch
darauf ankommen, e n t w e d e r einzelne Stellen eines Tonstücks
schneller oder langsamer zu nehmen, als das Haupttempo will, —
dann bemerkt man bei ihrem Eintritt

    *vivo, più vivo* (lebhaft, lebhafter),

    *veloce* (schnell),

    *ritenuto* (*riten.*, *rit.*, zurückgehalten)*

und nachher

    *a tempo* (in der regelmässigen Bewegung) ; —

o d e r es ist die Absicht, in u n m e r k l i c h e n A b s t u f u n g e n aus
einem Grade der Bewegung in den andern ü b e r z u g e h n. Auch für
diesen Zweck hat die Kunstsprache mancherlei Ausdrücke; zunächst
im Allgemeinen die Ueberschrift

    *tempo assimilando al movimento seguente,*

wenn aus einem Tempo in das folgende allmählich übergegangen
werden soll. Dann im Besondern.

    Soll die Bewegung allmählich langsamer werden, so wird dies mit

    *rilasciando* (nachlassend),

    *ritardando* (*ritard.*, zögernd),

    *rallentando* (*rallent.*, oder *rall.*, auch *allentando, lentando,*

        *slentando,* langsamer werdend)

bezeichnet. Der letzte Ausdruck wird in der Regel als stärkster
Ausdruck für Nachlassen der Bewegung angewendet. Auch der
Ausdruck

    *calando* (beruhigend)

hat die Wirkung, langsame Bewegung einzuführen.

---

* *Ritenuto* wird auch oft gleichbedeutend mit *ritardando* gebraucht.

Soll eine langsamere Bewegung allmählich in eine schnellere übergehn, so wird dies mit

> *accelerando* (schneller werdend),
>
> *precipitando* (eilend),
>
> *stringendo* (dringender)

angedeutet. Soll endlich das Schneller- oder Langsamerwerden nur sehr allmählich vor sich gehn, so wird allen obigen Ausdrücken

> *poco a poco* (nach und nach)

zugesetzt, z. B:

> *poco a poco rallentando,* —
>
> *poco a poco più moto,* —

nach und nach immer langsamer werdend, — nach und nach immer bewegter.

Soll einen grössern Satz hindurch, wohl gar bis zum Schlusse, fortwährend geeilt werden, so überschreibt man den Satz mit:

> *più stretto*

(immer engere, schnellere Tonfolge); nennt auch einen ganzen so vorzutragenden Satz die

## Stretta.

So schliesst z. B. das erste Finale in Don Juan mit einer Stretta.

Soll das Eilen oder Zögern ein Ende haben und wiederum festes Zeitmaass eintreten, so wird dies entweder durch ein ausdrücklich eingeführtes neues Tempo, z. B.

> Allegro - - -   accelerando - -   Presto.

angezeigt; oder wenn nach irgend einer Veränderung im Tempo die erste Bewegung wieder eintreten soll, so wird sie mit

> *tempo primo (t. p.)*

(voriges Zeitmaass) vorgeschrieben.

Eine seltsame Tempobezeichnung muss noch zum Schluss erwähnt werden. Bisweilen findet sich die Ueberschrift

> *Tempo giusto* (das rechte Tempo);

man soll die Bewegung so schnell oder so langsam nehmen, als beliebt, oder gut dünkt. Eine sehr unschuldige Bestimmung, denn sie bestimmt eben nichts.

# Zusatz.

## Der Chronometer.

Die Tempobezeichnungen haben eben so wenig wie die Bestimmungen über Geltung ein absolutes und fest bestimmtes Zeitmaass für die Töne gegeben; sie sagen nur: dass die Bewegung in einem Satze je nach den nähern Bestimmungen des Zeitmaasses schneller oder langsamer als in einem andern Satze, dass z. B. die Viertel in einem Andante-Satze langsamer, als in einem Allegro, und schneller, als in einem Largo sein sollen. Immer bleibt noch die Frage: wie schnell sollen sie nun in jedem Tempo sein?

Genau kann dies (wie schon S. 97 angedeutet) nur durch unser absolutes astronomisches Zeitmaass, nach Minuten, Sekunden u. s. w., bestimmt werden. Kommt es also auf genaue Bestimmung der Bewegung an, so müssen wir festsetzen: dass ein Viertel oder eine halbe Note den so und so vielten Theil einer Minute oder Sekunde währen soll.

Hierzu sind mancherlei Hülfsmittel ersonnen worden. Das verbreitetste ist der von Mälzel erfundene

### Metronom,

ein aufrecht stehender, durch ein Räderwerk in Bewegung gesetzter, mit einem verschiebbaren Gewicht versehener Pendel. Hinter dem Pendel ist eine Tafel, in 110 Grade (von No. 50 bis 160) getheilt. Stellt man das Gewicht am Pendel auf einen dieser Grade, so schwingt der Pendel so vielmal in einer Minute, als die Gradzahl besagt, also 50 bis 160mal, jenachdem man ihn auf den obersten bis untersten Grad stellt. Hiermit kann jeder Note absolute Zeitdauer zugemessen werden: man bestimmt, dass irgend eine Geltung, z. B. die eines Viertels, den 60sten oder 120sten Theil einer Minute (also eine ganze oder halbe Sekunde) ausfüllen soll, stellt dazu den Metronomen auf 60 oder 120, und erhält in den Pendelschlägen* das absolute begehrte Maass.

---

* Diese Pendelschläge machen sich etwa so laut vernehmbar, wie das Ticktack einer mässig starken Stutzuhr. In neuester Zeit werden in Paris Metronome verfertigt, deren Pendel mit einer Glocke in Verbindung steht und, jenachdem er gestellt wird, den ersten von je zwei, drei, vier oder sechs seiner Schläge durch einen Glockenschlag verlautbart. Diese sinnreiche, nicht kostspielige Einrichtung bewirkt, dass der Metronom neben dem absoluten Zeitmaass auch das

In dieser Weise kann also das Tempo auf das Bestimmteste angezeigt werden. Die obigen Fälle hätten folgende Bezeichnung zu erhalten:

$$M.\ M.\ \text{(Mälzel's Metronom)}\ \text{♩} = 60,$$

$$M.\ M.\ \text{♩} = 120.$$

Ist die Bewegung zu langsam, als dass man sie nach der Gradtafel in der einen Notengeltung ausdrücken könnte, so nimmt man eine kleinere Notengeltung. Wollte man z. B. eine Bewegung anzeigen, in der ein Viertel nur 30mal in der Minute Raum hätte (also zwei Sekunden währte), so könnte man dies so

$$M.\ M.\ \text{♪} = 60$$

anzeigen: man zählte also Achtel am Metronomen ab und bestimmte danach die Geltung der Viertel.

Wollte man umgekehrt einen so schnellen Bewegungsgrad ausdrücken, wie er für irgend eine Geltung auf der Gradtafel nicht auszudrücken ist, so müsste man Noten einer grössern Geltung zu Hülfe nehmen. Sollten z. B. drei Viertel auf die Sekunde (oder 180 auf die Minute) kommen, so könnte man dies so:

$$M.\ M.\ \text{𝅗𝅥} = 90, \text{oder vielmehr:}$$

$$M.\ M.\ \text{𝅗𝅥} = 60$$

ausdrücken.* Wir werden hierbei zugleich inne, dass ein und derselbe Bewegungsgrad auf mehr als eine Weise ausgedrückt werden kann.

Einfacher, wohlfeiler herzustellen und keiner Verunrichtigung (wie das Räderwerk des Mälzel'schen Metronomen) unterworfen ist der von Gottfried Weber in Vorschlag gebrachte

### Chronometer,

der aus einem mit irgend einem Gewicht (z. B. einer Bleikugel) beschwerten Faden von bestimmter Länge und bestimmten irgendwie (z. B. durch Knoten) bezeichneten Längenmaassen besteht. Je kürzer ein solcher Faden, desto schneller schwingt er, je länger, desto langsamer. So kann also der Grad der Bewegung nach dem Längenmaasse des Fadens bestimmt werden; ein Faden z. B. von 55 Rheinl. Zollen schwingt 50mal, ein Faden von 5 Rheinl. Zollen

---

Taktmaass (wenngleich nicht das in neuester Zeit wieder hazardirte Fünf- und Siebenmaass) bezeichnet.

* Wir haben dies Beispiel nur der einfachen Zahlenverhältnisse wegen gewählt. Denn auf dem Metronom sind, wie die Tabelle S. 103 zeigt, nicht alle einzelnen Grade von 50—160 angegeben (dies hätte die Gradtafel mit Zeichen überladen); sondern nur je der zweite, dritte, vierte, sechste, achte Grad. Und dies ist auch genügend, da der Unterschied von einem, und bei schneller Bewegung von zwei oder drei Graden kein karakteristisch wesentlicher ist.

schwingt 160mal in einer Minute. Man könnte daher ersteres Maass
der Bewegung, auf ein Viertel angewendet, so:

$$\stackrel{|}{\bullet} = 55'' \text{ Rh.},$$

letzteres, ebenfalls auf ein Viertel angewendet, so:

$$\stackrel{|}{\bullet} = 5'' \text{ Rh.},$$

anzeichnen. — Hier folgt eine vergleichende Tabelle des Weber'schen
Zeitmessers mit dem Mälzel'schen:

| Metron. | | Rheinl. Zoll. | | Metron. | | Rheinl. Zoll. |
|---|---|---|---|---|---|---|
| 50 | = | 55 | | 92 | = | 16 |
| 52 | = | 50 | | 96 | = | 15 |
| 54 | = | 47 | | 100 | = | 14 |
| 56 | = | 44 | | 104 | = | 13 |
| 58 | = | 41 | | 108 | = | 12 |
| 60 | = | 38 | | 112 | = | 11 |
| 63 | = | 34 | | 116 | = | 10 |
| 66 | = | 31 | | 120 | = | 9 |
| 69 | = | 29 | | 126 | = | 8 |
| 72 | = | 26 | | 132 | = | $7\frac{1}{2}$ |
| 76 | = | 24 | | 138 | = | 7 |
| 80 | = | 21 | | 144 | = | $6\frac{1}{2}$ |
| 84 | = | 19 | | 152 | = | 6 |
| 88 | = | 18 | | 166 | = | 5 |

wonach man sich der einen oder andern Bezeichnung, oder beider
bedienen kann. Fasst man nämlich den Faden am äussersten Ende,
so dass er 55 Rheinl. Zoll lang ist, und setzt ihn in Bewegung, so
giebt er Schwingungen, deren funfzig auf eine Minute gehen. Fasst
man ihn so, dass 38 Rheinl. Zoll frei bleiben, so giebt jede Schwingung die Zeit einer Sekunde (wie der Metronom, wenn er auf 60
gestellt ist); lässt man vom Faden nur 9 Zoll frei, so währt jede
Schwingung eine halbe Sekunde, wie die Schläge des auf No. 120
gestellten Metronomen.

Nun könnte noch gefragt werden, welcher Grad der absoluten
Bewegung unsern verschiednen Tempobezeichnungen gehöre? Hier
hat man annehmen wollen, dass dem Andante, also dem z w e i t e n
Bewegungsgrade, die absolute Geltung von einer Sekunde für das
Viertel,

$$M. \ M. \ \stackrel{|}{\bullet} = 60 —$$
$$W. \ Chm. \ \stackrel{|}{\bullet} = 38'' \text{ Rh.},$$

beizumessen sei. Man könnte hiernach dem e r s t e n Grad u n g e -
f ä h r die unterste — oder eine langsamere Bewegung, z. B.

$$M. \ M. \ \stackrel{|}{\bullet} = 50,$$
$$\stackrel{|}{\bullet} = 60 \text{ u. s. w.},$$

dem d r i t t e n Grad' u n g e f ä h r die Bewegung von

$$M. \ M. \ \stackrel{|}{\bullet} = 90,$$

dem vier ten die Bewegung etwa von

$$M.\ M.\ \flat = 120\ \text{bis}\ \flat = 130,$$

dem fünften die Bewegung etwa von

$$M.\ M.\ \flat = 140\ \text{bis}\ \flat = 160$$

und noch schnellere Bewegungen beilegen, oder andre Verhältnissreihen ausfindig machen.

In Wahrheit kommt es aber der Tonkunst, die nicht mathematisch bestimmte Grössen, sondern die Regungen der Seele und freien
Bewegungen des Geistes zu offenbaren hat, auf ein mathematisch
ausgemessenes Zeitmaass gar nicht an, ja sie findet es ihrem Wesen
widersprechend, und in der That die ungefähren Tempobestimmungen für dasselbe zusagender, als die absoluten metronomischen. Der vortragende Musiker oder der Direktor einer grössern
Aufführung muss allerdings so tief und getreu wie möglich den Sinn
der Komposition aufzufassen und wiederzugeben trachten; daher liegt
ihm auch ob, das Tempo des Komponisten möglichst genau zu treffen. Allein zuletzt kommt doch Alles auf seine Stimmung und
die Weise an, wie das Werk in seiner Seele lebendig und
ihm zu eigen geworden. Aus seinem erregten Innern allein kann
es lebendig und wirksam hervortreten; nach äusserlich überkomm-
ner Vorschrift dargestellt, ohne innere Aneignung, bleibt es todt und
wirkt nicht lebendig und belebend.* — Ja zuletzt treten noch äussere
Verhältnisse zu, die bei der metronomischen Tempobestimmung
unmöglich berücksichtigt werden können. Bei grosser Besetzung z. B.
und in weiten Räumen müssen die Tempi, besonders in figurirten
Sätzen, langsamer genommen werden, weil der Schall sich langsamer verbreitet, mithin bei zu schneller Bewegung die Tonmassen
verwirrt erschallen, selbst bei der richtigsten Ausführung. Man
muss sich daher nur einprägen, welcher ungefähre Grad von Bewegung den verschiednen Tempobezeichnungen gewöhnlich beige-
legt wird, um den Sprachgebrauch zu verstehn; das Genauere darf
und muss dann dem Kunstverständniss und der Empfindung im
Augenblicke der Ausführung anheimgestellt bleiben.

Genauer werden wir uns über diesen Punkt bei der Vortragslehre verständigen.

---

* Anziehend und belehrend ist Beethoven's Verhalten zum Metronom,
der gerade in der Zeit seiner höchsten Anerkennung an das Licht trat. Zuerst
(m. vergl. des Verf. »Beethoven« und dessen »Anleitung zum Vortrag d. Beeth.
Klavierwerke«) erschien ihm die Erfindung höchst wichtig und er bevorwortete
den Metronomen mit der edlen Theilnahme, die er allen Kunstangelegenheiten
zuwandte. Später brachte er ihn bei einigen (nur wenigen) Werken in Anwendung, ward aber hier schon den Einfluss der Stimmung gewahr, indem er dasselbe Werk verschieden metronomisirte. Zuletzt entschied er lakonisch: »Gar
kein Metronom!«

# Fünfter Abschnitt.

## Die Taktordnungen.

Wir können jetzt ganze Reihen von Tönen in gleicher oder
verschiedener Geltung aufführen. Allein eine solche Tonreihe, besonders wenn sie von grösserer Länge ist, würde nicht übersichtlich
erscheinen, sie würde nicht den wohlthuenden Eindruck der Ordnung hervorrufen, selbst wenn ihre Einrichtung im Einzelnen ganz
regelmässig wäre, z. B. aus lauter Tönen von gleicher Geltung
bestände.

Wodurch machen wir nun irgend eine Masse übersichtlich, fasslich? — durch Abtheilung, oder Theilung in kleinere, leichter zu
fassende Ganze. So legen wir z. B. einen Haufen einzelner Mün-
zen in einzelne Reihen von je vier oder sechs Stücken u. s. w. aus
einander, und übersehn und zählen dann leicht die ganze Summe.

Wenden wir dies auf Tonreihen an. Wir nehmen vorerst Töne
von gleicher Geltung, z. B. Viertel, und nennen diese Töne gleicher
Geltung in Bezug auf die ganze Tonreihe deren

Theile.

Eine grössere Reihe solcher Noten oder Theile —

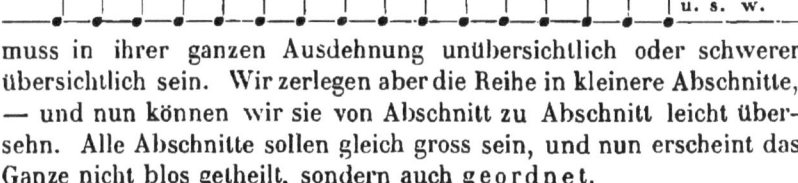

muss in ihrer ganzen Ausdehnung unübersichtlich oder schwerer
übersichtlich sein. Wir zerlegen aber die Reihe in kleinere Abschnitte,
— und nun können wir sie von Abschnitt zu Abschnitt leicht übersehn. Alle Abschnitte sollen gleich gross sein, und nun erscheint das
Ganze nicht blos getheilt, sondern auch geordnet.

Die kleinste Theilungszahl ist die Zwei. Die Theilung und
Ordnung einer Reihe von Noten nach der Zwei, z. B.

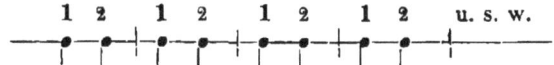

nennen wir

zweitheilige Ordnung

oder zweitheilige Taktordnung.

Die nächste Theilungszahl nach der Zwei ist die Drei. Die
Eintheilung einer Notenreihe nach der Drei, z. B.

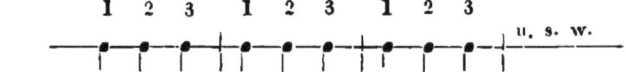

nennen wir

### dreitheilige Ordnung

oder dreitheilige Taktordnung.

Gehn wir nun zu sehr grossen Reihen von Noten, so ergeben sich so viel Abtheilungen von je zweien oder dreien, dass wir wieder auf die alte Schwierigkeit stossen, sobald wir viele Einzelheiten (nämlich hier einzelne Abschnitte) zusammenfassen wollen. Daher verhelfen wir uns, wenn wir eine so grosse Reihe, z. B.

vor uns haben, eben so wie zuvor zur Uebersichtlichkeit; wir ziehn je zwei oder je drei Abschnitte in eine grössere Abtheilung zusammen, bilden also aus den obigen Ordnungen neue von zusammengesetzten Abschnitten, und nennen diese neuen Taktordnungen

### zusammengesetzte Ordnungen.

So entsteht aus der zweitheiligen die

### viertheilige Ordnung,

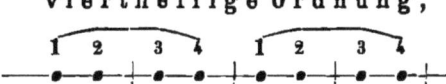

in der vier Theile, oder zwei zweitheilige Abschnitte einen viertheiligen Abschnitt machen. Aus der viertheiligen können wir durch abermalige Zusammensetzung von je zwei viertheiligen Abschnitten eine

### achttheilige Ordnung

bilden.

In derselben Weise entsteht aus der dreitheiligen die

### sechstheilige Ordnung,

in der jeder Abschnitt sechs Theile oder zwei dreitheilige Abschnitte enthält. Durch abermalige Zusammensetzung von zwei Abschnitten geht aus der sechstheiligen die

### zwölftheilige Ordnung

hervor, die zwei sechstheilige, oder vier dreitheilige Abschnitte, oder zwölf Theile zu einem Abschnitt vereinigt. — Verbindet man aber **drei** dreitheilige Abschnitte, so entsteht die

**neuntheilige Ordnung,**

in der jeder Abschnitt neun Theile, oder drei dreitheilige Abschnitte enthält. — Und so lassen sich noch mehr Ordnungen zusammensetzen.

Jeden Theil, der einen Abschnitt anfängt, nennen wir

**Haupttheil;**

er ist in obigen Beispielen durch eine grössere Ziffer ausgezeichnet. Jeden Theil in zusammengesetzten Ordnungen, der in der vorhergegangenen einfachern Ordnung Haupttheil war, nennen wir

**gewesenen Haupttheil,**

und alle andern

**Nebentheile.**

Also in der viertheiligen Ordnung ist der mit 3 bezeichnete Theil ein gewesener Haupttheil, in der sechstheiligen der mit 3 bezeichnete, in der neuntheiligen sind die mit 4 und 7, in der zwölftheiligen die mit 4, 7 und 10 bezeichneten Theile gewesene Haupttheile. — In der zwölftheiligen Ordnung lässt sich noch dem mit 7 bezeichneten Theile vor den mit 4 und 10 bezeichneten ein Vorrang beilegen, denn jener ist noch in der vorhergehenden sechstheiligen Ordnung Haupttheil gewesen.

Man sieht leicht, dass ausser den beiden einfachen Taktordnungen (der zwei- und dreitheiligen, die wir eben dargestellt haben) noch mehr einfache Ordnungen denkbar sind, z. B. eine fünftheilige, siebentheilige, u. s. w., und aus ihnen wieder neu zusammengesetzte: eine zehn-, vierzehntheilige u. s. w. In der That sind dergleichen Taktmaasse von frühern Komponisten, namentlich (wenn wir nicht irren) auch vom ältern R e i c h a r d t in Gesängen, von B o i e l d i e u in einer Arie der *Dame blanche*, in einem Solfeggio des pariser Konservatoriums (Th. 2, Bd. 4) angewendet, und in neuester Zeit (z. B. von I l l e r in seinen Rhythmischen Studien und vom Verf. in einer kurzen Stelle des M o s e) wieder benutzt worden. Auch haben Komponisten Anlass genommen, verschiedne Ordnungen, z. B. vierund dreitheilige oder vier- und fünftheilige, zu mischen; so in neuester Zeit in reizender Weise J. R a f f in einer Sonate für Piano und Violine, und der Verf. in seinen 12 Gesängen. Das Alles kann sein Recht haben, wenn es nämlich aus innerer Nothwendigkeit hervortritt, nicht blos aus Willkühr oder Neuerungssucht herbeigezogen wird.

Gleichwohl dürfen wir hier all' diese Gebilde bei Seite lassen. Denn theils sind sie gar nicht, oder sehr wenig im Gebrauche,[*] theils genügt die obige Anleitung, um so viel neue Ordnungen, als man will, zu machen und zu verstehn.

---

[*] Und zwar deswegen, weil diese Ordnungen, mit einem Haupttheile gegen vier, sechs und mehr Nebentheile, oder mit ungleichen Abschnitten, kein so ebenmässiges und wohlabgewogenes Verhältniss haben, um einer ganzen Komposition, — seltene Ausnahmen abgerechnet, — zu Grund gelegt zu werden. Dass sie übrigens nicht u n b r a u c h b a r oder u n n a t ü r l i c h genannt werden dürfen (wie einige Theoretiker meinen), wird in unverfänglich glaubhafter Weise durch V o l k s l i e d e r in diesen seltnern Taktordnungen bewiesen. Das altberühmte Soldatenlied »Prinz Eugen der edle Ritter« (E r k 's Liederhort, S. 384) bewegt sich ganz natürlich im Fünfvierteltakt und lässt sich ohne Verunstaltung gar nicht in andern Takt bringen. Das Lied »Auf einem Baum ein Kukuk« (Erk S. 380) steht ebenfalls in jenem Takte. Das Lied »Nachtigall ich hör' dich singen« (K r e t z s c h m a r Volkslieder, S. 492) hebt im Siebenvierteltakt an, hält ihn zwei Takte lang fest und schliesst mit zwei Dreizweitteltakten. Ein ander Lied »Der Kukuk auf dem Zaune« (Erk das.) reiht zwei Zweivierteltakte (mit einem Achtel Auftakt), zwei Dreiviertel- und drei Zweivierteltakte an einander; es geht träumerisch dahin, eigentlich ohne Takt. Auch S c h r ö t e r (Finnische Runen, Upsala 1819) theilt ein Runenlied im Fünfvierteltakt, und Dionys W e b e r (Vorschule 1828) böhmische Volkstänze in gemischtem Zwei- und Dreivierteltakte mit.

Das Volk hat keine Wissenschaft vom Takte, sondern nur naives Gefühl vom Gehörigen. Darum eben ist, was es naiv bildet oder ergreift, vollgültiger Beweis für Fassbarkeit und Natürlichkeit. Es giebt Zeugniss aus tausendfachem Munde, während das Gebild aus Künstlers Hand stets nur als einzelnes Zeugniss hintritt; ob erkünstelt oder erklügelt? ob ursprünglich und wahr? — bleibt jederzeit die Frage.

# Sechster Abschnitt.

## Die Taktarten.

Bei dem Entwurfe der Taktordnungen haben wir die Geltung der Theile unbestimmt gelassen; wir setzten nur fest, dass sie unter einander gleich seien, und schrieben nur um der Bequemlichkeit willen die Beispiele mit Viertelnoten.

Geben wir nun den Theilen bestimmte Geltung, so wird aus der Taktordnung eine

### Taktart;

Taktart ist also eine Taktordnung mit Theilen von bestimmter Geltung. Die Theile der Taktart heissen

### Takttheile.

Nun können wir aber den Theilen jeder Ordnung jede beliebige Geltung von den S. 82 aufgezählten geben; folglich kann es so viel Taktarten geben, als es Ordnungen und Geltungen giebt, in denen man Töne zusammenstellen kann. — Hier das Verzeichniss der üblichen Taktarten. Wir fügen sogleich die

### Taktvorzeichnung

bei, die zu Anfange jedes Tonstücks, — oder an der Stelle, wo eine neue Taktart eintreten soll, — auf die Liniensysteme gesetzt wird. Man sieht, dass sie in der Regel in zwei in Bruchform über einander gesetzten Ziffern besteht, deren obere (der Zähler) die Taktordnung, die untere (der Nenner) die Grösse jedes Takttheils angiebt.

Die zweitheilige Ordnung ergiebt:

1) den Zweivierteltakt, — ²/₄

2) den (seltnern) Zweiachteltakt, ²/₈;

3) den (sogenannten) kleinen Allabreve- oder Zweizweiteltakt,* der mit ²/₂ oder auch mit 2 oder 𝄵

vorgezeichnet wird;

---

* Unter Zweitel werden halbe Noten verstanden.

4) den (eigentlichen oder g r o s s e n) A l l a b r e v e t a k t, in dem jeder Takt zwei ganze Noten (*breves*, S. 85) hat, und der mit $^2/_1$ oder $\mathbf{C}$ oder auch wohl mit $\mathbf{C}$ (im letzten Falle also wie der nachher zu erwähnende Vier-vierteltakt) vorgezeichnet wird. Richtiger scheint es in den meisten Fällen, ihn als viertheilige Taktart zu betrachten, als welche er gleich unter 3) nochmals aufgeführt ist.

Die v i e r t h e i l i g e O r d n u n g ergiebt:
  1) den V i e r v i e r t e l t a k t (auch ganzer **Takt** genannt), und statt $^4/_4$ mit $\mathbf{C}$ vorgezeichnet,
  2) den V i e r a c h t e l t a k t, $^4/_8$,
  3) den (seltnern) Vierzweiteltakt, $^4/_2$, der auch mit dem Zwei-Einteltakt verwechselt und wie dieser vorgezeichnet wird.

Die d r e i t h e i l i g e O r d n u n g ergiebt:
  1) den D r e i v i e r t e l t a k t, $^3/_4$,
  2) den D r e i a c h t e l t a k t, $^3/_8$,
  3) den (seltnern) D r e i z w e i t e l t a k t, $^3/_2$.

Die s e c h s t h e i l i g e O r d n u n g ergiebt:
  1) den S e c h s a c h t e l t a k t, $^6/_8$,
  2) den (seltnern) S e c h s v i e r t e l t a k t, $^6/_4$,
  3) den (seltnen) S e c h s s e c h s z e h n t e l t a k t, $^6/_{16}$,

Die n e u n t h e i l i g e O r d n u n g ergiebt:
  1) den N e u n a c h t e l t a k t, $^9/_8$,
  2) den (seltnen) N e u n v i e r t e l t a k t, $^9/_4$, und
  3) den (ebenfalls seltnen) N e u n s e c h s z e h n t e l t a k t, $^9/_{16}$.

Aus der z w ö l f t h e i l i g e n O r d n u n g wollen wir nur den Z w ö l f a c h t e l t a k t, $^{12}/_8$,

als die gebräuchlichste Art dieser Ordnung erwähnen. Auch der Zwölf-Sechszehnteltakt findet sich wohl einmal; sogar ein Zwölf-Zweiunddreissigsteltakt.

Die Abschnitte der Taktordnungen werden in der Taktart

## Takte

genannt. Die senkrechten Striche, deren wir uns schon S. 105 u. f. zur Scheidung der Abschnitte bedient haben, heissen

## Taktstriche.

Taktstriche sind also die Gränzlinien der Takte.

Alle Takte einer Taktart haben, wie schon aus dem Begriffe der Taktordnung folgt, gleiche Grösse, nämlich:
  1) gleiche Anzahl Takttheile,
  2) Takttheile von gleicher Geltung.

In einem Zweiviertelsatze z. B. enthält jeder Takt zwei Viertel, in einem Dreiachtelsatze drei Achtel u. s. w.*

Allein dieser Inhalt eines Taktes kann durch so viel oder so wenig Noten dargestellt werden, als der Geltung desselben entsprechen. Es kann also jeder Takttheil eine besondre Note sein,

oder es können zwei, drei, — alle Theile eines Taktes in grössere Noten zusammengezogen werden,

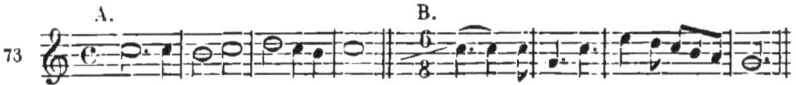

oder es kann ein Takttheil, oder einige oder alle Takttheile in Noten kleinerer Geltung aufgelöst, zergliedert werden, die dann

**Taktglieder**

heissen, wie z. B. hier

im ersten Takte jeder Theil in zwei Achtel (Taktglieder), im dritten Takte in vier Sechzehntel (kleinere Taktglieder) aufgelöst worden, im letzten Takte der zweite Takttheil ganz geblieben, der erste in zwei Achtel und das zweite Achtel wieder in zwei Sechzehntel zergliedert ist.

Ferner kann jeder Takttheil und jedes Taktglied, statt durch Noten, durch Pausen dargestellt werden. So sehen wir hier bei *A.*

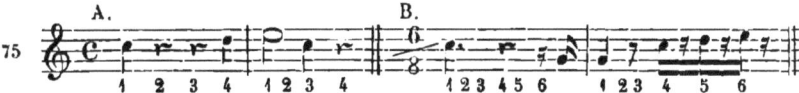

im ersten Takte den zweiten und dritten Takttheil, im zweiten Takte den vierten Takttheil durch Pausen ausgefüllt. Bei *B.* ist im ersten Takte der vierte und fünfte Takttheil, im zweiten der dritte Takttheil eine Pause; der sechste Takttheil des ersten Takts ist zergliedert, und das erste Glied ist eine Pause; die drei letzten Theile des zweiten Takts sind ebenfalls zergliedert in Sechszehntel-Noten und Pausen.

Auch ganze Takte können durch Pausen ausgefüllt werden, wie z. B. hier bei *A.*

---

* Nur die seltnen Fälle gemischten Taktes, von denen S. 107 geredet worden, machen hier selbstverständlich eine Ausnahme.

ein Takt in einem Vierviertelsatze, bei *B.* einer in einem Allabreve-
oder Vier-Zweitelsatze. — Hierbei ist noch Folgendes zu merken:
Bei allen weniger als vier Viertel enthaltenden Taktarten wird
durch die ganze Pause ein ganzer Takt bezeichnet, die Pause
auch deswegen

**Taktpause**

genannt; die Pausen (S. 93)

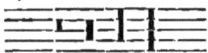

bezeichnen dann zwei, vier, sechs, acht Takte Pause. Also in
einem Dreiviertelsatze, z. B. bei *A.*,

bezeichnet die sonst vier Viertel geltende Pause als Taktpause
einen ganzen Takt — von drei Vierteln. In einem Zweiviertelsatze, z. B. bei *B.*, bezeichnet die sonst zwei Ganze oder acht
Viertel geltende Pause, dass man zwei Takte, oder zweimal zwei
Viertel pausiren soll. Halbe Takte aber werden überall genau nach
der Geltung der Pausenzeichen ausgefüllt, z. B. im Sechsachteltakte
nicht mit einer halben Pause, sondern mit drei Achtel-, oder
kürzer: einer Viertel- und einer Achtelpause.

Hier können schliesslich noch einige

**Abkürzungen der Notenschrift**

erläutert werden, die sich auf Takteintheilung gründen.

Soll eine ganze oder noch grössere, oder eine halbe, oder Drei-
viertel-Note (Halbe mit einem Punkte), oder auch wohl ein Viertel
oder Achtel in Achtel oder kleinere Glieder aufgelöst werden, so
fügt man ihr das Achtelzeichen, Sechszehntelzeichen u. s. w. an.
Diese Noten z. B.

sind so, wie die nachstehenden,

zu lesen. Aehnlich verhält es sich mit diesen Bezeichnungen,

die so —

 und so noch drei Viertel hindurch weiter.

zu verstehn sind. Der letzten Schreibweise fügt man auch wohl zur Erläuterung ein

*trem.* *(tremando)* oder *tremolo*

(bebend) bei, wenn die Töne möglichst schnell auf einander folgen sollen.

Wiederholt sich eine, einen Takttheil, eine Takthälfte, einen ganzen Takt ausfüllende Notengruppe : so setzt man, statt sie nochmals hinzuschreiben, Querstriche, und bei längerer Fortsetzung auch

*segue*

(es folgt, es geht so fort), oder:

*simile, sim.*

(ähnlich, in gleicher Weise fortzufahren) hin. So wird hier —

erst die Gruppe von vier Achteln einmal, dann, im zweiten Takte, die Gruppe von vier Sechszehnteln dreimal, endlich im dritten Takte der ganze zweite Takt wiederholt. Man findet diese Abkürzung auch so, wie hier,

angewendet, um anzudeuten, dass die über einander gesetzten und durchstrichnen Noten nach einander, wie die erste Gruppe,

zu nehmen seien. Streng genommen sollte hierbei das *sim.* (*simile*) nie fehlen ; denn man könnte die Abkürzung No. 82 auch so —

verstehn, — oder vielmehr: sie müsste nach der obigen Regel so verstanden werden.

## Zusatz.

### 1. *Das Schlusszeichen.*

Taktstriche sind, wie wir schon S. 111 No. 73 und 74 gesehn haben, die Gränzlinien der Takte ; sie dienen, die taktische Einrichtung und Abtheilung des Ganzen anschaulich zu machen.

Zu gleichem Zweck hat man aus ihnen oder nach ihrem Vorbilde das

### Schlusszeichen

gebildet, um den Schluss eines ganzen Tonwerks oder einer grössern Abtheilung eines Werks zu bezeichnen. Es entsteht aus zwei
an einander gesetzten Taktstrichen, deren einer — oder die beide
verstärkt werden

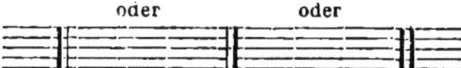

(wir haben uns deren schon S. 25 und anderwärts bedient), und die
man bisweilen durch willkürliche Zusätze, z. B.

noch augenfälliger macht.

Aus diesen Schlusszeichen ist das Wiederholungszeichen
entstanden, dessen schon S. 33 gedacht worden.

Das Schlusszeichen deutet, wie gesagt, das Ende eines ganzen
Tonwerks, oder einer grössern Abtheilung eines solchen an. Zu
letzterm Zwecke wird es nur dann verwendet, wenn die Abtheilung
sich vom Nachfolgenden wesentlich — durch Tonart und veränderte
Vorzeichnung, durch Taktart, durch Tempo, durch besondre Kunstform — unterscheidet, oder sogar einen für sich abschliessenden Theil
eines grössern, aus verschiednen Sätzen bestehenden Werkes bildet,
wie z. B. das erste Allegro, das Adagio, Scherzo, Finale einer Sonate
oder Symphonie.

Soll nach einem solchen für sich abgeschlossenen Satze der folgende ungesäumt beginnen, so setzt man nach oder zu dem
Schlusszeichen des erstern

*s'attacca* oder *s'attacca subito*

(es fängt an . . . oder es fängt sogleich an), während obnedem die
kürzere oder längere Ruhe zwischen den Sätzen dem Belieben des
Ausführenden oder Leitenden überlassen bleibt.

## 2. *Das Volti subito.*

Kommt es darauf an, unbeabsichtigten Unterbrechungen, die
beim Umwenden der Notenblätter entstehn können, vorzubeugen,
so setzt man am Ende des umzuwendenden Blatts'ein

*v. s.*

oder *volti subito*, — „wende schnell um"! Besser ist es, wenn die
Notenschrift durch Abschluss bei Pausen das Umwenden erleichtert,
oder ein Gehülfe es für den Spielenden verrichtet.

Man hat sogar eine (mit dem Fusse zu bewegende) Umwende-
Maschine erfunden.

# Siebenter Abschnitt.

## Takteinrichtung und Takteintheilung.

Alle Tonstücke sind, wenig Ausnahmen ungerechnet, in einer bestimmten, zu Anfang vorgezeichneten Taktart abgefasst.

Nicht immer wird indess ein' und dieselbe Taktart für das ganze Tonstück beibehalten; es tritt bisweilen

### 1. *Taktwechsel*

— wie es die Kunstsprache nennt — ein, das heisst: statt der bisherigen Taktart bedient sich der Komponist im Fortgange seines Werks einer andern Taktart. Ein solcher Taktwechsel kann sich in demselben Tonstücke sogar mehrmals wiederholen; es kann z. B. ein Tonstück in dreitheiliger Ordnung anfangen, zur zweitheiligen übergehn und dann auf dreitheilige Ordnung zurückkehren. *

Der Taktwechsel findet gewöhnlich nur bei grössern, durch Schlusszeichen abgesonderten Partien der Komposition statt, bisweilen tritt er aber auch mitten im Laufe der Komposition ein. Ueberall pflegt er durch neue Taktvorzeichnung bemerklich gemacht zu werden, wie z. B. in diesem Sätzchen,

das ohne allen Abschluss aus dem Sechsachteltakt in den Viervierteltakt übergeht.

Soll bei verändertem Takt auch das Tempo geändert werden, so ist dies in bekannter Weise anzuzeigen. Fehlt eine solche Anzeige, so ist anzunehmen, ** dass dieselben Takttheile auch in der neuen Taktart gleiche Länge haben sollen, z. B. hier

---

\* Ein solcher Taktwechsel findet sich unter andern in B e e t h o v e n's Pastoralsymphonie im Scherzo, wo Dreiviertel- und Zweivierteltakt zweimal wechseln und endlich Dreivierteltakt schliesst.

\*\* Doch findet der Komponist bisweilen Gründe, von dieser Annahme — die allerdings als Regel gelten muss — abzuweichen. So bei einem Wechsel von $^6/_8$ und $^4/_8$ Takt im Oratorium M o s e, Klavierauszug S. 28. Der Komponist wollte bei dem Eintritte des $^4/_8$ Takts z w e i Achtel so viel gelten lassen, wie zuvor (im $^6/_8$ Takte) d r e i, — hätte also streng genommen statt $^4/_8$ Takt $^2/_4$

8\*

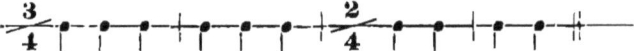

jedes Viertel im Zweivierteltakt eben so lange gehalten werden soll,
wie zuvor im Dreivierteltakte. Grösserer Deutlichkeit wegen schreibt
man auch wohl

*l'istesso tempo,* oder *medesimo tempo*

(dasselbe Zeitmaass) darüber.

Bisweilen wechselt aber auch wohl die Taktart o h n e b e s o n -
d e r n V e r m e r k , — ohne dass die Taktvorzeichnung, ja auch nur
die äussere Takteinrichtung geändert wird. Hier —

sehn wir eine Stelle* aus dem Andante von M o z a r t's *C* dur-
Symphonie. Der Satz ist im Dreivierteltakte verfasst und die Stelle
selbst, wie man sieht, ebenfalls in dieser Taktart notirt. Gleichwohl herrscht in ihr der Zweivierteltakt unverkennbar. Mozart hat
die Melodie in vier Gruppen von zwei Vierteln gebildet und den
Zusammenhang jeder Gruppe durch Bindung bezeichnet; der Bass
in vier Gruppen von je vier Achteln, die Hörner, vier Zweivier-
telnoten anschlagend, die Bezeichnung des *f* und *p* (wovon im

---

Takt vorzeichnen sollen. Er gab aber der erstern Bezeichnung den Vorzug, um
mit ihr sogleich den fliessenden Vortrag der Achtel

(man sehe den zehnten Abschnitt dieser Lehre) festzusetzen. In der Partitur
(S. 49) fällt jeder etwaige Zweifel weg: denn da erscheint im Vierachteltakt
dieselbe Sechsachtel-Figur (nämlich als Doppeltriole), die auch im Sechsachteltakte vorwaltet.

* Der Auszug ist unvollständig ; er enthält nur das für den Takt Wichtige.

zehnten Abschnitte zu reden sein wird), — Alles überzeugt uns
von der Aenderung der Taktart ohne Vorzeichnung oder Aenderung
der Taktgestalt; nach den vier Zweivierteltakten kommt gar ein
Viervierteltakt (zusammengezogne Zweivierteltakte) und dann erst
wieder der ordnungsmässige Dreivierteltakt. Eine ähnliche Taktän-
derung zeigt sich bald darauf, wenn auch weniger bedeutend und
kenntlich:

Hier macht nur die Gleichheit der Wendungen in Melodie und
Harmonie von zwei und zwei Vierteln den ohne Anzeige unterge-
schobenen Zweivierteltakt merkbar; die untergesetzten Ziffern sollen die eigentliche Taktart beider Sätze verdeutlichen.*

## 2. *Takteintheilung.*

Es ist schon oben gesagt worden, dass das ganze Taktwesen
zunächst die Bestimmung habe, Ordnung in die Tonsätze, Gleichmaass in die Bewegung und Dauer jedes Tons und jeder Pause zu
bringen. Diese Ordnung in das Werk zu setzen, sind wir jetzt hinlänglich vorbereitet.

Wir haben bereits erfahren, dass alle Takte innerhalb einer
bestimmten Taktart gleiche Anzahl Takttheile und, — da diese unter
einander gleich sind, — gleiche Grösse haben, obwohl diese Grösse
sich in Noten und Pausen verschiedner Geltung darstellen kann;
in einem Vierviertel-Satze z. B. muss jeder Takt vier Viertel enthalten, also entweder eine Ganze, oder zwei Halbe, vier Viertel-,
acht Achtelnoten oder Pausen u. s. w., oder zwei Viertel, vier Achteltriolen u. s. w., oder Mischungen aller dieser Grössen zu dem
Betrage von vier Vierteln. Es versteht sich daher von selbst, dass
auch im Vortrag jedem Bestandtheil die ihm zukommende Länge
zugemessen werden muss.

---

* Ein durch Erhabenheit und Macht der Wirkung alles Aehnliche überbie-
tender Fall derselben Art findet sich in Seb. Bach's Motette „Fürchte dich
nicht", S. 30 der Breitkopf-Härtel'schen Partitur, wo der $^4/_4$ Takt (ohne äusserliche
Bezeichnung) zu dem $^3/_2$ Takt — eigentlich $2 \times ^2/_4$ zu $3 \times ^2/_4$ — sich erweitert.

Wie soll dies nun geschehn? Wollte man jede Note für sich abmessen, so würde man, wenn Noten verschiedner Geltung mit einander wechseln, bald in die grösste Verwirrung gerathen. Man müsste z. B. in diesem Sätzchen:

bald halbe Noten, bald Achteltriolen, Sechszehntel u. s. w. ermessen, die halben Noten gäben keinen Maassstab für die Achteltriolen, diese keinen für Sechszehntel, Eins würde das Andre stören.

Diese Schwierigkeit fällt weg, wenn man für die Bestimmung der Geltung jeder einzelnen Note oder Pause ein Grundmaass annimmt, durch das die Länge einer jeden bestimmt wird. Und als solches Grundmaass dienen zunächst

### die Takttheile.

Man bestimmt, welche Noten den ersten, zweiten Takttheil u. s. w. ausmachen, und hat nun wenigstens im Grossen die Geltung geordnet. So enthält z. B. im vorigen Satze jede Note des ersten Takts zwei Takttheile, und zwar Viertel, jede Achteltriole des folgenden Takts einen Takttheil u. s. w. Wir wissen also wenigstens so viel, dass die drei ersten Noten des zweiten Takts zusammen nur die Länge eines Viertels haben dürfen und mit dem Ton *d* das zweite Viertel eintreten muss; dass die Noten *d-e-c* nicht länger und nicht kürzer dauern können, als die erste Triole u. s. w.

Diese Art der Ausmessung ist unanwendbar, wenn eine Eintheilung statthat, in der die Takttheile nicht mehr rein hervortreten, um als Maass zu dienen. So sehn wir hier —

einen Satz im Viervierteltakte, in dem aber Takt 4 statt der beiden letzten Viertel eine Vierteltriole, dann drei Takte lang lauter Vierteltriolen erscheinen. Dass diese Triolen nicht nach den Takttheilen, dass nicht drei oder sechs Noten nach zwei oder vier bequem gemessen werden können, ist klar. In solchem Falle muss man also ein grösser Maass suchen, unter das sich sowohl die zwei und zwei regelmässigen Viertel, als die Triolen leicht bringen lassen; man muss halbe Takte abtheilen.

Aber auch dieses Maass ist bisweilen nicht weit genug. Hier —

sehn wir in einem Vierviertelsatze, Takt 5 und 7, Triolen von halben Noten. Diese können so wenig nach zwei Halben als nach vier Vierteln gemessen werden; man kann also nur Ganze (ganze Takte) als Maass nehmen.

Jetzt, nach der Einrichtung im Grossen, bleiben nur kleinere Notengruppen zur Berechnung und Abmessung übrig, die weit leichter einzutheilen sind, und bei denen selbst ein kleiner Verstoss nicht so nachtheilig wirkt, als ein Fehler im Grossen. Wenn wir z. B. in No. 89 auch die Noten der ersten Triole nicht richtig und gleichmässig gegen einander abmässen, sondern irrthümlich, z. B. so:

vortrügen, so würde doch mit dem richtigen Eintritte des zweiten Takttheils mit *d* wenigstens in der Hauptsache der Takt wieder richtig werden. Es versteht sich übrigens, dass dem ungeachtet der Takt bis in das Kleine und Kleinste richtig beobachtet werden, dass — wie die Kunstsprache es nennt — durchaus

**taktmässig**

vorgetragen werden muss.

Kann man nun die kleinern Noten und Pausen nicht nach unmittelbarem Gefühl richtig ausmessen, so schafft man sich ein **kleiner Grundmaass**, und das sind

**die Taktglieder.**

Man zergliedert z. B. in No. 89 den dritten Takt in seine acht Achtel, und sieht nun das erste Achtel durch *a*, das zweite Achtel durch die beiden Sechszehntel *h-cis* vorgestellt u. s. w., hat also höchstens noch zwei Noten (Sechszehntel) richtig abzumessen. Ja, wenn auch dies noch nicht genügen sollte, so geht man zu noch kleinern Gliedern über.

Dies ganze Geschäft heisst

**Takteintheilung;**

man macht sie sich bei der Ausübung merk- und fühlbar, indem man die einzelnen Takttheile durch Fusstritte oder andre Bewegungen, oder durch lautes oder leises Zählen

**Eins! Zwei!** u. s. w.

(das kurz und bestimmt geschehn muss) bezeichnet. Ist das Zeitmaass sehr schnell, so werden statt der Takttheile in zusammengesetzten Taktarten nur Hälften oder Drittel gezählt, z. B.

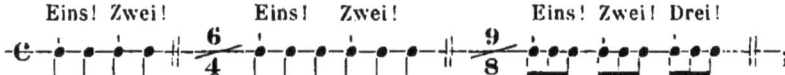

ist das Tempo sehr langsam, so werden Taktglieder gezählt, z. B.
statt vier Viertel acht Achtel,[*] oder — in schwierigen Fällen noch
kleinere Glieder.

Nach dem bisher Entwickelten kann die Takteintheilung keine
besondre Schwierigkeit haben.   Sollte z. B. der Satz No. 74 eingetheilt werden, so fällt gleich in die Augen, dass im ersten Takte
zwei und zwei Achtel, im dritten vier und vier Sechzehntel einen
Takttheil (ein Viertel) ausmachen. Im zweiten Takt ist *g* ein Viertel, also der erste Takttheil; folglich muss der Punkt und die Achtelnote der zweite Takttheil sein.  Im letzten Takt ist die letzte
Note ein Viertel, also ist sie der zweite Takttheil, folglich müssen
die vorhergehenden Noten zusammen auch ein Takttheil, ein Viertel
sein. — Wollte man Taktglieder abtheilen, so wäre das erste Taktglied in diesem Takte die Achtelnote *c*; folglich müssten die folgenden Noten *g–e* das zweite Taktglied sein.

Man erleichtert dieses Geschäft, wenn man in schwierigern
Fällen zuvörderst die leichtesten Notengruppen absondert und fest-
stellt. Hier z. B.

ist das vierte Viertel zuerst deutlich kennbar in den drei letzten
Noten enthalten; die beiden Achtel inmitten des Taktes sind ebenfalls ein Viertel.  Daher erräth man schon, dass die vorherigen
Noten das erste Viertel bilden, und es bleibt nur die Notenmasse
zwischen dem zweiten und vierten Viertel übrig, von der aber
ebenfalls schon das Wichtigste feststeht: dass sie nämlich ein Viertel (das dritte) ausfüllt, folglich bis zum Eintritte des vierten
Viertels beendigt sein muss.

Auch die Schreibart kommt dem Geschäfte der Takteintheilung
meist zu Hülfe.  Man zieht nämlich alle Noten mit Fahnen (Achtel,

---

* Wenn keine dreitheilige Eintheilung (z. B. Triolen) folgt, kann man
statt Eins bis Acht: Erstes, Zweites u. s. w. zählen. Hier bezeichnet das
Wort den Takttheil, und zugleich jede Silbe ein Taktglied.

Sechszehntel u. s. w.) gern* in einer solchen Weise zusammen, dass man schon aus der Verbindung die Takttheile oder Takthälften erkennt; doch geht man in der Regel nicht unter die Zahl von drei oder vier, und nicht leicht über acht verbundne Noten, ausser bei Novemolen, Dezimolen und andern zusammengehörigen

---

\* Bisweilen geht man davon ab, um zu zeigen, dass die Glieder eines Takttheils nicht zusammenbleiben, sondern zum Theil mit denen eines andern zusammengebunden werden sollen. Hier z. B.

sehn wir in der obern Notenreihe fortwährend das erste von vier Sechszehnteln abgesondert, bis zum letzten Viertel, wo wieder regelmässige Eintheilung erscheint. Takt 2 soll also das erste Sechszehntel für sich allein abgesetzt, von da sollen bis zu dem ersten Sechszehntel des letzten Takts jedesmal die drei letzten Sechszehntel jedes Viertels mit dem ersten Sechszehntel des folgenden Viertels verbunden werden; im letzten Takt' endlich verbinden sich die drei letzten Sechszehntel des ersten Viertels, — und erst mit dem letzten Viertel, dessen Sechszehntel ungetrennt bleiben, kehrt die. regelmässige Anordnung der Taktglieder zurück. Besonders in neuern — namentlich in sogenannten Salon-Kompositionen, die durch den exquisitesten bis auf den äussersten Affekt gespannten Vortrag ihrem eignen Gehalt auf- und nachhelfen lassen wollen, — ist man hierin sehr weit gegangen. Diese Form,

die die Noten durch den Achtelstrich bindet (selbst über zwei Taktstriche hinaus), und durch den Abbruch des Sechszehntelstrichs trennt, um die Bindung anzudeuten, ist noch fasslich; — wiewohl dasselbe ohne Beeinträchtigung der Takteintheilung —

(nach Belieben durch Staccatostriche verstärkt) eben so genau, aber nicht so aufdringlich gegeben werden konnte. Auch diese Darstellung aus Liszt's Norma-Fantasie, bei *A.,*

Notengruppen. Daher verbindet man im Z w e i v i e r t e l t a k t gern vier Achtel, oder vier und vier Sechszehntel, oder ein Achtel mit zwei Sechszehnteln,

im D r e i v i e r t e l t a k t alle sechs Achtel, oder deren je zwei, oder je vier Sechszehntel,

im S e c h s a c h t e l t a k t alle sechs Achtel, oder deren je drei und drei (denn der Sechsachteltakt ist ja eine Zusammensetzung von zwei Dreiachteltakten), und sechs Sechszehntel,

im S e c h s v i e r t e l t a k t je sechs, dann aber zwei oder vier Achtel; im Z w ö l f a c h t e l t a k t je drei oder je sechs Achtel, sechs Sechszehntel u. s. w. Von Z w e i u n d d r e i s s i g s t e l n werden in der Regel vier, höchstens acht zusammengestrichen, so auch von den noch kürzern Noten. Die zu einer besondern taktischen Figur gehörigen Noten, z. B. die Noten einer Quintole, Sextole u. s. w., werden ebenfalls zusammengestrichen.

So viel von der Takteintheilung, wenn man nur eine einzige Notenreihe vor sich hat. — Nun wissen wir aber schon aus der Einleitung, dass in einem Tonstück auch zwei und mehr Tonreihen gleichzeitig neben einander auftreten können, dass es nicht blos e i n s t i m m i g e Tonstücke und Tonsätze, sondern auch

---

deren Schreibart anzudeuten hat, dass die Noten der rechten Hand ohne Hervorheben der Hauptglieder, gleichmässig gespielt und dadurch der markirten Melodie in der linken Hand untergeordnet werden sollen, hätte wohl ebenso gut wie bei *B.* notirt werden können, — wiewohl sich in diesem Falle für *A.* noch eine etwas abweichende Nüance (grössere Leichtigkeit) denken lässt. Weniger würden wir uns mit Formen, wie die hier bei *A.*

aus einer Komposition von D r e y s c h o c k entlehnte, befreunden, deren Vortrag ohne Zerrüttung der Takteintheilung eben so genau (wie *B.* zeigt) bestimmt werden konnte. — Allerdings kann man zur Vertheidigung solcher Formen sagen, dass Spieler dieser Kompositionen über die Schwierigkeiten der Takteintheilung hinaus sein müssen. Allein dies rechtfertigt nicht das muthwillige Zerrütten natürlicher Ordnung, das man überall zum Vorwurf zu machen hat, wo diese dem Bedürfnisse vollkommen entspricht. Vergl. S. 126.

zwei-und mehrstimmige

giebt. Diese fodern besondre Betrachtung hinsichts der Takteintheilung.

Was zuvörderst die Schreibart anlangt, so kann diese eine
zweifache sein. Entweder setzt man die zwei oder mehr Tonreihen auf ein einziges Liniensystem. So sehn wir in No. 98 auf
dem einen Liniensystem zwei in Oktaven gehende Stimmen zusam-
mengeschrieben. Hierbei sucht man die Stimmen, wo es nöthig
ist, — z. B. wo sie, wie in No. 88 und 94, in der Takteintheilung
von einander abgehn — dadurch zu unterscheiden, dass man die
eine hinauf, die andre hinunter streicht. Oder man braucht (weil
der Noten zu viele, oder die Tonreihen zu verschieden sind, um
auf ein System und unter Einen Schlüssel gebracht zu werden)
zwei und mehr verschiedne Liniensysteme, wie schon S. 23 erwähnt und an No. 87 zu sehn ist. Diese werden dann zu Anfang
jeder Zeile durch eine

### Klammer,

auch Akkolade genannt, mit einander verbunden. So sehn wir
hier zwei,

und hier drei Liniensysteme

mit einander verbunden; im erstern Satze werden dieselben ausser
der Akkolade auch durch den Schlussstrich, im letztern ausserdem
auch noch durch die durch alle Systeme fortgezognen Taktstriche
deutlicher verbunden, obwohl man sich dieser letztern Hülfsmittel
nicht allgemein bedient, wie No. 103 zeigt.

Eine besondre Schreibart ist in neuern Klavier-Kompositionen
— wie uns scheint, mit gutem Recht — eingeführt worden: das
Zusammenziehn von zwei oder mehr Stimmen in die Form einer
einzigen, um dadurch eine Masse von unnöthigen Zeichen zu sparen.

Ein Beispiel giebt Liszt in seinen *Réminiscences de Robert*
Sein Satz hier bei *A.*

giebt den Inhalt eben so sicher und viel übersichtlicher, als die
genauere Schreibart bei *B.*; nur für die Zerschneidung der Takttheile scheint kein hinlänglicher Grund vorhanden, da sie nach
ausdrücklicher Bezeichnung hervorgehoben werden sollen.

Soll in einem mehrstimmigen Satze der Takt eingetheilt werden, so betrachtet man jede Stimme für sich, und theilt jede für
sich allein ein. Da nun alle gleichzeitig, nämlich mit dem
Anfange des Tonstückes beginnen: so muss das erste, zweite,
dritte Viertel, Achtel u. s. w. — Note oder Pause, was eben
darauf fällt — der einen Stimme mit dem ersten, zweiten, dritten
Viertel, Achtel u. s. w. jeder andern Stimme zusammenfallen.
So geben in No. 102 die im obern Linien-System vereinten drei
Tonreihen das erste, zweite Viertel u. s. w. gleichzeitig an, während
die auf dem untern System notirte Tonreihe mit dem ersten Viertel
der obern Tonreihen gleichzeitig auftritt und ihren ersten Ton so
lange hält, als die drei Viertel des ersten Takts auch in den obern
Tonreihen währen. In No. 103 halten die Tonreihen des obern
Systems ihre ersten Töne zwei Viertel lang; dazu treten im mittlern
System acht Sechszehntel, im untern eine Achtelpause und drei
Achtelnoten auf; dann haben die Oberstimmen noch ein Viertel,
die mittlere hat dazu vier Sechszehntel, die Unterstimme zwei Achtel. So treffen also zusammen:

1) die Halbnoten der Oberstimmen mit dem ersten Sechszehntel der Mittelstimme;

2) die Viertelnoten (im ersten Takte) der Oberstimmen mit

dem neunten Sechszehntel der Mittel- — und dem vorletzten Achtel der Unterstimme;
3) das dritte Sechszehntel der Mittel- mit der ersten Achtelnote (es ist das zweite Achtel im Takte, während das
erste durch die Pause ausgefüllt ist) der Unterstimme, —
und so die Uebrigen.

Von dieser regelmässigen Eintheilung verschiedner Stimmen
gegen einander s c h e i n t eine Ausnahme stattzufinden, wenn über
einander gestellte, der Geltung nach gleichzeitig anzugebende Töne mit
*arpeggiato*
(harfenmässig), oder mit diesem Zeichen

$$\begin{array}{ccc} \{ & \text{oder} & \} \\ \{ & & \} \end{array}$$

vor den Noten bestimmt sind, harfenmässig oder g e b r o c h e n (als
*A r p e g g i o* oder *A r p e g g i a t u r a*) gespielt zu werden. Hierunter
versteht man, dass sie nicht gleichzeitig, sondern einer kurz nach
dem andern (und zwar meist von unten angefangen) gespielt werden.
Soll das Arpeggio, die Brechung, besonders schnell vor sich gehn,
so durchstreicht man die Noten. Hier

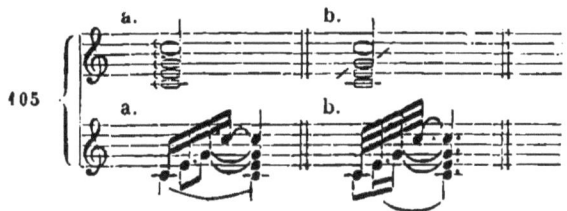

sehn wir bei *a.* das langsamere, bei *b.* das schnellere Arpeggio mit
u n g e f ä h r e r Andeutung der Spielart in Noten. — Allein die
Ausnahme ist nur eine scheinbare, weil man die Arpeggionoten
als einer einzigen Stimme angehörig zu betrachten hat.*

Um nun die Berechnung verschiedner Tonreihen gegen einander zu erleichtern, pflegt man (wie schon oben geschehn) die zu-
sammenfallenden Noten und Pausen der Tonreihen genau unter einander zu setzen. Daher kann sogar eine Tonreihe die Eintheilung
der andern erleichtern. In diesen Sätzchen z. B.

---

* In der Lehre vom Klavier- und Harfensatze (Th. III, IV der Kompositionslehre) findet das seine weitere Aufklärung.

ist die obere Notenreihe bunt genug, um bei der Eintheilung einige
Mühe zu machen; an der einfachen untern Notenreihe sehn wir
aber mit Leichtigkeit die sechs Takttheile und die zu jedem gehörigen Noten der obern Reihe. — Uebrigens darf man sich nicht
blindlings auf die Stellung der Noten unter einander verlassen; sie
sollte so genau sein, wie wir oben angegeben, ist es aber durch
Nachlässigkeit der Schreiber und Notenstecher oft nicht. Namentlich zwei nicht seltne Manieren undeutlicher Schreibart wollen
wir hier noch besonders anführen; die erste ist: ganze Taktnoten
nicht zu Anfang des Takts, wie hier bei *a.*, —

sondern in dessen Mitte zu stellen, wie bei *b.*, — die andre, besonders bei ältern Werken öfters angewendete, ist: Töne, die aus
einem Takt in den andern hineingehn, nicht durch zwei ge-
bundne Noten, wie hier bei *a.*,

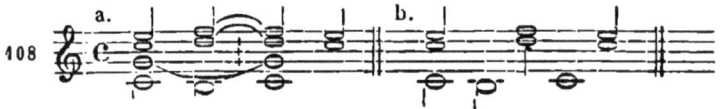

sondern durch eine auf den Taktstrich gestellte Note, wie bei *b.*,
zu bezeichnen.

Hier kommen wir noch einmal auf die seltsamen Taktänderun-
gen No. 87 und 88 zurück, besonders auf die erste. Es ist nicht
zu leugnen, dass dergleichen Gestaltungen für die Takteintheilung
wie für den Vortrag eine besondre Schwierigkeit haben, die in dem
Widerspruch der Schreibart und des Inhalts liegt.

Einen Anhalt geben schon die Nebenstimmen, welche den
eigentlichen Takt klar erkennen und fühlen lassen; im Grund' ist
also (in No. 87) nur die Oberstimme schwerer einzutheilen. Nun
verwandle man sie in den eigentlichen Zweivierteltakt, wie hier —

bei *A.*, oder denke sie sich verwandelt, so fällt auch diese Schwierigkeit weg.

Allein auch dieses Sätzchen (No. 109 *A.*) hat noch eine kleine
Schwierigkeit. Die Takttheile oder die Glieder, vier Achtel, treten
nicht deutlich vor das Auge; das zweite, dritte und vierte Achtel

ist gleichsam auseinandergeschnitten, wie bei *B.*, und die
Hälften zu dem folgenden Achtel gezogen, — bis die letzte Hälfte
(das letzte Sechszehntel) für sich bleibt. Man nennt solche Noten

s y n k o p i r t e

und eine solche rhythmische Figur eine

S y n k o p e.

Endlich kann aber auch jene Zweideutigkeit der S e x t o l e,
die wir S. 88 erwähnt, durch die Eintheilung einer andern gleichzeitigen Tonreihe beseitigt werden. In diesem Sätzchen (bei *a.*)

sieht man, dass je drei Noten der obern Reihe auf ein Achtel der
untern kommen; man muss also die Sextolen für Doppeltriolen
halten. Dagegen bei *b.* stehn den Sextolen Triolen gegenüber; es
kommen also zwei Sextolennoten auf ein Triolenachtel; folglich
hat die obere Tonreihe wirkliche Sextolen.

Uebrigens erleichtert man sich auch die Takteintheilung mehrstimmiger Sätze dadurch, dass man (wie schon S. 125 gerathen
worden) bei dem Leichtesten, nämlich bei derjenigen Stimme anfängt, die die Takttheile am deutlichsten zu erkennen giebt. So
müsste man in No. 108 (wie wir auch gethan) bei der untern
Stimme beginnen, in der die sechs Takttheile klar vor Augen stehn.
In No. 108 würde man aus gleichem Grund mit Betrachtung
der Oberstimme anfangen. In No. 103 würde es am gerathensten sein, sich an die Stimme mit Sechszehnteln zu halten; denn
sie ist die gleichmässigste und giebt in ihren Gruppen von vier
und vier Sechszehnteln die Takttheile am besten zu erkennen. Auch
Anfänger würden die andern Stimmen leicht dagegen eintheilen
können; die halben Noten der Oberstimme bekämen zwei Gruppen
von je vier Sechszehnteln, jedes Achtel der untersten Stimme
bekäme zwei Sechszehntel.

# Achter Abschnitt.

## Ausnahmsweise Gestaltungen.

Wir können hier nur der wichtigsten gedenken, um nirgends
in ein für Elementarlehre zu grosses Detail zu gerathen, das viel
besser dem besondern Unterricht und den in diesem vorkommenden
Anlässen verbleiben muss.

### 1. *Der Auftakt.*

Unter Auftakt verstehn wir den Anfang eines Satzes mit
einem Takte, dem der erste oder die ersten Takttheile, — oder
ein oder einige Glieder des Anfangs fehlen. Hier —

sehn wir einige Anfänge im Auftakte; bei *a.* fehlt das erste Viertel, *b.* fängt mit dem vierten Takttheil, *c.* mit dem achten Achtel
(Taktgliede), *d.* mit dem zweiten an.

Was nun dem Auftakt am Werthe des vollen Takts mangelt,
muss am Ende des Satzes nachkommen, so dass der Auftakt und
letzte Takt zusammen die Geltung eines vollkommnen Takts haben. *
In den Beispielen No. 111 muss also der letzte Takt von *a.* ein
Viertel, von *b.* drei Viertel, von *c.* sieben Achtel, von *d.* ein Achtel
enthalten. — In weit ausgeführten Tonsätzen entbindet man sich
übrigens aus Bequemlichkeit, oder um einen gewichtigern Schluss,

---

\* Wie ist aber die Gestalt des Auftakts zu erklären? — Sie ergiebt sich
aus der Idee von Taktordnung von selbst, und wir haben sie blos um der ruhi-
gern Darstellung willen nicht zu Anfange mit erwähnt. — Wir gingen nämlich
bei der Eintheilung der Taktordnungen nur darauf aus, kleinere übersichtliche
Abschnitte von gleicher Grösse zu gewinnen, und maassen natürlich jeden Abschnitt von seinem Haupttheil aus. Könnte man aber nicht auch bei jedem andern Theile beginnen, wofern nur die Gleichheit der Abschnitte beibehalten
würde? Hier z. B. haben wir, wie die Bogen —

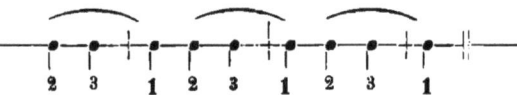

andeuten, in dreitheiliger Ordnung bei 2 angefangen, aber die Theile 2, 3, 1
sind ja eben so gut ein dreitheiliger Abschnitt, wie 1, 2, 3. Dies ist eben der
Auftakt.

zu erlangen, von dieser Berechnung, und schreibt den Schlusstakt vollständig hin.

Die mit vollem Takt anfangenden Sätze nennen wir, im Gegensatze zu denen im Auftakte,

**Sätze im Niederschlage\*.**

## 2. *Unregelmässige Takte.*

Wie wir oben (S. 116) bereits Sätze gefunden haben, die mit oder ohne besondere Vorzeichnung von der im Allgemeinen in einem Tonstücke herrschenden Taktart abwichen: so kann in einzelnen Takten ohne neue Taktbezeichnung von der herrschenden Taktart abgewichen werden, und zwar besonders dadurch, dass man in zusammengesetzten Taktarten um der rhythmischen Einrichtung des Ganzen willen einmal einen einfachen, halben Takt unterlaufen lässt, wie z. B.

(man stellt sich vor, der ganze Satz sei in einfacher Taktart geschrieben), — oder dadurch, dass man den Theilen eines Taktes, um ihnen grössres Gewicht zu geben, doppelte Geltung ertheilt, — wie in jener vielbekannten Stelle aus **Graun**'s Tod Jesu:

Und was er zu-sa-get, hält er ge-wiss.

Man könnte sich den Doppeltakt aus der Zusammenziehung zweier einfacher —

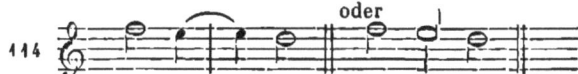

erklären.

## 3. *Gemischte Taktarten und Geltungen.*

Drittens findet sich wohl, wenn auch seltner, in verschiednen Tonreihen gleichzeitig verschiedner Takt, wenn sich die eine Reihe nicht bequem im Takte der andern darstellen lässt, z. B. hier,

\* **Auftakt** oder **Aufschlag** (Aufheben der Hand) und **Niederschlag** sind Ausdrücke, vom Taktschlagen hergenommen. Man bezeichnet nämlich (wie im fünften Abschnitte der sechsten Abtheilung näher gezeigt wird) beim Dirigiren den Haupttheil (in einfacher Taktordnung) durch Niederschlagen oder Senkung der Hand oder des Taktstabes, den Nebentheil durch Aufheben.

wo man, hätte die obere Tonreihe auch im Sechsachteltakt geschrieben werden sollen, Triolen und Sextolen zweideutiger Gestalt nöthig gehabt hätte.*

---

\* Die merkwürdigste und geistreichste Anwendung gemischter Taktarten findet sich im ersten Finale des Don Juan. Wenn die Menuett zum zweiten Mal anhebt (in *G* dur, vergl. die bei Breitkopf und Härtel herausgegebene Partitur Th. I, S. 259 u. f.), stellt M o z a r t drei verschiedne Orchester auf dem Theater auf. Das erste spielt die Menuett. Bei der Wiederholung des zweiten Theils fängt das zweite an zu stimmen und ein wenig zu präludiren, im Takte der Menuett. Nun aber, bei der Wiederholung vom Anfang, tritt es gegen die Menuett mit einer Anglaise im ²/₄ Takt auf. Beim Eintritte des zweiten Theils der Menuett geht die Anglaise immer fort und das dritte Orchester fängt an zu stimmen und zu präludiren, wie vorher das zweite. Endlich bei dem abermaligen Wiederanfang der Menuett beginnt auch das zweite Orchester seine Anglaise wieder und das dritte setzt mit einem lustigen Schleifer im ³/₈ Takte dazu ein. So stehn also zuletzt die drei Orchester mit drei verschiednen Tänzen in drei verschiednen Taktarten einander gegenüber

und die Tanzlust wirbelt in der reizendsten Mannigfaltigkeit ihre Figuren, scheinbar voller Unordnung und doch von Maass und Grazie gebändigt, durch einander. Die Singenden führen bald in diesem, bald in jenem Taktmaass ihre Partien eben so nett und frei neben dem dreifachen Tanze durch.

Das Treffende und Malerische der lustvollen Situation und die geniale Leichtigkeit und Lust, mit der Mozart sie geschaffen und durchgeführt, sind zu bewundern. Dies einmal vorausgesetzt, ist die technische Einrichtung leicht zu durchschaun: auf jedes Menuettviertel kommt ein Takt (gleichsam eine Achteltriole) des Walzers; auf zwei Menuett - Takte (zweimal drei Viertel) kommen drei Takte (dreimal zwei Viertel) der Anglaise; auf jedes Viertel der Anglaise ein Takt des Walzers.

Auch bei B e e t h o v e n, und zwar in seinem zweiten Quintett (*C* dur, Op. 29) im Finale, findet sich (S. 30 der Partitur) eine geistvolle und weit ausgeführte Verknüpfung zweier Taktarten, von der hier nur der Anfang —

Viertens sei der sehr häufige Fall hier mit erwähnt, wo in der einen Tonreihe zwei- oder viertheilige Notengruppen gegen drei- oder fünftheilige in der andern Tonreihe —

auftreten. Dergleichen in der Regel nur rasch vorübergehende Wider- sprüche einzelner Notengruppen gegen einander können nicht durch Berechnung (die hier im eigentlichen Sinn „in die Brüche führen" würde) ausgeglichen, sondern nur durch Routine überwunden werden. Man muss die einfacher beschäftigte Tonreihe gleichsam mechanisch, unbewusst hinlaufen lassen, während die andre ihren weichenden Gang nimmt. So lange man dies nicht kann, ist aber das geringere Uebel, die erste Triolennote auf das erste und die beiden letzten Triolennoten auf das zweite Taktglied (wie bei *a.*)

zu nehmen, das Schlimmste aber, umgekehrt (wie bei *b.*) auszu- führen.

mit den Thematen, die gegen einander treten, Raum findet. Mozart wurde durch scenische, Beethoven eben so nothwendig durch reinmusikalische Motive bewogen.

# Neunter Abschnitt.

## Chromatische Zeichen innerhalb des Taktes.

Hier endlich ist der Ort, wo wir die letzte Aufklärung über die Geltung der chromatischen Zeichen geben können.

Bei der ersten Aufweisung derselben, und namentlich des Widerrufungszeichens, konnten wir (S. 39) den Zweck des letztern noch nicht anschaulich machen, weil wir noch nicht feststellen konnten, wie weit Kreuze oder Be'e, wenn sie vor einer Note erschienen waren, bei der Wiederkehr derselben von der Note bezeichneten Tonstufe ihre Geltung behalten mussten. Dies ist erst nach erlangter Kenntniss vom Taktwesen deutlich zu machen.

E r s t e n s gilt jedes zu Anfang eines Satzes vorgezeichnete Kreuz oder Be, wie schon S. 66 gesagt worden, bis z u E n d e, oder bis zu einer neuen, die erstere abändernden Vorzeichnung.

Z w e i t e n s gilt jedes vor einer einzelnen Note erscheinende chromatische Zeichen den

ganzen Takt hindurch, und

nicht weiter. In diesem Satze z. B.

werden durch die im ersten Takte vor c und g gesetzten Kreuze auch das c bei 1. und g bei 2. in *cis* und *gis* verwandelt; im folgenden Takte gelten aber diese Kreuze nicht mehr, es wird bei 3. und 4. wieder g und c genommen. Da ferner ein chromatisches Zeichen für die Tonstufe in allen Oktaven gilt, so muss, wie sich von selbst versteht, ein in einem Takt erscheinendes Zeichen auf alle Töne derselben Stufe durch alle Oktaven wirken, z. B. hier

bei 1. und 2. *b* gelesen werden, bis der Widerruf bei 3. erfolgt.

Drittens gilt ein vor eine Note in irgend einer Tonreihe gesetztes Zeichen für dieselbe Stufe in andern Tonreihen und Oktaven; es muss z. B. hier

strenggenommen nicht blos bei 1. das tiefere *f* ebensowohl wie das höhere als *fis* genommen und bei 2. die Erhöhung für beide *f* beibehalten, sondern auch bei 3. in der Oberstimme wieder *f* genommen werden, weil die Stufe unmittelbar vorher im Basse wieder erniedrigt worden ist. Soll eine Stufe in der einen Tonreihe erhöht oder erniedrigt werden, in der andern nicht: so muss das, wie hier :—

besonders angemerkt werden. Hier soll bei 1. die Oberstimme *fis*, die dritte Stimme *f* nehmen; folglich ist in jener ein Kreuz, in dieser ein Widerrufungszeichen gesetzt, ebenso bei 2. in der Oberstimme ein Widerrufungszeichen vor *h*, in der dritten ein Be vor *h*. Die Widerrufungszeichen sollen ausdrücken, dass die chromatischen Zeichen der Ober- und Unterstimme hier nicht gelten.

Ueberhaupt thut man wohl, sich nicht auf das Nothdürftigste zu beschränken, sondern lieber ein Zeichen mehr zu setzen, als Missverständnissen Raum zu geben. Daher ist oben bei 3. in der vierten Stimme vor *h* ein Erniedrigungszeichen gesetzt worden, obgleich dasselbe *h* in demselben Takt' in der dritten Stimme schon in *b* verwandelt ist. Daher hätte — beiläufig schon um des ebenmässigern Anblicks willen — in No. 122 bei 1. auch das tiefere *f* ein Kreuz erhalten sollen, und bei 3. wär' es der Deutlichkeit wegen rathsam gewesen, dem obern *f* ebenfalls auch ein Widerrufungszeichen vorzusetzen. Besonders bei gleichlaufenden, namentlich Oktavengängen setzt man die chromatischen Zeichen, wie hier —

durch alle Oktaven. Ja, man wiederholt sogar in demselben Takte
schon dagewesene Zeichen, wenn man (z. B. wegen gar zu vieler
Zwischennoten) befürchten muss, dass dieselben vergessen werden
könnten. So ist hier —

bei der vorletzten Note *c* nochmals ein Kreuz gesetzt, obgleich dasselbe schon bei der vierten Note eingeführt und nicht widerrufen
(also im Grund' unnöthig) war; unstreitig wär' es sicherer gewesen,
bei dem ✝ auch die Vorzeichnung des Be zu wiederholen. — Auch
dann ist, wenigstens in Ensemble-Sachen, Wiederholung der
Vorzeichnung rathsam, wenn der Gang der Harmonie vermuthen
lassen könnte, dass die frühere Vorzeichnung aufgehoben sein solle.
Ein an sich ganz leichter Bass

ist in mehrern Proben eines grössern Werks an verschiednen Orten
falsch gespielt worden, — bei NB. 1. hat der Bass *es* statt *e*, bei
NB. 2. hat er *as* statt *a* genommen, weil der vorhergehende Akkord z u n ä c h s t die Neigung hat, nach *es-g-b* und *as-c-es* zu
gehn.

Uebrigens hüte man sich, diese Vorsicht zu weit zu treiben;
man kann dadurch leicht die Schrift überladen und durch offenbar
überflüssige Zeichen den Ausführenden in Zweifel setzen, ob nicht
das entgegengesetzte Zeichen gemeint und nur ein Schreibfehler un-
tergelaufen sei.

# Zehnter Abschnitt.

## Die Accente.

### 1. Accentuation der Takttheile.

Wir haben nun die Grundlinien der musikalischen Rhythmik in der Takteintheilung kennen gelernt, wissen in jeder Taktart die Haupttheile, Nebentheile u. s. w. zu erkennen und nach ihnen den Takt einzutheilen. Welche Bedeutung, welchen Werth haben aber diese Theile im Verhältniss zu einander bei der Ausführung? —

Dem Haupttheile gebührt vor allen übrigen Theilen Auszeichnung. Er erhält sie, indem wir ihm einen

A c c e n t

zuertheilen, ihn d u r c h  g r ö s s e r e  S c h a l l k r a f t hervorheben, und dadurch den Eintritt eines Taktes auch dem Gehör, wie bisher nur dem Auge und dem nachzählenden Verstande, fühlbar machen. In diesem Dreiviertelsatze z. B.

werden alle mit einem Accent bezeichneten Töne stärker als die übrigen anzugeben sein.

Dem gewesenen Haupttheile gebührt der Vorzug vor Nebentheilen; er ist stärker zu betonen als sie, aber schwächer als der wirkliche Haupttheil. Hier

haben wir den obigen Satz in einer zusammengesetzten Taktart wiederholt. Die am stärksten zu betonenden Haupttheile sind durch einen doppelten, die schwächer zu betonenden gewesenen Haupttheile durch einen einfachen Accent bezeichnet, die Nebentheile unaccentuirt.

In zweimal zusammengesetzten Taktarten, z. B. dem Zwölfachteltakte,

können wir dreierlei Accente unterscheiden. Eine solche Taktart
ist bekanntlich zunächst aus einer kleinern (dem Sechsachteltakt)
und diese wieder aus einer kleinern einfachen (dem Dreiachteltakt)
entstanden. Hier erscheinen also zuerst wirkliche Haupttheile (oben
mit dreifachem Accente bezeichnet), dann gewesene Haupttheile,
die in der zunächst vorhergegangenen Taktart (oben also im Sechsachteltakte, mit zwei Accenten bezeichnet) noch Haupttheile waren,
endlich gewesene Haupttheile (mit einem Accente bezeichnet), die
schon in der vorigen Taktart aufgehört haben, Haupttheile zu sein;
zuletzt kommen die Nebentheile.

### 2. *Accentuation der Taktglieder.*

Zergliedern wir Takttheile in Taktglieder, z. B. Viertel in Achtel oder Achteltriolen:

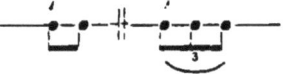

so beginnt dasselbe Spiel der Accente; das erste Glied jedes Takttheils erscheint als Hauptglied, das zweite oder die folgenden als
Nebenglieder; jenes wird accentuirt, diese nicht.

Es ist allerdings möglich, die Zergliederung noch weiter zu
treiben, z. B. in einem Satze, dessen Theile Viertel sind, die Glieder (also die Achtel) in Unterglieder — in Sechzehntel, und diese
wieder in Zweiunddreissigstel — zu zerlegen. Wollte man dabei
die Betonung folgerecht bis in die kleinern und kleinsten Unterglieder durchführen, so müsste von vier Sechzehnteln wieder das
erste einen stärkern, das dritte, (als gewesenes Hauptunterglied)
einen etwas schwächern Accent erhalten, das zweite und vierte gar
keinen. Allein schon die Beschreibung zeigt das Unstatthafte dieser
Kleinlichkeitsrechnung, unter der alle Freiheit und Leichtigkeit der
Bewegung und alle Gemüthlichkeit ersterben müsste. Noch einleuchtender wird dies bei dem ersten Versuche gewissenhafter Ausführung. Hier —

sehn wir ein einfaches Sätzchen in Theile von sechserlei Gewicht
zerspalten. Der abstrakte Verstand k a n n das aus der einmal zu-
gestandnen Nothwendigkeit der Accentuation folgern; aber Sinn und
technisches Geschick der Ausübenden wie der Hörenden werden
diesen Folgerungen nur nach jedesmaligem Bedürfniss und Verhältniss gehorchen. Besonders wird das Tempo, die zur Abmessung
der Accente gegebene Zeit, dabei in Betracht kommen; je schneller
die Bewegung, desto weniger ist eine bis in das Kleinere gehende
Gliederung der Accente ausführbar. Für fliessenden Vortrag und
bei lebhafterer Bewegung genügt es, mit Uebergehung aller kleinern Unterschiede nur die wichtigern Accente zu beobachten. In
einem *Andante* oder *Larghetto* würde der obige Satz nicht genauer, als etwa so —

zu accentuiren sein; bei lebhafterer Bewegung, wie z. B. im
*Allegro,*

müssten auch die einfachen Accente wegfallen, und dadurch die
lebhaftern (mit Bogen bezeichneten) Töne noch fliessendern Zusammenhang gewinnen. Diese Befreiungen von der Strenge der Regel werden in der Vortragslehre näher in Erwägung kommen. Man
muss aber die Regel mit allen ihren Folgen w i s s e n, um ihr so
weit, als es jedesmal recht scheint, nachzugehn; zumal da die von
uns erläuterungsweise gebrauchten Zeichen der Betonung in der
Regel bei unsern Noten nicht gebraucht werden.*

---

* Uebrigens ist die oben gebrauchte Bezeichnung der Accente nicht in
buchstäblicher Schärfe zu verstehn, so dass etwa die Accentnoten in zwei- oder
dreifacher Stärke vor den andern herausträten. In d e r R e g e l v e r f l i e s s t
vielmehr der Stärkemoment allmählich in den mindern Stärkegrad; es ist ein
A u s s c h a l l e n, das sowohl in den kleinern und untergeordnetern Partien wie
in den grössern statthat. Man könnte für No. 130 folgende Anschauung

Hier kommen wir nochmals auf Gestalten zurück, die doppelter Ableitung oder Auslegung unterliegen, z. B. die Sextole.
Betrachten wir sie als Doppeltriole, so wird ihr erster und vierter
Ton Hauptton (oder vielmehr der letztere gewesener Hauptton),
folglich accentuirt, wie hier

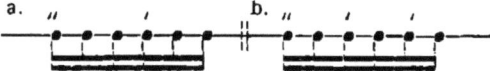

bei *a.* Sehn wir sie aber als zweitheilige Zergliederung einer Triole
an, so sind ihr erster, dritter und fünfter Ton (letztere wieder als
gewesene Haupttöne) wie bei *b.* zu accentuiren; die äusserlich gleichen Gestalten sind also innerlich wohl verschieden.

Ganz in derselben Weise unterscheidet sich auch ein Sechsachteltakt von einem in Achtel zergliederten Dreivierte-
takte. Ersterer hat Accente auf dem ersten und vierten, letzterer
auf dem ersten, dritten und fünften Tone, wie hier —

zu sehn ist. Man bemerkt bei der Zergliederung des Dreiviertel-
takts in Achtel und der Darstellung des Sechsachteltakts denselb-
ben Unterschied der Accentuation, wie zwischen Doppeltriolen
und eigentlichen Sextolen.

geben; *a.* bezeichnet das Aushallen der Viertel, *b.* das der halben, *c.* das der
ganzen Takte; da der Hauptton im zweiten Takte wegen seiner Kürze nicht
zu voller Accent-Geltung kommen kann, würde ein letztes Aushallen beide
Takte zusammenfassen, innerhalb dessen die bei *a.*, *b.* und *c.* bezeichneten Momente sich fühlbar machten. Doch erreicht auch dieses — und kein Bild den
Wellenschlag lebendiger Rhythmik.

# Zusatz.

## Das Maass der Schallkraft.

Die Schallkraft* ist im vorhergehenden Abschnitte nur als Bezeichnung des Rhythmus zum Vorschein gekommen;

---

* Das Maass von Kraft oder mechanischer Eindrücklichkeit, mit dem ein Schall (oder ein Ton, Laut u. s. w.) auf das Gehör wirkt, ergiebt sich aus der Weite der elastischen Schwingungen (S. 11, Anm.) oder Erzitterungen des schallenden oder ertönenden Körpers, und wird zunächst verursacht durch das Maass mechanischer Gewalt, durch die der Schallkörper aus seinem Ruhezustand heraus in schwingende Bewegung versetzt wird. Wenn die Saite $a - b$

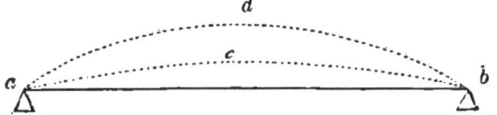

durch einen Stoss oder Zug aus der graden Linie ihrer Ruhe ($a - b$) herausbewegt wird, so kann sie je nach dem Maasse der Einwirkung mehr oder weniger von dieser Linie hinweggetrieben werden, z. B. in die fernere Bogenlinie $a d b$ oder in die nähere $a c b$. Diesem ersten Antriebe werden die Schwingungen hin und her entsprechen, bis zuletzt die Saite in den Ruhezustand zurückgekehrt ist. Die weitern Schwingungen sind die schallvollern, stärkerwirkenden, die Schwingung $a d b$ ist stärker als $a c b$, der Schall oder Ton verhallt, je näher er der Ruhelinie kommt, er verstummt mit der Rückkehr in sie. Dasselbe Gesetz gilt von allen Arten der Schallerzeugung. Der Fremdname für Schallkraft und die Lehre von ihr ist Dynamik.

Verbinden wir dies mit dem S. 11 und 3 in den Anmerkungen Gesagten, so ergiebt sich Folgendes. Ton ist der Ausdruck der Geschwindigkeit elastischer Schwingungen, oder ihrer Bewegung in der Zeit; Schallkraft ist der Ausdruck der Schwingungsweite oder der Bewegung im Raume; Klang kann, an der Materialität der Schallkörper haftend, nichts anders sein, als der Ausdruck der Bewegungsform der Schwingungen, ob z. B. dieselben ebenmässiger ($e$) oder glatter, —

oder verwickelter ($f$) oder widerspenstiger —

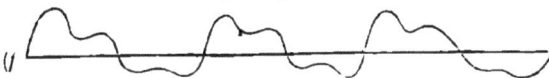

erfolgen. — Feine und geistreiche, wenn auch in Bezug auf Tonkunst noch näher zu bedingende Untersuchungen über das Wesen des Schalls u. s. w. hat neuerdings Helmholtz (Die Lehre von den Tonempfindungen, 1863) angestellt.

sie hob hervor oder accentuirte diejenigen Töne, welche rhythmische Hauptmomente (Haupttheile, Hauptglieder) waren. Allein einzelne Momente der Musik — und zwar einzelne Töne oder ganze Tonreihen und Tonmassen — können auch ohne Rücksicht auf das rhythmische Gewicht, ja sogar im Widerspruche mit der rhythmischen Ordnung dazu bestimmt sein, durch grössere Schallkraft hervorgehoben zu werden. Dies ist der Fall, wenn der Inhalt der Komposition im Ganzen oder im einzelnen Momente Töne oder Tonmassen als bedeutender, kraftvoller u. s. w. erscheinen lässt, als andre, — oder wenn Behagen oder der Wunsch nach Abwechselung zur Abstufung der Schallmasse führt.

Das Nähere hierüber gehört zwar in die sechste Abtheilung. Wohl aber gebührt der äusserlichen Betrachtung der Sache und ihrer Zeichen schon hier, neben der Anwendung der Stärkemaasse für rhythmische Zwecke, eine Stelle.

Soll ein Ton, der nicht schon durch seine Stelle im Rhythmus Accent hat, hervorgehoben werden — oder noch stärker, als der rhythmische Accent mit sich bringt, hervortreten, so bedient man sich dieser Zeichen, —

$$> \quad \wedge \quad \vee$$

oder der Worte

*sforzato, sforzando (sf, sfz), rinforzato (rf, rfz),*

die über oder unter die Note gesetzt werden und andeuten, dass diese verstärkt, stärker angegeben werden soll. Einen hohen Grad von Betonung zeigt man mit

*sforzato assai (sff),*

oder auch mit der Verbindung eines Verstärkungszeichens mit dem Verstärkungsworte, —

$$sfz \! >$$

an. Wie nun einzelne Töne, so können auch mehrere nach einander, ja ganze Sätze nach dem besondern Willen des Komponisten stärkere Betonung erfodern. Im ersten Falle bezeichnet man die Noten mit Punkten, über die ein Bogen gezogen wird, wie hier —

bei *a.*, oder mit den bei *b.* gesetzten Zeichen (wenn der Nachdruck ein stärkerer, lastenderer sein soll), oder mit den bei *c.* gesetzten Zeichen (wenn auf den accentuirten Tönen zugleich länger geweilt werden soll), oder man bedient sich der Worte

*ben pronunziato* (gut, bestimmt ausgesprochen oder angegeben),

*accentuato* (betont),

*marcato* (bezeichnet, scharf bezeichnet),

*pesante* (lastend, schwer betont),

*martellato* (gehämmert, heftig und hart angegeben)

über den Noten.

Für geringere oder stärkere Betonung ausgedehnterer Sätze bedient man sich derselben, — oder auch folgender, wieder in fünf ungefähre Abstufungen zu sondernder Bezeichnungen:

1) *pianissimo, piano assai* (*pp*, auch wohl *ppp*), sehr leise, möglichst leise;

2) *piano* (*p*), leise;

3) *poco forte* (*pf*), *mezzo forte* (*mf*), ein wenig, oder halb stark. Dann auch *meno forte*, weniger stark, wenn *forte* vorhergegangen ist, und *meno piano*, weniger leise, wenn *piano* vorhergegangen ist;

4) *forte* (*f*), stark;

5) *fortissimo* (*ff*, auch wohl *fff*), *forte possibile, con tutta la forza*, ganz stark, am stärksten, mit aller Kraft.

Auch hier können aber, wie bei den Tempobestimmungen, durch Umschreibung noch verschiedne Zwischengrade angedeutet werden; z. B. zwischen *forte* und *fortissimo* und umgekehrt kann ein

*più forte* (stärker), *poco più forte* (ein wenig stärker), *meno forte* (weniger stark)

statthaben. Jeder dieser Ausdrücke bezieht sich auf ganze Stellen eines Tonstücks und gilt so lange, bis ein andrer ihn ablöst, einen andern Stärkegrad vorschreibt.

Die obigen fünf Grade stellen abgesonderte Stufen der Stärke vor. Nun können wir aber auch aus einem Stärkegrad in den andern in unmerklichen Abstufungen übergehn wollen.

Den unmerklichen Uebergang aus *piano* in *forte* bezeichnen wir durch das Zeichen

oder (besonders bei grössern Strecken) durch

*crescendo* (*cresc.*), wachsend ;

*poco a poco cresc.*, allmählich wachsend ;

*cresc. al forte* oder *al fortissimo*, wachsend bis zum *forte* oder *fortissimo*.

Den unmerklichen Uebergang aus *forte* in *piano* bezeichnen wir durch

oder durch die Worte

*decrescendo* (*decr.*, *decresc.*), oder

*diminuendo* (auch *deficiente*), abnehmend,

mit den Zusätzen *poco a poco*, — *al piano*, oder *al pianissimo*.
Für das Letztere gebraucht man auch die Worte

*diluendo* (erlöschend),

*mancando* (abnehmend),

*perdendosi* (sich verlierend),

*smorzando* (verlöschend),

*morendo* (ersterbend),

und mancherlei Ausdrücke.

## Schlussbemerkung.

Diese ganze, der Rhythmik gewidmete Abtheilung hat nur eine Seite des Rhythmus, nämlich die **Ausbildung des Taktes**, und dazu die Grundformen des Tonmaasses (**Geltung**), die Bewegung (**Tempo**) und die **Accentuation**, gezeigt.

Hiermit ist allerdings die Lehre vom musikalischen Rhythmus nicht erschöpft; sie wird vielmehr im ersten bis dritten Abschnitte der vierten Abtheilung fortgesetzt. Diese Trennung ist eine nothwendige. Denn ohne die Taktlehre ist die Lehre von der Melodie nicht darzustellen, und ohne die Melodie würde die Lehre vom höhern Rhythmus ein leeres Wort, ohne lebendige Anwendung, bleiben müssen.

# Dritte Abtheilung.

# ORGANIK.

# Erster Abschnitt.

## Uebersicht der Organik.

Die Musik bedarf eines Mittels, eines Organs, um wirklich, um vernehmbar zu werden. Hierzu dient ihr die menschliche Stimme und eine Reihe von künstlichen Werkzeugen. Beide haben wir bereits S. 2 und 6 unter dem Namen

### Musik-Organe

(oder Organe kurzweg) zusammengefasst.

Eine allgemeine Uebersicht und einige Kenntniss von den gebräuchlichsten Organen sollte sich jeder Musiker verschaffen, um in seinem Fache wenigstens einigermaassen Bescheid zu wissen und sich ausgebreitetere Theilnahme innerhalb desselben möglich zu machen. Nur so weit dürfen unsre Mittheilungen hier gebn. Genauere Kenntniss, die zum wirklichen Gebrauch eines Musikorgans gehört, muss dem besondern Studium eines Jeden überlassen bleiben; wer für Instrumente und Singstimmen komponiren will, findet die dazu erfoderliche Anweisung ebenfalls nicht hier, sondern im dritten und vierten Theile der Kompositionslehre.

Das von der Natur uns gegebne Musikorgan* ist also die menschliche Stimme, und ihre musikalische Anwendung heisst

### Gesang.

Der Gesang verbindet sich gewöhnlich mit der

### Sprache;

auch diese fodert den Musiker zu einer Betrachtung von seinem Standpunkt aus auf.

Der künstlichen Werkzeuge, die man unter dem Namen

### Instrumente

zusammenfasst, sind gar viele Gattungen und Arten.

Zuerst haben wir die Instrumente in vier Klassen zu theilen, nämlich in solche:

---

\* Ausser dem Gesange könnte auch Pfeifen mit dem Munde als Produktion eines natürlichen Musikorgans gelten, hat aber mit Recht keine künstlerische Bedeutung erhalten.

1) deren Ton auf Saiten hervorgebracht wird:

**S a i t e n i n s t r u m e n t e;**

2) deren Ton durch Erregung einer eingeschlossnen Luftsäule hervorgebracht wird:

**B l a s i n s t r u m e n t e;**

3) deren Ton durch Schlagen auf eine Fläche oder einen
Stab hervorgebracht wird:

**S c h l a g i n s t r u m e n t e;**

4) deren Ton durch Reibung eines festen Körpers hervorgebracht wird:

**R e i b u n g s i n s t r u m e n t e.**

Jede dieser Klassen umfasst mehrere Gattungen und Arten, von
denen wir hier nur die gebräuchlichen anführen.  Die

**S a i t e n i n s t r u m e n t e**

zeigen sich in zwei Gattungen; als solche, deren Ton durch Weg-
stossen oder Wegziehn der Saite aus ihrer Ruhelage erweckt wird,
und die wir in Ermangelung eines besondern Gattungsnamens

**S a i t e n i n s t r u m e n t e**

im engern Sinne nennen, — und als solche, deren Saiten in der
Regel durch Streichen (Reibung) mit einem Bogen erregt werden,
und die deshalb Bogen- oder

**S t r e i c h i n s t r u m e n t e**

heissen. — Die

**B l a s i n s t r u m e n t e**

umfassen drei Gattungen, nämlich solche, deren Körper aus Holz
(oder auch Knochen u. s. w.) besteht, und die wir mit dem Namen

**R o h r i n s t r u m e n t e**

zusammenfassen; — und solche, deren Körper aus Metall besteht,
die wir deshalb

**B l e c h i n s t r u m e n t e**

nennen. — Wir werden weiterhin finden, dass diese ungefähre, nur
zu vorläufiger Uebersicht dienende Erklärung Ausnahmen erleidet.
Eine dritte Gattung für sich allein bildet die

**O r g e l,**

in welcher Blasinstrumente (Pfeifen) durch Blasbälge mittels einer
Tastatur zum Tönen gebracht werden.
Die

**S c h l a g i n s t r u m e n t e**

beschränken sich auf solche, deren Ton aus einer gespannten Haut
durch Anschlag mit einem Stock oder Schlägel gezogen wird.  Nur
beiläufig werden noch ein Paar Arten zu erwähnen sein, die aus

Metallscheiben und Stäben bestehn. Andre, z. B. Glocken, übergehn wir, als nicht zur Musik gehörig.

Von den'
## Reibungsinstrumenten
wird eine geringe beiläufige Notiz genügen.

Die Vereinigung aller oder vieler Blasinstrumente in Masse zur
Darstellung von Musikwerken heisst
## Streichorchester.
Die Vereinigung aller oder vieler Blasinstrumente zur Ausführung von Musikwerken heisst
## Harmoniemusik
oder Blasharmonie.

Die Vereinigung von Streichorchester und Blasharmonie (beides
mehr oder weniger vollständig) heisst
## Orchester.
Sind dem Streichorchester und den Rohrinstrumenten auch
Blechinstrumente mit ihrem Anhang von Schlaginstrumenten zugesellt, so nennt man den Verein
## grosses Orchester.
Der Verein vieler Singstimmen in Massen endlich heisst
## Chor.
In Rücksicht auf die Musikorgane, die bei Tonwerken in Thätigkeit kommen sollen, werden auch die Werke selber verschiedent-
lich eingetheilt und benannt.

Die Kompositionen für Gesang heissen als besondre Klasse
## Vokalmusik
oder Gesangmusik. Die Kompositionen für Instrumente heissen
## Instrumentalmusik.
Die Gesangmusik kann ferner mit Instrumentalmusik verbunden, oder ohne Zutritt von Instrumenten ausgeübt werden. Im letztern Falle heisst sie
## reine Gesangmusik,
im erstern Gesang mit Begleitung. — Chöre (besonders kirchlichen
Inhalts und einer demselben entsprechenden Form) ohne Begleitung
werden auch mit dem Namen
## a capella
bezeichnet; man sagt, sie seien *a capella* gesetzt.

Kompositionen, die für den Verein mehrerer Musikorgane bestimmt sind, werden gewöhnlich in der Weise notirt, dass jedem
einzelnen Organ, oder doch jeder besondern Art von Organen ein
besondres System bestimmt und alle diese Systeme taktmässig über
einander gesetzt werden. Eine solche Musikschrift heisst
## Partitur.

Bekanntlich sind die meisten Partituren auch für weniger Instrumente, oder ein einziges Instrument, namentlich das Klavier, eingerichtet worden. Eine solche Einrichtung heisst A r r a n g e m e n t oder T r a n s s c r i p t i o n. Allein selbst das beste Arrangement kann die Partitur so wenig ersetzen, wie ein Kupferstich das farbenlebendige Gemälde zu ersetzen vermag. Es muss also für jeden Kunstfreund wünschenswerth sein, sich wenigstens einigermaassen in Partituren finden zu können; dem Komponisten, Dirigenten und höhern Lehrer ist dies vollends unentbehrlich.

Ein eignes Verhältniss der Tonhöhe gewisser Instrumente gegen ihre Notirung ist hier ebenfalls noch im Allgemeinen zur Sprache zu bringen.

Es giebt nämlich e r s t e n s Instrumente, deren Töne e i n e O k t a v e  t i e f e r hervortreten, als sie geschrieben werden, in denen also diese Stelle —

nicht, wie sie geschrieben, sondern in der tiefern Oktave, so —

ertönt. Man sagt von ihnen: sie ständen im Sechszehn-Fusston oder seien

**s e c h s z e h n f ü s s i g,**

oder: sechszehnfüssig mensurirt.*

Z w e i t e n s finden wir Musikorgane,** deren Töne z w e i  O k t a v e n  t i e f e r erschallen, als sie geschrieben werden, und die deshalb

**z w e i u n d d r e i s s i g f ü s s i g e**

heissen.

D r i t t e n s finden sich Instrumente, deren Töne e i n e  O k t a v e  h ö h e r erscheinen, die z. B. den Satz No. 135 so

137

hören lassen. Man nennt sie

**v i e r f ü s s i g e,**

oder von Vierfusston, vierfüssiger Mensur. Andre Musikorgane*** geben ihre Töne zwei und drei Oktaven höher an.

---

* M e n s u r, — Maass, sowohl Taktmaass (S. 85) als Ton- und Instrumentenmaass.

** Namentlich gewisse Stimmen in Orgeln.

*** Ebenfalls Stimmen in der Orgel, die Z w e i f u s s t o n und E i n f u s s t o n haben, z w e i - und e i n f ü s s i g heissen.

Im Gegensatz zu diesen Instrumenten und Stimmen heissen alle, die ihre Töne so angeben, wie sie geschrieben sind,

**a c h t f ü s s i g ;**[*]

sie haben, sagt man, A c h t f u s s t o n , sind achtfüssig mensurirt.

---

[*] Woher kommen alle diese Namen, achtfüssig, sechszehnfüssig u. s. w. ? — Sie sind zwar oben (S. 148 von No. 135 an) auf die Schreibart bezogen, haben aber begreiflich ihren Ursprung nicht in derselben (die auch anders eingerichtet werden könnte), sondern im Längenmaasse von Orgelpfeifen oder Blasinstrumenten, von dem die Tiefe und Höhe (hauptsächlich) abhängt.

Eine Luftsäule (z. B. in einem einfachen Blasinstrument, oder in einer offnen Orgelpfeife) von a c h t F u s s L ä n g e giebt das grosse *C* an, den tiefsten und darum in dieser Beziehung den N o r m a l to n auf der Klaviatur d e r O r g e l. Eine doppelt lange, gleich eingerichtete Orgelpfeife (also eine sechszehn Fuss lange) giebt die tiefere Oktave (Kontra-*C*), eine wieder doppelt lange (zweiunddreissigfüssige) wieder die tiefere Oktave, — eine halb so lange (vier Fuss lange) die höhere Oktave (also das kleine *c* an, und so fort.

Nach diesen Maassen der jedesmaligen tiefsten Pfeife sind die verschiednen Orgelstimmen a c h t f ü s s i g, s e c h s z e h n f ü s s i g, v i e r f ü s s i g u. s. w. genannt worden; man nennt diejenigen Orgelstimmen (denn die Orgel hat, wie der siebente Abschnitt zeigen wird, viele Stimmen, — das heisst Reihen von Pfeifen, deren jede das Tonsystem umfasst), deren tiefster Ton (Gross-*C*) eine offne Pfeife von 8 Fuss erfodert, a c h t f ü s s i g, diejenigen, deren tiefste offne Pfeife 16 Fuss Länge hat, s e c h s z e h n f ü s s i g u. s. w. Was unter offnen Pfeifen zu verstehn, wird im siebenten Abschnitt gesagt werden. Dass aber der Ausdruck eigentlich nur auf den jedesmaligen tiefsten Ton passt, dass die Pfeifen für höhere Töne kürzer sein müssen, z. B. Klein-*C* in der 16-Fussstimme nur eine 8 Fuss lange Pfeife haben kann, ist klar. Schon hier erscheinen mithin jene Benennungen nur uneigentlich angewendet.

Indess wissen wir (S. 16 Anmerkung), dass es in der Musik keine absolute Tonhöhe giebt; kein Ton, also auch Gross-*C* nicht, hat überall und zu allen Zeiten gleiche Höhe, auch die Stimmung der Orgel (der ehemals sogenannte Chorton) steht nicht fest. Hieraus folgt, dass auch die ,,achtfüssige'' oder ,,sechszehnfüssige'' Stimmung des *C* nicht allzugenau zu nehmen ist. Gleichwohl hat man die Benennung festgehalten.

Man hat sie auch (und zwar theilweise ziemlich frei) auf Instrumente übertragen. Das Rohr eines *C*-Horns z. B. (man sehe den sechsten Abschnitt) fodert die Länge von 16 Fuss; folglich heisst das Instrument s e c h s z e h n f ü s s i g. Nun giebt es aber noch andre Hornarten, deren Tonreihe einen, zwei und mehr Töne höher oder auch tiefer steht. Diese heissen uneigentlich ebenfalls so. Notirt wird für diese Instrumente eine Oktave höher als sie ertönen, — besonders weil sie zu andern verwandten Instrumenten in der Regel oder oft die tiefere Oktave geben, z. B. die Hörner zu den Trompeten.

Endlich finden sich andre Instrumente hinzu, die ebenfalls meist als die, eine Oktave tiefer stehende Wiederholung verwandter Instrumente gelten, z. B. Kontrabass und Kontrafagott zu Violoncell und Fagott. Diese nennt man uneigentlich ebenfalls s e c h s z e h n f ü s s i g (notirt auch für sie eine Oktave höher), obgleich sie keineswegs einen Schallkörper von 16 Fuss Länge haben.

Soviel zur Erläuterung dieser öfters auffallend befundnen oder ungenau erklärten Ausdrücke.

Weiterhin werden wir noch andre Abweichungen in der Notenschrift kennen lernen, Instrumente, deren Ton eine, zwei, drei
und mehr Stufen tiefer oder höher erscheint, als er geschrieben.

Hiernächst kommt nun noch ein Musikelement in dieser Abtheilung vorzüglich in Betracht; es ist

### der Klang.

Alle Musikorgane (mit Ausnahme einiger Schlaginstrumente)
kommen nämlich darin überein, dass sie einen Theil der Töne
unsers Tonsystems hervorbringen können. Sie unterscheiden
sich darin, dass das eine mehr, das andre weniger, das eine diese
Töne, das andre jene Töne besitzt. Aber derselbe Ton ist, gleiche
Stimmung vorausgesetzt, sich überall gleich, und es ist keineswegs
nothwendig und wesentlich, dass dem einen Instrumente gerade
diese Töne zu Gebote stehn, und jene nicht.

Der wesentliche Unterschied verschiedner Instrumente, — für
uns schon darum der wichtigste, weil er hier zuerst in Betracht
kommt, — ist aber der Klang, über den bereits in den Anmerkungen S. 4 und 139 einiges Nähere gesagt worden. Derselbe Ton ist
durch die Verschiedenheit des Klangs auf der Flöte ein
ganz andres Wesen, wie auf der Trompete, Violine, in der menschlichen Stimme u. s. w.

Hierüber können jedoch in der allgemeinen Musiklehre* nur
flüchtige Andeutungen gegeben werden, und diese selbst sollen nur
dazu dienen, jeden Empfänglichen und Aufmerksamen zu eigner
Beobachtung anzuregen und anzuleiten, damit er sich wenigstens
eine allgemeine Vorstellung vom Musikwesen auch nach dieser Seite
hin erwerbe.

---

* Das Nähere und möglichst Erschöpfende ist im III. und IV. Theile der
Kompositionslehre zu geben versucht worden.

# Zweiter Abschnitt.

## Die Vokalmusik.

Das Organ der Vokalmusik ist, wie schon gesagt, die menschliche Stimme in ihrer Anwendung für Musik, und zwar in Verein mit der Sprache, oder auch nicht.

## A. *Die menschliche Stimme.*

Jeder kennt sie und die Art ihrer Hervorbringung wenigstens oberflächlich. Wir machen daher nur auf die zwei wichtigsten Klangarten, die sich in der Stimme vornehmlich unterscheiden und

### Stimmregister

heissen, aufmerksam.

Die Töne nämlich, die aus dem Stimmorgan frisch, frei und kräftig, ohne innern Zwang hervortreten, heissen

### Brusttöne

und bilden das Register der B r u s t s t i m m e. Sie sind diejenigen, in denen der Mensch gewöhnlich spricht, die seinem Stimmorgan am natürlichsten sind, ihm am leichtesten zu Gebote stehn und in denen seine Empfindung am sichersten und treffendsten zu uns redet. Von der Bruststimme unterscheidet sich ziemlich leicht das

### Falsett,

auch F i s t e l genannt. Die Töne des Falsetts werden durch mehr oder weniger zwangvolle Verengerung des Stimmorgans (und zwar der Stimmritze)* hervorgebracht. Durch diese gewissermaassen über die Naturgränzen hinaus erzwungene Verengerung erhält die Stimme

---

\* Der Ton der menschlichen Stimme wird im K e h l k o p f e hervorgebracht, einem aus Knorpeln, Sehnen und Muskeln gebildeten Behältniss am obern Ende der Luftröhre, oder vielmehr dem obersten Gliede derselben, das man besonders bei Männern äusserlich unter der Kehle sehen und fühlen kann. Die Sehnen (S t i m m b ä n d e r) und die mit ihnen verbundnen Muskeln und S t i m m h ä u t e bilden eine aus der Luftröhre nach oben in die Mundhöhle führende Oeffnung, die S t i m m r i t z e. Von der grössern oder geringern Spannung der Bänder und Verengerung der Stimmritze hängt Höhe oder Tiefe des Tons ab; je schärfer Spannung und Verengerung, desto höher ist der Ton. Der Ton selbst entsteht durch hinlänglich starke Ausstossung des Athems bei angemessener Verengerung der Stimmritze.

einen pfeifen- oder flötenartigern Klang, kann daher wohl weicher
erschallen, nie aber so kernig und naturkräftig und nie so empfin-
dungsgemäss hervortreten, als im sogenannten Brusttone. Der Sänger fühlt auch bei längerm Gebrauch des Falsetts das Zwangvolle,
gleichsam Gekniffene, und das nur einigermaassen gebildete Ohr hört
es leicht.

Die untere und (in der Regel) bei weitem grössre Masse der
Töne gehört der Bruststimme an. Einige Töne auf der Gränze der
Register können gewöhnlich mit dem einen oder dem andern angegeben werden. Die höhern Töne der Bruststimme, die durch Em-
porlenkung des Stimmstroms nach den höhern Knochenpartien des
Kopfs hervorgebracht werden, heissen (besonders bei weiblichen Stimmen) Kopftöne.

Eine besondre Weise der Stimmproduktion ist noch das sogenannte ,,*mezza voce*" oder ,,mit halber Stimme Singen", eine
Art des Piano, bei der das Stimmorgan sehr leise und zart, aber
vollkommen klangvoll angeregt wird.*

Die menschlichen Stimmen werden nach dem Geschlecht in zwei

**Stimmklassen,**

männliche und

weibliche Stimmen,

eingetheilt. Zu den letztern wird auch die Knabenstimme,
und — wo es noch dergleichen Widerwärtigkeiten giebt — die Kastratenstimme gerechnet. Die Unterschiede dieser Nebenarten
von der Hauptart übergehn wir.

Die weibliche Stimme liegt eine Oktav höher, als die männliche.
Wenn z. B. die Frauen- oder Knabenstimmen denselben Ton angeben wollen, der in der Männerstimme das kleine *c* wäre, so setzen
sie dafür das eingestrichene *c* ein. Und umgekehrt, wenn eine Männerstimme dieses Sätzchen einer weiblichen Stimme —

nachsingen wollte, würde dasselbe um eine Oktave tiefer, mithin so —

ertönen.

---

* Das Mezza-voce-Singen ist in neuester Zeit vornehmlich an der Lind und
früher an der Sontag gepriesen worden. Mehr zu rühmen wäre es bei der
grossen Catalani gewesen, die es selten und, in ihrer guten Zeit, unvergleichlich reizend ihrem sonst so grossartigen und machtvollen Gesang einflocht.
Unnachahmlich war eine ihr eigne Manier, mit halber Stimme die Scala hinauf-
zulaufen, aber jeden Ton drei-, viermal in schnellster und zartester Bebung
anzugeben.

Die männliche Stimmklasse sowohl wie die weibliche hat
z w e i H a u p t a r t e n , eine hohe und eine tiefe, — die nicht blos
nach der Tonlage, sondern auch durch besondern Klangkarakter
unterschieden sind.

Die Hauptarten der männlichen Klasse sind

  B a s s , — die tiefe, und

  T e n o r ,* — die hohe.

Die Hauptarten der weiblichen Klasse sind

  A l t ,** — die tiefe, und

  D i s k a n t (Sopran),*** — die hohe.

Neben diesen Hauptarten kann man auch noch Unterarten annehmen. So unterscheidet sich der

B a r y t o n

oder höhere Bass vom tiefern, der

M e z z o - S o p r a n (Halbsopran)

oder tiefere Sopran vom höhern. Oder man unterscheidet schlechtweg einen

ersten — zweiten — dritten u. s. w.

Bass, Tenor, Alt, Diskant, die höchste Stimme als erste zählend.

Abgesehn von diesen Mittelklassen hat der

B a s s (*Basso*)

einen Umfang etwa vom grossen *F, G* bis zum eingestrichnen *d* oder *e.*
Er ist fast durchweg Bruststimme, und hat insofern, wie vermöge
des Geschlechts, den körnigsten, markigsten, auch wohl rauhern
Klang. Seine Töne werden fast ohne Ausnahme im *F*-o d e r B a s s -
s c h l ü s s e l notirt.

D e r T e n o r (*Tenore*) †

hat einen Umfang etwa vom kleinen *c, d* bis zum eingestrichnen *g*
oder *a.* Seine höchsten drei oder vier Töne sind meist dem Falsett
angehörig, sein Klang ist weicher, schmiegsamer, jugendlicher an-

---

 * Der Bass hat seinen Namen vom lateinischen *basis,* Grundlage, — dann
Grundstimme. Der Tenor trägt den seinigen (*tenor,* Inhalt, Hauptinhalt) aus der
Periode mittelalterlicher Kirchenmusik, in der ihm vorzugsweise der Vortrag der
feststehenden Kirchenmelodie (des *cantus firmus*), also der Hauptsache, des
Hauptinhalts, oblag.

 ** Alt, *altus, alta vox,* eigentlich d i e h o h e Stimme, — nämlich gegen den
Tenor, als ehemaliger Hauptstimme, gehalten.

 *** Diskant (auch vorzugsweise *canto, cantus* — der Gesang, die Melodie genannt; oder auch *Soprano* — Oberstimme) hat seinen Namen aus der frühesten
Zeit mittelalterlicher Kirchenmusik erhalten, wo man anfing, eine Stimme von der
andern abweichen, von ihr abweichend singen (*discantare*) zu lassen. Da die Unterstimme den *tenor* hatte, so war es die obere, die d i s k a n t i r t e , die also
Diskant wurde.

 † In der Mehrzahl *Bassi* und *Tenori.*

sprechend, auch wohl eines feurigen, geistigen Ausdrucks im Allgemeinen fähiger als der Bassklang. Für seine Töne ist der T e -
n o r s c h l ü s s e l bestimmt; man wird bemerken, dass dieser Schlüssel den Umfang der Tenorstimme am bequemsten, nämlich mit den
wenigsten Nebenlinien

darzustellen erlaubt, und sieht schon hier einen neuen Beweis (vergl.
S. 24) von der Zweckmässigkeit mehrerer Schlüssel. Indess bedient
man sich in unsrer Zeit statt dieses Schlüssels häufig des bekannter und geläufiger gewordnen *G*-Schlüssels. Dann aber erschallen,
wie wir oben (S. 152) geschn, die Töne eine Oktave tiefer, als geschrieben ist;[*] diese Stelle bei *a.* z. B.

erlönt nicht anders, als in der Notirung bei *b.* oder *c.*  Bisweilen
wird der Tenor auch mit dem Basse auf einem System vereint im
*F*-Schlüssel notirt.

### Der Alt (*Alto*)

hat einen Umfang etwa vom kleinen *g* oder *a* bis zum zweigestrichn-
nen *c* oder *d.*  Seine Töne sind insgesammt oder meist Brusttöne,
sein Klang ist voll, aber weiblich mild. Er wird am besten im Altschlüssel, ebenfalls auch im Diskantschlüssel, — oder (und dies ist
jetzt das Gebräuchlichere) in dem Allen geläufigsten *G*-Schlüssel
notirt.

### Der Diskant (*Canto* oder *Soprano*)[**]

oder Sopran hat einen Umfang etwa vom eingestrichnen *c* bis zum
zweigestrichnen *g* oder *a,* auch *b;*[***]  seine obersten Töne gehören

---

[*] Also gleichsam sechszehnfüssig, wie wir S. 149 erklärt haben.
[**] In der Mehrzahl *Alti, Soprani.*
[***] Der oben angegebene Umfang der vier Stimmen ist der gewöhnliche, selbst
von guten Chorsängern zu fodernde. Einzelne Stimmen gehen aber weit über die
hier angegebnen Gränzen hinaus. Der alte Sänger F i s c h e r hielt das grosse *D*
zu Trompeten und Pauken vier Takte lang aus; M o z a r t hörte 1770 in Parma die
Sängerin L u c r e z i a Ajugari, genannt la B a s t a r d e l l a, auf dem dreigestrichnen *f* einen Triller ausführen und dann in dieser Weise

meist der Kopfstimme an, sein Klang ist weich, aber lichter, jugendlicher, als der des Alt, zu lebendigem, fröhlichem oder erregt leidenschaftlichem Vortrage geeigneter. Er wird im Diskantschlüssel oder auch im Violinschlüssel notirt.

## B. *Die Sprache.*

Da der Gesang sich regelmässig mit der Sprache verbindet, so haben wir hier auch diese als Musikorgan zu betrachten, — jedoch ohne auf die Bedeutung der Worte und den Inhalt der Rede Rücksicht zu nehmen, blos nach ihrer sinnlichen Erscheinung. Hierüber bemerken wir nur in flüchtigen Andeutungen, dass auch die Sprache für sich lange und kurze, stärker und schwächer betonte Silben, — dass sie Fallen und Steigen der Stimme (wenn auch nicht in ganz bestimmten Intervallen) hat, also sämmtliche Elemente der Musik schon in sich enthält. Auch eine Reihe verschiedner Klänge hat sie, und das ist die

### Artikulation,

die Reihe der verschiednen Laute. Als reine Laute treten zuerst die Selbstlaute (Vokale) auf, die wir hier —

### I—E—A—O—U,

vom schärfsten und höchstklingenden bis zum dumpfsten und tiefstklingenden geordnet sehn. Die Doppellaute (Diphthonge) sind

---

schliessen. Noch abenteuerlicher wusste Händel die fabelhaften Stimmmittel eines Zeitgenossen (wahrscheinlich des Bassisten Boschi) auszubeuten. Er gab ihm in Polyphem's Gesange »*Fra l'ombre e gl'errori*« diesen Schluss

und in der Solokantate »*Nell' africane selve*« diese Tirade

zu singen. Auch in unserer Zeit finden sich dergleichen Stimmwunder. Der Verfasser und viele jetzt in Berlin Lebende haben mehrmals von der zwölfjährigen Schwester einer hiesigen Sängerin fünf E'e (das kleine, ein-, zwei-, dreiund viergestrichene) angeben hören und zwar mit der grössten Reinheit und Deutlichkeit. Ein Kunstfreund aus Petersburg fand die tiefen Basspartien zu hoch für sich; er sang mit voller, schöner Stimme Kontra-*A*, aber nur bis zum eingestrichnen *c*. Aus seinen Knabenjahren erinnert sich der Verf., eine Madame Becker gehört zu haben, die auf dem dreigestrichnen *f* einen langen Triller ausführte und dann *staccato* dreigestrichnen *g* und *a* folgen liess.

Vermischungen zweier oder Verschmelzungen dreier Selbstlaute, welche letztere genauer **Dreilaute** (**Triphthonge**) genannt werden. Die **Mitlaute** (**Konsonanten**) sind Beiklänge, die sich dem Grundklang der Selbstlaute zufügen, und wiederum in verschiedne Arten zusammenstellen lassen, von denen wir nur eine, die Zischlaute

S, Sch, Sz, c, z, tz, ts, — u. a.

beispielsweise anführen.

Mit Hülfe dieses ganzen Materials ist die Sprache, selbst abgesehn vom geistigen Gehalt der Rede, zu mannigfacher, sinnvoll treffender Bedeutsamkeit befähigt, erweist sich schon nach ihrer sinnlichen Erscheinung im Allgemeinen bald heller und vollklingender (z. B. die lateinische), bald hochklingender und geistvoller (z. B. die griechische), bald höchst malerisch und erhaben (wie die hebräische), leidenschaftlich (wie Italienisch oder Spanisch), flüssig und gewandt, oder gemischt und umflort (wie Französisch und Englisch). **Nicht in äusserm Wohlklang, wohl aber in tiefsinniger Bedeutsamkeit des Klanges behauptet die deutsche Sprache vor allen den Vorzug.** Es ist, gegenüber der überall und immer wieder auftauchenden Ausländerei der Deutschen, die sie im übergreifenden Triebe nach allseitiger Gerechtigkeit und Bildung leicht dahin führt, das Fremde zu überschätzen und das bessere Eigne zurückzustellen, Pflicht jedes zu Wort und Lehre Berufenen, den hohen Werth und die eigenthümliche Bedeutung der deutschen Sprache überall zum Bewusstsein zu bringen. Nicht auf sinnlichen Reiz, sondern auf geistige Bedeutsamkeit und getreuesten Ausdruck der heitersten und zartesten, wie der trübsten und einschneidendsten Empfindungen ist sie hin gerichtet und erweist sich hierin als Zwillingschwester der deutschen Musik, wie der Mund unsrer Meister sie kund gegeben.

Uebrigens sollen diese Aeusserungen nur flüchtige Hindeutungen auf einen Gegenstand sein, der für den Musiker vielseitiges Interesse hat: keineswegs kann der Karakter einer Sprache auch nur ihrem Klange nach in wenigen Worten erschöpft, oder wohl gar verurtheilt werden. Die französische Sprache hat sich oftmals in ihren Dichtern, Rednern und, im Verein mit Musik, unter Gluck's Händen zu hoher Würde und dem treffendsten Ausdruck erhoben; und wer könnte je vergessen, was Shakespeare und Byron in englischer Rede zu uns und zu allen Nationen, die sie fassen können, — für die Unsterblichkeit gesprochen haben?

Noch eine Bemerkung haben wir hinsichts der

Notirung

für Gesang zu machen, die die Unterlegung der Silben unter die Noten und deren Vertheilung auf Silben und Worte betrifft.

Wir haben nämlich früher (S. 84) wahrgenommen, dass zwei, vier und mehr Achtel, Sechszehntel u. s. w. durch gemeinschaftliche Geltungsstriche, z. B.

verbunden werden können. Dies geschieht bei Singnoten nur, wenn die verbundnen Noten zu einer einzigen Silbe, z. B.

gesungen werden sollen. Noten aber, die verschiednen Silben angehören, werden stets getrennt geschrieben, z. B.

Umgekehrt werden getrennt zu schreibende Noten, wenn sie zu Einer Silbe gesungen werden sollen, z. B.

durch einen Bogen verbunden.

# Dritter Abschnitt.

## Die Saiteninstrumente.

Nach unsrer Vorausschickung (S. 146) haben wir unter dieser Rubrik nur die üblichsten Saiteninstrumente mit Ausschluss der Bogeninstrumente zu betrachten, und können uns dabei um so kürzer fassen, je mehr eben diese Instrumente verbreitet und bekannt sind. Wir werden uns auf Klavier, Harfe und Guitarre beschränken.

### 1. Das Klavier.

So heissen im Allgemeinen bekanntlich alle Instrumente, an denen Saiten durch Druck oder Stoss mittels einer Tastatur zum Ertönen gebracht werden. Von allen Klavierarten hat allein das

**Pianoforte**[*]

(kurzweg Piano genannt) unter uns noch volles künstlerisches Bürgerrecht.

---

[*] So überflüssig es wäre, hier die Einrichtung des allbekannten Instruments näher zu besprechen, so wird doch eine flüchtige Erklärung eines Haupttheils an diesem wie an allen andern Saiteninstrumenten wohl angewendet sein. Es ist der Resonanzboden, der sich am Klavier unter den Saiten befindet, an der Harfe den sogenannten Körper, an den Streichinstrumenten und Guitarren den Kasten bildet, über dem die Saiten aufgespannt sind.

Die Saiten aller dieser Instrumente für sich allein haben schwachen Klang, der, um musikalisch brauchbar zu sein, einer Verstärkung bedarf. Nun hat man beobachtet, dass, wenn ein Schallkörper (z. B. ein Blasinstrument, eine Saite) erklingt, alle in seiner Nähe befindlichen Schallkörper, die an sich selbst in Schwingung gerathen können und den gleichen, oder einen nächstverwandten Ton enthalten (z. B. andre Saiten, oder die eingeschlossne Luft in einem nahen und angemessnen Raume), von selbst mitertönen und dadurch die Schallmasse des ersten Schallkörpers verstärken. So klingen auf dem Klavier (bei aufgehobner Dämpfung, die sonst hindern würde), wenn ein tiefer Ton kraftvoll angeschlagen wird, die nächstverwandten Saiten (z. B. von $C$ die Oktave $c$, dann die Quinte $g$, dann noch $\overline{c}$, $\overline{e}$, $\overline{g}$ und $\overline{b}$; vergl. S. 49) mit, was man nicht blos hören, sondern auch sichtbar machen kann, indem man auf diese Saiten leichte Papierzettel legt, die bei dem Mitklingen durch Miterzittern abgeworfen werden, während Sättel auf fremden, wenn auch im Saitenbezug näher liegenden Saiten ruhig liegen bleiben. Ein solcher für alle Töne mitklingender Schallkörper ist die Luft unter dem Resonanzboden und dieser selbst; erst durch sein Miterklingen wird dem Ton der Saiten die nöthige Schallkraft gegeben. Der Geiger kann dieselbe durch eine auf den Deckel gesetzte offne Schale vermehren, weil auch in ihr die Luft miterklingt. Hierauf beruht auch die bald günstige, bald zu stark und störend werdende Resonanz in hohen Steingewölben oder Räumen mit dünnem und hohl gelegtem Fussboden.

Es ist bekannt, dass bei dem Pianoforte jede Saite durch einen mittels der Tasten bewegten Hammer geschlagen und damit zum Tönen gebracht wird, dass der Umfang des Instruments von Kontra-*F* oder Kontra-*E* oder *C* (oder noch tiefern Tönen, den S. 14 erwähnten Doppelkontratönen) bis in die viergestrichne Oktave zu *f* oder noch höher geht, und dass so viel Töne, als die Hände Tasten fassen können, mit einander gespielt werden können. Auch der Klang — geringer und namentlich kürzer anhaltend, als auf den meisten übrigen Instrumenten — ist bekannt, so wie, dass die Kompositionen für dies Instrument gewöhnlich auf zwei verbundnen Systemen mit *G*- und *F*-Schlüssel

148

oder auch (in ältern Werken) mit Diskant- und *F*-Schlüssel notirt werden.

Die Wichtigkeit des Instruments beruht darauf, dass man auf ihm nicht blos Melodie, sondern auch Harmonie, ja, bis auf einen gewissen Grad, reiches Stimmgewebe darstellen kann. Instrumente, die diese Fähigkeit haben, müssen als

s e l b s t ä n d i g e

bezeichnet werden, da sie für sich ganz allein ein volles Kunstwerk, nicht blos einzelne Tonreihen, darstellen können. Da nun bei dem Pianoforte noch verhältnissmässig leichte Behandlung und der grosse Vortheil dauerhafterer Stimmung, als auf andern Saiteninstrumenten, hinzukommt: so ist nicht zu verwundern, dass es das verbreitetste Instrument ist, dass unsre Meister für dasselbe mehr und Wichtigeres geschrieben haben, als für irgend ein andres Instrument, und dass die meisten grössern, z. B. Orchesterwerke für die Darstellung auf demselben eingerichtet werden.

Seiner Verbreitung ist es zunächst zuzuschreiben, dass der ihm eigne und für die Masse seiner hohen Töne geeignetste Violinschlüssel am meisten bekannt und am geläufigsten lesbar ist, und dadurch den Diskant-, Alt- und Tenorschlüssel auch aus den Gesang-Kompositionen vielfach verdrängt hat. *

---

\* Eine rohe Abart des Klaviers ist das jetzt veraltete H a c k e b r e t, an dem die Saiten offen lagen und mit Hämmerchen (oder Klöpfeln), die der Spieler in den Händen führte, geschlagen wurden; ein Mittelding zwischen Harfe und Klavier, das wohl zur Erfindung des letztern geführt hat.

## 2. *Die Harfe (Arpa).**

Auch dieses Instrument ist so bekannt, dass wir uns mit wenig Andeutungen darüber begnügen können.

Die Harfe hat bekanntlich freischwebende Saiten, die mit den Fingern geschnellt oder gerissen, und von beiden Seiten, also mit beiden Händen gegriffen werden können. Auch auf der Harfe kann daher nicht blos Melodie, sondern auch Harmonie und Mehrstimmigkeit dargestellt werden, letztere jedoch minder vollkommen, als auf dem Klavier, weil der Harfenton (vermöge des ungünstigern Resonanzbodens) nicht so lange nachschallt und es kein Mittel giebt, die Tonlänge in jedem Momente so scharf zu begränzen und dadurch die Unterschiede mehrerer Stimmen nach ihrem Inhalt an längern und kürzern Tönen so deutlich, wie auf dem Klavier, hervortreten zu lassen. Dafür ist aber der Harfe ein hallenderer und zugleich reinerer, oft glockenheller Klang eigen, der besonders im Pianissimo wahrhaft luftig und reizend versäuseln kann.

Noch ein grosser Nachtheil, den die Harfe gegen Klavierinstrumente hat, ist die Unmöglichkeit, alle Halbtöne zugleich zu besitzen: die Harfe ist vielmehr ursprünglich auf eine einzige Durtonleiter eingeschränkt, und wenn man eine Saite anders gebrauchen will, als diese Durtonleiter ergiebt, so muss man sie erst umstimmen. Es giebt hierzu zweierlei Weisen und daher zwei Arten der Harfe.

Die Hakenharfe ist die erste Art. Ihr sind im Oberholze, in der Nähe der Wirbel, metallne Häkchen (für jede Saite eins) eingesetzt, durch deren Umdrehung die Saiten straffer angezogen und um einen Halbton erhöht werden. Allein dies Verfahren erfodert eine Pause im Spiel, weil die Umstimmung jeder einzelnen Saite an dem ihr zugehörigen Haken besonders bewerkstelligt werden muss. Das Instrument ist nur noch spärlich im Gebrauche.

Die Pedalharfe hat diesem unvollkommnen Verfahren möglichst abgeholfen. Durch Züge, die mit dem Fusse regiert werden (Pedale), kann jede Tonstufe (aber durch alle Oktaven zugleich) um einen Halbton erhöht werden. Die Pedalharfe hat meist die Stimmung von *Es*dur: durch die Pedale kann *d* in *dis*, *c* in *cis*, *b* in *h*, *es* in *e*, *f* in *fis*, *g* in *gis*, *as* in *a* umgestimmt werden. Sie hat einen Umfang von Kontra-*E* oder *F* oder *G* bis zum dreigestrichnen *as* oder viergestrichnen *c* oder *e*. Die Noten werden ganz wie Pianoforte-Noten, auf zwei Systemen im *G*- und *F*-Schlüssel, abgefasst. Eine letzte Verbesserung des Instruments ist die Doppelpedalharfe (*Harpe à double mouvement*, auch nach ihrem an-

---

* In der Mehrzahl *Arpe.*

gesehensten Verfertiger E r a r d's c h e Harfe genannt), in *Ces* gestimmt, von Kontra-*Ces* bis viergestrichen *ces* reichend, deren sieben Pedale, in zwei Abstufungen bewegbar, die Saiten erst um einen,
dann um noch einen Halbton erhöhn.

Endlich erwähnen wir noch flüchtig die allbekannte

*Guitarre,*\*

ein harfenartiges, aber weit kleineres und unvollkommneres Instrument. Es hat über einem Resonanzkasten und Griffbret s e c h s Saiten, die in diese Töne

gestimmt sind. Mit Hülfe von Bünden (Querleistchen) auf dem Griff-
brete kann man diese Saiten durch Fingerdruck verkürzt gebrauchen, und so über alle Halbtöne vom grossen bis zweigestrichnen *e*
gebieten. Die Noten werden im Violinschlüssel eine O k t a v e h ö h e r
gesetzt. Die blossen Saiten würden demnach so:

notirt werden, aber eine Oktave tiefer, wie oben notirt worden ist,
ertönen. Das Instrument steht also, wie wir S. 148 erklärt haben,
im S e c h s z e h n f u s s t o n e.

---

\* Abarten dieses schon vor Jahrtausenden in Griechenland, Indien und China
gekannten Instruments sind die M a n d o l i n e und die Z i t h e r, erstere in Italien,
letztere (die Metallsaiten hat, welche mit einem Kiel gerissen und dadurch in
Schwingung gesetzt werden) noch jetzt bisweilen im Gebirg anzutreffen. Sehr
beliebt war früher die schön- und vollklingende L a u t e, die neben den 11
über ein Griffbret gezognen Saiten noch deren 14 daneben gestimmte, für die
Grundakkorde zum Mitklingen bestimmte hatte, wegen ihrer leichten Verstimm-
barkeit aber ausser Gebrauch kam; noch wichtiger war ehedem die T h e o r b e,
ein grosses an zwei oder drei Seiten mit vielen Saiten bezognes, guitarrenartiges
Instrument, das im Orchester und namentlich zu Generalbass- oder auch obli-
gater Begleitung gebraucht wurde.

Auch die A e o l s h a r f e könnte man hierher rechnen, wenn sie nicht viel
mehr ein physikalisches, als musikalisches Instrument wäre; denn ihre Saiten
die im Einklang gestimmt und über einem Resonanzkasten ausgespannt sind,
werden nicht gespielt und zu künstlerischen Zwecken benutzt, sondern dem
Luftzug ausgesetzt, der im Ueberhinstreichen sie in Schwingung setzt, und
ihnen reizende, geisterhafte Klänge entlockt, die sich aus dem Grundton und
den mitklingenden Tönen der Saiten bilden.

---

# Vierter Abschnitt.

## Die Streichinstrumente.

Streichinstrumente sind solche, deren Saiten (meist vier) über einen Resonanzkasten und ein Griffbret gespannt und in der Regel mit einem Bogen gestrichen werden. In dieser Behandlungsweise ist ihr Klang ziehend, auch wohl (in der Höhe) einschneidend, und der Abstufungen von *forte* und *piano* in hohem Grade mächtig, so dass er sich zu den mannigfachsten Anwendungen eignet. — Hohe und sehr hohe Töne können zum Theil durch eine besondre Griffweise, die die Saite nicht ihrer ganzen Länge nach, sondern in bestimmten Theilen* (Aliquottheilen) schwingen lässt, auf eigenthümliche Weise hervorgebracht werden, die

### Flageolet

(Flageoletspiel) heisst. Diese Flageolet-Töne haben mehr flöten - oder pfeifenartigen Klang.

Eine besondre Veränderung des Klangs erfahren die Saiteninstrumente durch aufgesetzte Dämpfer; der Klang wird dadurch nicht blos leiser, sondern erhält eine dunklere, bebendere Beimischung, die am rechten Orte sehr wirkungsreich sein kann. Das Aufsetzen der Dämpfer wird mit

*c. s., con sordino, —*

das Abnehmen derselben mit

*s. s., senza sordino*

über den Noten angezeigt.

---

\* Bei gewöhnlicher Behandlung schwingt die Saite in ihrer ganzen Länge zwischen den beiden befestigten Punkten; man kann es sich so

vorstellen. Der Ton ist der der ganzen Saitenlänge. Im Flageoletspiel theilt sich die Schwingung der Saite über ihre ganze Länge hin in gleiche Abschnitte, z. B. so

und der Ton entspricht der Länge eines Abschnitts. Das Nähere gehört der Akustik an.

Ausserdem können aber die Streichinstrumente harfenartig mit den Fingern geschnellt oder gerissen werden, und haben dann einen zither- oder harfenartigen, aber härtern und weniger nachhallenden Klang. Diese Spielweise wird mit

*pizz., pizzicato,*

und im Gegensatze dazu die Behandlung mit dem Bogen durch

*c. a., coll' arco,*

angezeigt.

Wir haben jetzt im Allgemeinen* vier Arten von Streichinstrumenten im Gebrauche.

## 1. Die Geige (Violino)**

oder Violine. Sie hat vier Saiten, in dieser Stimmung:

die aber vermöge des Einsatzes der Finger auf dem Griffbret alle Halbtöne bis zum viergestrichnen *c* und noch höher hergeben. Auch können zwei Saiten zugleich und drei oder alle so schnell nach einander in einem Bogenstriche genommen werden, dass man sie gleichzeitig zu vernehmen meint. Die Geige ist, wie alle Streichinstrumente, durch diese

### Doppelgriffe

(wie man das gleichzeitige Anstreichen zweier oder mehrerer Saiten nennt) der Harmonie mächtig, aber nur in sehr beschränktem Maasse; eigentliche Mehrstimmigkeit ist ihr noch weniger erreichbar. Sie ist, wie alle Streichinstrumente, vorzugsweis ein Instrument für Melodie, und darum in der Regel*** nur im Verein mit andern Instrumenten zu gebrauchen. Allein dieser ihrer Bestimmung ist sie im hohen Grade, mehr als irgend ein andres Instrument, gewachsen, da sie über ihre grosse Tonreihe fast unbeschränkt waltet, den Ton vom leisesten Piano bis zu scharfem Forte, in langen Zügen und schnellster Bewegung, in allen Arten und Abstufungen des Stac-

---

* **Meyerbeer** und **Mangold** haben sich noch gelegentlich einer „Liebesgeige" (*Viola d'amore, Violon d'amour*) mit sieben, in *d, fis, a, d̄, fis, ā, d̿* gestimmten Saiten, einer Abart der Bratsche, bedient.

** In der Mehrzahl *Violini*. *Violino* (das Verkleinerungswort von *Viola*, dem Stammnamen) bedeutet eigentlich die kleinere Geige.

*** Möglich ist allerdings auch einer einzelnen Geige die Ausführung eines mehrstimmigen Tonstücks, — hat doch Seb. **Bach** gar eine dreistimmige Fuge für eine Geige gesetzt; — aber dergleichen Leistungen sind seltnere, auf künstlichen Kombinationen beruhende Ausnahmen.

cato und Legato u. s. w. in ihrer Gewalt hat. Ihre Noten werden
im Violinschlüssel geschrieben.

## 2. *Bratsche* (*Viola*)*

oder Viola, auch Alt-Viole. Sie ist eine grössere Violine, und ihre
Saiten sind in dieser Weise

gestimmt. Ihr Umfang geht bis zum zweigestrichnen *g* und noch
höher; ihre Noten werden im Altschlüssel geschrieben.

## 3. *Das Violoncell* (*Violoncello*)**

hat vier in diese Töne

gestimmte Saiten; sein Umfang reicht aber hinauf bis zum eingestrichnen *a* und, besonders mit Hülfe der Flageolet-Töne, noch eine
bis zwei Oktaven höher. Regelmässig dient ihm der *F*-Schlüssel, für
höhere Töne aber der Tenor- oder der *G*-Schlüssel. Was sonst
noch von der Violine gesagt ist, gilt auch von Bratsche und Violoncell.

## 4. *Der Kontrabass* (*Contrabasso*)**

hat gewöhnlich vier (bisweilen auch drei oder fünf) Saiten, die vom
grossen *E* an in Quarten gestimmt zu werden pflegen.*** Seine Noten stehn im *F*-Schlüssel, aber eine Oktave höher als die Töne, sein
Kontra-*E* wird als Gross-*E* notirt u. s. f., als wär' er ein sechszehnfüssig Instrument. Doppelgriffe werden ihm nur höchst selten gegeben, auch die Dämpfung nicht, oder selten auf ihm angewendet.
Man kann ihn bis zum eingestrichnen *e* (auch noch höher) gebrauchen, — das aber sechszehnfüssig, als kleines *e*, erscheint.

Die Streichinstrumente werden e n t w e d e r als S o l o - I n s t r u -
m e n t e zu

---

* In der Mehrzahl *Viole*. Der vollständige Name ist *Viola da braccio* (Arm-
geige, im Gegensatze zu dem zwischen den Beinen oder Knieen gehaltnen *Violoncell* — oder vielmehr seinem Vorgänger, der *Viola da gamba*), woraus das
deutsche »Bratsche« (*braccio*, ausgesprochen »Bratscho«) entstanden ist.

** In der Mehrzahl *Violoncelli* und *Contrabassi*. Der Grundname des Kontrabasses ist *Violone*, die grosse Geige oder Geigen-Art. Nach ihm, als dem tiefsten
Geigen-Instrument, heisst nun das *Violoncell* der hohe oder kleine Violon oder
Bass; — früher nannte man das Violoncell in Deutschland auch das „Bassettel"
oder den kleinen Bass; kurzweg heisst es auch blos das *Cello*.

*** Die dreisaitigen Kontrabässe werden gewöhnlich in *G-d-a* oder *A-d-ʒ* gestimmt; der fünfsaitige, jetzt nirgends mehr gebräuchliche, stimmte in *E-A-
d-fis-a* oder *F-A-d-fis-a* im Sechszehnfusston.

**D u o s**

(gewöhnlich zwei Violinen, oder Violine und Violoncell u. s. w.),
ferner zu

**T r i o s**

(gewöhnlich Violine, Bratsche und Violoncell), ferner zu

**Q u a t u o r s**

(gewöhnlich zwei Violinen, Bratsche und Violoncell), Q u i n t u o r s,
D o p p e l q u a t u o r s, oder auch in Verbindung mit Pianoforte oder
einzelnen Blasinstrumenten, — oder sie werden

**o r c h e s t e r m ä s s i g**

gebraucht. Dann sind alle mehrfach besetzt, und zwar werden dann
in der Regel z w e i (bisweilen auch mehr) besondre Violinstimmen
geführt, Violoncell und Kontrabass aber zu e i n e r (in der Regel in
Oktaven gehenden) Stimme vereint,* so dass das Streichorchester in
der Regel aus folgenden P a r t i e n oder Stimmen:

*Violino primo* ($1^{\underline{mo}}$),
*Violino secondo* ($2^{\underline{do}}$),
*Viola,*
*Violoncello e Contrabasso*

besteht. Soll eine Stelle vom Violoncell allein vorgetragen werden,
so wird sie mit

*VC., Violoncello,*

bezeichnet; soll der Bass wieder zutreten, so wird dies mit

*CB., Contrabasso* oder *Bassi*

angezeigt; soll eine Partie sich eine Zeit lang in zwei, drei, vier
theilen, so wird dies mit

*div. (divisi),*

sollen nur zwei, drei Instrumente von einer Partie spielen, so wird
dies mit

*a due, a tre* u. s. w.

(zu zwei, zu drei) angezeigt.

Die Masse der Streichinstrumente ist durch alle ihre Vorzüge
und den zu den verschiedensten Stimmungen geeigneten, namentlich
die Singstimmen am besten unterstützenden Klang im grossen Orchester als Hauptmasse anzusehn.

---

* Nur sehr selten werden zwei besondre Kontrabass-Partien gebraucht; es
geschieht wohl nur, wenn man zwei Orchester zu gleichzeitigem Spiel aufstellt,
wie z. B. Seb. B a c h in seiner Mattbäi'schen Passionsmusik. M o z a r t hat in der
S. 130 aufgeführten Stelle gar drei Orchester, zusammen mit drei verschiednen
Kontrabässen, in Bewegung gesetzt.

# Fünfter Abschnitt.

## Die Rohrinstrumente.

Es ist schon gesagt, dass wir unter diesem Namen alle Blasinstrumente zusammenfassen, deren Rohr in der Regel von Holz gemacht ist.

Alle diese Instrumente haben einen mehr oder weniger weichen, glatten, luftartigen, der menschlichen Stimme ähnlichen Klang, sind mit Hülfe von Tonlöchern und Klappen einer ziemlich oder ganz vollständigen und ausgedehnten Tonreihe mächtig, können nur einen Ton auf einmal hervorbringen, diesen aber in reichen Abstufungen von *forte* und *piano*, in allmählichem An- und Abschwellen (worin sie den Streichinstrumenten weit überlegen sind) und in langem Anhalten.

Wir haben folgende besondre Arten und Unterarten zu erwähnen.

### 1. Die Flöte (*Flauto*).

Sie hat den glattesten, luftartigsten Klang, und in der Regel einen Umfang vom eingestrichnen *d* (in neuerer Zeit meist *c*) bis zum dreigestrichnen *a* oder noch höher. Ihre Noten werden im Violinschlüssel gesetzt und erklingen achtfüssig. Eine Abart* von ihr ist die kleine Flöte,

*Flauto piccolo,***

Pikkol- oder Oktav-Flöte, auch Querpfeife genannt. Diese hat einen gellendern, grellern Klang, als die gewöhnliche Flöte, auch denselben Umfang, also ein Tonsystem von $\overline{d}$ bis $\overline{a}$ oder $\overline{\overline{b}}$. Nur erklingen ihre Töne e i n e O k t a v  h ö h e r, als sie geschrieben werden (das Instrument hat, nach dem Sprachgebrauche, V i e r f u s s t o n),*** also das zweigestrichne *d* ertönt wie das dreigestrichne auf der ordentlichen Flöte oder dem Klavier.

---

\* Andre, z. B. die Terzflöte und das Panaulon, übergehn wir als ungewöhnlich. Die erstere giebt die Töne eine kleine Terz höher, das neuerfundne Panaulon hat in der Tiefe vier Töne mehr.

\*\* In der Mehrzahl *Flauti, Flauti piccoli*.

\*\*\* In Wahrheit hat die Flöte selber Vierfussston und die Pikkolflöte Zweifussston; aber in Bezug auf Schreibart und Verständniss ihrer Noten gewährt der Sprachgebrauch den Vorzug grösserer Deutlichkeit.

Der Flöte steht dem Klange nach am nächsten

## 2. die Klarinette (Clarinetto).*

Sie hat einen vollern und (besonders vermöge eines im Mundstück angebrachten Blattes von Rohr) kernigern Klang, einen Umfang vom kleinen *e* bis zum dreigestrichnen *e* oder *f*, und noch höher, und wird ebenfalls im Violinschlüssel notirt.

Da ihr nicht alle Tonfolgen gleich gut zu Gebote stehn, und sie in entfernter von ihrer Grundtonleiter liegenden Tonarten weniger gut zu behandeln ist, so hat man Klarinetten von verschiedner Tonhöhe eingeführt, um für jede — oder doch die gebrauchtesten Tonarten entsprechende Klarinetten zu finden.    Besonders **d r e i   A r t e n** sind in unserm Orchester einheimisch : die

C-K l a r i n e t t e ,

deren Töne so erklingen, wie sie geschrieben werden, und die deswegen auch N o r m a l k l a r i n e t t e heisst, die

B-K l a r i n e t t e ,

deren Töne einen ganzen Ton tiefer erklingen, als sie geschrieben werden, und die

A-K l a r i n e t t e ,

die eine kleine Terz tiefer steht, als die *C*-Klarinette.  Es wird also diese Tonreihe

auf der *C*-Klarinette so, wie sie geschrieben steht, auf der *B*-Klarinette einen Ton tiefer, so:

auf der *A*-Klarinette anderthalb Töne tiefer, so :

— oder *C*, *G*, *D* dur werden auf der *B*-Klarinette wie *B*, *F*, *C* dur, auf der *A*-Klarinette wie *A*, *E*, *H* dur ertönen.

Von diesen drei Arten hat die höchste, die *C*-Klarinette, den hellsten, schärfsten Klang, die *B*-Klarinette bei aller Klangfülle doch mehr Milde; die *A*-Klarinette ist am weichsten, aber auch am schwächsten. — Höhere Klarinetten, z. B. in *D*, *Es* und *F* (wo *c* wie das höhere *d*, *es* oder *f* erscheint), sind fast nur in der Militairmusik gebräuchlich, und von noch gellenderm Klang, als die *C*-Klarinette.

---

* In der Mehrzahl *Clarinetti*.

Eine Abart der Klarinette ist das

**Bassetthorn** (*Corno di bassetto*),*

das eine Quinte tiefer erklingt, als es geschrieben wird, also das eingestrichne *c* wie das kleine *f*, diese Stelle

so:

Es ist eine längere und, um der bessern Behandlung willen, in einem stumpfen Winkel gebogne Klarinette mit schmalem Schalltrichter (so heisst das erweiterte Ende des Rohrs, aus welchem der Schall hinaustritt) von Metall. Durch besondre Klappen hat es zwei Töne (klein *c* und *d*, — das heisst also gross *F* und *G*), die der Klarinette fehlen. Seine Notenleiter, im *G*-Schlüssel geschrieben, geht daher vom kleinen *c* bis zum dreigestrichnen *d*, giebt also die Tonleiter vom grossen *F* bis zum zweigestrichnen *g*. Dieses sanftere, elegische oder vielmehr lugubre Instrument ist verhältnissmässig nur wenig in Gebrauch; die vielseitigere Klarinette hat ihm den Raum beschränkt, was wohl ein Verlust zu nennen ist. Seine durch die Klarinette in der That nur unvollkommen zu ersetzende Eigenthümlichkeit hat vor allen Mozart wohl erkannt und benutzt, namentlich im Titus und ganz vorzüglich im Requiem, in dem zwei Bassethörner und zwei Fagotte den ganzen Chor der Rohrinstrumente bilden und eine dem Inhalt der Seelenmesse höchst angemessene Trauerfarbe über das Ganze verbreiten, die der Zutritt von Klarinetten, Oboen und Flöten, wie man ihn auch einrichten wollte, nur stören würde. Dagegen hat schon Beethoven, Mozarts nächster Nachfolger im Reich der Instrumente, vom Bassetthorn nirgends Gebrauch gemacht.

Noch nachtheiliger drängt sich in neuester Zeit eine zweite Abart der Klarinette, die vor einigen Jahrzehnten von Müller gebildete

**Alt-Klarinette,**

an die Stelle des Bassetthorns. Es ist dies eine oben am Mundstück umgebogne grössre Klarinette, die ebenfalls eine Quinte tiefer steht, als die gewöhnliche Klarinette, (klein *e* wie gross *A*), aber nicht nur die beiden tiefsten Töne des Bassetthorns, sondern auch den eigenthümlichen und karakteristischen Klang desselben entbehrt. Eine etwas leichtere Behandlungsweise hat dies Instrument in den

---

* Sein, jedoch nicht ganz ähnlicher Vorgänger ist das alte Krummhorn; noch jetzt hat eine Orgelstimme diesen Namen.

jetzt so massenhaft besetzten Militair- und Harmoniemusiken eingeführt, und nur zu willfährig haben sich die Orchester-Chefs finden
lassen (sind auch bisweilen aus Mangel an Bassetthornisten ge-
zwungen), die Alt-Klarinette statt des Bassethorns zuzulassen. Für
rohere Musikwirkung und für Virtuosenthum hatte das kein Bedenken; die höhere Kunst hat dagegen wieder ein karaktervolles, gar
nicht zu ersetzendes Mittel eingebüsst.

Auch eine

### Bassklarinette

(eine Oktave tiefer als die *C*- oder *B*-Klarinette) ist in neuester Zeit
durch M e y e r b e e r in Anwendung gekommen, und von Andern (z. B.
von R. W a g n e r im Lohengrin und von F. L i s z t in symphonischen Dichtungen) benutzt worden.

## 3. *Die Oboe (Oboe)*\*

ist ein der Klarinette ähnliches Instrument, das aber durch ein Mundstück von zwei an einander gelegten Rohrblättchen angeblasen wird
und einen kleinern und engern Körper hat.

Dem Umfang nach steht die Oboe der Flöte näher, als der
Klarinette; sie hat (in der Regel) die Töne vom kleinen *h* bis zum
dreigestrichnen *d* oder *e* und *f*, und wird im Violinschlüssel notirt.
Der Karakter aber entfernt sich entschieden von dem der Flöte.
Durch Bauart, grössre Enge des Rohrs und das aus zwei Rohrblättchen bestehende Mundstück erhält nämlich der Klang einen schär-
fern, schneidendern Karakter, wodurch er sich eher der Violine, als
der Flöte ähnlich erweist. Er ist dabei grosser Zartheit und nicht
geringer Kraft fähig.

Eine Abart der Oboe ist das

### Englische Horn (*Corno inglese*),

auch *Oboe da caccia* genannt, das wie die Oboe selbst notirt wird,
dessen Töne aber e i n e  Q u i n t e  t i e f e r (also das eingestrichne *f*
wie das kleine *f*) erklingen. Diese Stelle

wird also so —

ertönen.

---

\* In der Mehrzahl *Oboi*.

Auch dieses Instrument ist in neuerer Zeit selten im Gebrauch; sehr häufig finden wir es in Seb. **Bach's** Partituren. Erst mit **Spontini**, der es in seinen Opern gern anwandte, ward es in Deutschland wieder eingeführt; die Musiker der neufranzösischen Richtung, **Berlioz**, **Meyerbeer**, **Liszt**, **Wagner** u. A., benutzen es fleissiger und oft bedeutungsvoll.

## 4. Das Fagott (Fagotto).*

Das Fagott ist ein Blasinstrument mit langem und hinlänglich weitem Rohr, und wird durch ein Doppelblatt (grösser, als bei der Oboe) an einem langen Metallröhrchen (das *S* genannt) angeblasen. Der Klang ist weich und voll, aber vermöge des Doppelblatts, wie bei der Oboe, etwas näselnd, so dass er sich dem Klang des Violoncells einigermaassen nähert. Der Umfang dieses Instruments geht vom Kontra-*B* bis zum eingestrichnen *g*, und auch noch einige Stufen höher. Die Noten werden im *F*-Schlüssel, die höchsten auch im Tenorschlüssel gesetzt.

Eine Abart des Fagotts ist das

**Kontrafagott** (*Contrafagotto*),

das einen Umfang vom grossen *D* bis zum eingestrichnen *d* hat, dessen Töne aber **eine Oktave tiefer** erklingen, als sie geschrieben, also für sechszehnfüssig** gelesen werden. Dieser Sechszehnfusston, vermöge dessen das Instrument die Kontratöne von *D* bis $\overline{H}$ zu eigen besitzt, haben ihm eben den Namen **Kontrafagott** gewonnen.

Zusammengestellt mit Fagott und Kontrafagott werden besonders in der Harmoniemusik, um den Bass zu verstärken, das

**Basshorn** (*Corno basso*),

ein fagottartiges Instrument von Holz mit messingnem Schalltrichter und einem Tonsystem von gross *C* oder *D* bis $\overline{e}$ oder $\overline{g}$; — ferner die

**Ophicleïde,**

mit metallnem Rohr (eine der Ausnahmen von unsrer oben gewählten Benennung Rohrinstrumente) und dem grossen Umfang von Kontra-*H* bis zweigestrichen *c*, — sechszehnfüssig — aber schwerer Ansprache; ferner der

**Serpent** (*Serpente*).

Alle drei Instrumente (besonders das letztere) unterscheiden sich in ihrer Konstruktion bedeutend vom Fagott, und werden hier nur uneigentlich demselben zugesellt, weil sie nach Karakter und Bestim-

---

* In der Mehrzahl *Fagotti*.
** Seltnere und unnöthige Abarten des Fagotts sind das **Quartfagott**, das eine Quarte tiefer, und das in Italien gebräuchlichere **Fagottino**, das eine Quinte höher steht.

mung sich ihm noch besser anschliessen, als andern Instrumentklassen. Das wichtigste unter ihnen ist der Serpent, der einen Umfang vom Kontra-*B* bis zum eingestrichnen *g*, ja bis zweigestrichen *c* hat, und im Klang eine Mittelart zwischen Fagott und Posaune abgiebt, von welcher letztern er auch das Mundstück entlehnt.

Im grössern Orchester werden gewöhnlich z w e i besondre Flöten, Oboen, Klarinetten, Fagotte, — auch (wo man sie braucht) zwei Bassetthörner, und eben so viel Pikkolflöten — oder von letztern nur eine, — aber von den Abarten des Fagotts in der Regel nur eine einfach, z. B. nur ein Kontrafagott, o d e r nur ein Serpent genommen, und jede Stimme (ausser bei ungewöhnlich starker Besetzung des Streichorchesters) nur einfach besetzt.

# Sechster Abschnitt.

## Die Blechinstrumente.

Hierunter begreifen wir, wie S. 148 gesagt, die Blasinstrumente, deren Körper von Metall ist, — mit Ausnahme einiger (z. B. der Ophicleïde), die sich vermöge ihrer Einrichtung und Bestimmung besser den Rohrinstrumenten anschliessen.

Wir haben es hier besonders mit drei Arten zu thun.

### 1. Das Horn (Corno).*

Es hat vermöge eines langen, weit und in die Runde gewundnen, in eine beträchtliche Schallmündung auslaufenden Körpers und seines Mundstücks weichen, sanften, aber dabei vollen und metallner Kraft fähigen Klang. Seine natürlichen brauchbaren Töne sind diese,

die durch minderes oder mehreres Verschliessen des Schalltrichters mit der hineingesteckten Hand (halbes oder ganzes Stopfen) um einen halben oder ganzen Ton erniedrigt werden können; dann aber einen dumpfern und gepressten Klang annehmen, auch nicht so leicht zu Gebote stehn, wie ungestopfte, oder natürliche Töne. Um nun das Horn für mehrere Tonarten brauchbar zu machen, hat man mehrere Arten von verschiedner Höhe des Tons gebildet. Die gebräuchlichsten sind:

das tiefe **B**-Horn,

wo jeder Ton eine Stufe tiefer, also *c* wie das darunterliegende *b* klingt,

das **C**-Horn,

das **D**-Horn,

welches letztere jede Note einen Ton höher angiebt, also z. B. $\overline{c}$ wie $\overline{d}$,

---

* In der Mehrzahl *Corni*. Das Instrument heisst bekanntlich auch W a l d -
h o r n , *Corno da caccia*. Dagegen wird mit dem Namen J a g d h o r n eine grössere und weniger gewundne, härter ansprechende Art des Instruments bezeichnet.

das *Es*-Horn,
das *E*-Horn,
das *F*-Horn,
das *G*-Horn,
das *A*-Horn,
das hohe *B*-Horn.

Man erräth schon, dass auf dem *Es*-Horn $\overline{c}$ wie $\overline{es}$ (jede Note eine kleine Terz höher), auf dem *E*-Horn $\overline{c}$ wie $\overline{e}$ ertönt u. s. w.

Alle diese Arten des Horns stehn aber se c h s z e h n f ü s s i g, geben also ihre Tonreihe, wie wir sie eben festgesetzt haben, eine Oktave tiefer an. Es ertönt also dieses Sätzchen

auf den verschiednen Hornarten so:

Alle Hornarten werden im *G*-Schlüssel gesetzt und müssen nach obigen Erläuterungen erst auf die rechte Stufe, dann in die tiefere Oktav übertragen werden. Die tiefste Oktave, *C-c*, notirt man aber meist mit Bassnoten,

und diese werden ausnahmsweise nicht sechszehnfüssig, sondern achtfüssig genommen.

## 2. Die Trompete (Clarino oder Tromba.)*

Sie hat dieselben Naturtöne, wie das Waldhorn, wird auch wie dasselbe in mehrern Tonhöhen angewendet, steht aber nicht sechszehnfüssig, sondern a c h t f ü s s i g. Die gebräuchlichsten Arten sind:

---

* In der Mehrzahl *Clarini* und *Trombe.*

die *B*-Trompete,

die einen Ton tiefer, $\overset{=}{c}$ wie $\overline{b}$, —

die *C*-Trompete,

die so ertönt, wie sie geschrieben wird, —

die *D*-Trompete,

die *Es*-Trompete,

die *E*-Trompete,

die *F*-Trompete,

in denen $\overline{c}$ wie $\overline{d}$, $\overline{es}$, $\overline{e}$, $\overline{f}$ ertönt.

Der Klang der Trompete ist hell und mächtig, und in den tiefern Tönen schmetternd.*

### 3. *Die Posaune (Trombone)*

hat man sich als eine grössere Trompetenart zu denken, die aber so eingerichtet ist, dass ihr aus zwei Theilen bestehendes Rohr mehr oder weniger aus einander geschoben und wieder zusammengezogen werden kann, so dass das Instrument während des Spiels verschiedne Längen annehmen, damit also verschiedne Tonreihen hervorbringen kann und innerhalb seines Tonumfangs aller Halbtöne mächtig ist.

Der Klang der Posaune ist ähnlich dem Trompetenklang, aber, vermöge des grössern Umfangs des Instruments, noch gewaltiger und voller.

Man bedient sich dreier Arten Posaunen von verschiednem Tongebiet.

---

* Um der Trompete, wie dem Horn alle Töne möglich und leicht zu machen, hat man nach mancherlei Vorversuchen neuerdings Ventiltrompeten und Ventilhörner erfunden. Die Ventile sind nämlich Drücker, durch deren Eindrücken und Losgeben ein Theil des Horn- oder Trompetenrohrs geöffnet oder verschlossen und so dem ganzen Instrument eine tiefere oder höhere Stimmung gegeben werden kann, und zwar sehr leicht. Allein durch diese Vorrichtung und die damit verbundne enggedrückte Windung des Rohrs verlieren die Instrumente viel von ihrer ursprünglichen Frische und Klangkraft, die gerade für ihren Karakter so wichtig ist. Und obenein ist nach eben diesem dem Komponisten so wichtigen Karakter jenen Instrumenten eine vollständige Tonleiter nicht nöthig; die ihnen natürliche ist eben für sie die karakteristische, wie sich in den Werken der grössten Instrumentisten, namentlich J. Haydn's und Beethoven's, bewährt hat. Nur in der Militairmusik, die sich im Frieden nach Mode und Laune richten und ebenfalls ihren Karakter zu Grunde richten muss, sind diese Instrumente nothwendig — ein nothwendig Uebel geworden. Leider verdrängen sie, unter dem Einflusse der französisch-italischen Oper, die gesunden und karaktervollen Naturinstrumente immer mehr aus unsern Orchestern. Das Nähere lese man in Theil IV der Kompositionslehre.

*a.* **Die Altposaune** (*Trombone alto*)

hat einen Umfang vom kleinen *c* oder *e* bis zum eingestrichnen *a* oder zweigestrichnen *c* und wird im Altschlüssel notirt.

*b.* **Die Tenorposaune** (*Trombone tenore*)

hat einen Umfang vom kleinen *c* bis zum eingestrichnen *g*, aber, besonders in den tiefern Tönen, grössre Klangfülle und Kraft, als die Altposaune. Sie wird im Tenorschlüssel notirt.

*c.* **Die Bassposaune** (*Trombone basso*)

hat einen Umfang vom grossen *C* bis zum eingestrichnen *e* und wird im *F*-Schlüssel notirt.

Im Orchester werden gewöhnlich zwei (auch wohl vier) Hörner, zwei Trompeten und drei Posaunen besetzt.

Ausser den hier genannten Instrumenten ist in neuerer Zeit eine ganze Klasse von Instrumenten, theils alten und blos verbesserten, theils neu erfundnen, zuerst in der Militairmusik, dann im Orchester zur Anwendung gekommen, die sich unter dem Namen der

## 4. *Tuben*

zusammenfassen. Wir führen wenigstens die Hauptarten an.*

### *a.* **Das hohe *B*-Kornett.**

Es ist dies ein ungefähr in Trompetenart gewundnes, nur weiteres und schnell sich erweitendes Rohr mit Nebenbögen und drei Ventilen, das die bei *A.* notirte Tonreihe,

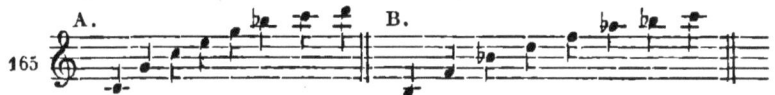

aber eine Stufe tiefer erklingend, wie bei *B.*, hat.

### *b.* **Das *Es*-Kornett,**

das eine Tonreihe vom eingestrichnen *c* bis dreigestrichnen *c* bietet, die im Violinschlüssel notirt wird, aber eine kleine Sexte tiefer ertönt, — also vom kleinen *es* bis zum zweigestrichnen.

### *c.* **Das Tenorhorn,**

auch chromatisches Tenorhorn, *corno cromatico di tenore* genannt, das, im Tenorschlüssel notirt, einen Umfang vom grossen *As* bis zum zweigestrichnen *c* hat.

––––––––––

* In Frankreich hat der vorzügliche Instrumentmacher **Sax** dieser Klasse von Tonwerkzeugen besondern Eifer mit Glück zugewendet; seinen Instrumenten hat er den Namen **Saxhörner** gegeben.

### d. Der Tenorbass,

der, im *F*-Schlüssel notirt, einen Umfang vom grossen *F* bis zum eingestrichnen *b* hat.

### e. Die Tuba (*Basstuba*),

die (mit fünf Ventilen) den weitesten Umfang, von Kontra-*D* bis zum
zweigestrichnen *es* und *g*, besitzt.

Von diesen Instrumenten kann das hohe *B*-Kornett als Diskant
(Diskant-Tuba), das *Es*-Kornett als Alt (Alt-Tuba), das Tenorhorn
als Tenor (Tenor-Tuba), der Tenorbass als Bass, und die Tuba (Basstuba) als Kontrabass angesehn werden.

Andre Instrumente, — das Bombardon, die Basstrompete, das
Flügelhorn, das Kenthorn, Postborn u. s. w. — dürfen wir übergehn.

Die vorgenannten Instrumente haben einen Mittelklang zwischen
Horn und Posaune und bilden durch ihre Fähigkeit, vollständige
Tonreihen im Blechklang darzustellen, eine Mittelklasse zwischen den
Rohrinstrumenten einerseits, — die sie zu verdrängen oder zu übertäuben drohn, und den unter 1., 2., 3. angeführten Arten der
Blechinstrumente andrerseits, — deren reinen und entschiednen
Klang sie nicht erreichen, sondern vielmehr bei zahlreicherer Anwendung beeinträchtigen. Ueberhaupt darf man diese Anhäufung von
materiellen Mitteln keineswegs der Kunst als Gewinn anrechnen,
und nicht einmal als Fortschritt oder Bereicherung des Instrumen-
tenbaus, oder als etwas wahrhaft Neues allzuhoch in Anschlag setzen. Angefüllte und überfüllte Orchester hat schon das siebzehnte
Jahrhundert besessen und, ungefähr im Sinne der neufranzösischen
Schule, zu Lokalfarbentönen und Massenwirkung benutzt. Der Instru-
mentenbau ferner hat sich wahre und grosse Verdienste in neuerer
Zeit durch Verbesserung der Instrumente erworben, während nichts
leichter ist, als vorhandne Arten der Instrumente umzugestalten,
oder durch Mischungen (wie das von Skorra sinnreich erfundne
Batyphon zeigt) zu vermehren. Der Komponist aber sieht sich
durch Massenhäufung in feiner, geistvoller, polyphoner oder dramatischer Gestaltung weit mehr gehemmt als gefördert, und durch die
stoffige Mächtigkeit zu Uebertreibung und Unwahrheiten auf Kosten
der Singstimme wie des geistigen Gehalts hingedrängt.

Es erscheint Pflicht, überall zur Besinnung über diese deutschem
Geist fremde Richtung anzuregen.

# Siebenter Abschnitt.

## Die Orgel.

Die Orgel ist im Wesentlichen nichts anders, als ein Verein vieler Blasinstrumente, die aber nicht von Bläsern, sondern aus einem Windbehälter angeblasen und zum Tönen gebracht werden, sobald der Spieler durch Niederdrücken von Tasten der Luft Zugang zu den Pfeifen öffnet.

Unvergleichlich reich ist die Orgel an solchen Pfeifen, deren sie von der verschiedensten Tonhöhe und Klangweise hat.

Der Spieler lenkt das Instrument zunächst durch eine oder mehrere Klaviaturen, deren eine oder einige (gewöhnlich zwei, selten mehr als drei) mit den Händen gespielt werden (Manuale), eine aber mit den Füssen (Pedal), wofern die Orgel nicht zu klein (ein blosses Positiv) ist, ein Pedal zu besitzen. Die Manuale sind eben so eingerichtet wie die Tastatur des Klaviers und gehn gewöhnlich vom grossen C bis zum dreigestrichnen d. Das Pedal hat ähnliche Einrichtung; nur sind seine Tasten zum Gebrauch der Füsse grösser und weiter aus einander gelegt. Es hat daher nur einen Umfang vom grossen C bis zum eingestrichnen d.

Zu jeder Klaviatur gehört nicht etwa eine einzige Reihe Pfeifen, sondern mehrere, oft sehr zahlreiche Reihen, deren jede sowohl einzeln, als in Verbindung mit andern oder allen in Wirkung gesetzt werden kann. Der Zugang des Windes zu den verschiednen Pfeifenreihn wird durch Züge, die man Register nennt, geöffnet. Nur die Reihe, deren Register man aufzieht, kann beim Niederdrücken der Tasten angeblasen werden und tönen.

Manuale und Pedal können unter einander durch Koppeln verbunden werden; dann tönen alle geöffneten Register der gekoppelten Klaviere mit einander.

Jeder Ton klingt so lange in gleicher Kraft fort, als man seine Taste niederdrückt.

Die Stimmen sind nach Höhe und Klang verschieden.

Die tiefsten sind zweiunddreissigfüssig, ertönen mithin zwei Oktaven tiefer, als geschrieben wird, also das eingestrichne c wie das grosse.

Dann kommen sechszehnfüssige, die eine Oktave tiefer, das eingestrichne c gleich dem kleinen, a c h t f ü s s i g e, —

vier f ü s s i g e, d i e e i n e O k t a v e h ö h e r, das eingestrichne
c gleich dem zweigestrichnen,

z w e i - und e i n f ü s s i g e, d i e z w e i u n d d r e i O k t a v e n
h ö h e r ertönen.

Andre Register ertönen eine Terz, Quinte höher oder tiefer, —
andre, die man M i x t u r e n nennt, bringen auf jeder Taste mehrere
Pfeifen, in Oktaven, Terzen und Quinten u. s. w. gestimmt, gleichzeitig zum Tönen: so dass also, wenn eine Taste auf der Klaviatur
gegriffen wird, ihr Ton und dessen Oktave, oder Oktave und Quinte,
oder diese Intervalle mehrmals in mehrern Oktaven, allein oder
endlich noch mit der grossen Terz vereint ertönen.*

D e m  K l a n g e  n a c h ist ein Theil der Register bestimmt, verschiedne ältere oder noch übliche Orchester-Instrumente in verschiednem Fusstone nachzuahmen. Dahin gehören die Stimmen: Violon 16

---

* Zweierlei liegt uns ob, hier zur näheren Erläuterung zu bringen.
E r s t e n s könnte dem mit dem Orgelwesen Unbekannten die Anwendung
der Mixturen für einen zu harmonischer Wirkung bestimmten Tonsatz unbe-
greiflich, ja durchaus sinnzerstörend erscheinen. Wenn jede Taste mit ihrem
eigentlichen Ton zugleich dessen Oktave, Quinte und Terz vernehmen lässt, so
würde der einfachste Akkord (vergl. Abschnitt 5 der vierten Abtheil.), z. B. *c-
e-g*, folgendes Chaos einander harmonisch widersprechender Töne —
    c—e—g—c—e—g—h—c—d—e—g—gis—h,
oder der zweite wichtige Akkord in der Musik, *c-e-b-g*, gar folgende Masse —
    c—e—g—b—c—e—g—b—h—c—d—e—f—g—gis—b—h—d
gebären und zu gleicher Zeit sinnverwirrend hören lassen. — Allein hier dient
zur Aufklärung, dass Mixturen verständiger Weise nur angewendet werden,
wenn durch zahlreiche und hinlängliche Register dafür gesorgt ist, dass die
eigentlich zur Melodie und Harmonie gehörigen Töne über alle Beitöne der
Mixturen hinweg ganz deutlich vorgehört, als das Hauptsächliche sogleich klar
und vorwaltend vernommen werden, so dass z. B. aus dem ganzen obigen Ton-
getümmel doch nur die Akkorde *c-e-g* und *c-e-g-b* sicher hervortreten.
Z w e i t e n s mag hier nicht unerwähnt bleiben, dass sich demungeachtet
bedeutende Stimmen, z. B. Gottfried W e b e r's, des berühmten Akustikers
C h l a d n i u. A., gegen den Gebrauch der Mixturen erhoben und sie als einen,
allen Begriffen von Harmonie und Tonkunst widersprechenden, nur aus dem
barbarischen Mittelalter uns angeerbten Missbrauch haben beseitigt wissen wollen. Von vielen sachkundigen Vertheidigern sei nur einer, der als Orgelbaukun-
diger sehr verdiente Musikdirektor W i l k e, mit seinen Abhandlungen in der
Leipziger allg. musikal. Zeitung genannt.
Wir wollen hier nur kürzlichst anmerken, dass der Streit gegen Mixturen,
wie uns scheint, zunächst auf einem zu eng gefassten Begriff von Tonkunst be-
ruhen mag. Die frühere Theorie ging davon aus, Tonkunst sei e i n e  d u r c h
T ö n e (durch deren Verbindung zu Melodie und Harmonie) w i r k e n d e  K u n s t;
alles Uebrige, der Schall, der Klang, sogar der Rhythmus, erschien ihr als Beiwerk und im Grund Unwesentliches; hat sich doch erst Weber (und er fast allein)
systematischer auf Rhythmik in der Tonsetzkunst eingelassen, und auch er nur

und 8 Fuss, Flauto oder Rohrflöte 8 und 4 Fuss, Oboe 8 Fuss
Fagott 16 und 8 Fuss, Trompete 8 Fuss u. s. w. Ein Register, die
*vox humana*, soll auch die menschliche Stimme nachahmen. Ein
andrer Theil der Register ist dem Klange nach blos der Orgel eigen,
z. B. die Prinzipale und viele andre.

Der Einrichtung der Pfeifen nach sind im Allgemeinen zu unterscheiden: die Zungenpfeifen, in denen der Klang durch eine
im Innern der Pfeife zur Schwingung kommende Zunge (ein läng-
lich-schmales, an einem Ende befestigtes, am andern durch den ein-
strömenden Luftzug in Bewegung zu setzendes Stückchen Blech)
modifizirt oder auch hervorgebracht wird; das Flötenwerk (La-
bialstimmen), dessen Pfeifen eine von innen verengerte Einmün-
dung haben (wie das Flageolet) und zu denen die Prinzipale
gehören, die durchgängig (oder grösstentheils) metallne Körper haben
und (so viel es angeht) in der offnen Orgelfront (im Gesicht) stehn,
— und die Gedackte, deren Pfeifen oben verschlossen (gedeckt)
sind und dadurch eine Oktave tiefer tönen, als sie sonst ihrer Länge
nach könnten.

---

höchst ungenügend. Von einer Klang- und Schalllehre in Bezug auf Musik ist
noch so gut wie nichts zu vernehmen gewesen.

Nun sind aber gerade die Mixturen (wie man schon oben einsehen müssen)
gar nicht für melodische oder harmonische Wirkung, sondern als eigentliche
Schallmasse, für das allgewaltige Element des Schalls, in die Orgel gesetzt.
Wir finden es vielfach in der Natur und den Schall- und Tonwerkzeugen vorgebildet, dass eine bestimmte mächtige Aeusserung sich gleichsam ihre
eigne Atmosphäre bildet; so ist das Licht von einem Schimmer, der Donner
von einem Nach- und Wiederhall umgeben; dem Glockenton, besonders dem tiefen und mächtigen, hallt ein Beiklang, oft ein oder mehr bestimmte Beitöne nach;
sogar tiefe und starkschallende Saiten geben Beitöne (z. B. *C*, wie S. 158 erwähnt
ist, noch $c$-$g$-$\bar{c}$-$e$-$\bar{g}$ und einen fast wie $\bar{b}$ klingenden) mehr oder weniger deutlich zu vernehmen. Diese Atmosphäre ist eben die Fülle des Wesens, das
uns in dem abgeschnittenen Ton oder Lichtstrahl nur abstrakt, trocken und be-
schnitten entgegenträte. So braucht nun auch in der weiten Kirche der mächtige Orgelton seine Atmosphäre von Beitönen, die als Schallmasse die eigentliche
Tonregion umgeben und den ganzen Luftraum in eine mitklingende, den Hörer
allgewaltig fassende Materie verwandeln. Auch im Orchester strebt man nach
ähnlichen Wirkungen, wenn man im massenhaftesten Forte den Mittelstimmen
mannigfache Figuren giebt, nicht um diese als melodische Motive und Gänge,
sondern um ihr Ineinanderschwirren als Ton- und Schallmasse unzergliedert
wirken und walten zu lassen. Das aufmerksame und gebildete Ohr vernimmt
sogar Beitöne aus den starken Orchestermassen, die nicht von dem oder
jenem Instrument angegeben, sondern von den Luftschwingungen (nach bekannten Erfahrungen der Akustik) erzeugt werden.

So viel über einen Streitpunkt, über den Jeder seine Stimme geben sollte, da
die entgegengesetzte Ansicht durch Beseitigung der Mixturen bleibenden Nachtheil stiften und manches Werk des wahren Orgelklangs berauben kann.

Wenn man erwägt, dass den bessern Orgeln vierzig, sechszig und mehr Register zu Gebote stehn, deren Reichthum an Klängen durch mannigfache Verbindung der verschiednen Stimmen noch bedeutend und höchst bedeutsam vermehrt werden kann, die zum Theil vom weichsten, zartesten Karakter, sanfter als irgend ein Orchesterinstrument, zum Theil von schmetternder Kraft, in ihrem Verein, wenn (nach der Orgelsprache) das volle Werk gebraucht wird, von so erschütternder Gewalt sind, dass kein Orchester dagegen aufkommen, oder nur daneben bestehn kann: so erkennt man die Wundermacht der Orgel, die deshalb auch vorzugsweis ihren Namen *organum* (Tonwerkzeug) erhalten hat, — als wäre sie das einzige Instrument, — weil keines mit ihr sich messen kann. Schon der zweckmässige Gebrauch (Wechsel und Verbindung) der Register fodert Studium und Talent, und wird ausdrücklich mit dem Namen R e g i s t r i r k u n s t bezeichnet.

Notirt wird für die Orgel, wie für das Klavier, in der Regel auf z w e i  S y s t e m e n mit Violin- und Bassschlüssel; doch findet man in ältern Kompositionen auch Diskant-, Alt- und Tenorschlüssel angewendet. Die Pedalnoten werden mit

*Ped.* (*Pedale*),

die Manualnoten mit

*Man.* (*Manuale, manualmente*),

oder mit                      s. p., *senza pedale*,

angezeichnet. Ist das Pedal reich und eigenthümlich neben einem vollen Manuale beschäftigt, so widmet man ihm ein d r i t t e s  S y s t e m unter den beiden obern, die dann allein den Manualnoten gehören.

Die Registrirung wird nur selten von den Komponisten angegeben, kann auch nie ganz genau und allgemein anwendbar bestimmt werden, weil die Orgeln in der Zahl, Auswahl und Beschaffenheit der Register sehr von einander abweichen, mithin eine Registrirung, die auf der einen Orgel angemessen ist, auf der andern unausführbar oder doch ungünstig sein kann. Ist ein besondrer Fusston, sind verschiedne Klaviere, das volle Werk oder sanftere Registrirung beabsichtigt, so wird dies gewöhnlich mit allgemeinen Ausdrücken zu Anfang des Satzes angemerkt.

------

## Anhang.

Eine sehr kleine, doch nicht ganz unbemerkt gebliebne Abart der Orgel ist die

**P h y s h a r m o n i k a,**

die bisweilen mit dem Piano verbunden und deren Töne (nicht über vier Oktaven) durch eine besondre Tastatur angeregt werden. Sie entspringen aus Stahlzungen, die durch den Luftstrom eines Blas- balgs in Schwingungen gesetzt werden.

In neuerer Zeit ist die Physharmonika grösser und besser ausgestaltet worden und hat sich unter dem Namen

## Harmonion

in der That zu künstlerischer und gottesdienstlicher Verwendbarkeit (letztere für kleinere Beträume) erhoben. Das Harmonion bringt seine Töne gleich der Physharmonika, aus der es entstanden, durch Stahlzungen hervor, die durch Luftströmung in Schwingung gesetzt erschallen. Es hat eine vollständige, durch fünf Oktaven und noch weiter ausgedehnte Tastatur, auch wohl zwei Manuale, und dazu bisweilen ein Pedal; ferner verschiedne Register in 4-, 8- und 16- Fusston und von verschiedenem Klange.

# Achter Abschnitt.

## Die Schlaginstrumente.

Hier haben wir es nur mit den gebräuchlichsten zu thun. Das vornehmste ist

### 1. die Pauke (timpano)

oder Kesselpauke, von dumpfem, wiederhallendem Klange.

Das Instrument giebt nur e i n e n brauchbaren Ton her, kann aber zwischen dem grossen und kleinen *F* in jeden beliebigen gestimmt werden. Man gebraucht daher gewöhnlich z w e i Pauken, und stimmt sie in der Regel quartenmässig in Dominante und Tonika.* In neuester Zeit werden öfters drei und vier Pauken gesetzt.

Wenn man die Pauken bedeckt, was mit

*timp. (timpani) coperti*

angezeigt wird, so wird ihr Schall dumpfer oder gedämpft.

Notirt wird für die Pauke im Bass-Schlüssel. Man bemerkt die Stimmung voran, z. B.

166 Timp. in d, A.

und notirt in *C*, oder auch (was streng genommen unrichtig und mit der Notirung der Trompeten und Hörner, die gewöhnlich mit den Pauken verbunden sind, im Widerspruch ist) in den Tönen, die schon vermöge der angezeigten Stimmung erschallen müssen, z. B.

167 Timp. in d, A.

Hier müsste man nach dem bei den Blasinstrumenten erklärten Sprachgebrauch annehmen, dass die Töne *e—H* eintreten sollten; es sind aber die zu Anfang der Zeile genannten zu verstehn, und ein Missverständniss, da jede Pauke nur einen Ton hergiebt, unmöglich.

---

* Eine neu erfundne Konstruktion der Pauken erleichtert die Umstimmung s o, dass letztere während des Spiels schnell und sicher erfolgen kann, beeinträchtigt aber durch allzuscharfe Deutlichkeit des Tons den Karakter des — man möchte sagen — malerischen Instruments.

## 2. *Banda.*

Hierunter begreifen wir

die grosse Trommel (*gran tamburo, gran cassa*),
die Becken (*piatti, bacinelli*),
den Triangel (*triangolo*),

Instrumente, die keinen bestimmten Ton, sondern nur Schall von sich geben und zu bekannt sind, als dass sie weitere Erörterung verdienten.

Bei der Militairmusik kommen noch mehr Schallwerkzeuge, z. B. der türkische Mond (Glockenspiel), die hölzerne Rolltrommel (*tamburo rullante*) und die Militairtrommel, im Orchester auch bisweilen noch der Tamtam, ein indo-chinesisches Becken von mächtigem Schalle, hinzu.*

Zuletzt sind

## 3. *die Stab-Instrumente*

zu erwähnen, auf denen Stäbe oder Platten durch den Anschlag mit kleinen, lederüberzognen Hämmern zum Tönen gebracht werden.

Das bekannteste dieser nicht der eigentlichen Kunst eingebürgerten Instrumente ist die Glasharmonika, aus einer Reihe von gestimmten Glasstreifen (schmalen Glasplatten) bestehend, die über einem Resonanzkasten befestigt sind; — das andre ist die (vor einigen Jahren durch Gusikow in Deutschland unter lebhafter Theilnahme bekannt gewordne) Strohfiedel, ein unter slavischen Volksstämmen verbreitetes Instrument, aus Holzstäben, die locker auf Strohbänder gelegt sind und mit Klöppeln angeschlagen werden, bestehend.

Reichhaltig sind Zamminer's Mittheilungen über ältere und neuere Instrumente in seinem anregenden Buche: Die Musik und die musikalischen Instrumente. 1855.

---

* Auch die maurische Trommel oder Handtrommel (*tambourin*) und die in unsern Balleten einheimisch gewordnen spanischen Kastagnetten gehören hieher.

# Neunter Abschnitt.

## Die Streichinstrumente.

Das vorzüglichste der hierhergehörigen Instrumente ist

### 1. die Harmonika,

deren Töne aus Glasschalen entstehen, die in Umschwung gesetzt und durch die angelegte Hand zum Klingen gebracht werden. Der Klang dieses Instruments ist unbeschreiblich süss und zart, auch einer tiefwirkenden Anschwellung aus dem leisesten Anhauch bis zu eingreifender Kraft und gleicher Abschwellung fähig; ja er ist in seiner Intensität nervenschwachen Personen sogar gefährlich worden, hat Ohnmachten und andre Nervenübel herbeigeführt.

Demungeachtet hat sich dieses (erst 1762 von Benj. Franklin erfundne) Instrument nicht in Wirksamkeit halten können, weil seine Behandlung zu schwer und angreifend und seine Fähigkeit zu beschränkt ist: es eignet sich nur zu langsamen, einfachen Harmoniefolgen. Auch kann in der That der sinnliche Klangreiz nicht für die Unfähigkeit, den Gedanken des Komponisten zu folgen, entschädigen. Es machte sich eine kurze Zeit lang geltend, als Viele sich überschwenglichen, ätherisch verschwebenden Träumen an der Stelle gesunder und naturwahrer Empfindung hinzugeben liebten; da galten seine allerdings reizvollen Klänge mit ihrem Heranschweben und Verhallen als Stimmen des Jenseits. In diesem Sinne hat noch im ersten Drittel unsers Jahrhunderts Fürst Radziwill, der sinnvolle Liebhaber der Tonkunst, bei seiner Musik zu Faust das Instrument verwandt.

### 2. Der Klavicylinder

verdankt sein grösseres Bekanntwerden wohl nur dem Ruf und den Reisen seines Erfinders, des berühmten Akustikers Chladni, und hat sich seit dessen Abgang nicht weiter bemerklich gemacht. Die dem Klang der Klarinette ähnlichen Töne wurden mittels einer Tastatur aus Glasstäben, die von einem Glascylinder angestrichen wurden, gezogen.

Das Nähere über diese, wie über mehrere ähnliche, ebenfalls nicht in dauernden und ausgebreiteten Gebrauch gekommene Instrumente, wie z. B. den Euphon, das Terpodion, Uranion u. a., muss hier übergangen werden.

---

# Zehnter Abschnitt.

## Die Partitur.

Wir wissen schon von S. 147 her, dass Tonstücke, die von verschiednen Instrumenten oder Singstimmen ausgeführt werden sollen, in Partitur gesetzt zu werden pflegen, nämlich in der Weise aufgezeichnet, dass jedes Instrument und jede Singstimme ein besondres System erhält und die verschiednen Systeme genau Takt für Takt über einander zu stehn kommen. Fehlt es an Raum für so viele Systeme, als Stimmen vorhanden sind, oder sind einige Stimmen so wenig beschäftigt, dass es nicht der Mühe lohnt, ihnen abgesonderte Systeme zu geben, so stellt man zusammengehörige Stimmen (z. B. die zwei Flöten, Klarinetten u. s. w., die drei Posaunen, Diskant und Alt) auf ein einziges System.

In einer oder der andern Weise ist die Partitur getreuer Abdruck aller einzelnen Züge, aller Kombinationen und Gesammtwirkungen, die ein grössres Tonstück enthält; kein auch noch so geschickt und vollständig gearbeiteter Klavierauszug, kein Arrangement kann die Partitur eines vollstimmigen Satzes irgend ersetzen; es giebt kein Mittel, einen solchen Satz wiederholt für sich zu geniessen und zu studiren, das an Sicherheit und Leichtigkeit der Partitur zu vergleichen wäre. Für Komponisten, Dirigenten und Lehrer, überhaupt für gebildete Musiker und nach tieferm Genuss und Eindringen in die Musik strebende Kunstfreunde ist daher die Geschicklichkeit, Partituren sicher und gewandt zu lesen und wo möglich auch zu spielen, unschätzbar, wo nicht unentbehrlich.

Vollkommen kann man diese Fertigkeit nur erwerben durch gründliches Studium der Komposition, wenigstens der Harmonie. Indess ist jeder Schritt, den man näher zum Ziele thut, schon folgenreich und erfreulich, und in der That kommt die Bemühung, die er kostet, gegen den Lohn nicht in Betracht. Daher wird eine Anweisung, Partituren zu verstehn, — hier zunächst Einweis in ihre Einrichtung und Hülfsmittel, sich in sie hineinzufinden, — der Mehrzahl der Musiker und Musikfreunde, die dessen bedürfen, hoffentlich willkommen sein.

Noch ein Grund, diesen Gegenstand hier etwas ausführlicher zu besprechen, ist der, dass besonders über die Einrichtung der Partituren mancherlei Gewohnheiten und Abweichungen sich einge-

schlichen haben, die keineswegs alle billigenswerth sind, und bei
denen schon im Voraus der Mangel an Uebereinstimmung Jedermann unerfreulich erscheinen muss. Es ist also wohl an der Zeit,
diesen Gegenstand auch für Komponisten und Herausgeber öffentlich
zur Erwägung zu bringen.

## A. *Einrichtung der Partitur.*

Die Partitur muss ihrer Bestimmung gemäss a l l e S t i m m e n
in über einander stehenden Systemen enthalten, damit man auf
Einen Blick den gesammten Inhalt des Satzes überschaue. Nur im
höchsten Notbfalle, wenn es schlechterdings an Raum fehlt, alle
Stimmen über einander auf Einem Blatte darzustellen, sollte man
sich eine Theilung der Partitur erlauben und einige Stimmen in
einem Anhange nachbringen; diese Stimmen sollten dann nur die am
wenigsten beschäftigten und i n s o f e r n entbehrlichern sein.

Alle Stimmen müssen so, wie sie ertönen, genau Takt über
Takt, Takttheil über Takttheil u. s. w., wie die nachfolgenden Beispiele zeigen, über und unter einander gesetzt werden. Zu Anfang
jeder Zeile sind die zusammengehörenden Systeme mittels der
Klammer (Akkolade), zu Ende des Ganzen oder eines grössern
Theils mittels der Schlussstriche, auch wohl im Laufe der Komposition mittels der durch alle hindurchgezogenen Taktstriche unter einander deutlich verbunden.

Jedes System erhält Schlüssel und Vorzeichnung, wie es der
auf ihm notirten Stimme zukommt. Zu Anfang werden alle Stimmen
vor ihren Systemen namentlich angeführt. Sollte die Partitur der
Raumersparniss wegen mit wenig Stimmen beginnen, während andre Stimmen eine Zeitlang pausiren und erst später eintreten: so
werden letztere im Stimmverzeichnisse mit dem Beisatze

*cont.* (*contano*)

(sie zählen, pausiren) mit aufgeführt. Gleiche Vermerke dürfen auch
im Laufe des Tonstückes, wenn einige Stimmen längere Zeit pausiren und die Partitur in das Engere gezogen wird, nicht fehlen.

Die Vortragsbezeichnungen (*forte*, *piano* u. s. w.) sollten der
Sicherheit wegen bei jeder Stimme, oder wenigstens über jeden
Stimmchor gesetzt werden. Geschieht es nicht, so gelten sie gleichwohl für alle Stimmen, wofern nicht ausdrücklich einige Stimmen
eine von andern abweichende Bezeichnung haben. Das Tempo wird
gewöhnlich nur zu oberst über der Partitur bemerkt.

Man sollte jede Stimme vollständig ausschreiben. Nur der mitunter nöthigen Eile wegen, oder um die Partitur nicht mit allzuviel Noten zu überladen, lässt man bisweilen eine mit einer andern

gleich- oder in Oktaven gehende Stimme leer (S. 30) und setzt statt der Noten

$$col \; (colla) \; —, \; all' \; 8^{\underline{va}} \; col \; —,$$

z. B. in die Oboestimme *coi Flauti*, in die zweite Violine *col primo*, um anzudeuten, dass die Oboe mit den Flöten, oder die zweite Geige mit der ersten gehn soll.

Bisweilen schreibt man auch wohl von einer schon dagewesnen Stelle nur die Ober-, oder Ober- und Unterstimme hin, und setzt quer durch die übrigen Stimmen

*come sopra*

um anzuzeigen, dass die übrigen Stimmen wie zuvor gehn sollen. Dies ist aber für den Lesenden, und noch mehr für den Dirigirenden eine stets unbequeme und bedenkliche Gedächtnissprobe, und nicht zu empfehlen.

So viel über die Abfassung einer Partitur im Allgemeinen.

Ein wichtiger Punkt ist nun ihre Einrichtung, nämlich die Anordnung ihrer Stimmen. Hier gelten im Allgemeinen zwei Regeln:

1) man stellt in der Regel die zu einem Chor gehörenden Stimmen zu einander;

2) man stellt in der Regel die höchsten Stimmen zu oberst, die je tiefern darunter, die tiefste zu unterst.

Dabei kommt freilich auf Anzahl und Wahl der Stimmen viel an, und man wird bald gewahr, dass mehr als eine Art der Anordnung möglich und üblich ist. Wir gehn die hauptsächlichsten durch.

Am einfachsten und leichtesten ist die Anordnung einer Partitur, in der nur ein einziger Stimmchor wirkt. Hier genügt die zweite der obigen Regeln und lässt kaum eine Ausnahme zu.

Ein Vokalsatz, drei-, vier-, fünfstimmig, wird nach der Höhe seiner Stimmen geordnet; jede Stimme erhält ihr System, wofern nicht etwa Sopran und Alt, Tenor und Bass, oder zwei Soprane, zwei Tenöre u. s. w. auf ein System gestellt werden; dies sollte nur geschehn, wenn die Stimmen eng mit einander gehn, oder es durchaus an Raum für besondre Systeme fehlt, und dann sollte man die obere der vereinten Stimmen hinaufstreichen (nämlich die Hälse und Fahnen der Noten alle aufwärts ziehn), die untere aber hinab.

Hier —

haben wir den Choranfang (mit Weglassung des Orchesters) von
Seb. Bach's wunderlieblicher *A*dur-Messe in vollständiger Partitur
vor uns; hier —

dessen Wiederholung (wobei Diskant und Tenor ihre Melodien verwechselt haben) in gedrängter Abfassung; der Alt hat sich zum
Sopran, der Tenor zum Bass gestellt.

Das Streichquartett hat eben so unbedenkliche und leicht
übersichtliche Anordnung von der ersten Geige bis hinab zum Violoncell, wie dieser Anfang eines Haydn'schen Quartetts —

zur Genüge zeigt. Nimmt der Kontrabass mit theil, so erhält er seine Stelle auf dem für das Violoncell bestimmten System, wie schon S. 165 angegeben ist. Nur wenn beide Instrumente oft und erheblich von einander abweichen, giebt man ihnen abgesonderte Systeme, und zwar dem Kontrabass das tiefere. Bei einzelnen Abweichungen hilft man sich durch Auf- und Abwärtsstreichen der verschiednen Noten, z. B. hier, —

und dann gehören die hinuntergestrichnen Noten dem Kontrabass.

Im Chor der (von uns S. 147 so genannten) **R o h r i n s t r u m e n t e** erhalten gewöhnlich die gleichen Instrumente, z. B. beide Flöten, beide Klarinetten u. s. w., ein gemeinschaftliches System, wofern nicht etwa eine Stimme (z. B. die erste Flöte) so reich beschäftigt ist, dass sie auf demselben System mit einer andern Stimme keinen Platz hat. Uebrigens wird auch hier die zweite Regel befolgt. Statt einer, breiten Raum einnehmenden Partitur geben wir, nur durch die Stimmnamen angedeutet, zwei Entwürfe zu mehr oder minder vollstimmigem Satze.

|  |  | *Flauto piccolo* |
| --- | --- | --- |
| *Flauti* | . . . . | *Flauti* |
| *Oboi* | . . . . | *Oboi* |
|  |  | *Clarinetto in Es* |
| *Clarinetti in B* | . . | *Clarinetti in B* |
|  |  | *Corni di bassetto* |
| *Fagotti* . . . . | | *Fagotti* |
|  |  | *Contrafagotto.* |

Fehlt es zu vollerm Satz an Raum, so muss Kontrafagott und seine Gesellen (S. 170) mit auf das Fagottsystem treten, wo es bald mit dem zweiten,

*col secondo*

geht, bald besondre und dann abwärts gestrichne Noten erhält,

während beide Fagotte mit einander aufwärts gestrichen werden, oder man sich sonst hilft, wie man kann.

Bei den Blechinstrumenten ist Folgendes zu merken.

Die Trompeten stehn in der Regel, als höchste Instrumente, über den Hörnern; werden verschiedne Hörner gebraucht, so werden die höher gestimmten obenangesetzt, wofern es nicht vortheilhafter scheint, diejenigen Hörner zunächst an die Trompeten zu stellen, die mit diesen gleiche Stimmung haben. Zu Hörnern und Trompeten gesellen sich die Pauken, gleichsam als deren Bass. Sie gehören aber näher den Trompeten an; wenn daher die Hörner sich in einem Tonstück mehr den Rohrinstrumenten anschliessen, kann es rathsam sein, die Trompeten — gegen die zweite Regel — unter die Hörner und unmittelbar zu den Pauken zu stellen, als machten sie mit diesen allein einen Chor aus. Hier geben wir ein Paar Namenentwürfe zu Blech-Chören,

| *Clarini (Trombe) in D* | *Trombe in C* |
|---|---|
| *Corni in D* | *Corni in Es* |
| | *Corni in C* |
| *Timpani in d, A* | *Timpani in c, G* |

in deren erstem die Tonart *D*dur, im andern etwa *C*moll gedacht ist. Sollten im letztern die *C*-Trompeten und *C*-Hörner viel verbunden sein, so wär' es vielleicht bequemer, die *Es*-Hörner (wieder gegen die zweite Regel) unter die *C*-Hörner zu stellen. Den dritten der obigen Fälle verdeutlichen wir an einer aus Händel's Alexanderfest entlehnten Stelle, —

in der *C*-Hörner und *C*-Trompeten sich mit den Pauken verbinden, um einem Satze der *F*-Hörner zur Unterlage zu dienen. Für diesen Inhalt müsste diese Anordnung der Partitur als zweckmässigste, nämlich als übersichtlichste befunden werden.

Bekanntlich gehören auch die P o s a u n e n (S. 174) zum Chor
der Bleche. Sie bilden aber eine Abtheilung für sich, der am füglichsten die sogenannte Banda (gleichsam als Unterstimme), wenn
man von ihr Gebrauch macht, sich anschliesst.* Auch die Posaunen ordnen sich nach ihrer Höhe; bisweilen werden Alt- und Te-
nor-Posaune auf ein System, und dann gewöhnlich unter den Tenorschlüssel gestellt; bisweilen, wenn es an Raum fehlt, treten alle
drei Posaunen auf ein einziges System, und würden dann wohl am
bequemsten im Tenorschlüssel notirt.

Verbinden sich m e h r e r e  S t i m m c h ö r e, so tritt zunächst die
erste Regel in Anwendung: jeder Stimmchor wird zusammengehalten; — dann die zweite: in jedem Stimmchor tritt die oberste
Stimme zu oberst. Aber welche Stelle nehmen die Chöre gegen-
einander ein? — Hier ist es in der Regel am gerathensten, denjenigen Chor zu unterst zu stellen, der die ausführlichste Bassstimme
hat, und zwar deswegen, weil (wie die Harmonielehre zeigen wird)
vom Bass aus am sichersten auf den Inhalt der übrigen Stimmen
geschlossen werden kann.

Verbinden sich also R o h r - und B l e c h i n s t r u m e n t e, so
würden wohl am besten die erstern zu unterst gestellt werden, wie
in diesem Namenentwurfe —

$$\left.\begin{array}{l} \textit{Trombe} \\ \textit{Corni} \\ \textit{Timpani} \end{array}\right\}$$
$$\textit{Trombone}$$
$$\left.\begin{array}{l} \textit{Flauti} \\ \textit{Oboi} \\ \textit{Clarinetti} \\ \textit{Fagotti} \\ \textit{Contrafagotto} \end{array}\right\}$$

geschehn ist. Die Posaunen, die sich vermöge ihres vollständigen
Tonsystems leichter und häufiger als das übrige Blech dem Gang der
Rohrinstrumente anschliessen, treten in die Mitte. Verbinden sich
Saiteninstrumente mit Bläsern, so treten wieder die erstern zu un-
terst, die letztern über sie. Hier scheint es angemessen, die Rohr-
instrumente zu oberst, die Blechinstrumente in die Mitte —

---

* Für diese Instrumente bedarf es keines Liniensystems, sondern nur einzelner Linien,

u. s. w.

um sie zu notiren, da sie nicht Töne, sondern nur einen Schall geben. So z. B. in
L i s z t 's (bei Breitkopf und Härtel erschienenen) symphonischen Dichtungen.

$$
\begin{array}{ll}
1. & \begin{cases} \textit{Flauti} - \text{u. s. w.} \\ \textit{Fagotti} \end{cases} \\
2. & \begin{cases} \textit{Trombe} - \text{u. s. w.} \\ \textit{Timpani} \end{cases} \\
3. & \begin{cases} \textit{Violino } \text{I.} - \text{u. s. w.} \\ \textit{Violoncello e Contrabasso} \end{cases}
\end{array}
$$

zu stellen; dann ist wenigstens unter den Bläsern die zweite Regel beobachtet, die erste Flöte hat in der obersten Zeile Raum für ihre oft sehr hohen Gänge und Noten, und die meist weniger beschäftig- ten, viel pausirenden Blechinstrumente scheiden deutlich das Streich- quartett von den Rohrinstrumenten; auch die erste Violine, über der Pauken oder Posaunen stehn, kann mit ihren oft hohen Gängen leicht notirt werden. Doch finden sich auch Partituren (besonders neuere Instrumentalsachen), in denen diese Ordnung geändert, die Bleche obenangestellt, die Rohrinstrumente zur Zweit gesetzt sind.

In doppel- oder mehrchörigen Gesangstücken wird wieder nach der ersten Regel jeder Chor zusammengestellt. Treten neben dem Chor Solostimmen auf, die nicht in den Systemen der Chorstimmen Raum haben, so erhalten sie nach der ihnen beizu- messenden höhern Wichtigkeit ihre Stelle über dem Chor.

Verbinden sich endlich Singstimmen mit Orchester, so ist es wünschenswerth, die Systeme der erstern zunächst der nach S. 191 wichtigsten Stimme des Orchesters, dem Kontrabasse, zu haben. Hier also wird die erste Regel aufgegeben und der Chor der Singstimmen in den Chor der Streichinstrumente hinein, unmittelbar über den Kontrabass gestellt. Eine solche Anordnung sehn wir hier —

$$
\begin{cases}
\begin{cases} \textit{Flauti} - \text{u. s. w.} \\ \textit{Fagotti} \end{cases} \\
\begin{cases} \textit{Clarini} - \text{u. s. w.} \\ \textit{Timpani} \end{cases} \\
\begin{cases} \textit{Trombone alto} - \text{u. s. w.} \\ \textit{Gran tamburo} \end{cases}
\end{cases}
$$

$$
\begin{cases}
\textit{Violino } \text{I.} \\
\textit{Violino } \text{II.} \\
\textit{Viola} \\
\begin{cases} \textit{Canto} \\ \textit{Alto} \\ \textit{Tenore} \\ \textit{Basso} \end{cases} \\
\textit{Violoncello e Contrabasso}
\end{cases}
$$

vor uns. Aeltere Partituren weichen oft insofern hiervon ab, dass sie die Geigen- und Bratschensysteme zu oberst über alle Bläser setzen, um die erste Violine als wichtigste Orchesterstimme nächst

dem Basse am deutlichsten herauszustellen. Allein der Nachtheil, dass
der wichtigste Chor des Orchesters dadurch vollends aus einander
gerissen wird, scheint jenen Vortheil zu überwiegen.

Die Partituren der Militairmusik übergehn wir, da in ihnen
noch keine eigentlichen Kunstwerke gegeben worden sind. —

## B. *Verständniss der Partitur.*

Zum Partiturlesen gehört nächst der Kenntniss ihrer Einrichtung
vor allem die Fertigkeit, alle Stimmen in ihren Schlüsseln zu lesen,
und die in anderm Tonfusse notirten zu t r a n s p o n i r e n, nämlich sich
so vorzustellen, wie sie eigentlich ertönen sollen, z. B. die *B*-Kla-
rinetten einen Ton tiefer, als sie notirt sind. Für den, der wenigstens
in den verschiednen Schlüsseln (S. 22) geläufig lesen kann, giebt es
hier manche Erleichterung. Wir setzen einige derselben hin, die
sich zum Theil auf die Voraussetzung stützen, dass die Versetzung
in höhere und tiefere Oktaven keine Schwierigkeit haben kann.

1. Die Noten der *A*-Klarinette und des *A*-Horns lese man so,
als wären sie im Diskantschlüssel mit drei Erhöhungszeichen gesetzt.
Also diese Stelle —

lese man so:

Hat die Partiturstimme einer solchen Klarinette die Vorzeichnung von einem oder zwei Erhöhungszeichen, so muss man sich bei
der Uebertragung in den Diskantschlüssel vier oder fünf Erhöhungen
(nämlich die drei zuzusetzenden und die eine oder zwei wirklich
vorhandenen) denken, also diese Stelle der *A*-Klarinette

sich so:

vorstellen. Hat jene eine oder zwei Erniedrigungen vorgezeichnet, so
muss man bei der Uebertragung ein oder zwei Kreuze weniger
setzen, z. B. diese Stelle

so :

lesen.  Das Uebrige begreift sich leicht, wenn man nur die Vorstellung (vergl. S. 39) festhält: dass ein Kreuz erhöht, ein Be erniedrigt, folglich

> der Widerruf eines Kreuzes erniedrigt,
> der Widerruf eines Be erhöht,

gleichviel, wie die Töne durch diese Versetzungszeichen benannt
werden mögen.

2. Die Noten des tiefen *B*-Horns denke man sich im Tenorschlüssel mit zwei Be'en vorgezeichnet.  Also diese Stelle

lese man so ·

3. Hohe *B*-Hörner, *B*-Trompeten und *B*-Klarinetten sind eben
so zu lesen, aber dann eine Oktave höher zu denken.  Bei *B*-Kla-
rinetten, die mit einem Kreuz vorgezeichnet wären, würde man nur
ein Be, bei der Vorzeichnung von einem oder zwei Be'en würde
man drei oder vier vorgezeichnete Be'e annehmen müssen; Alles in
ähnlicher Weise, wie unter 1. angedeutet ist.

4. *D*-Hörner stelle man sich unter dem Altschlüssel, mit Vorzeichnung zweier Erhöhungen, vor;

*D*-Trompeten und *D*-Klarinetten eben so, aber eine Oktave höher,
— wofern es nicht leichter ist, sie gleich einen Ton höher zu lesen.

5. *Es*-Hörner und *E*-Hörner denke man sich im *F*-Schlüssel,
erstere mit drei Be'en, letztere mit vier Kreuzen vorgezeichnet, —

dann aber eine Oktave höher gestellt. Klarinetten in *Es*, Trompeten in *Es* und *E* sind eben so, aber zwei Oktaven höher zu lesen, — wenn nicht die einfache Versetzung um eine kleine oder grosse Terz leichter ist. — Ueberhaupt wird der Eine diese, der Andre jene Vorstellung, der Dritte das unmittelbare Transponiren leichter finden und bei einiger Uebung bald keine Erleichterung mehr nöthig sein.

Ist nun durch die vorstehenden Bemerkungen das Verständniss der einzelnen Partien erleichtert: so gereichen folgende — i n d e n m e i s t e n  F ä l l e n  z u t r e ff e n d e — Bemerkungen zur leichtern Auffassung des Ganzen einer Partitur.

6. Die für die tiefste Stimme ausersehen Instrumente, — Kontrabass, Kontrafagott, Serpent, Ophikleïde, Basstuba, — gehn, wenn überhaupt deren zwei oder mehr angewendet sind, meist im Einklange mit einander.

7. Bei Massenwirkung des Orchesters, also gerade da, wo die Menge der Stimmen der Uebersicht am meisten Schwierigkeit bietet, — gehen oft beide Geigen im Einklang oder in Oktaven, die Oboen meist mit den Klarinetten, die Flöten in höherer Oktave, die Pikkolflöten in zweit-höherer Oktave mit jenen, die Fagotte entweder mit dem Bass oder in tieferer Oktave mit Klarinetten und Oboen, die Hörner mit den Trompeten, die Pauken schliessen sich diesen an, die Posaunen balddcn übrigen Blechen, bald in einfachen Harmonien dem gesammten Bläserchor.

8. Bei dem Verein von Chor und Orchester gehn i n  d e r  R e g e l die Bläser mit den Chorstimmen, und zwar

|  |  |
|---|---|
| mit dem Diskant | die erste Flöte, Oboe , Klarinette, |
| – – Alt | – zweite –    –    – |
| – – Tenor | das erste Fagott, |
| – – Bass | – zweite – |

ferner *Vno.* I mit dem Diskant, *Vno.* II mit dem Alt, Viola mit dem Tenor, Violoncell und Bass mit dem Basse, — wofern nicht eine oder beide Geigen besondre Figuren übernehmen.

9. Ist es aus Mangel an Uebung oder sonst nicht möglich, sämmtliche Stimmen auf einmal aufzufassen, so richte man sich einstweilen auf die Hauptstimmen. Hier pflegen vor allen die So lo s t i m men, — nächst ihnen überhaupt die S i n g s t i m m e n, — dann Geigen und Kontrabass, — dann O b o e n (Klarinetten) und Fagotte vor den übrigen den Vorrang zu haben.

Kenntniss der Harmonie, der Generalbassschrift, der Setzkunst überhaupt, — und Bekanntschaft mit der Weise des Komponisten, dessen Partituren man lesen will, erleichtern und befruchten diese Aufgabe ungemein.

# Vierte Abtheilung.

## DIE ELEMENTARFORMEN.

# Erster Abschnitt.

## Die Grundlagen der Melodie.

Unter Melodie verstehn wir eine in sich selber und rhythmisch zu einem bestimmten musikalischen Gedanken geordnete Folge einzelner Töne.* Wir haben also zunächst die Tonfolge, dann deren Rhythmus zu betrachten.

## A. *Die Tonfolge.*

Wie bilden sich Tonfolgen? und wann können wir eine Tonfolge geordnet nennen? — Es giebt drei Grundstoffe oder Grundlagen für Tonfolge. Die erste ist die

diatonische Tonleiter,

auf- oder abwärts, oder beides nach einander. Denn in ihr vernehmen wir sämmtliche Tonstufen in ihrer Reihenfolge nach einander, und zwar in bestimmter Richtung von unten nach oben, oder von oben nach unten. Wir wissen, dass wir wenigstens (S. 51) zwei diatonische Tonleitern haben, die in Dur und die in Moll, und dass wir beide auf jeder Tonika erbauen können.

Eine zweite Grundlage geordneter Tonfolge kann die sogenannte

chromatische Tonleiter,

auf- oder abwärts steigend, oder beides nach einander, sein. Nur wird in der Wirklichkeit selten oder niemals eine Melodie gänzlich auf sie gebaut werden, denn ihre Schritte, lauter Halbtöne, sind zu einförmig und für sich allein zu kleinlich; auch bildet die chromatische Tonleiter bekanntlich (S. 53) nicht die Grundlage einer Tonart, ist keine Grundgestalt in unserm Tonsystem.

Eine dritte Grundlage geordneter Tonfolge kann (was wir in den folgenden Abschnitten besser verstehn werden) die

Reihenfolge der Töne eines Akkordes

oder mehrerer Akkorde sein; z. B.

---

* Ein musikalischer Gedanke muss, wie jeder, bestimmte Abgränzung haben; da er etwas Bestimmtes ausspricht, muss er dies auch irgendwo aus- und zu Ende gesprochen haben, also da schliessen. Dieser Schluss des Gedankens oder der Melodie kann zugleich das Ende eines Tonstücks sein, oder dasselbe kann weiter gehn zu neuen Gedanken oder Melodien. Die sämmtlichen Melodien, die eine Stimme im Lauf eines Tonstücks vorträgt, heissen: ihre Kantilene.

Allein eine solche Folge ist, wie man schon an der vorstehenden sieht, zu gesperrt, zu wenig eng zusammenhängend, als dass sie oft oder längre Zeit Grundlage werden könnte.

Aus diesen Grundlagen entwickeln sich nun alle möglichen Tonfolgen, jedoch selten aus einer allein, meistens aus zweien oder allen abwechselnd ihre Stoffe herholend. So sind schon im obigen Beispiel zweierlei Grundlagen gemischt. Die Töne des ersten Taktes und die des zweiten, jedes für sich allein, gehören einer Akkordgrundlage an; der Uebergang aber vom ersten zum zweiten und vom zweiten zum dritten Takte (c-h und d-c) macht sich diatonisch. Ein solcher Wechsel der Grundlagen kann viel reicher vor sich gehn, z. B. in diesem Sätzchen:

Hier ist bei 1 chromatische, bei 2 diatonische, bei 3 akkordische oder Akkordgrundlage, und so fort.

Selbst bei reichstem Wechsel wird eine Tonfolge, um sich als Melodie, als musikalischen Gedanken zu gestalten, in dem Wechsel selber eine gewisse Ordnung, vernünftige Folge, künstlerischen Plan beobachten müssen. So beginnt die vorstehende chromatisch, geht diatonisch und dann akkordisch weiter, wiederholt und bekräftigt diese Ordnung im zweiten und dritten Takte. Nur darf man nicht erwarten, dass die Ordnung immer so einfach und durchsichtig sein wird, wie im vorstehenden Satze. Schon hier —

sehn wir viel buntere Einrichtung. Nach dem chromatischen (1) und diatonischen Bestandtheile (2) folgen zwei akkordische Tonfolgen (3 und 4) und dann erst wieder eine diatonische und chromatische (5 und 6), so dass sich vor allem die akkordische in überwiegender Masse geltend macht. Aber dem entspricht dann wieder der dritte vorzugsweis akkordische Takt (7 und 8), so dass sich doch wieder zwei gleichartige Hälften bilden, die diatonisch und chromatisch anfangen, und akkordisch ausgehn.

Jede Gruppe von zwei, drei, oder mehr Tönen, welche als Grundstoff zu einer Tonfolge dient, nennen wir

M o t i v ,

oder Motiv der Tonfolge, tonisches Motiv. Also No. 1, 2, 3 im obigen Sätzchen sind Motive der Tonfolge; in diesen Tonfolgen —

ist das Motiv die Folge z w e i e r  n e b e n  e i n a n d e r  l i e g e n d e r Töne. Aus der Wiederholung, Versetzung, Veränderung, Mischung und Verbindung von Motiven entstehn grössre Tonfolgen, und man sieht schon am Vorstehenden, dass aus demselben Motiv ganz verschiedne Sätze herausgebildet werden können. So kann man auch zwei Motive zu einem grössern vereinen, für die vorstehenden Tonfolgen z. B. hätten wir auch Gruppen von vier Tönen

als Motiv annehmen, oder aus dem vorhergehenden Satze (No. 182) aus No. 2 und 3 ein Motiv bilden, und mit demselben —

neue Tonfolgen gewinnen können.

Nächst der Grundlage und dem Motiv kommt endlich noch die

**R i c h t u n g**

der Tonfolge in Betracht. Sie kann durchaus s t e i g e n d , durchaus f a l l e n d , oder beides abwechselnd (z. B. in No. 185) oder h a u p t - s ä c h l i c h steigend oder fallend — mit entgegengesetzten Nebenbewegungen (z. B. vorstehender im Ganzen fallender, im Einzelnen aber von Zeit zu Zeit steigender Satz), oder s c h w e i f e n d , unentschieden hin und her gehend, z. B.

sein.

B. *Die Rhythmik.*

Die rhythmische Einrichtung einer Melodie muss ebenfalls eine geordnete, irgend einen bestimmten Sinn und Willen aussprechende

sein. Nach den über Tonfolge gegebenen Erläuterungen können wir
uns hier kürzer fassen.

Die rhythmische Einrichtung beruht auf Geltung und Taktordnung, und geht ebenfalls, wie die melodische Einrichtung, darauf
hin, ein sich einheitvoll und verständig zusammenhängendes Ganzes
zu bilden. Sie geht bei ihren Bildungen von einem oder mehrern
Grundgebilden, einem

r h y t h m i s c h e n  M o t i v

(oder mehrern) aus, und bildet durch gleichmässige oder ähnliche
Wiederholung, Fortführung, Abwechslung mit andern — alles dies
nach dem Inhalt und Zweck jedes besondern Kunstwerkes — grössere rhythmische Gestaltungen. In solcher Weise ist sie die äusserlich regelnde Begleiterin des Tonwesens, von der kleinsten melodischen Bildung bis hinauf in die grössten, umfassendsten Kunstformen. — Hier ist zunächst vom rhythmischen Motiv erläuternde Anschauung zu geben. In den von No. 181 an gegebenen Sätzen z. B.
ist die Folge gleich- und kurzgeltender Töne, hier —

eine Folge von einem Achtel und zwei Sechszehnteln das rhythmische
Motiv. Auch die rhythmischen Motive können in mannigfacher Weise
verändert, z. B. vergrössert wie hier —

bei *a.*, und verkleinert, wie bei *b.*, getrennt und verknüpft werden.
Der Verein des tonischen und rhythmischen Motivs ist

m e l o d i s c h e s  M o t i v

zu nennen. In No. 187 z. B. sehn wir im zweiten Takt ein melo-
disches Motiv (*m*), das nach Rhythmus und Tonfolge noch dreimal
angewendet wird; seine rhythmische Gestalt ist schon im ersten Takt
aufgetreten, nicht aber seine tonische.

# Zweiter Abschnitt.

## Die Grundformen.

Alle Melodien können auf drei Grundformen zurückgeführt werden, die wir G a n g, S a t z, P e r i o d e* nennen.

### 1. *Der Gang.*

Jede melodisch organisirte Tonfolge ohne einen in sich befriedigenden Abschluss heisst Gang. Hier —

ferner in No. 181 sehn wir Gänge vor uns. Ein solcher Gang kann aus bestimmt geschiednen Gruppen bestehn, z. B. No. 182 aus Gruppen von vier, No. 185 aus Gruppen von sechs Tönen, dieser Gang —

aus Gruppen von sieben Tönen, kenntlich durch die grössre Geltung jedes Anfangtons, — es können sich, wie in No. 190 und hier,

verschiedne Gruppen mischen, — alle Freiheit der Melodiebildung findet hier statt.

Ein Gang aus schnell folgenden, ganz oder meist gleichen Noten wird gewöhnlich P a s s a g e genannt, besonders wenn er grössre Länge hat. Eine Passage, die auf diatonischer oder chromatischer Grundlage beruht, heisst L a u f e r, besonders wenn sie von grössrer Ausdehnung ist (wenigstens eine Oktave durchläuft) und sich ganz

---

* Die Periode ist, wie sich weiterhin zeigen wird, eigentlich keine Grundgestalt, sondern ein Gebild' aus der Grundgestalt des Satzes. Allein sie ist die erste und wichtigste Gestaltung nach den Grundformen und aus methodischen Rücksichten besonders hervorzuheben. Deshalb stellt man sie zu den Grundformen.

oder vorherrschend an die Stufenfolge in einer Richtung bindet. Ist ihre Ausführung mit besondrer technischer Schwierigkeit verbunden, ist sie bestimmt, Geschick und Kühnheit des Ausübenden glänzend zu zeigen, so wird sie gewöhnlich Bravourpassage genannt.

## 2. *Der Satz.*

Eine Melodie, die sich durch bestimmten Anfang und Schluss als ein Ganzes abrundet, heisst Satz.

Wodurch wird eine solche Abschliessung erlangt?

In tonischer Hinsicht zunächst dadurch, dass die Melodie mit einem nach dem Begriffe des Tonsystems wesentlichen Tone, — in rhythmischer Hinsicht dadurch, dass sie mit einem taktischen Haupttheile oder gewesnen Haupttheile schliesst. Deshalb eben sind die vorstehenden Tonfolgen (No. 189 bis 191 u. a.) nur Gänge und nicht Sätze, weil ihnen rhythmisch-tonischer Abschluss fehlt.

Welches sind aber tonisch wesentliche Töne? —

Wir können vorerst nur einen angeben: die Tonika; aus der Harmonie- und Modulationslehre werden wir später erfahren, dass auch die andern zur tonischen Harmonie gehörigen Töne (Terz und Quinte der Tonika), wenn sie als Bestandtheile dieser Harmonie erscheinen, als wesentliche zu einem Satzschluss geeignete Töne anzusehn sind; dass ferner ein Satz in einer andern Tonart schliessen kann, als in der er begonnen, in welchem Falle die Tonika der neuen Tonart und ihre Harmonie als Schluss dienen können; dass endlich auch die Dominante und die Töne ihrer Harmonie Schlusstöne sein können.

Um auf den wichtigsten Schlusston, die Tonika, zurückzukommen, so sehn wir hier—

einen in formeller Hinsicht befriedigenden Satz von drei, hier —

einen eben solchen von vier Takten. Aber schliesst der letztere nicht rhythmisch unbefriedigend? Nein; sein letzter Ton ist ein gewesner Haupttheil, und überdem nur der Nachklang des wirklichen Schlusstons in der Oktave. — Hier

sehn wir einen zwar im Auftakt und auch tonisch unbestimmt an-
hebenden, aber doch befriedigend schliessenden Satz; und hier

sogar einen rhythmisch unbefriedigend schliessenden; nur tonisch
empfinden oder errathen wir den Schluss. Eine solche Unbestimmtheit ist nicht durchaus für einen Fehler zu achten; sie kann beson-
deren Zwecken und Vorstellungen entsprechend sein.

Jeder Satz, wie jede Melodie, besteht aus geordneten Motiven,
die sich einander entweder ununterbrochen anschliessen, oder auch
Absätze bilden. Hier z. B.

sehn wir einen Satz von vier Takten, der in seinem zweiten Takt
einen rhythmisch wohl fühlbaren Absatz macht. Wir nennen dergleichen Abtheilungen

### Abschnitt.

Ein Abschnitt kann wieder in kleinere geschiedne Theile zerfallen, die wir

### Glieder

nennen. Hier z. B.

sehn wir einen Satz in zwei Abschnitte (erster und zweiter, —
dritter und vierter Takt), und jeden Abschnitt in Glieder von verschiedner Grösse zerfallen, zuerst in Glieder (*a.*) von je zwei Vierteln (die Pause zugerechnet), dann in ein Glied (*b.*) von vier Vierteln.

## 3. *Die Periode.*

Ein aus Satz und Gegensatz, — oder auch aus mehrern
mit einander verbundnen Sätzen bestehnder Musiksatz heisst Periode.
Die Periode fasst also zwei oder auch mehr kleinere, mehr oder
weniger abgeschlossne Ganze zu einem grössern Ganzen zusammen.
Dies kann nur dadurch regelmässig geschehn, dass der zweite und
die folgenden Sätze ähnlichen Inhalt mit dem ersten, oder einen
von diesem abgeleiteten haben. In den folgenden Abschnitten werden
wir noch neue Bindemittel für Sätze zu einer Periode kennen lernen.

Wodurch aber bleiben die zu einem grössern Ganzen verbundnen Sätze unterschieden? Denn ohnedem würde die Periode ja nichts
als ein grössrer Satz, oder auch der in No. 196 aufgewiesne Satz
eine Periode sein. — Im melodischen Gebiete haben wir nur Ein
Hauptmittel der Unterscheidung: **die Richtung der Tonfolge.**
Steigt der erste Satz, so fällt der zweite. Hierin erkennen wir sogleich, dass die Grundform einer Periode die Verbindung von **zwei
Sätzen** (Satz und Gegensatz, wie wir oben sagten) ist. So hier, —

wo die vier ersten und die vier letzten Takte in der Hauptrichtung
einander entgegenstehn und dadurch sich unterscheiden. Umgekehrt.
fällt der erste, so steigt der zweite Satz; z. B.

Wir nennen (wie oben bei den Notensätzen) den ersten Satz

### Vordersatz

und den zweiten oder Gegensatz

### Nachsatz.

Wie geht nun der musikalische Periodenbau über die hier an-
gedeutete Gränze, über den Umfang von zwei Sätzen, hinaus? Er
kann allerdings **drei** und **vier** Sätze und noch mehr verbinden.
Allein man sieht sogleich, dass dann das Verhältniss von Vorder-
und Nachsatz — oder Satz und Gegensatz nicht so bestimmt hervortritt; die drei oder vier Sätze werden, wenn sie auch noch so
lang sind, immer eher als lange Abschnitte eines ausgedehnten Satzes
erscheinen. So hier —

oder vom vorletzten Takt an:

In einer andern Weise kann sich aber die Periode **innerhalb**
ihrer durch mehr oder weniger genaue Wiederholungen vergrössern,
die sie ihrem eigentlichen Anfange vorausschickt. So könnte die

Periode No. 198 mit zwei vorausgeschickten Sätzchen oder Gliedern von je zwei Takten anfangen, —

oder ihr Vordersatz könnte so,

mit einer Wiederholung der letzten Töne; — oder das Ganze könnte vom siebenten Takte an so,

mit einer Wiederholung des ganzen Nachsatzes schliessen. Bei allen dergleichen Zusätzen zum eigentlichen Kern des Tonsatzes, die man Anhänge und Einschiebsel nennt, ist im Allgemeinen rathsam und darum gewöhnlich, das Ebenmaass zwischen Vorder- und Nachsatz durch (ungefähr) gleiche Länge und (ziemlich) gleiche Abschnitte zu erhalten. Wo dies aber auch, aus tiefern Gründen, nicht geschehn ist, wird man doch bei einiger Uebung nach den obigen Andeutungen die verschiednen Formen in vorhandnen Tonstücken leicht erkennen und unterscheiden lernen, und nur hierauf kann es in der allgemeinen Musiklehre ankommen. Das Nähere gehört der Kompositionslehre und Musikwissenschaft an.

# Dritter Abschnitt.

## Grössere rhythmische Anordnung.

Wir haben schon S. 105 und jetzt wieder bemerken können, dass es hauptsächlich der Rhythmus ist, der Tonsätzen Ordnung, Fasslichkeit, Deutlichkeit — und damit erst sichere, bestimmtere Wirkung verleiht. Der Rhythmus war es, der die unübersichtlichen Notenreihen gliederte, ungleiche und gleiche Noten durch Zusammenstellung als Taktglieder und Takttheile von Takten, Gängen, Sätzen, Perioden in geordnete und übersichtliche Verbindung brachte, und durch Betonung seine Eintheilungen, seine Unterschiede von Haupt- und Nebensache einprägte. Wie weit das Tonwesen ihm hierin beistand, ist theils S. 204 gesagt, theils wird es später gezeigt.

Nun wissen wir aber schon aus täglicher Erfahrung (und die fünfte Abtheilung wird näher davon unterrichten), dass es viel grössre Tonstücke giebt, als die Perioden, die wir hier betrachtet haben, — Tonstücke, die aus mehrern oder vielen Perioden, Sätzen und Gängen zusammengesetzt sind. Was erhält hier die Ordnung? — Zunächst wieder der Rhythmus, dann — oder neben ihm, wie wir später in der Beschreibung der Kunstformen erfahren werden, — die Anordnung der Modulation und der verschiednen Hauptsätze des Tonstückes.

Für Auffassung und Darstellung eines Tonstücks ist es höchst förderlich, seine ganze Einrichtung und Ordnung klar zu überschaun. Wir dürfen also bei der bisherigen Entwickelung nicht stehn bleiben, sondern müssen die rhythmische Einrichtung auch in die grössern Verhältnisse hinein verfolgen. Dies kann am füglichsten hier geschehn.

Was war das nächste Ziel des Rhythmus? — G l e i c h m ä s s i g - k e i t. Und dann? — M a n n i g f a l t i g k e i t, mit Maass verbunden, — E b e n m a a s s. So begann die rhythmische Ordnung mit Noten gleicher Geltung, und ging von da zu Noten des allermannigfaltigsten Werthes über, die sich indess leicht zu einander (als Halbe, Viertel, Drittel u. s. w.) in Verhältniss setzten. Sie begann mit zweitheiliger Ordnung, entwickelte aber von da aus zahlreiche Taktarten. Die Takte eines Tonsatzes hatten gleiche Länge, allein sie konnten mit Noten und Pausen von der mannigfaltigsten Art angefüllt wer-

den, die alle wieder unter eine gleiche Anzahl von Takttheilen gleicher Länge begriffen und auf ein allgemeines Gleichmaass gebracht
wurden. So arbeitet der Rhythmus weiter auf sein gedoppeltes und
doch einheitvolles Ziel hin.

Es verbinden sich einen ganzen Tonsatz hindurch gleiche Glieder zu einem

**gleichförmigen Rhythmus,**

z. B. von zwei und zwei Takten,\*

wie hier zu einem Vordersatz von acht Zweivierteltakten, — oder
von vier und vier Takten,

oder — was seltner ist — von drei und drei Takten, wie in diesem schweizerischen Volksliede \*\*.

Gang mer nit ü-ber mis Mätteli, gang mer nit geng dur mis Gras,

gang mer nit geng zue mim Schätze-li,  o - der i  prügle  di  ab.

---

\* Diese und die meisten andern Beispiele sind der Raumersparniss wegen
zu hoch und zu tonarm gesetzt, als dass sie die bei rechter Ausführung ihnen
erreichbare Wirkung thun könnten.

\*\* Im zweiten Hefte der überaus reichen und anziehenden Sammlung: Die
deutschen Volkslieder mit ihren Singweisen von L. Erk und W. Irmer. Berlin, bei Plahn.

Dass auch Rhythmen von sechs und sechs, ja von fünf und fünf Takten denkbar sind, oder gar von sieben und sieben Takten u. s. w., bemerkt man leicht. Allein je breiter die einzelnen Rhythmen werden, desto mehr verlieren sie und das Ganze an Fasslichkeit und Beweglichkeit.

Nun sind aber bekanntlich die viertheiligen, sechstheiligen u. s. w. rhythmischen Ordnungen nichts anders, als Zusammenziehungen der einfachen zwei- und dreitheiligen Ordnungen. So können wir gar wohl den Vierviertelsatz No. 206 durch blosse Halbirung seiner Takte oder allenfalls durch einige Aenderungen, z. B.

in einen Zweiviertelsatz von sechzehn Takten auflösen, und umgekehrt den Zwelviertelsatz No. 208 in einen Vierviertelsatz, oder den obigen Dreiachtelsatz in einen Neunachtelsatz zusammenziehn.

Hieraus ist klar, dass man nicht blos gleiche Rhythmen, sondern auch

### gleichartige Rhythmen

mit einander zusammenstellen kann. Es kann z. B. auf zwei Abschnitte von je zwei Takten einer von vier Takten, oder umgekehrt folgen, und dies kann in der mannigfachsten Weise ausgebeutet werden. Da Notenbeispiele aus ausgeführten Kompositionen zu viel Raum wegnehmen, so geben wir ein selbstgemachtes von wenig Noten, —

das folgende rhythmische Grössen vorstellt:

1, 1 Takt, — 2, 2 Takte, — 1, 1 Takt, — 2 Takte, —

1, 1 Takt, — 1, 1 Takt.

Ziehn wir die Glieder von je einem Takte zusammen, so haben wir lauter gleiche Abschnitte,

2—2, 2—2, 2—2—2 Takte,*

die eben so fasslich und übersichtlich sind, wie Takte mit Takttheilen und Taktgliedern. Aehnliche Gestaltungen kann es gar viele geben; der aufmerksame Beobachter findet deren leicht in grössern und reicher ausgeführten Tonstücken. Vorherrschend ist allerdings die Zweizahl als einfachste Theilzahl, z. B. Rhythmen von 1, 1 und 2, — oder 2, 2 und 4, — oder 4, 4 und 8 Takten; seltner herrscht durch ganze Tonstücke die Dreizahl, z. B. 3, 3 und 6,** oder gar die Fünfzahl, wie wir schon bei den gleichförmigen Rhythmen gefunden haben. Wohl aber finden sich in grössern Kompositionen nach einer Reihe zwei- oder viertaktiger Rhythmen bisweilen zwei oder mehr Abschnitte von je drei, sechs, oder fünf Takten, z. B. in solcher Weise:

4, 4, — 4, 4, — 3, 3, — 6, — 4, 4, — u. s. w.

5, — 5,

die nur deshalb ordnungsgemäss erscheinen, weil wieder ihrer zwei oder drei auftreten, die man gegen einander abwägen kann. — Wir würden solche Rhythmen

**symmetrische Rhythmen**

nennen.

Endlich können bei grössern Tonstücken, — besonders leidenschaftlichen, heftigen Sinnes, — gar wohl auch einzelne Abschnitte auftreten, die grösser oder kleiner sind, als alle übrigen vor oder nach ihnen, z. B. ein fünftaktiger Abschnitt unter lauter Abschnitten von zwei und vier Takten. Einen solchen Bau müsste man

**unregelmässigen Rhythmus**

nennen. Es soll aber damit nicht ein Tadel ausgesprochen werden, sondern eben nur das Beiseitesetzen der ordnenden Regel; am rechten Orte, z. B. für leidenschaftlichen Ausdruck, kann ein unregelmässiger Rhythmus der einzig rechte sein.

Wie wir nun aus einzelnen Takten Abschnitte zusammengesetzt haben, so können aus zwei und zwei, drei und drei Abschnitten u. s. w. grössre Abtheilungen sich bilden. Theilen wir z. B. N. 197 in Zweivierteltakte, so würden folgende rhythmische Grundabschnitte —

---

* Also wieder eine Periode von mehrern Sätzen, nur nicht so ganz gleichmässig und kenntlich gebildet, wie die vorige No. 200.

** In Beethoven's neunter Symphonie herrscht die Dreizahl in einem ganzen Theile des Scherzo.

14*

1, 1, 2 Takte, 1, 1, 2 Takte

hervortreten, dann würden sich aus den zweimal einen Takten Abschnitte von zwei Takten und aus vier und vier Takten wieder grössre Abtheilungen herausfühlen lassen, so dass der ganze Satz folgende Rhythmik hätte:

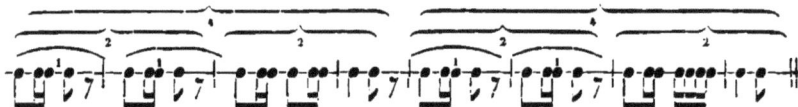

Die bisher betrachteten Sätze haben sehr leicht und deutlich unterscheidbare Abschnitte gezeigt; bald waren es Pausen, die die Gränzen der Abschnitte (Einschnitte genannt) bezeichneten, — so in No. 207 und 209; bald waren es stärker und länger betonte Haupttheile, die den Einschnitt fühlbar machten, — so in No. 208. Allein nicht immer liegen die Gränzpunkte so deutlich vor Augen.

Bisweilen werden einzelne Abschnitte und Sätze durch Uebergänge oder Zwischensätzchen verbunden. Ein solcher zeigt sich im letzten Takte von No. 208. Der Satz selber schliesst auf dem ersten Viertel dieses Taktes; aber die Unterstimme leitet mit einem Zwischensatze zum folgenden Satz hin, dessen Anfang aus No. 206 zu ersehen ist. Der Uebergang hätte sich auch stärker bilden können, z. B. in dieser Weise,

mit Ober- und Unterstimme, oder allen Stimmen insgesammt.

Bisweilen verbirgt sich der Anfang des Satzes durch einen zu späten, oder zu frühen Eintritt. Hier z. B.

sehn wir zwei Sätze von je zwei Takten, durch eine Stimme verknüpft, in allem Uebrigen aber ganz deutlich geschieden; wir erkennen den Eintritt des zweiten schon an der Aehnlichkeit, die er mit dem ersten hat. Hier —

sehn wir denselben Satz mit unwesentlicher Aenderung in der Harmonie; aber der zweite Abschnitt tritt später, — nach dem Vorbilde des ersten zu spät, — und mit verkürztem Anfang ein. Hier endlich

sehn wir denselben Satz; aber sein zweiter Abschnitt erscheint einen halben Takt zu früh, mit längerm und wiederholtem Anfange. Demungeachtet macht sich sein Anfang und die Ordnung, die in der Grundlage des Ganzen (No. 211) waltet, auch in dieser und allen Abweichungen fühlbar.

Endlich verschränkt sich wohl auch der Schluss eines Abschnitts oder Satzes mit dem Anfang eines andern, oder dem Wiederanfang des ersten in der Art, dass der Schlusston des einen schon wieder Anfangston des andern wird. Als Beispiel dieser möglichst eng gehaltene Satz:

Der Schluss des vierten Taktes will nach *c* gehn, und würde da mit einer Dreiachtelnote schliessen. Aber dieses *c* wird sogleich wieder Anfang der Wiederholung, die man hier (in Bezug auf rhythmische Einrichtung) als einen zweiten Satz rechnen muss; und noch einmal — nach dem Wiederholungszeichen — dient dasselbe *c* zum Schlusse des vorigen zweiten Satzes (nämlich der Wiederholung) und zugleich als Anfang eines neuen dritten, der oben nur zwei Takte weit niedergeschrieben ist.

Aeusserliche Kennzeichen für die grössern rhythmischen Abschnitte giebt es nicht, oder wenigstens keine genügenden. Bisweilen werden grössre Abschnitte, grössre Theile des Ganzen durch Schlussstriche (mit oder ohne Wiederholungszeichen) oder das dazwischentretende »*al fine*« bezeichnet. Bisweilen — wenn mit gefahnten Noten (Achteln, Sechzehnteln u. s. w.) geschlossen und wieder angefangen wird, ist der Anfang des zweiten Abschnittes daran ersichtlich, dass man die sonst durch Geltungsstriche zu verbindenden Schluss- und Anfangsnoten getrennt schreibt, z. B. so wie bei *A.*,

nicht, wie bei *B.* Allein diese Bezeichnungen finden nicht immer statt, und sind niemals für die ganze rhythmische Einrichtung eines ganzen Tonstücks ausreichend.

Nächst der Kenntniss der Rhythmik, w e n i g s t e n s so weit sie hier mitgetheilt ist,[*] — und der Harmonik und Konstruktion (wovon Einiges weiterhin zu sagen sein wird, das Befriedigendere jedoch nur in der Kompositionslehre zu lernen ist) muss der aufmerksame Schüler seinen eignen Sinn mit Ueberlegung zu Rathe ziehn, und wird sich dann schon in den meisten Fällen zurechtfinden.

Allerdings wird der sich leichter und sicherer in den Rhythmus hineinfühlen und hineinfinden, in dem Sinn und Empfänglichkeit für Rhythmus überhaupt erweckt und erhöht sind. Gegeben ist dieser Sinn den meisten Menschen. Gleichwohl finden die meisten Lehrer es bequemer, über Mangel desselben (»Mangel an Takt« nennen sie es) zu klagen, als die Anlage zu entwickeln: ja, sie thun oft genug, schon durch unmethodische Wahl der Beschäftigung — unmethodisch hinsichts des Rhythmus — den Schüler zu hemmen und zu verwirren, statt zu fördern.

---

[*] Hierzu der Anhang **A.**

# Vierter Abschnitt.

## Melismatische Manieren.

Zuletzt haben wir noch von einigen melodischen oder melismatischen* Figuren zu reden, und ihre eigenthümliche Bezeichnung mitzutheilen; wir beschränken uns auf die praktisch nothwendigen Bemerkungen, mit Uebergehung aller subtilen Unterschiede und der langen Namenreihen, mit denen es eine Zeit lang Mode war, sich und die Schüler zu plagen.

### 1. Der Vorschlag.

Unter Vorschlag** versteht man einen gleichsam beiläufig einem Melodietone vorangeschickten, mit kleinerer Schrift notirten Ton.

Man hat zweierlei Vorschläge zu unterscheiden, lange und kurze.

**Der lange Vorschlag** wird der Geltung nach eben so gross, oder halb so gross geschrieben, als die Note, vor der er steht. Vor einer Viertelnote wird er also wie ein Viertel oder Achtel, vor einer Achtelnote wie ein Achtel oder Sechszehntel geschrieben.

Ein solcher Vorschlag gilt jederzeit die Hälfte der Note, vor der er steht; folglich bleibt der Hauptnote nur die Hälfte ihres Werthes übrig. Es werden also diese Noten mit Vorschlägen (bei *a.*)

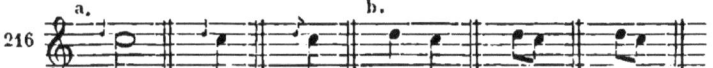

so wie bei *b.* vorgetragen. Tritt ein langer Vorschlag vor eine durch einen Punkt vergrösserte Note, so nimmt er den ganzen Werth der Note für sich, und dem Hauptton bleibt der Werth des Punktes. So gilt von diesen Vorschlägen —

---

\* Melismatisch und Melisma (so heisst jede melodische Figur) sind wie Melodie, aus dem Griechischen von Melos abgeleitet, das „Gesang" bedeutet. Melodie und Melodisch bezieht sich mehr auf das Ganze, Melisma und Melismatisch mehr auf einzelne kleine Figuren, wie die obigen.

\*\* Man gebraucht auch die fremde Benennung Appoggiatur, die aber mancherlei Nebenbedeutungen hat.

der erste zwei, und die Note selbst ein Viertel, der andre zwei, und
die Note selbst ein Achtel.

### Der kurze Vorschlag

wird **kürzer** geschrieben, als der lange, z. B. vor einem Viertel
wie ein Sechszehntel, vor einem Achtel wie ein Zweiunddreissigstel,
oder man schreibt ihn ohne alle Rücksicht auf den Werth der Note,
vor der er steht, wie ein Achtel oder Sechszehntel mit durchstrich-
ner Fahne.

Er hat gar keine bestimmte Geltung, sondern wird nur ganz
kurz vor dem Hauptton angegeben; sein unbestimmter Werth geht
also von der voranstehenden Note ab. Gewöhnlich wird zum Vorschlag der nächste über oder unter der Hauptnote stehende Ton,
bisweilen auch ein entfernterer, z. B.

genommen, — letzteres meist nur bei dem kurzen Vorschlage.

## 2. *Der Doppelvorschlag*

ist eine Vereinigung **zweier kurzer Vorschlagsnoten** vor einer
Hauptnote, —

hat also ebenfalls keine bestimmte Geltung, und sein unbestimmter
Werth geht von der vorangehenden Note ab.

Alle Vorschläge sind, wie man gesehen, Zusatznoten zu einer
Hauptnote, haben also nur auf diese Bezug, nicht auf andre Noten
in andern Stimmen. Dies ist bei der **Takteintheilung** zu berücksichtigen. Die andern Stimmen behalten ihre feste Takteintheilung, während die Vorhalte in ihrer Stimme nach obigen Vor-
schriften untergebracht werden. Hier

sieht man bei *A.* in der Oberstimme einen langen, dann einen kurzen, dann einen Doppelvorschlag; bei *B.* darunter die Spielweise.
Das *sf* Takt 2 und 3 erinnert, dass die Hauptnote betont wird.

### 3. *Der Doppelschlag.*

Er ist ein Doppelvorschlag, aus dem nächsten obern und untern
Ton und dem dazwischengestellten Hauptton bestehend, und wird
bald in Noten geschrieben,

bald mit einem besondern Zeichen —

angedeutet. Steht dieses Zeichen nach der Hauptnote, wie hier —

bei *a.*, so wird der Doppelschlag vor dem taktmässigen Eintritt des
nächsten Tons, also während der Geltung der Hauptnote ungefähr
so wie bei *b.* genommen. Folgt in solchem Falle, wie hier bei *a.*,

eine andre, als die Hauptnote, so wird dem Doppelschlag zuvor
noch die Hauptnote beigesellt, so dass er nun aus vier Tönen (*b.*)
besteht. Befindet sich aber das Zeichen über (oder unter) der Hauptnote, so nimmt der erste Ton des Doppelschlags deren Stelle im
Takt ein, und die übrigen Töne nebst dem Hauptton folgen ungefähr so, wie bei *b.*, — unter einander in gleicher,

in der Taktberechnung aber unbestimmter Geltung nach.

Bei der Ausführung des Doppelschlags nimmt man Ober- und
Unterton, wie sie nach der Vorzeichnung heissen müssen, z. B. in
den vorstehenden Fällen No. 223 und 225 nicht *f*, sondern *fis*, weil
letzteres vorgezeichnet ist. Soll einer oder der andre Doppelschlag-
ton, oder beide erhöht oder erniedrigt werden, so setzt man die
erfoderlichen Zeichen über oder unter das Zeichen des Doppelschlags,
wo der zu verändernde Ton in Noten stehn würde. Diese Doppelschläge z. B. (überall die Vorzeichnung von *fis* angenommen)

würden in Noten so —

aufzulösen sein.

In dem Beispiel No. 222 haben wir schon beiläufig gesehn, dass Doppelschläge von der obern **o d e r** untern Note anfangen können, dass es **D o p p e l s c h l ä g e  v o n  o b e n** und **v o n  u n t e n** giebt. Dieser Unterschied kann bei dem Doppelschlagzeichen nicht berücksichtigt, es kann aus dem Zeichen nicht abgenommen werden, ob dasselbe einen Doppelschlag von oben, oder von unten andeuten soll. Die Wahl ist also dem Ausübenden überlassen, wenn man nicht den Doppelschlag in Noten aufzeichnet.

Stehn übrigens auf einem Liniensystem mehrere Noten über einander, so bezieht sich ein **d a r ü b e r** gesetztes Doppelschlagzeichen nur auf die oberste, ein **d a r u n t e r** gesetztes nur auf die unterste Note. Hier z. B.

soll bei *a.* nur ein Doppelschlag zu *e*, bei *b.* nur einer zu *f* gemacht, mithin so

gespielt werden.

Soll die obere **u n d** untere Note einen Doppelschlag erhalten, so müssen oben und unten Zeichen gesetzt werden;

sollte eine mittlere Note den Doppelschlag erhalten, die äussern aber nicht, so würde man dies am deutlichsten mit Noten

schreiben; wollte man das Zeichen zwischen die Noten setzen,

so würde die Schrift undeutlich und verwirrend ausfallen.

Von der Takteintheilung gilt bei Doppelschlägen das S. 216 und 217 für Vorschläge und Doppelvorschläge Bemerkte. No. 218 und 220 macht dies anschaulich,

## 4. *Der Triller.*

Triller nennt man die mehrmalige, schnelle und gleichmässige Wiederholung eines Vorschlags von oben mit dem Haupttone, und zwar in der Regel so, dass mit dem Hauptton angefangen wird. Sein Zeichen ist ein

*tr* oder *tr*~~~~~~~

über oder unter der Note, und die Ausführung wie bei *b.*

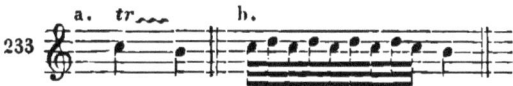

Die Geltung der einzelnen Trillertöne ist unbestimmt, der ganze Triller aber muss so lange dauern, als der Werth der Note, zu der er vorgezeichnet ist, erfodert.

Will man zur Hülfsnote eines Trillers die obere Stufe nicht, wie sie in der Vorzeichnung liegt, sondern erhöht oder erniedrigt, — oder dafür die untere Stufe, — oder zum ersten Male die untere, dann aber die obere Stufe, — oder umgekehrt haben: so wird dies alles, wie hier —

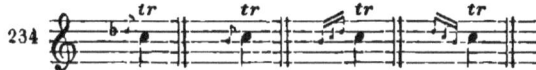

durch Vornoten angedeutet.

Um den Triller zierlicher abzurunden, endet man ihn mit einem Doppelschlag, der an diesem Orte

### Nachschlag

heisst. Der obige Triller hätte also eigentlich so

geschlossen werden sollen.

Ein sehr kurzer Triller, gewöhnlich ohne Nachschlag (oder auch die blosse Angabe von Hauptton, Vorschlag und Hauptton) wird

### Pralltriller

oder, im Fall der kürzesten Ausführung, auch

**M o r d e n t** (Beisser)

genannt, und so —

+ oder ..

über oder unter der Note bezeichnet.

Triller von zwei Stimmen zugleich, z. B.

werden

**D o p p e l t r i l l e r**

genannt. Eine Folge von Trillern endlich über mehrere Töne nach
einander

heisst

**T r i l l e r k e t t e.**

Alle diese und ähnliche melodische Formen werden unter dem
Namen M a n i e r e n oder

**V e r z i e r u n g e n**

begriffen, weil sie oft nur ein willkührlicher Zusatz des Komponisten oder Ausübenden zu dem sonstigen, für wesentlich geachteten
Inhalte der Komposition sind.*

Um einem bei Anfängern leicht einschleichenden Versehn zu
begegnen, merken wir noch ausdrücklich an, dass (wie sich im
Grunde von selbst versteht) alle Verzierungen auch in der Takteintheilung nur für diejenige Tonreihe gelten, in der sie vorkommen,
die andern Tonreihen oder Stimmen aber ohne Rücksicht auf jene
nach den gewöhnlichen Taktregeln eingetheilt werden. Diese Vor-
und Doppelschläge z. B

ändern nur die Geltung der Viertel in der Oberstimme, nicht deren
in der Unterstimme: man muss also n i c h t so:

---

* In ältern Werken, z. B. in den kleinen Klavierstücken S e b. B a c h's, findet
man ganze Sätze, z. B. Sarabanden, mit Hülfe solcher in fesselloser Willkühr zu-
gesetzter Verzierungen umgestaltet und gleichsam als besondres Tonstück unter
der Ueberschrift „*Les agrémens de . . . . . (la Sarabande)*" aufgeführt.

sondern so;

spielen.

Zuletzt geben wir Folgendes zu bedenken. Alle Verzierungen dienen, schon durch ihre Beweglichkeit und Tonfülle, die Tonstufe, die sie als ihren Kern umgeben, auszuzeichnen und der Beachtung näher zu rücken; aber zugleich verkürzen sie diesen Kernton und umhüllen ihn mit Zusatztönen. Sie sind also nur ein sehr zweideutiger Gewinn; und jedem Ausübenden, der Neigung hat, einer Komposition willkührlich Verzierungen zuzufügen, ist Vorsicht zu rathen, damit er nicht wesentliche Töne durch seine Zusätze beschränke und zerkleinere. Ja, bei ältern Klavierwerken (z. B. Bach's) scheint es selbst rathsam, gewisse vom Komponisten selbst gesetzte Verzierungen theilweis wegzulassen; das sind die M o r d e n t e n, die Bach oft nur gesetzt zu haben scheint, um seinen schwächlichen Klavieren Verstärkung einzelner Töne (*sf*) abzugewinnen.

# Fünfter Abschnitt.

## Einleitung in die Harmonie.

Wir wissen, dass in Tonstücken oft zwei, drei, vier und mehr Tonreihen, S t i m m e n genannt, zu gleichzeitiger Wirkung sich verbinden, und die Tonstücke hiernach (S. 5) zwei-, drei-, vier-, mehr- oder vielstimmig genannt werden. Die höchste solcher Stimmen heisst

O b e r s t i m m e,

die tiefste

U n t e r s t i m m e,

alle dazwischen liegenden heissen

M i t t e l s t i m m e n.

Hauptsächlich sind vier Stimmklassen zu unterscheiden:

D i s k a n t, — die höchste Stimme,
A l t,
T e n o r,
B a s s, — die tiefste Stimme,

die wir schon früher (S. 153) als Hauptarten der Singstimmen kennen gelernt haben.

Wenn zwei oder mehr Tonreihen gleichzeitig neben einander fortgehn sollen, so treffen Töne aus der einen Tonreihe mit Tönen aus der andern zusammen, treten also in ein Verhältniss zu einander, und dies soll ein v e r t r ä g l i c h e s, das heisst: ein vernünftiges und kunstgemässes sein.

Dieses Verhältniss gleichzeitiger Töne verschiedner Stimmen zu einander wird (S. 6) H a r m o n i e genannt. Wir müssen untersuchen, wie zwei, drei oder mehr Töne in ein solches h a r m o n i s c h e s V e r h ä l t n i s s treten, sich zu einem solchen zusammenstellen.

Alle harmonische Verbindung geschieht v o n H a u s' a u s t e r - z e n w e i s. — Warum dies und alles Folgende sich so verhalte, kann nicht hier, sondern nur in der Musikwissenschaft und Kompositionslehre gründlich gezeigt werden.*

---

\* Hier nur so viel.

Es ist nicht Willkühr oder eine zufällige und unaufgeklärte Wahrnehmung unsers S i n n e s, dass wir unsre Harmonie eben auf Terzenbau gründen, sondern es ist w i s s e n s c h a f t l i c h e r w i e s e n, welche Töne in den nächsten Verhältnissen zu einander stehn; es sind (wie S. 49 erwähnt) die Oktave, die höhere Quinte, abermals die höhere Oktave, die darauf folgende Terz, die Oktave der

Die terzenweise Verbindung besteht darin, dass zu einem tiefsten Ton eine Terz höher ein zweiter, eine zweite Terz höher ein dritter, und ebenso ein vierter, fünfter Ton genommen wird.

Eine terzenweise Verbindung von drei, vier, fünf Tönen heisst

**A k k o r d.**

Der Ton, auf dem ein Akkord errichtet, gegründet wird, heisst sein

**G r u n d t o n,**

und umgekehrt nennt man wohl einen Akkord nach seinem Grundton, z. B. den Akkord von *C, D* u. s. w. — Alle übrigen Töne im Akkorde werden von dem Grundton aus gezählt; der zweite (nächste zum Grundton) heisst also die

**T e r z,**

der dritte (eine Terz höher als die Terz, und auf der fünften Stufe vom Grundton) die

**Q u i n t e,**

---

vorigen Quinte und endlich ein Ton, den wir in unserm Tonsystem als die nächstliegende kleine Septime anzuerkennen haben. Also von *C* aus sind es zuerst die Töne:

$$C, \quad c, \quad g, \quad \overline{c}, \quad \overline{e}, \quad \overline{g},$$

und dann noch einen Schritt weiter, die Töne:

$$C, \quad c, \quad g, \quad \overline{c}, \quad \overline{e}, \quad \overline{g}, \quad \overline{b};$$

sie haben, wie schon gesagt, das Verhältniss 1 : 2 : 3 : 4 : 5 : 6 : 7 zu einander.

Lässt man nun die drei überzähligen Vortöne weg und fasst diese Tonreihen da zusammen, wo sie am engsten an einander liegen, so erhält man einen Terzenbau, und zwar — wie oben weiter gezeigt werden wird — die beiden Hauptakkorde

$$c \qquad e \qquad g$$

und

$$c \qquad e \qquad g \qquad b$$

(den grossen Dreiklang und den Dominantakkord, wie sie S. 227, 28 heissen), a u s denen und n a c h denen alle übrigen Akkorde gebildet werden. Die Entwickelung der ganzen Harmonie aus jenem einen, oder (wenn man will) aus diesen zwei S t a m m a k k o r d e n ist, wie der Verf. in seiner Kompositionslehre Th. I. gezeigt zu haben denkt, in folgerechter Vernünftigkeit i n d e r K u n s t s e l b e r vorhanden, n i c h t a b e r i n d e n L e h r b ü c h e r n. Gottfr. W e b e r unter andern stellt eine Reihe Akkorde m e c h a n i s c h an einander, wie sie sich z u f ä l l i g in der Tonleiter neben einander finden, und muss sich, nun er die natürliche und wissenschaftliche Grundlage verloren, freilich in hundert einander zweifelhaft machende abweichende Bedenken und Betrachtungen verlieren, während — wenn man an dem wesentlichen Hergang der Sache festhält — **ein einziger Grundsatz für die ganze Harmonik** genügt; und zwar ein so einfacher und fasslicher, dass ihn ein Knabe fassen und behalten kann. Ein neuerer Harmonielehrer hat gar den wunderlichen Einfall gehabt, neben dem tonischen Dreiklang d e n v e r m i n d e r t e n D r e i k l a n g für den zweiten Stammakkord anzusehn. Kein Wunder, wenn solche Lehrweise den Schüler Jahre lang herumzieht, während eine vernunftgemässe in einem Vierteljahre, ja in 20 bis 30 Lektionen, v i e l m e h r u n d s i c h e r e r und g r ü n d l i c h e r leistet.

der vierte (eine Terz höher als die Quinte, und auf der siebenten Stufe vom Grundton) die

**S e p t i m e ,**

der fünfte (eine Terz höher als die Septime, und auf der neunten Stufe vom Grundton) die

**N o n e**

des Akkords oder des Grundtons.

Ein Akkord von drei Tönen heisst

**D r e i k l a n g.**

Ein Akkord von vier Tönen heisst — nach dem vierten Ton, der die Septime des Grundtons ist, und durch den er sich von einem Dreiklang unterscheidet —

**S e p t i m e n - A k k o r d ,**

ein Akkord von fünf Tönen — nach dem zutretenden fünften Tone, durch den er sich von einem Septimen-Akkorde unterscheidet —

**N o n e n - A k k o r d.***

---

&#42; Giebt es nicht Akkorde von mehr als fünf Tönen? — Einige Theoretiker haben deren gebildet. Sie sagen: es gäbe Akkorde von zwei Tönen, Z w e i k l ä n g e zu nennen,

von drei Tönen, D r e i k l ä n g e , — von vier Tönen, V i e r k l ä n g e oder S e p t i - m e n - A k k o r d e , — von fünf Tönen, N o n e n - A k k o r d e genannt (sie weisen dieselben so

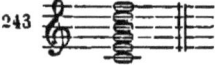

auf); fernere Akkorde von sechs Tönen, U n d e z i m e n - A k k o r d e , —

und von sieben Tönen,

T e r z d e z i m e n - A k k o r d e genannt. Mehr Akkorde könne es nicht geben; denn die nächste Terz — der achte Ton — sei nichts, als die zweite Oktave des Grund- tons, also kein neuer Ton.

Allein sie müssen selbst zugestehn, dass i h r Undezimen und Terzdezimen- Akkord, so wie sie ihn angeben, — niemals gebraucht worden sei, auch nicht (wir würden sagen: wahrscheinlich nicht, — vergl. dabei des Verf. Kompositionslehre Th. I) gebraucht werden könne, ausser — wenn man durch Weglassung mehrerer Töne etwas ganz Andres daraus gemacht habe. Sodann ist die ganze Annahme willkührlich und dem wissenschaftlich nachzuweisenden, zum Theil schon längst erwiesenen Wesen aller Harmonie widersprechend. Wollte man überhaupt von Zweiklängen (höchts unnütz) beginnen, so würde der erste (oder vielmehr einzige von der Natur gegebne) Zweiklang n i c h t die Terz, sondern die Quinte sein; eben so ist der erste Septimenakkord (der einzige von der Natur uns angewiesene)

Wenn sich nun nochmals fragt, wodurch Töne zu einander in ein harmonisches Verhältniss treten, so ist die Antwort: zunächst dadurch, dass sie mit einander einem Akkord angehören. Bei welchen Tönen dies der Fall sei, wie sie sich im Akkorde zu verhalten haben, muss genauer betrachtet werden. Bis jetzt wissen wir wohl, dass zu einem Grundton Terz, Quinte u. s. w. kommen, nicht aber, was für eine Terz, Quinte u. s. w.; denn die Intervallnamen lassen bekanntlich (S. 44) die Grösse des Intervalls unbestimmt.

Nachdem wir das Akkordwesen betrachtet haben, werden sich noch andre Formen harmonischer Verbindung finden. Dies alles muss abgesondert in einzelnen Abschnitten zur Sprache kommen.

Uebrigens ist es nicht Aufgabe der allgemeinen Musiklehre, alle diese Gestalten vollständig aufzuführen (wenn das überhaupt thunlich wäre), sondern nur, in die Grundformen und Hauptrichtungen einzuweisen. Das Weitere gehört der Kompositionslehre an.*

---

nicht *c-e-g-h,* sondern *c-e-g-b,* und der erste Nonenakkord (wie die angeblichen ersten Undezimen- und Terzdezimenakkorde) ist nicht mit *c-e-g-h,* sondern mit *c-e-g-b* zu begründen. Ferner ist geschichtlich die Entfaltung der Harmonie den von der Natur gebahnten Weg gegangen, wie denn jeder geschichtliche Fortgang nur ein vernünftiger sein kann. Kurz, es sind diese Akkorde — wie die Theoretiker sie aufgestellt haben, — b l o s s e m e c h a n i s c h e M a c h w e r k e, methodisch aber schlecht ersonnene Hülfsmittel, die mit der Wirklichkeit der Kunst, mit dem wahren System der Tonentfaltung im Widerspruch und für die Erlernung der Harmonie (zu der man sie erfunden) nur erschwerend und verwirrend erscheinen. Auch die Zweiklänge sind ein rein mechanisches Machwerk; der uns von der Natur übergebne, der erste vernunftgemäss wahre Akkord ist ein Dreiklang, und zwar der grosse. Aus diesem gehn dann Dominant- und Nonenakkord hervor und erst aus letzterm k a n n der Undezimenakkord hervortreten, — also auf der Dominante. So ist der Verf. im M o s e (S. 172 der Partitur) zu einem Undezimenakkorde — vielleicht dem ersten gebrauchten — hingetrieben worden; hingetrieben durch den Sinn des Moments; — denn er wollte zu dem Aeussersten willkührlich greifen! Das Nähere hierüber in der Kompositionslehre und Musikwissenschaft. Vergl. Anm. S. 252.

* Auch die Akkorde hat man, wie die Intervalle (S. 49), in k o n s o n i - r e n d e und d i s s o n i r e n d e getheilt; konsonirend nannte man den grossen und kleinen Dreiklang mit ihren Umkehrungen (wir werden sie im Folgenden kennen lernen), dissonirend alle übrigen Akkorde. Auch hier müssen wir die Begriffe von konsonirend und dissonirend aus den früher angeführten Gründen, und die ganze Unterscheidung als müssig und unnütz zurückweisen.

---

# Sechster Abschnitt.

## Die wichtigsten Akkorde in Dur und Moll.

Wir suchen jetzt die wichtigsten und nächstliegenden Akkorde in Dur und Moll auf, mit den Dreiklängen als einfachsten Akkorden beginnend und von ihnen zu den tonreichern und umständlichern Septimen- und Nonen-Akkorden fortgehend. Da die Durtonarten unter einander und die Molltonarten unter einander gleich sind, so gilt das, was wir von einer Dur- oder einer Molltonart sagen, von allen andern.

### 1. Die wichtigsten Dreiklänge.

Welches sind die wichtigsten Töne jeder Tonart überhaupt? Zuerst (S. 71) die Tonika, dann die Ober- und Unterdominante.

Bauen wir nun in einer Durtonart, z. B. in Cdur, auf Tonika, Ober- und Unterdominante Dreiklänge, das heisst: nehmen wir diese Tonstufen, wie sie in der Tonleiter sind, als Grundtöne, und fügen ihnen Terz und Quinte aus der Tonleiter zu: so erhalten wir —

drei Dreiklänge, die von gleicher Beschaffenheit sind; alle drei haben
Grundton ($c$, $g$, $f$),
grosse Terz ($c$-$e$, $g$-$h$, $f$-$a$) und
grosse Quinte ($c$-$g$, $g$-$d$, $f$-$c$).

Bauen wir in einer Molltonart, z. B. in Cmoll, ebenfalls auf Tonika, Ober- und Unterdominante drei Dreiklänge:

so erhalten wir zweierlei Dreiklänge. Der Dreiklang der Tonika ($c$-$es$-$g$) und der der Unterdominante ($f$-$as$-$c$) haben eine kleine Terz; der Dreiklang der Oberdominante dagegen ($g$-$h$-$d$) eine grosse, wie die in Dur gefundnen Dreiklänge.

Wir nennen einen Dreiklang mit grosser Terz und grosser Quinte

g r o s s e n D r e i k l a n g,[*]
einen Dreiklang mit k l e i n e r Terz und g r o s s e r Quinte
k l e i n e n D r e i k l a n g.

Der grosse Dreiklang wird auch D u r d r e i k l a n g, der kleine
Dreiklang wird auch M o l l d r e i k l a n g genannt.

Nächst dem grossen und kleinen Dreiklange sind noch zwei Arten
von Dreiklängen zu merken; erstens der

v e r m i n d e r t e,[**]
dessen Enstehung und Beschaffenheit wir im folgenden Abschnitt
unter 2. kennen lernen werden; und zweitens der

ü b e r m ä s s i g e D r e i k l a n g,
der aus Grundton, grosser Terz und übermässiger Quinte besteht und
meist aus willkührlicher Erhöhung der Quinte vom grossen oder willkührlicher Erniedrigung des Grundtons vom kleinen Dreiklang

hervorgeht. Anlass und Rechtfertigung dieser Erhöhung oder Erniedrigung ist in der Kompositionslehre und Musikwissenschaft zu erfahren.[***]

Der Dreiklang auf der Tonika in Dur oder Moll heisst

t o n i s c h e r D r e i k l a n g,
der Deiklang auf der Oberdominante D o m i n a n t – D r e i k l a n g.

Wir sehn jetzt, dass der w e s e n t l i c h e harmonische Unterschied zwischen Dur und Moll vor allem im tonischen Dreiklange
liegt, der im erstern ein grosser, im letztern ein kleiner ist.

## 2. *Der Dominant-Akkord.*

Setzen wir dem Dreiklang der Oberdominante in D u r u n d
M o l l noch eine Terz (die Septime des Grundtons) zu, wie sie sich
in der Tonleiter findet: so entsteht ein Septimenakkord, dessen

---

[*] Die veraltete Lehrsprache nennt ihn auch den v o l l k o m m n e n Dreiklang, obwohl er natürlich nicht vollkommner ist, als jeder andre Akkord, und
auch (wie wir später erfahren werden) u n v o l l k o m m e n gebraucht, nämlich eines seiner Intervalle beraubt werden kann, ohne darum ein andrer Akkord
zu werden.

[**] Er wird in der alten Lehrsprache nach dem in ihm enthaltnen Intervall
der sogenannten falschen Quinte auch der f a l s c h e Dreiklang genannt, obwohl
er an seiner Stelle eben so richtig ist, als jeder andre Akkord an der seinigen.

[***] Er findet sich in der Molltonleiter selbst, also ohne willkührliche Erhöhung, auf der dritten Stufe, z. B. in *A* moll auf *c* (*c-e-gis*), in *C* moll

  c  d  es  f  g  as  h  c
         es      g  h

auf *es*. Doch findet sein Hervortritt aus willkührlicher Erhöhung oder Erniedrigung in der That häufiger statt.

Grundton die Dominante ist, und der daher Dominant – Septimenakkord oder kurzweg

### Dominantakkord

heisst,* zum Unterschied von andern Septimenakkorden, die wir
später kennen lernen werden. Dieser Akkord hat nächst dem Grundton grosse Terz, grosse Quinte und kleine Septime, und ist, wie
wir hier —

```
c   d   e   f   g   a   h   c   d   e   f
c   d  es   f   g  as   h   c   d  es   f
                g       h       d       f
```

leicht sehn können, in Dur und Moll gleichmässig, in allen Theilen
gleich, zu finden.

Noch eine besondre Eigenschaft wird an ihm bemerklich. Jeder
Dominantakkord ist nämlich nur in seiner Tonart möglich, das heisst,
nur aus den Tönen seiner Tonart zu bilden; der Dominantakkord
von *C* dur oder moll z. B. nur in *C* dur oder moll, in keiner andern Dur- oder Molltonart. Dies ist keineswegs bei andern Akkorden der Fall. Der Dreiklang *c-e-g* z. B. kann als tonischer Dreiklang in *C* dur, als Dominantdreiklang in *F* dur und *F* moll, als Dreiklang der Unterdominante in *G* dur, und auf der sechsten Stufe in
*E* moll vorkommen.

Wie beweisen wir jene Eigenschaft des Dominantakkordes? —
Betrachten wir irgend eine Durtonart, z. B. *C* dur. Auf der einen
Seite schliessen sich ihr die Tonarten mit Kreuzen an, und zwar
zuerst *G* dur mit *fis* statt *f*; auf der andern Seite die Tonarten mit
Be'en, und zwar zuerst *F* dur mit *b* statt *h*. Wie heisst nun der
Dominantakkord von *C* dur? *g-h-d-f*. Kann dieser Akkord in *G* dur
stattfinden, das heisst: giebt es in *G* dur die Töne *g-h-d-f*? Nein;
*f* fehlt, es ist in *fis* verwandelt. Folglich kann der Akkord *g-h-d-f*
nicht in *G* dur, folglich kann er auch nicht in einer der folgenden
Tonarten mit Kreuzen statthaben, denn überall (S. 66) bleibt *fis*
statt *f*. Oder kann er in *F* dur gebildet werden? Eben so wenig;
denn in *F* dur giebt es nicht mehr *h*, sondern dafür *b*. Folglich kann
auch in keiner fernern Be-Tonart *g-h-d-f* eintreten, denn sie alle
(S. 66) haben *b* statt *h*. — Gleicher Beweis ist hinsichts der Molltonarten zu führen.

---

* Er wird auch Haupt-Septimenakkord genannt, weil er allerdings
der wichtigste Septimenakkord ist. Wir ziehn die kürzesten Namen vor. Auch
Leitakkord nennen ihn einige ältere Theoretiker, weil er in den tonischen
Dreiklang leitet; aber der Name ist ungenau, weil auch andre Akkorde diesen
Weg nehmen, — und der Dominantakkord nicht blos in jenen Akkord, sondern
auch in andre übergehn kann. Vergl. S. 239 und S. 242.

Diese Beobachtung ist wichtig. Da der Dominantakkord nur in einer Tonart (Dur und Moll) möglich ist: so dient er vor allen bis hierher erwähnten Akkorden als sicherstes

### Kennzeichen der Tonart.

Die Vorzeichnung konnte (wie wir bereits S. 68 gesehn haben) kein solches Zeichen sein, denn jede Vorzeichnung ist zwei Tonarten (den beiden Paralleltönen) gemeinschaftlich; ein Tonstück ohne Vorzeichnung kann ebensowohl in *C*dur, als *A*moll stehn. Auch der letzte tiefste Ton kann ein andrer als die Tonika sein (ein zweistimmiges Stück aus *C*dur kann z. B. so —

schliessen), ist also auch nicht jedesmal (S. 69) bestimmtes Zeichen. Aber der Dominantakkord ist es stets; sobald wir *g-h-d-f* hören, wissen wir ganz sicher, dass die Tonart *C*dur oder *C*moll, sobald wir *e-gis-h-d* hören, wissen wir, dass die Tonart *A*moll oder *A*dur herrscht.

Der Dominantakkord zeigt die Tonart an; aber er unterscheidet nicht das Geschlecht, denn er ist Dur und Moll gemeinschaftlich eigen. Was ist nun das sicherste

### Kennzeichen des Geschlechts?

Das ist der auf den Dominantakkord zum Schluss folgende tonische Dreiklang; denn er giebt neben der Tonika die, beide Tonarten zunächst unterscheidende Terz. — Doch auch dies gilt nicht ohne Ausnahme; bisweilen schliessen Tonstücke aus Moll mit einem Durdreiklang. Dies war besonders bei älteren Kirchenkomponisten beliebt.

Aus dem Dominantakkorde werden durch willkührliche Umwandlung eines oder des andern Tons mehrere andre Septimenakkorde gemacht, z. B. durch Erhöhung der Septime, oder durch Erniedrigung der Terz diese beiden Akkorde:

und so noch andre. Zu welchem Zweck' und mit welchem Rechte man solche Umwandlungen vornimmt, und wie dergleichen Akkorde zu behandeln sind, kann nicht hier, sondern zunächst in der Kompositionslehre, dann in der Musikwissenschaft gesagt werden.

## 3. *Die Nonenakkorde.*

Erweitern wir den Dominantakkord in Dur und in Moll durch noch eine hinzugesetzte Terz (die None des Grundtons), so entstehn

Nonenakkorde, — aber in Dur und Moll verschiedne. In *C* dur z. B. stellt sich der Nonenakkord *g–h–d–f–a*,

mit **g r o s s e r** None her, den wir deshalb

**g r o s s e n  N o n e n a k k o r d**

nennen; in Moll finden wir den Nonenakkord *g–h–d–f–as*,

mit **k l e i n e r** None, den wir deshalb

**k l e i n e n  N o n e n a k k o r d**

nennen. — Auch aus diesen Nonenakkorden können durch willkührliche, in der Kompositionslehre erklärte Verwandlung eines und des andern Tons noch andre Nonenakkorde, z. B. aus dem grossen Nonenakkorde *c–e–g–b–d* dieser

mit grosser, statt kleiner Septime, entstehn.

Dies sind die merkenswerthesten Akkorde in Dur und Moll. Untersuchen wir, welche grosse und kleine Dreiklänge noch auf irgend einer andern Stufe der Tonleiter mit deren Tönen errichtet werden können, so finden wir, dass in **D u r**, z. B. in *C* dur, —

noch auf der zweiten, dritten und sechsten Stufe **k l e i n e  D r e i - k l ä n g e** sich bilden, in **M o l l** aber, z. B. in *C* moll, —

noch auf der sechsten Stufe **e i n  g r o s s e r  D r e i k l a n g** zu haben ist. *C* dur hat also

grosse Dreiklänge auf *C*, *G* und *F*,
kleine Dreiklänge auf *A*, *E* und *D*,

folglich **a l l e  t o n i s c h e n  A k k o r d e** der ihm (nach S. 74) nächstverwandten Tonarten: *G* dur, *F* dur, und der Paralleltöne *A* moll, *E* moll und *D* moll. Die drei grossen Buchstaben

*F*, *C*, *G*

stellen *C* dur mit seinen beiden Dominanten, seinen zwei nächstverwandten Durtonarten, seinen drei Durdreiklängen dar, — die folgenden drei grossen und drei kleinen Buchstaben

$$F, \quad C, \quad G$$
$$d, \quad a, \quad e$$

deuten neben dem Obigen auf die nächstverwandten Paralleltöne des
Haupttons und beider Dominanttonarten und auf die drei Molldrei-
klänge des Haupttons. Im unregelmässigern Moll weiset die umgekehrte Buchstabenordnung

$$d, \quad a, \quad e$$
$$F, \quad C, \quad G$$

ebenfalls auf die sechs nächstverwandten Tonarten, nicht aber auf
die im Hauptton enthaltnen Dreiklänge.

Zum Schlusse wenden wir uns nochmals an den Dominantakkord.
Wir wissen nun wenigstens zum Theil, welche besondre Wichtigkeit er als sicherstes Zeichen der Tonart, als gemeinschaftlicher und
darum verbindender Akkord von Dur und Moll, und als Grundlage
der beiden Nonenakkorde hat. Aus allen diesen Gründen durfte er
aber der Molltonart nicht entzogen, seine Terz (die Septime der
Tonika) nicht klein gemacht werden, wie wir bereits S. 55 voraus-
gesagt haben. Und aus diesen Gründen (zu denen noch andre hinzu-
treten) wird schon einleuchtender, als wir es S. 71 zu erweisen ver-
mochten, warum der Grundton dieses wichtigen Akkordes, die Quinte
der Tonika, den stolzen Namen D o m i n a n t e (der herrschende,
l e n k e n d e T o n) angenommen hat.

———

# Siebenter Abschnitt.

## Gebrauch der Akkorde.

Ueber den Gebrauch der Akkorde kann hier nur das Nächstnöthige gesagt werden; das Weitere gehört in die Kompositionslehre. Wir fassen das Mitzutheilende in folgende Rubriken zusammen.

### 1. *Verdopplung*

innerhalb eines Akkords tritt ein, wenn ein, oder mehr, oder alle Intervalle desselben in verschiednen Stimmen doppelt oder mehrmals genommen werden. Hier —

255

sehn wir den Dreiklang auf *c* erst einfach, dann mit der Verdopplung des Grundtons (in der Oktave), dann mit der Verdopplung von Grundton und Terz, — Grundton, Terz und Quinte — endlich noch mit einer zweiten Verdopplung des Grundtons. In gleicher Weise können zu jedem Akkorde Verdopplungen eintreten.

### 2. *Auslassung*

innerhalb eines Akkordes besteht darin, dass ein oder einige Intervalle desselben wegbleiben. Am wenigsten dürfen in der Regel solche Intervalle ausgelassen werden, die zu den Kennzeichen des Akkords gehören. Wollte man aus einem Dreiklang die T e r z weglassen, so wäre nicht mehr zu erkennen, ob er ein grosser oder kleiner, Dur oder Moll wäre.* Wollte man von einem Septimenakkorde die S e p t i m e, — oder von einem Nonenakkorde die N o n e weglassen, so würde ersterer wieder zum Dreiklang, letzterer wieder zum Septimenakkorde werden. Eben so kann aber auch die Weglassung des obersten, oder des G r u n d t o n s in einem Dreiklang zweifelhaft machen, welcher von zwei Akkorden gemeint sei: ob

---

* Demungeachtet haben ältere Komponisten (selbst noch M o z a r t im Requiem) Mollsätze bisweilen mit einem Dreiklang ohne Terz geschlossen, weil der Molldreiklang ihnen nicht befriedigend, der Durdreiklang aber ungehörig schien.

einer ohne Grundton, wie bei *a.*, oder einer ohne Quinte, wie bei *b.*

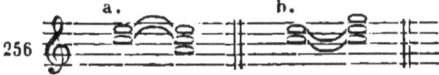

Bei dem Dominantakkorde und den Nonenakkorden findet aber die Weglassung des Grundtons mit einer besondern Wirkung statt. Aus dem Dominantakkord wird dadurch ein neuer (schon S. 227 aufgeführter) Dreiklang mit kleiner Terz und Quinte, nämlich der **verminderte Dreiklang**. Aus dem grossen Nonenakkord wird **ein neuer Septimenakkord** ohne besondern Namen, mit kleiner Terz, Quinte und Septime; aus dem kleinen Nonenakkord wird ein neuer Septimenakkord mit kleiner Terz und Quinte und verminderter Septime, der

**verminderter Septimenakkord**

heisst. Hier —

sehn wir die drei neuen Akkorde mit ihren Stammakkorden. Wir wollen uns merken, dass sie eben nichts sind, als **die vorigen Akkorde ohne Grundton**.

## 3. *Versetzung.*

Versetzt nennen wir einen Akkord, wenn dessen Töne, mit Ausnahme des Grundtons, sich, wie z. B. hier bei *a.*,

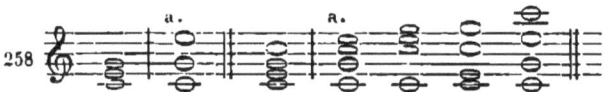

aus der ursprünglichen terzenweisen Folge heraus in andre Oktaven begeben haben, eine Veränderung, die am Wesen des Akkordes (ausser der Terzenfolge) nichts ändert.

Wenn in einem Dreiklang die Verdopplung des Grundtons (die Oktave desselben) oben liegt, nennt man die Tonstellung

**erste Lage**, oder **Oktavlage**

des Akkordes; liegt die Terz obenauf, so nennt man dies

**zweite Lage**, oder **Terzlage**,

liegt die Quinte obenauf,

**dritte Lage**, oder **Quintlage**

des Akkordes.*

---

* Andere Tonlehrer nennen diejenige Lage, in welcher die Quinte oben liegt, die erste, die, in welcher die Oktave oben liegt, die zweite, die, in

Auffallender wird die Umgestaltung eines Akkordes, wenn der Grundton selber seine Stelle verlässt und aufhört, tiefster Ton des Akkordes zu sein. Eine solche Versetzung heisst

### 4. *Umkehrung des Akkordes,*

und giebt demselben neue Namen. Untersuchen wir daher, welche Umkehrungen möglich und wie sie zu benennen sind.

Wenn der Grundton aufhört, tiefster Ton zu sein, so muss ein andrer Akkordton an seiner Stelle es werden. In einem Dreiklang kann das entweder die Terz oder die Quinte sein; folglich kann ein Dreiklang nur zwei Umkehrungen haben. Hier —

sehn wir einen Dreiklang mit seinen beiden Umkehrungen. In der ersten (1, 1) ist die Terz, in der andern (2, 2) die Quinte tiefster Ton geworden, der Grundton (hier durch grössern Notenknopf bezeichnet) tritt bald in die Mitte, bald zu oberst.

Wie benennen wir die Umkehrungen? Wir messen vom jedesmaligen tiefsten Ton nach den beiden wichtigsten Tönen, und danach nennen wir. — Welches sind aber die wichtigsten Töne? Erstens der Grundton, auf dem der Akkord gebaut ist, zweitens die Terz, die Moll und Dur unterscheidet.

Also die erste Umkehrung eines Dreiklangs heisst

**Sextakkord**

(wir konnten nicht nach *e*, nur nach *b* hin zählen), die zweite

**Quartsextakkord,**

denn *g-c* ist eine Quarte, und *g-e* eine Sexte.

Ein Septimenakkord hat ausser dem Grundton drei Töne, deren jeder tiefster Ton werden kann, daher folgende drei Umkehrungen:

Die wichtigsten Töne im Septimenakkorde sind erstens wieder der Grundton, zweitens aber die Septime, denn diese macht ihn

---

welcher die Terz oben liegt, die dritte. — Es kommt auf diese Benennungen nichts an, sobald man sich nur im Ausdrucke gegenseitig versteht, doch scheint diejenige, die wir gewählt haben, den Vorzug zu verdienen, da sie die befriedigendste Lage des Akkordes (in der der wichtigste Ton, der Grundton, auch in den wichtigsten Stimmen, Ober- und Unterstimme, erscheint) auch als erste anerkennt.

erst zum Septimenakkord. Zählen wir also vom jedesmaligen tiefsten Ton nach Grundton und Septime (*g* und *f*) hin, so muss die erste Umkehrung, *h-f*, *h-g* (oben mit 1, 1 bezeichnet)

Quintsextakkord,

die zweite, *d-f*, *d-g* (mit 2, 2 bezeichnet),

Terzquartakkord,

die dritte, *f-g* (oben mit 3, 3, 3 bezeichnet),

Sekundakkord

heissen.\* Man merke, dass nur der tiefste Ton die Umkehrung entscheidet, die Stellung der übrigen Töne aber gleichgültig ist. Der Dreiklang *c-e-g* wird zum Sextakkord, sobald seine Terz, *e*, tiefster Ton wird, gleichviel ob die übrigen Töne in der Reihenfolge *g-c* oder *c-g* auftreten.

Auch Nonenakkorde können umgekehrt werden, aber nicht ohne Versetzung der Töne, weil diese sonst verwirrend durch einander gerathen. Hier —

sehn wir beispielsweise die beiden ersten Umkehrungen eines Nonenakkordes bei *a.* ohne Versetzung und bis zur Unbrauchbarkeit verwirrt, bei *b.* mit Hülfe der Versetzung, der Auseinandersetzung der Töne, brauchbar. — Die Umkehrungen der Nonenakkorde haben übrigens keine besondern Namen erhalten, weil sie noch seltner gebraucht werden, als die Nonenakkorde selbst.

Was wir hier von der Umkehrung Eines Dreiklangs, Septimenakkordes, Nonenakkordes erfahren haben, gilt von jeder Art Dreiklänge, Septimen- und Nonenakkorde. Jeder Dreiklang hat seine zwei Umkehrungen: Sext- und Quartsextakkord, — jeder Septimenakkord hat seine drei Umkehrungen: Quintsextakkord u. s. w. Wir können nun auch jeden Umkehrungsakkord zweifach bezeichnen, erstens nach seinem tiefsten Tone, z. B.

der Sextakkord auf *e* (*e-g-c*),

der Quartsextakkord auf *f* (*f-h-d*),

zweitens nach seiner Abstammung, z. B.

der Sextakkord des (grossen oder kleinen) Dreiklangs auf *c*, u. s. w.

Die letztere Bezeichnung ist umständlicher, aber für den Anfänger lehrreicher. Denn wir sehn, dass die Umkehrung allerdings

---

\* Dass einige Musiker dafür Sextquintakkord, Quartterzakkord, Sekundquartsextakkord (sehr überflüssig) sagen, kann uns nicht unverständlich sein.

eine erhebliche oder auffallende Erscheinung am Akkorde, wenngleich keineswegs eine Veränderung des Akkordes ist; der Akkord

$$g - h - d - f$$

bleibt ein Dominantakkord, $g$ bleibt sein Grundton, $f$ bleibt seine Septime, und alles, was von ihnen gesagt ist oder noch gesagt werden wird, bleibt wahr, es mag nun $g$ oder $h$ oder $d$ oder $f$ tiefster Ton geworden sein. Nur möchte es verwirren, alle Namen beizubehalten. Der Grundton, als ewiger Grund des Akkords, könnte allenfalls seinen Namen überall behaupten; die andern Intervalle wollen wir, wie schon oben geschehn ist, in den Umkehrungen vom jedesmaligen tiefsten Ton messen; z. B. im Quintsextakkord $h$-$d$-$f$-$g$ soll $d$ (die ehemalige Quinte) Terz, $f$ (die ehemalige Septime) Quinte, — und, wenn es beliebt, $g$ (der Grundton) Sexte heissen, — nämlich des Quintsextakkords.

Wie soll man nun durch alle Versetzungen und Umkehrungen hindurch seinen Akkord erkennen? — Man legt die Töne so lange in höhere oder tiefere Oktaven, bis sie terzenweis zu stehn kommen, bringt also durch Versuchen die ursprüngliche terzenweise Lage des Akkords heraus. Dabei lässt man natürlich Töne, die schon terzenweis stehn, unversetzt. Wüssten wir z. B. von der ersten Umkehrung des Nonenakkords No. 261 *b*. nicht, wofür sie zu halten, welcher Akkord es sei·  so müsste vor allen Dingen $h$-$d$ und $f$-$a$ beisammen bleiben; denn das sind schon Terzen. Aber $d$ zu $g$ und $g$ zu $f$ sind es nicht; $g$ ist also der widerstrebende Ton. Wir setzen daher $g$ hinab, erhalten diese Gestalt,

und sehn nun, dass auch $f$-$a$ eine Oktave hinunter zu stellen ist. Hätten wir nicht erkannt, dass der Hauptwiderspruch in $g$ liegt, so würden wir vielleicht $f$-$a$ versetzt, —

dabei aber sogleich das Verfehlen gesehn und nun zur Versetzung von $h$-$d$

gegriffen haben. — Bei einiger Uebung trifft Auge und Ohr hierin bald das Rechte.

Man mag nun Akkorde unverkehrt (als Grundakkorde) oder umgekehrt brauchen, so können sie in

## 5. *enger oder weiter Lage,*

als enge oder weite (zerstreute) Harmonie, gesetzt werden. Eng heisst die Harmonie, wenn alle, oder doch die meisten Intervalle der Akkorde so nahe wie möglich bei einander stehn (*a*);

weit, wenn sie (wie bei *b.*) mehr aus einander gerückt sind, nicht die nächsten Stellen zu Grundton oder Oberstimme einnehmen.

Alles bisher Erwähnte zeigt nur, in welchen Gestalten die Akkorde verwendet werden können. Ihr eigentlicher Gebrauch aber besteht natürlich in ihrer

## 6. *Verbindung,*

oder vielmehr in der Bewegung der in Akkorde zusammentretenden Stimmen durch diese Akkorde hindurch. Hiervon kann aber an diesem Orte nur das Nothdürftigste berührt werden; das Weitere gehört der Kompositionslehre an.

In der Regel also sollen die Akkorde

### *a.* Zusammenhang

haben. Der Zusammenhang beruht zunächst darauf, dass von einem Akkorde zum andern gemeinschaftliche Töne Verbindung knüpfen. So sehn wir hier —

die drei ersten Akkorde durch *g*, den dritten und vierten durch *c* und *e*, den vierten und fünften durch *a*, den fünften und sechsten durch *d*, den sechsten und letzten durch *g* verbunden. — Eine andere Art des Zusammenhangs findet zwischen Akkorden statt, die als tonische Akkorde nächster oder nah' verwandter Tonarten angesehn werden können. Hier z. B.

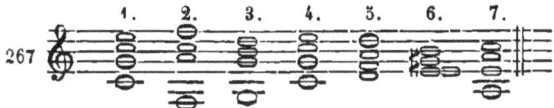

sind die Akkorde 1. und 2., 3. und 4. tonische Dreiklänge nächstverwandter (S. 73) Tonarten, die Akkorde 2. und 3., 4 und 5., 5. und 6. haben zwar unter einander keinen Verbindungston; aber sie stellen doch nahverwandte Tonarten (*F* und *G* dur, *C* dur und *D* moll, *D* moll und — den Dominantdreiklang von *A* moll) dar. Der letzte Fall deutet auf fernere Weisen des Zusammenhangs. — Eine

dritte Art des Zusammenhangs besteht endlich unter Akkorden, deren
einer (der vorangehende) Neigung oder Nothwendigkeit zeigt, sich
in den andern hineinzubewegen oder sich in ihn aufzulösen, wie
S. 239 gezeigt wird.

In der Regel sollen ferner gewisse Fortschreitungen als

## *b.* falsche Fortschreitungen.

vermieden werden.   Wenn zwei Stimmen mit einander in Oktaven
oder Quinten fortschreiten,

so hat dies in vielen Fällen widrige, oder unerwünschte Wirkung; — in andern Fällen freilich wieder nicht. Man nennt solche
Fortschreitungen

**falsche Quinten und Oktaven***

oder kurzweg Quinten, — Oktaven. — So lange man nicht einsieht,
unter welchen Umständen Quinten und Oktaven zulässig sein können, thut man wohl, sich an das Verbot zu halten, und den Akkorden durch andre Lage oder Stimmführung, z. B.

auszuhelfen.

Nicht begriffen in die obige Regel sind Oktaven, die, ohne
Zwischentöne, blos als Verstärkung einer Stimme

auftreten, oder als Verdopplung zweier und dreier Stimmen in höhern
Oktaven, z. B.

---

* Andre, bisweilen ebenfalls bedenkliche Fortschreitungen, die sogenannten
verdeckten Quinten und Oktaven u. s. w., mögen wir lieber ganz übergehn, um dem Schüler nicht zu viel, an diesem Ort nothwendig unvollständig
Bleibendes darzubieten. So muss auch weiter unten die Lehre von der Verdopplung solcher Töne, die eine nothwendige Fortschreitung (Auflösung) fodern,
übergangen werden.

die sich sogleich als blos füllende und verstärkende Verdopplungen kundgeben. In der Regel verlangen endlich gewisse Akkorde

## c. bestimmte Auflösungen,

das heisst: Bewegung einiger oder aller Töne in bestimmte Töne eines andern bestimmten Akkordes.

Vom Dominantakkord geht in der Regel
der Grundton nach der Tonika,
die Terz eine Stufe hinauf,
die Septime eine Stufe hinab; —

Septime und Terz behalten auch in den Umkehrungen,

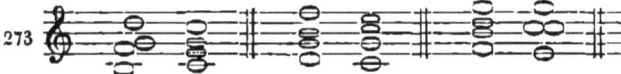

so wie im abgeleiteten verminderten Dreiklang und seinen Umkehrungen

diese Neigung. Auch alle unmittelbar vom Dominantakkord hergeleiteten Septimenakkorde befolgen das für jenen bestehende Gesetz.

Auch die Nonenakkorde folgen dem Gesetze des Dominantakkordes; denn sie sind ja aus diesem Akkorde hervorgegangen. Die None aber, die in ihnen zu der Septime hinzukommt, geht auch mit der Septime, nämlich einen Schritt abwärts.

Die von den Nonenakkorden abgeleiteten Septimenakkorde sind wieder nichts, als Nonenakkorde ohne Grundton: folglich bewegen sich all' ihre Töne —

wie sie im Nonenakkord selbst gethan.

Die Umkehrungen dieser Akkorde behalten wieder dieselben Bewegungen bei; z. B. —

Nach diesen allgemeinen Andeutungen über den Gebrauch der
Akkorde, deren weitere Ausführung in die Kompositionslehre gehört,
müssen noch zwei Anwendungen bestimmter mitgetheilt werden.

## 7. *Der Schluss.*

In der Regel will jedes Kunstwerk, also auch jedes Tonstück
(S. 199 Anm.), bestimmt und befriedigend abschliessen. Wie ist
das nun zu bewirken?

Harmonisch durch die wichtigsten, bezeichnendsten Akkorde
der Tonart, durch die Verbindung des

**Dominantakkords**<br>und **tonischen Dreiklangs,**

und zwar in der ursprünglichen Stellung des Grundtons, nicht in
Umkehrungen des einen, oder des andern. Melodisch dadurch,
dass der wichtigste Ton,

**die Tonika,**

in den wichtigsten Stimmen, — Ober- und Unterstimme, — erscheint. Rhythmisch dadurch, dass der Schlussakkord auf einen
Haupttheil fällt. Hier also —

haben wir zwei in jeder Hinsicht befriedigende und deshalb

**vollkommne Schlüsse.**

Hier aber —

sehn wir bei *a.* melodisch unvollkommne, bei *b.* rhythmisch, bei *c.*
harmonisch unvollkommne Schlüsse.

Der vollkommne Schluss gebührt dem wahren Ende eines Satzes,
z. B. einer Periode, und heisst daher ganzer Schluss oder

**Ganzschluss.**

Wie soll aber der Vordersatz einer Periode (S. 205) schliessen? — Die ganze Periode oder der Nachsatz schloss von der Dominante auf die Tonika. Wie nun Vorder- und Nachsatz Gegensätze, durch entgegengesetzte Richtung der Melodie unterschieden
sind; so ist auch der Schluss des Vordersatzes das Gegentheil von
dem Schlusse des Nachsatzes oder der ganzen Periode. Folglich
schliesst umgekehrt der Vordersatz von der Tonika auf die Dominante.

Bisweilen setzt man jedoch statt des tonischen Dreiklangs den der Unterdominante (den dritten wichtigen Akkord) und bildet den Halbschluss so:

Diese Schlüsse heissen

### Halbschlüsse.*

Hierbei erinnern wir uns von S. 207 der **Anhänge**, durch die Perioden verlängert werden. Ein Anhang gehört zu der Periode selbst, aber er tritt da ein, wo diese eigentlich schliessen sollte. Wie ist nun die Verbindung zwischen beiden zu erhalten?

Erstens dadurch, dass man zwar die Periode vollkommen schliesst, aber vom Schlussakkord schnell

weitergeht. Diese Anknüpfung ist freilich nur eine äusserliche und wenig befriedigende.

Zweitens dadurch, dass man den Schluss der Periode (z. B. die obigen Schlüsse) in einen unvollkommnen verwandelt.

---

\* Bisweilen nimmt der Halbschluss auch theilweis die Form eines vollkommnen Ganzschlusses an. Schriebe man z. B. in einem Tonstücke aus *C* dur so:

so wäre vom zweiten zum dritten Takt eigentlich ein Ganzschluss, und zwar in *G* dur, gemacht; die mehrmals nachfolgende Formel des Halbschlusses, namentlich das mehrmalige *c-e-g*, würde aber zeigen, dass man im Grunde nicht nach *G* dur zu gehn, sondern in *C* dur zu schliessen Willens gewesen und das Ganze nur ein verstärkter Halbschluss auf der Dominante von *C* sei.

Drittens dadurch, dass man dem, den Schluss bewerkstelligen-
den Dominantakkord eine von seiner ursprünglichen Richtung abweichende Auflösung giebt, z. B.

285

und, statt in den Schlussakkord zu gehn, in eine fremde Tonart
ausweicht, um in dieser den Anhang zu beginnen, und dann wieder
in den Hauptton zurückzulenken zum wirklichen Ende des Satzes.
Eine solche, an die Stelle des eigentlich angedeuteten und eingelei-
teten Schlusses tretende Wendung in eine neue Tonart wird

**Trugschluss**

genannt.*

## 8. Das Vorspiel.

Aus mancherlei Gründen ist es bisweilen rathsam, den eigentlichen Beginn einer Musikaufführung noch musikalisch einzuleiten,
z. B. um die Zuhörer aufmerksam zu machen, Sängern den Ton
anzugeben, in dem sie einsetzen sollen u. s. w. Eine solche Einleitung heisst Vorspiel oder Präludium.

Am natürlichsten ist es dabei, die Tonart kenntlich zu machen,
in der nachher musizirt werden soll.

Wie geschieht dies?

Am einfachsten durch Angabe des tonischen Akkordes, einmalig
oder mehrmalig, in verschiednen Lagen oder Umkehrungen, mit mancherlei Verdopplungen, auf- oder abwärts, oder schweifend u. s. w.

286

---

* Nicht unerwähnt wollen wir lassen, dass die Art, wie die vier Stimmen
sich zu einem Schluss (aus dem Dominantakkord in den tonischen Dreiklang)
oder auch Halbschluss bewegen, von der alten Theorie Klauseln, und der Ein-
schritt der vier Stimmen aus dem Dominantakkord (oder dem sonstigen vorletzten
Akkord) in den Schlussakkord nach jeder der Stimmen: Diskantklausel, Alt-,

Entschiedner durch Verknüpfung des Dominantakkords und tonischen Dreiklangs, wie in No. 278. Auch hier kann jeder der beiden
Akkorde durch Lagen und Umkehrungen, oder können beide abwechselnd durch verschiedne Umkehrungen geführt werden, z. B.

was denn schon ein mannigfacheres Spiel ergiebt.

Vollständiger endlich, wenn man die nächstverwandten Akkorde,
oder sogar die Harmonien der nächsten oder fernern Tonarten, aber
in guter Verbindung, dazu zieht; z. B.

Oder:

Oder:                                    Oder:

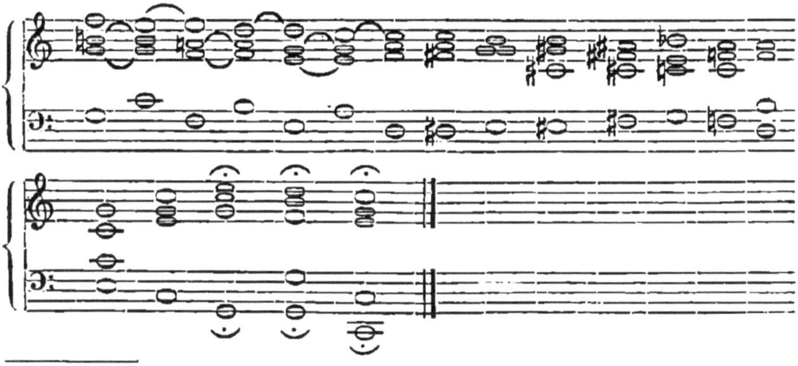

Tenor-, Bassklausel genannt wurde. — Wozu sich mit so viel Namen für eine so
einfache und leichtfassliche Sache behängen?

Akkordfolgen, die sich durch Verdopplung des Basses (in Oktaven)
oder mehrerer Intervalle vollgriffiger und volltönender darstellen
lassen.

Erläuterung über die hier und in No. 285 gebrauchten Akkorde
aus fremden Tonarten bringt der folgende Abschnitt. Hier kann nur
das Nothdürftigste für die gegeben werden, welche noch nicht —
oder niemals zum Studium der Komposition Zeit finden. Alles Weitere, Reichere und Schönere muss diesem Studium, — oder dem
guten Glück des Versuchenden überlassen bleiben. Obgleich gar nicht
davon die Rede sein darf, hier nur einigermaassen vollständige Anleitung zu ertheilen, oder auch nur ein einziges Kunstgesetz befriedigend darzustellen: so wollen wir dem Dilettanten zu einstweiliger
Hülfe doch noch einen Rath ertheilen, der ihm viele Fehler ersparen wird. Wenn er einen Akkord mit dem andern verbinden will,
trachte er: jeden Ton, der beiden Akkorden gemeinschaftlich ist,
in derselben Oktave und Stimme beizubehalten und jeden neuen Ton
derjenigen Stimme zu geben, die ihn am bequemsten erreichen kann,
die ihn am nächsten zu ihrem vorigen Tone hat, — hierbei aber
zu weites Auseinandergehn der Stimmen (die drei obern sollen sich
in der Regel nicht über eine Oktave weit von einander entfernen)
zu vermeiden. — Keineswegs aber darf dieser Wink als allgemeines, überall geltendes Kunstgesetz angesehn werden. Beispiele geben
alle hier mitgetheilten Sätze.

# Achter Abschnitt.

## Die Modulation.

Grössre Tonstücke beschränken sich in der Regel nicht auf den Umkreis einer einzigen Tonart; sie verlassen die, in welcher sie begonnen haben, gehn in andre Tonarten über, und kehren aus diesen in die erste Tonart zurück, um in ihr zu schliessen, — oder auch sie nochmals zu verlassen.

Die Tonart, in welcher ein Tonstück zu Anfang und zumeist sich aufhält, heisst der T o n , oder

### H a u p t t o n

des Stückes. Der gelegentliche, nicht weiter wichtige Austritt aus einem Ton (einer Tonart) in einen andern heisst

### A u s w e i c h u n g ;

wenn man in dem fremden Ton längere Zeit verweilen, denselben zur Darstellung von Sätzen benutzen will, so heisst der Eintritt in die neue Tonart

### U e b e r g a n g ;

das ganze Wesen aber von Ausweichung oder Uebergang aus einer Tonart in die andre, sowie der Rückgang in den Hauptton heisst

### M o d u l a t i o n.

Ich sage also : dieses Tonstück geht aus dem und dem Tone, weicht in mehrere Tonarten aus, geht in diese, jene Töne über, kehrt zurück in den Hauptton; dies ist seine Modulation.

Uebrigens wird in weiterm Sinne d a s g a n z e H a r m o n i e - g e w e b e Modulation genannt.

Einige Kenntniss von der Modulation ist jedem Musikübenden hülfreich, wär' es auch nur, damit er stets wisse, in welchem Ton er sich eben befindet, um hiernach Noten, Akkorde u. s. w. leichter und sicherer zu lesen und manche Wendung (z. B. die Auflösungen der Septimen- und Nonenakkorde) mit einiger Gewissheit voraus zu errathen. Hier kann freilich nur das Nothdürftigste erwähnt werden; vollständige Unterweisung ist nur von der Kompositionslehre zu fodern.

## A. *Gesetz der Modulation.*

Wohin, in welche Tonarten soll oder kann modulirt werden?

Im Allgemeinen ist auf diese Frage zu antworten, dass der Hauptton in der Regel vorherrschen, den grössten Bezirk im Ganzen einnehmen, und den Schluss desselben erhalten muss. Ihm schliessen sich in der Regel die

**nächstverwandten Tonarten beider Dominanten**

und die

**Paralleltonarten des Haupttons und beider Dominanten**

an,* und dem Range nach erst nach ihnen, in minderm Maasse, können entlegnere Tonarten benutzt werden. Diese berührt man in der Regel nur ausweichungsweise, in jene geht man über, um in ihnen erhebliche Theile des Ganzen darzustellen.

Die wichtigste Tonart in Tonstücken, die in einem Durtone stehn, ist aber (nächst dem Haupttone) die

**Tonart der Oberdominante,**

und in Molltonstücken die

**parallele Durtonart.**

Auf die zahlreichen Ausnahmen und die weitere Ausführung dieser Regel können wir uns hier nicht einlassen.

## B. *Mittel der Modulation.*

Wodurch bewirkt man Ausweichungen? — Diese Frage beantwortet sich leicht, wenn man sich erinnert, dass Ausweichen nichts anders heisst, als: eine Tonart mit einer andern, also — die Töne einer Tonart mit denen einer andern vertauschen. Wir weichen von *C* dur nach *Es* dur aus, wenn wir nicht mehr die Tonreihe

$$c—d—e—f—g—a—h—c,$$

sondern die Tonreihe:

$$es—f—g—as—b—c—d—es$$

zur Grundlage unsrer Komposition machen.

Nun sind aber die Tonarten meist nicht in allen, sondern nur in einigen Tönen verschieden; *Es* dur z. B. ist mit *C* dur in den Tönen *f*, *g*, *c*, *d* übereinkommend, dagegen durch die Töne *es*, *as*, *b* unterschieden. Wir brauchen also nicht alle Tonstufen, sondern jedenfalls nur die abweichenden zu berücksichtigen, z. B. für den Uebergang aus *C* dur nach *Es* dur nur die Töne *es*, *as*, *b*.

Allein auch das erweiset sich unbefriedigend. Die Töne *es*, *as*, *b* sind nicht blos in *Es* dur, sie sind auch in *As* dur, *Des* dur u. s. w.

---

* Vergl. S. 230.

einheimisch; ihr Eintritt überzeugt uns vielleicht davon, dass wir nicht mehr in *C* dur, nicht aber davon, dass wir in *Es* dur sind; — es könnte ja auch *As, Des* dur u. s. w. sein.

Wir suchen nach einem sichern Kennzeichen, und finden es im Dominantakkorde.

Denn der Dominantakkord einer Tonart (Dur und Moll) findet sich (S. 228) in keiner andern Tonart, ist daher das sicherste Zeichen der seinigen, folglich auch das sicherste Merkmal derselben, wenn sie neu eintritt. Wir haben z. B. S. 228 gesehn, dass der Dominantakkord *g-h-d-f* nur in *C* dur oder *C* moll möglich ist. Wenn nun in einem Tonstück aus *G, D, F, B* dur u. s. w. dieser Akkord erscheint, so sagt er uns, dass wir nicht mehr in der ersten Tonart, sondern in *C* dur oder *C* moll sind. Umgekehrt: befinden wir uns in *C* dur, und es erscheint der Dominantakkord *e-gis-h-d*, so sagt er uns, dass nun nicht mehr *C* dur, sondern *A* dur oder *A* moll der Sitz unsrer Komposition ist. Hier ein Paar Modulationen mit demselben als Beispiele. Wir gehn von

Indem uns hier der Dominantakkord nicht blos als sicherstes Merkmal, sondern auch als sicherstes Mittel der Ausweichung erscheint, finden wir nochmals (S. 231) seinen Namen gerechtfertigt; denn er lenkt, er beherrscht die Modulation. — Erleichtert, geebnet wird die Modulation in fremde Töne oft durch vermittelnde Akkorde (hier mit * bezeichnet), z. B. von

oder durch enharmonische Umnennung der Akkorde, z. B. von

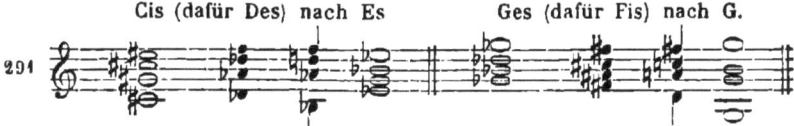

An dieser Kraft des Dominantakkordes nehmen vollen Antheil

beide Nonenakkorde,

denn sie enthalten den ganzen Dominantakkord, folglich alle seine Kennzeichen der Tonart; und überdem bezeichnen sie auch noch

das Geschlecht, — wiewohl man bisweilen auf den kleinen Nonenakkord Dur statt des zu erwartenden Moll folgen lässt, — gleichsam in einer beiläufigen Ausweichung.

Ferner nehmen an der modulatorischen Kraft des Dominantakkords die von den Nonenakkorden abgeleiteten Septimenakkorde und der verminderte Dreiklang theil, sie jedoch
mit minderer Bestimmtheit.* Sogar ein grosser oder kleiner Dreiklang, ja unter Umständen selbst ein einzelner Ton** kann mehr

---

\* Unter allen Ausweichungsakkorden erweist sich keiner gewandter, als
der verminderte Septimenakkord. Den Dilettanten zu Gefallen, die gern
recht reichlich präludiren und fantasiren mögen, ehe sie Komposition studiren,
werfen wir einen Blick auf diesen Allerwelts-Gelegenheitsmacher für Ausweich-
ungslustige.

Der verminderte Septimenakkord hat das Eigne, dass seine Umkehrungen
wieder wie verminderte Septimenakkorde klingen. Denn er besteht aus lauter
kleinen Terzen; wird nun der Grundton über die Septime gesetzt, so bildet sich
eine übermässige Sekunde,

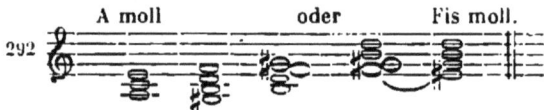

z. B. bei der Umkehrung von *gis-h-d-f* die übermässige Sekunde *g-fis*. Diese aber
ist enharmonisch gleich einer kleinen Terz *eis-gis*; folglich ist ein neuer
verminderter Septimenakkord *eis-gis-h-d* entstanden, der in eine neue Tonart
führt. Also besitzen wir in jedem verminderten Septimenakkord den Schlüssel
zu vier verschiednen Tonarten, — nämlich dem Ton, in dem wir uns befinden,
und drei Ausweichungen. Der verminderte Septimenakkord von *A* moll z. B.
(*gis-h-d-f*) giebt durch enharmonische Verwandlungen folgende Ausweichungen
nebst *A* moll an die Hand.

Dasselbe in einer andern Form geschieht, wenn man den jedesmaligen
tiefsten Ton einen halben Ton erniedrigt.

Mancherlei andre Verwandlungen übergehn wir; vollständigere Anweisung
und Erläuterung giebt die Kompositionslehre.

\*\* Von hier aus hat die ältere Theorie die Lehre von der Modulation an die
sogenannten Leittöne gebunden. Leitton sollte bald die siebente Stufe der
Tonleiter (z. B. in *C* dur *h*, in *F* dur *e*) sein: — daher seine lateinische Benennung: *subsemitonium modi*. Allein, wenn ich nun von *C* nach *F* gehn
will: ist mir dann der Ton *e* ein genügendes, oder überhaupt ein Zeichen der
neuen Tonart *F* dur? Bald sollte Leitton derjenige Ton sein, in dem sich eine

oder weniger sichres Mittel der Ausweichung werden; hierüber kann jedoch nur die Kompositionslehre hinreichende Auskunft ertheilen. Hier —

295

haben wir einige nächstliegende Modulationen zu einem harmonischen Gange vereinigt. Er beginnt in *C* dur, geht bei *a.* durch den verminderten Septimenakkord nach *A* moll, bei *b.* durch den Dominant- oder vielmehr dessen Sekundakkord nach *D* moll, bei *c.* durch einen gleichen Akkord nach *G* dur, das sich bei *d.* in *G* moll verwandelt u. s. w. Bei *i.* und *k.* stellen sich auch Nonenakkorde ein; — der Schluss fehlt, das Ganze ist freilich von Ausweichungen überfüllt, weil man blos deren recht viele zusammenbringen wollte.

---

Tonart von der andern unterschied. Um also von *C* dur nach *F* dur zu führen, wäre *b* der Leitton, wollte man aber von *B* nach *F*, so würde nicht *b*, sondern *e* der Leitton sein, folglich wäre die Angabe eines Leittons immer schwankend. Erfahren wir aber vollends in der Harmonielehre (und im folgenden Abschnitte unter 4.), dass einzelne Töne auch ohne allen Einfluss auf Harmonie und Modulation eintreten können, z. B. ein *b* in *C* dur ohne Uebergang in *F*. so zeigt sich die Lehre vom Leitton vollends ungenügend.

---

# Neunter Abschnitt.

## Bewegung der Stimmen in den Akkorden.

Von Haus' aus haben wir die Akkorde nur als Resultat des Zusammentreffens verschiedner Stimmen betrachtet.* Die Stimmen, die Melodie jeder Stimme, das ist das Lebendige, und zu diesem kehren wir zurück.

In vierfacher Weise bewegen sich die Stimmen durch Akkorde: wir haben wenigstens das Allgemeine dieser Bewegung anzudeuten.

### 1. Bewegung innerhalb eines Akkords.

Jede Stimme, oder auch mehrere Stimmen mit einander können auf mannigfaltige Weise innerhalb eines Akkords von einem seiner Töne zum andern gehn. Man nennt diese Benutzung der Akkorde zu melodischen Gestaltungen

harmonische Figurirung,

oder, mehr aus harmonischem als melodischem Gesichtspunkte,

Brechung der Akkorde.

Hier ein Paar Beispiele aus dem Akkorde c-e-g.

Wir sehn hier die bereits S. 199 erwähnte Grundlage von Melodien benutzt; es versteht sich von selbst, dass jeder Akkord, also auch eine Akkordfolge, z. B. diese

in folgender Weise,

oder

---

* Obwohl die Natur selbst in den mitklingenden Tönen einer Saite ($C$-$c$-$g$-$\overline{c}$-$\overline{e}$-$\overline{g}$) den ersten aller Akkorde — und, wenn wir der in der Anm. S. 49 gegebnen Tonentwicklung weiter folgen, auch den Dominantakkord ($c$-$e$-$g$-$b$) und grossen Nonenakkord ($c$-$e$-$g$-$b$-$d$) ursprünglich erwachsen lässt. Vergl. S. 158 und die Kompositionslehre des Verf. Th. I.

oder

und auf vielfach andre Art in Melodien aufgelöst werden kann.

## 2. *Gleichzeitige Bewegung von einem Akkorde zum andern.*

Hiermit ist der gleichzeitige Fortgang aller Stimmen von einem Akkorde zum andern gemeint, den wir in allen harmonischen Beispielen (No. 295, 297 u. a.) vor uns gehabt haben. Da alle Stimmen Schritt für Schritt mit einander gehn, so haben wir in jedem Moment einen ganz abgeschlossnen Akkord vor uns, z. B. No 295 erst den Akkord *c–e–g*, dann *g–h–d–f* u. s. w.

Diese Bewegungsweise bedarf also für sich selbst keiner weitern Betrachtung; sie bietet uns nur den Gegensatz zur folgenden.

## 3. *Ungleichzeitige Bewegung von einem Akkorde zum andern.*

Sie besteht darin, dass eine oder einige Stimmen zu einem zweiten Akkorde schreiten, während andre noch im ersten verharren. Es sind hier folgende Gestalten zu unterscheiden.

### *a.* Der Vorhalt.

Vorhalt* nennen wir einen Ton, der aus einem Akkorde sich in den andern, dem er nicht eigen ist, hineinzieht, bis er später einem Akkordtone Platz macht. Hier sehn wir —

---

\* Auch **Retardation** genannt; der bezeichnendere, aber weniger übliche Name ist: **Aufhalt.** — Wir kommen hier nochmals auf die S. 224 erwähnten angeblichen Undezimen- und Terzdezimen-Akkorde zurück. Sie sind **nichts weiter als Vorhalte,** die sich über einem oder mehr Tönen des folgenden Akkords zeigen; der angebliche Undezimenakkord zeigt sich No. 304 bei *e.*, der Terzdezimenakkord bei *f.* und *g.* Wenn man aus der Kompositionslehre weiss, dass ein Vorhaltston in der Regel nicht gleichzeitig mit dem Akkordtone, dessen Stelle er einstweilen noch einnimmt, zusammentreffen darf, so begreift man, warum diese angeblichen Akkorde **keine Terz** haben können; statt dieser Terz sind ja Vorhaltstöne (oben *f* und *d*) vorhanden. Aber eben hierin zeigt sich die Ungeschicklichkeit, eine so leicht erklärliche Gestaltung für einen Akkord ausgeben zu wollen, der zwar vom Grundton aus terzenweis gebildet sein soll, aber

bei *a.* den Ton *g* aus dem ersten Akkord in den Dreiklang *f-a-c* hineinranken und sich dann erst in den Akkordton *f* hineinbewegen, oder (nach der Kunstsprache) sich a u f l ö s e n. Bei *b.* ist *e,* bei *c* ist *h,* bei *d* ist *d* und *h* Vorhalt; die letztern lösen sich nach oben auf, kommen also von unten, und heissen deshalb V o r h a l t e v o n u n t e n; die andern im Gegensatze dazu werden V o r h a l t e v o n o b e n genannt. Bei *e.*, *f.* und *g.* sehn wir Vorhalte von oben und unten zugleich angebracht; *f* und *a* lösen sich nach unten, *h* nach oben, *d* (bei *g.*) einmal nach unten, einmal nach oben auf.

## *b.* Der vorausgenommne Ton.

Wir sehn bisweilen ohne weitere Einleitung (Vorhalte wurden doch dadurch eingeleitet oder v o r b e r e i t e t, dass sie als Töne eines frühern Akkords schon aufgetreten waren) einen Ton in einen Akkord treten, der gar nicht ihm, sondern erst einem später nachfolgenden Akkorde angehört; wie hier —

bei *a.* in den Akkord *e-g-h* ein gar nicht zu ihm, sondern erst zum nachfolgenden Quintsextakkorde gehöriges *c,* — und bei *b.* zu

gleich damit anfängt, keine Terz zu haben. — Wollte man aber doch zur Erklärung der bei *f.* und *g.* gezeigten Vorhalte jene eingebildeten Akkorde annehmen: wie viel andrer Annahmen bedürfte es dann noch für die Erklärung der andern Vorhalte! Oder man müsste in völliger Inkonsequenz einige Vorhalte für Akkorde nehmen, andre als Vorhalte gelten lassen. Und wie viel doppelte und dadurch verwirrende Regeln brauchte man bei solchen Notengruppen (z. B. in No. 301 bei *a.* und *c.* die Gruppen *f-a-c* [*es* oder *e*] -*g* und *c-e-* [*g*] -*h*, die bald wirkliche Akkorde sind, bald blos Vorhalte, die den Akkorden ähnlich sehn; während nach der reinen und klaren Vorhaltslehre ein einziges Gesetz alles lenkt.

dem Akkord *d-fis-d* (a fehlt, und *g* ist ein Vorhalt) der ganz fremde Ton *es* tritt, der erst im Nonenakkorde des dritten Viertels einheimisch ist. Man nennt solche vorzeitige Eintritte auch Antizipationen.

### c. Der liegenbleibende oder Halteton.

Bei den Vorhalten haben wir einen Ton blos aus einem Akkord in einen zweiten hinübergezogen. Halten wir aber einen Ton fest, bis ein ganz fremder Akkord, oder deren mehrere, z. B.

vorübergegangen sind und endlich wieder ein Akkord auftritt, in dem jener Ton enthalten, mit dem er also versöhnt und verträglich ist: so nennen wir denselben einen liegenbleibenden oder Halteton.

Er bildet ein festes Band der über ihm sich zusammenreihenden Akkorde. Daher bedient man sich der Form eines liegenbleibenden Tons, um, etwa nach einer weit und stark geführten Modulation, die Rückkehr in den Hauptton mit besondrer Kraft zu bewirken. Es wird dann die Dominante im Basse festgehalten und darüber eine mehr oder weniger ausgedehnte Harmoniereihe ausgeführt, in deren Akkorden der liegenbleibende Ton bald einheimisch ist, bald nicht. Hier —

sehn wir ein solches Gewebe vor uns, das in der Kunstsprache

**Orgelpunkt**

genannt wird. Der liegenbleibende Ton *g* ist im ersten Akkorde, *g-h-d*, einheimisch, nicht in den folgenden *a-cis-e** und *d-f-a*; dann wieder in *g-h-d-f*, in *c-e-g*, *g-h-d*, und nicht in *fis-a-c*, und so fort. Die obern Stimmen eines solchen Orgelpunkts werden übrigens in der Regel melodisch reicher ausgeführt als hier geschehn ist.

Dieselbe Gestalt wendet man bisweilen auch auf der Schlussnote des Basses an; man hält die Tonika fest und lässt die Ober-

---

* Oder bildet er etwa mit *a-cis-e* einen Dominantakkord *a-cis-e-g*? — Ein solcher müsste sich nach *d-fis-* (oder *f-*) *-a* auflösen und das *g* als Septime (S. 239) nach *f* oder *fis* gehn; da dies hier nicht geschieht, so können wir auch *g* nicht als Akkordton, als Septime zu *a-cis-e* ansehn.

stimmen in mannigfachen Harmonien darüber hinweggehn; bei sehr ernsten und gewichtvollen Tonstücken wird auch der erste Anfang in dieser Weise gekrönt und befestigt.* Endlich lässt man statt des Basses auch Oberstimme oder Mittelstimme, oder Oberstimme und Bass zugleich liegen. Diese letzte Weise tritt meist für die Schlussnote selbst ein, die vorhergehenden mehr im Lauf einer Komposition, die ersten beiden, wie gesagt, zur Einleitung und Verstärkung des Schlusses.

### 4. *Bewegung zwischen den Akkorden.*

Endlich kann eine Stimme von einem Akkordton zum andern zwischenliegende Töne mitnehmen. Hier —

sehn wir ein einfaches Beispiel solchen Stimmganges vor uns. Die Oberstimme hat bei 1. Akkordtöne, nimmt aber dazwischen bei 2. Töne mit, die gar nicht zu den Akkorden gehören; sie geht durch diese Töne durch, um wieder zu einem Akkordton hinzukommen, daher auch dergleichen Töne Durchgangstöne, oder

**Durchgänge**

heissen. Den Ton bei 3. können wir ebenfalls einen Durchgangston nennen, oder annehmen, dass durch ihn der darunter liegende Quartsextakkord zu einem Terzquartakkord werde. Gewiss aber ist der Ton bei 4., nämlich *e*, ein nicht zum Akkord gehöriger; er tritt zugleich mit dem Akkord ein, und verdrängt einstweilen den rechten Akkordton (*d*) von seiner Theilnahme am Eintritte des Akkordes. Solche Durchgänge, wie der bei 4., werden auch wohl **Wechseltöne**, oder **Wechselnoten** genannt.

Nicht blos ein einziger, und nicht blos diatonische Töne, sondern auch zwei und mehr, auch chromatische Töne können als Durchgänge benutzt werden, wie z. B. hier

---

* Eins der erhabendsten Beispiele ist der Anfang der Matthäi'schen Passion von Seb. Bach. Auch die grosse Leonoren-Ouvertüre und die *Sonate pathétique* von Beethoven, so wie die Sturmesklänge der Trauer über ein dahinsinkendes Volk, die *Funérailles* von F. Liszt (in den *Harmonies poétiques et religieuses V.*), beginnen so.

bei *a.* die Töne *e* und *fis*, bei *b.* die Töne *cis*, *d*, *dis* und *e*; und
so bilden sich aus Durchgangs- und Akkordtönen alle Arten Laufer
und Figuren, z. B.

aus. Und da man nicht immer Zeit hat, alle Zwischentöne zu durchgehn, so nimmt man auch wohl statt der ganzen diatonischen oder
chromatischen Tonreihe blos die den Akkordtönen zunächstliegen-
den Durchgangstöne, die man

### Hülfstöne

oder sprungweise Hülfstöne nennt, z. B. in dieser Weise:

um neben der vorherrschenden Festigkeit und Klarheit der Harmonie
doch grössre Beweglichkeit und Mannigfaltigkeit für die Melodie zu
gewinnen.

Alles dies kann nicht blos in der Oberstimme, wie bis hierher
gezeigt worden, sondern auch in Unter- oder Mittelstimmen, z. B.

oder auch in zwei und mehr Stimmen zugleich, z. B.

statthaben.* Oefters bilden sich aus gleichzeitigen Durchgängen
in mehrern Stimmen Akkorde (z. B. Takt 3 die Akkorde *f–a–d*,
*g–h–e*, *a–c–f*, *e–aïs–cis*, *f–h–d*), die man

### Durchgangsakkorde

zu nennen pflegt.

----

* In dieser, wenn auch nur unvollständigen Mittheilung über Durchgänge
finden wir das in der Anmerkung S. 248 über die Unsicherheit der sogenannten
Leittöne als Zeichen der Ausweichung Gesagte schon hinreichend bestätigt. Wir
sehn in den obigen Sätzen No. 306 bis 310 viele fremde Töne als Durchgänge,
Wechselnoten und Hülfstöne, die gleichwohl keineswegs Uebergänge in andre
Tonarten bewirken oder anzeigen.

Zum Schlusse dieser (freilich nichts weniger als erschöpfenden) Entwicklung ist noch einer besonders hervorstechenden Weise der Stimmführung durch ausweichende Akkorde und fremde Durchgangstöne zu gedenken, die öfters widrig und fehlerhaft erscheint, und mit dem Namen

### Querstand

bezeichnet wird. Wenn in zwei auf einander folgenden Harmonien eine Stufe in einer Stimme erhöht oder hoch, in den andern erniedrigt vorkommt, so findet ein solcher Querstand statt; man sagt: die Stimmen bilden einen Querstand, sie sind in einem widersprechenden, querständigen Verhältnisse. Hier —

sehn wir bei *a.* den kleinen Dreiklang von *c* auf den grossen folgen; aber die kleine Terz *es* erscheint in einer andern Stimme als zuvor die grosse, *e*; die eine Stimme singt *e–c*, während die andre *c–es*, die eine scheint in *C*moll zu stehn, während die andre in *C*dur. Hierin liegt ein Widerspuch, der sich auch ohne nähere Sachkenntniss schon dem Gehör empfindlich macht. Bei *b.* haben wir denselben Fall vor uns, nur dass die einander widersprechenden Töne durch Zwischentöne (Durchgänge) geschieden sind. Der Widerspruch ist dadurch gemildert, wenn auch nicht beseitigt. Gewöhnlich wird der Querstand nur durch die Versäumniss des von uns S. 244 ertheilten Rathes, jede Stimme in den nächsten Ton des folgenden Akkordes zu führen, herbeigezogen. Die obigen Modulationen bei *a.* würden nach diesem Rathe so —

ohne Querstand auszuführen gewesen sein.

Dass andre Querstände weniger missfällig wirken, manche Tonfolge, die querständig scheint, ganz unbedenklich ist, sei nur an ein Paar Beispielen

kürzlichst gezeigt.

## Erwägung.

Man sieht schon nach diesen flüchtigen Andeutungen, wie unermesslich reich das Gewebe der Harmonie — mit allem, was zu ihm gehört — sich ausdehnt, und wie unthunlich es wär', in einer vorbereitenden Unterweisung, wie die allgemeine Musiklehre nur sein kann, auf vollständige Belehrung auszugehn. Diese ist nur von der Kompositionslehre zu fodern, und ein Hauptgegenstand derselben. Hier aber konnte nur so viel gegeben werden, dass man wenigstens eine ungefähre Vorstellung von den verschiednen Gestaltungen bekäme, die in den Tonstücken entgegentreten.

Auch diese nur einleitende Unterweisung wird hoffentlich schon weit sicherere Einsicht in den Bau und Inhalt der Tonstücke, wie auch grössre Leichtigkeit im Notenlesen, in Auffassung und Vortrag geben. Es gehört aber zwiefache Uebung dazu, wenn der Unterricht Früchte tragen soll.

E r s t e n s muss der Lernende jede Tonart, dann jeden Akkord mit seinen Lagen, Versetzungen, Umkehrungen, und den für einzelne Akkorde vorgeschriebnen Fortschreitungen selbst auf dem Instrument angeben, und umgekehrt einen angegebnen Akkord schon nach dem Gehör erkennen lernen, dies aber nicht blos in einer, sondern nach und nach in allen Tonarten. Besonders bildend ist es für den Musiksinn, wenn man sich auch übt, die Töne jedes einzelnen Akkordes, und dann die Uebergänge des Dominantakkordes, — z. B. in solchen Formen,

314

so wie die Nonen- und abgeleiteten Akkorde mit der Stimme sicher und rein anzugeben. Nur das weiss man recht, was man (wenn nicht körperliches Unvermögen hindert) selbst hervorbringen kann; wer nicht einen Akkord oder irgend eine Tongestalt schon nach dem Gehör erkennen und, soweit die Stimme reicht, singen kann, der kennt sie noch gar nicht, oder sehr von weitem.

Z w e i t e n s muss der Lernende, und zwar in unermüdlicher Wiederholung, fertige Kompositionen genau durchgehn, und sich selber Punkt für Punkt darüber fragen. Zuerst:

w e l c h e  T o n a r t

giebt die Vorzeichnung und der Schluss zu erkennen? Dann:

w e l c h e  A k k o r d e,
w e l c h e  A u s w e i c h u n g e n

finden sich? Dann — Stimme für Stimme:

was ist dieser, der folgende, dritte Ton?
Ist er Akkordton oder Durchgang?

So auch ist die Rhythmik zu prüfen, welche Ordnung, Taktart, Gelt-
tung, — welche Gänge, Sätze, Perioden u. s. w., wo dieselben
beginnen und schliessen, zu untersuchen. Je gründlicher man in
diesem Allen verfährt, desto gewandter wird man in der Ausführung, und besonders

### im Partiturspiele.

Denn selbst dem geübtesten Auge ist es unmöglich, in einer
grössern Partitur alle Stimmen, in jeder Stimme alle Noten
stets gleichzeitig im rechten Tempo wirklich vom Blatt zu lesen.
Wer aber im Akkordwesen, in der Ausbildung und Bewegung der
Stimmen Bescheid weiss, vermag aus einigen Noten die Harmonie,
aus einer oder ein Paar Stimmen oft die andern wenigstens theilweise zu errathen und so der Partitur mit raschem Ueberblicke
Herr zu werden.

So ist auch schlechterdings unmöglich, Alles, was eine grössre
Partitur enthält, auf einem Instrumente buchstäblich wieder zu geben; und wär' es möglich, so würde damit nicht immer zum Besten
gethan sein, es würden Töne und Stimmen, die im Orchester unter
den Händen verschiedner Spieler klar aus einander treten, auf einem
einzigen Instrumente verwirrend in einander fliessen. Der Partiturspieler muss also vor allem Wesentliches von Unwesentlichem zu
unterscheiden, jenes festzuhalten und hervorzuheben, dieses unterzuordnen und nöthigenfalls zu opfern wissen; und auch dies wird
ohne Einsicht in den innern Bau des Tonwerks nie sicher gelingen.

Möge daher Jeder prüfen, wie weit ihm für seinen musikalischen
Trieb Bildung vonnöthen ist. Je mehr er das Bedürfniss der letztern empfindet, für desto edler und wahrhaftiger darf er seine Neigung zur Kunst halten, und je mehr er jenem Bedürfnisse zu genügen strebt, desto erfolg- und freudenreicher wird sich sein Talent
bewähren.

# Zehnter Abschnitt.

## Die Bezifferung.

Um den Einblick in die Harmonie zu erleichtern, und dem Komponisten eine Schnellschrift zu raschem Entwurfe seines Werks in die Hand zu geben, hat man eine besondre, meist aus Ziffern bestehende Schrift eingeführt, durch die wenigstens das Wichtigere aus Akkordwesen und Modulation schnell und leicht aufgezeichnet und gelesen werden kann. Diese Schrift nennt man

B e z i f f e r u n g ,

ihre Zeichen aber ebenso, oder mit dem fremden Worte: S i g n a -
t u r e n. Die Bezifferung wird dem Bass oder der jedesmaligen tiefsten Stimme zuertheilt, über oder unter ihm aufgezeichnet, und eine
solche Stimme zusammt der Bezifferung heisst

G e n e r a l b a s s .

Die Ausführung einer solchen Schrift heisst

G e n e r a l b a s s s p i e l ,

und ist auch aus dem Grunde des Erlernens werth, weil mancherlei
Kompositionen, z. B. Rezitative (auch Choräle in manchen ältern
Choralwerken), zum Theil gar nicht ausgeschriebne Harmonie, son-
dern dafür blosse Generalbass-Bezifferung haben.

Hierüber theilen wir nun das Nächstnöthige mit.

Zunächst kommt es bei der Bezifferung darauf an, w a s bezeichnet werden soll?

Ist blos eine I n t e r v a l l e n r e i h e, z. B. eine Oktaven-, oder
Terzen-, oder Sextenfolge gemeint, so setzt man über die untere
Stimme (wie wir zum Theil schon S. 32 gesehn haben) die Be-
zeichnung

all' 8va, oder alla 3za, oder alla 6ta,

wie bei a., oder auch eine blosse 8, oder 3, oder 6, und über (oder
unter) die folgenden Noten schräg aufwärts gehende Striche, wie bei b.

Die Ausführung ist dann, wie man hier —

bei a. und b. sieht.

Soll **ein Ton** zu der Tonreihe der Unterstimme liegen bleiben (oder stets wieder angeschlagen werden), so setzt man zuerst die Intervallenziffer, dann einen langen oder mehrere kleine Horizontalstriche. Der Satz *a.* z. B. soll, wie bei *b.*, ausgeführt werden.

Soll ein Ton oder eine Tonreihe der Generalbassstimme gar nicht begleitet werden, so bezeichnet man jenen mit einer Null,[*] diese mit

*t. s., tasto solo.*

Der Satz bei *a.* soll so, wie bei *b.* zu sehn, ausgeführt werden.

Soll **ein Akkord** bezeichnet werden, so ist zu unterscheiden zwischen Dreiklängen und allen andern Akkorden.

**Dreiklänge**, als die einfachsten Akkorde, werden ohne weitere Bezeichnung überall vorausgesetzt, wo kein andrer Akkord, kein *all' unisono* (alle Stimmen im Einklange), kein *tasto solo, all' 8va* u. s. w. ausdrücklich angegeben ist.

Abgesehn hiervon wird jeder Akkord nach den Intervallen bezeichnet, die ihm den Namen geben. Also

6 bezeichnet einen Sextakkord (nämlich des Basstons, über oder unter dem sich die Ziffer findet);

$\frac{6}{4}$ oder $\frac{4}{6}$ bezeichnet einen Quartsextakkord;

7 bezeichnet einen Septimenakkord;

$\frac{6}{5}$ oder $\frac{5}{6}$ bezeichnet einen Quintsextakkord,

$\frac{4}{3}$ oder $\frac{3}{4}$ einen Terzquartakkord,

2 einen Sekundakkord,

9 einen Nonenakkord.

Will man einen Dreiklang ausdrücklich bezeichnen, so nimmt man

3, oder $\frac{5}{3}$, oder $\frac{3}{5}$, oder $\frac{8}{5}{3}$, oder $\frac{3}{5}{8}$ u. s. w.

dazu; so können auch bei andern Akkorden mehr Intervalle als in der Regel nach Obigem nöthig ist, oder alle, in Ziffern angegeben werden, z. B. der Terzquart- und Sekundakkord so

$\frac{6}{4}{3}$, $\frac{3}{4}{6}$ und $\frac{6}{4}{2}$, $\frac{4}{2}{8}$ u. s. w.

beziffert werden.

---

, Bisweilen sieht man auch statt der Null ein Häkchen ( ∽ ) oder einen Querstrich /; beide Bezeichnungen sind veraltet.

Alle diese Ziffern deuten auf die bezeichneten Stufen, wie sie der Vorzeichnung nach sich vorfinden. Kämen z. B. in *G* dur folgende Bezifferungen vor

so müsste der Terzquartakkord auf *A* : *a-c-d-fis*, der Quartsextakkord *a-d-fis* heissen. Will man aber zu einem Akkorde Töne erhöht oder erniedrigt haben, die es der Vorzeichnung nach nicht sind, so setzt man

1) statt der Terz das zur Erhöhung oder Erniedrigung nöthige ♯ oder ♭ oder ♮,

2) vor jede andre Ziffer, wie vor eine Note, das nöthige Versetzungszeichen, z. B.
♭6, ♯5, ♮4.

Auch die Terz kann man, wenn es beliebt oder wenn man Missverständnissen vorbeugen muss, mit Ziffer und Versetzungszeichen zugleich notiren.

Statt der Kreuze pflegt man auch die Ziffer blos zu durchstreichen,
**2, 3, 4, 5, 6, 7.**

Auch Doppelkreuze oder Doppelbe'e werden vor den Ziffern gehandhabt, wie vor Noten.

Soll das Intervall eines Akkordes, das in der gewöhnlichen Bezifferung nicht enthalten ist, erhöht oder erniedrigt genommen werden, so muss die gehörige Ziffer, und vor dieser das nöthige Versetzungszeichen in die Bezifferung gestellt werden.

Als Beispiel für alle diese Regeln geben wir hier den bezifferten Bass der Akkordfolge No. 295,

aus dessen Vergleich mit der Harmonie in No. 295 man sich leicht über alle Punkte verständigen kann. Bei *a* musste vom Sekundakkord ausser der Sekunde auch die Quarte in die Bezifferung kommen, damit man anmerken könne, dass die Quarte erhöht werden solle. Derselbe Fall trat bei *b.* ein; desgleichen musste bei *c.* und *d.* die Quinte im Septimen-, und bei *e.* die Septime im Nonenakkorde aus gleichem Grund in den Ziffern angeführt werden.

Man sieht hier, dass die Bezifferung das Nöthigste, den Akkord selbst, genau in der Grösse seiner Intervalle angeben kann, die Lage der Intervalle aber nicht ausdrückt. Bisweilen sucht man sie durch Stellung der Ziffern anzudeuten. Hätte man z. B. dem ersten Basston in No. 295 die Ziffern

3
8
5

untergesetzt, so würde man, da überhaupt für den Dreiklang keine Bezifferung nöthig war, errathen können, dass die Ziffern auf die Lage der Akkordtöne Bezug haben. Bisweilen wird auch zu solchem Zwecke statt der 3 eine 10 gesetzt, wiewohl im Allgemeinen jede Ziffer nur das Intervall, nicht die Oktave, in die man es setzen soll, andeutet.

Der Bequemlichkeit wegen braucht man, wenn ein Akkord über einem fortgehenden Basse fortbestehn soll, statt mehrfacher Ziffern wagerechte Striche. Diese Bezifferung z. B.

ist so zu verstehn:

Soll aber ein Akkord auf mehrern Stufen nach einander wiederholt werden, so setzt man (wie schon S. 259 in Bezug auf einzelne sich wiederholende Intervalle angegeben ist) statt wiederholter Ziffern unter jeden Basston schräge Strichelchen. Dieser Bass also

mit seiner Bezifferung ist so

zu verstehn.

Finden sich unter einem Basstone zwei oder mehr Bezifferungen nach einander, so sollen alle angedeuteten Akkorde nach einander zu diesem Tone genommen werden. Diese Bezifferungen z. B.

zeigen an, dass zu *c* der Dreiklang, Quartsextakkord, Dominantakkord von *F*, zu *f* der Dreiklang u. s. w. genommen werden sollen.
— Wie sind aber dergleichen Akkorde t a k t i s c h zn vertheilen?

Erst erhält der H a u p t t h e i l und die g e w e s e n e n Haupt-
t h e i l e, z. B. im Viervierteltakt das erste und dritte Viertel, d a n n
j e d e r T a k t t h e i l seine Harmonie; z. B. das obige Sätzchen wäre so —

auszuführen.

Hat ein Basston m e h r Bezifferungen unter sich, als Takttheile,
so erhalten d i e T a k t g l i e d e r besondre Harmonien, und zwar zuerst die der Nebentheile und zuletzt die des Haupttheils, damit das
Gewicht des letztern nicht durch zu beweglichen Harmoniewechsel
geschwächt werde. Mithin würden folgende Bezifferungen

in dieser Weise zu vertheilen sein:

So werden nun auch V o r h a l t e durch die Ziffern ihres Intervalls und der Auflösung angezeigt. Z. B. diese Bezifferung

bedeutet folgenden Satz:

oder
vielmehr

Man sieht, dass überall neben den Vorhaltziffern so viel von
der Akkordbezifferung zugesetzt wird, um jedes Missverstehn der
erstern zu beseitigen. — Da über dem letzten Ton eine None als

Vorhalt erscheint und sich nach oben, in die Dezime auflösen soll. so war es natürlich, den Auflösungston nicht mit einer 3, sondern mit 10 zu beziffern.

In gleicher Weise deutet man endlich auch die Harmonien über einem liegenbleibenden Basse, z. B. im Orgelpunkte, mit allen Ziffern an, die vom Basston aus dazu gehören, sie deutlich zu machen. So würde z. B. die in No. 304 entworfene Harmonie in dieser Weise

zu beziffern sein.

Man sieht, dass das Bezifferungssystem nicht geeignet ist, die Notenschrift zu ersetzen, dass es Manches (z. B. die Zahl der Stimmen) gar nicht, Manches (z. B. die Eintheilung) nur sehr unvollkommen ausdrückt, und, je umständlicher man die Zifferreihen ausführt, um so verwirrter und schwerer lesbar erscheint. Allein das ist auch gar nicht seine Bestimmung; es soll nur einstweilen, bis der Komponist Zeit und Raum zur Notirung findet, statt der Noten eintreten, — soll nur den Ueberblick der Partitur erleichtern, bis man sie vollständiger und sichrer in den Notenzeilen selbst lesen gelernt, — soll nur diejenigen, ohnehin nicht harmonisch-reich entwickelten Sätze erläutern, für welche die Komponisten selbst (besonders ältere) ordentliche Notenschrift nicht nöthig befunden haben. Für diese Zwecke ist hoffentlich die obige Anweisung genügend, obwohl sie nicht alle Gewohnheiten umfasst, die sich bei der Bezifferungsmethode hier und da (oft sehr abweichend) gebildet.

In ältern Werken (z. B. Rezitativen von Seb. Bach) finden sich sogar bisweilen Bässe ohne Zifferschrift, — unbezifferte Bässe genannt, — die gleichwohl harmonisch begleitet werden sollen. Hier muss man aus dem Gang der Singstimme und den nothwendigen, oder angemessensten, oder — gewöhnlichen Wendungen der Komposition die Harmonie zu errathen suchen. In das Einzelne dieser sehr zweifelvollen und wenig wichtigen Räthselkunst einzugehn, finden wir keinen Anlass.

# Fünfte Abtheilung.

## DIE KUNSTFORMEN.

# Erster Abschnitt.

## Allgemeine Betrachtung der Kunstformen.

Bereits S. 203 haben wir die Grundformen kennen gelernt, in denen die Musik sich darstellt. Fassen wir alles Bisherige zusammen, so ergiebt sich Folgendes:

1) Alle Musik kann bestehn entweder aus einer einzigen Tonreihe, oder aus zwei und mehr gleichzeitigen Tonreihen; erstere Musik nennen wir einstimmig, letztere mehrstimmig.

2) Jedes Musikstück kann für irgend ein oder mehrere Musikorgane bestimmt sein. Wir haben in dieser Beziehung schon reine Vokalmusik, begleitete Vokalmusik, Instrumentalmusik u. s. w. unterscheiden gelernt.

3) Jeder musikalische Gedanke kann sich in dreierlei Grundformen darstellen: als Gang, Satz, Periode.

Verweilen wir bei der letzten Unterscheidungsreihe, so bemerken wir: dass eine Periode, ja sogar ein Satz schon für sich selbst bestehn, für sich allein etwas Bestimmtes aussprechen kann, hingegen ein Gang, da er keinen bestimmten Abschluss hat, für sich selber gar nicht als abgeschlossnes Ganzes, als Kunstwerk gelten kann, dass er also von selbst auf Verbindung mit Sätzen oder Perioden hindeutet. Hier also können wir schon voraussehn, dass keineswegs alle Kunstwerke sich mit der Form einer einzigen Periode, oder gar eines Satzes begnügen, sondern dass sie meist aus der Verbindung mehrerer Sätze, Perioden, Gänge bestehn. Das muss auch Jeder, der ein grössres Tonstück, etwa eine Symphonie, gehört hat, schon von selbst wahrgenommen haben.

Dieser vorläufige Ueberblick lässt bereits erkennen, worin Wesen und Unterschied der Kunstformen bestehn, in denen Tonstücke abgefasst sind. Es werden dabei

1) Anzahl und Behandlung der Stimmen,

2) die Weise, wie ein Satz (oder eine Periode) dargestellt und benutzt wird,

3) die Weise, wie verschiedne Sätze (Perioden) und Gänge mit einander zu einem Ganzen verbunden werden,

4) die Organe, für die ein Tonstück bestimmt ist, endlich

5) die Verbindungen, in welche die Musik mit andern Künsten oder mit der Feier des Gottesdienstes u. s. w. tritt,

in Betracht kommen.

Jedem Musikübenden ist wenigstens allgemeine Kunde von den Kunstformen wünschenswerth; sie gehört nicht nur in den Kreis dessen, was Jeder, der auf musikalische Bildung Anspruch macht, wissen muss, sondern gewährt ihm auch thatsächliche Vortheile. Denn wer sich geübt hat, die Formen der Tonstücke bestimmter zu erkennen, wird die Absichten des Komponisten in jedem Werk und in jedem Theil eines Werks leichter, sicherer und tiefer durchschauen; er wird leichter fassen, was der Komponist hat sagen wollen, und wird besser wissen, wie es gesagt, — vorgetragen werden soll. Dies ist der Grund, warum die allgemeine Musiklehre sich mit den Kunstformen zu beschäftigen hat.

Allein es kann hier noch weniger, als in den vorhergegangnen Abschnitten eine erschöpfende Abhandlung gegeben werden.* Und zwar aus folgenden Gründen.

Der Kunstformen sind nicht gar viele. Aber jede derselben, so wesentlich sie auch von allen andern unterschieden bleibt, kann doch im Unwesentlichen so vielerlei abweichende Gestaltungen annehmen, dass bisweilen ein schon geübter, sichrer Blick dazu gehört, durch die verschiednen Wendungen verschiedner Kunstwerke hindurch die Uebereinstimmung im Wesentlichen zu erkennen. Es ist sogar, nach der freien Weise jeder Kunst, fortwährend erlaubt, neue Formen zu versuchen, die dann fast nichts anders sein können, als Mittelgestalten zwischen einer und der andern Form, Mischungen verschiedner Formen. Hier liegt in der Sache selbst die Unmöglichkeit, das Werk unter eine der stehenden Rubriken zu bringen.

Alle diese Abweichungen kennen zu lernen, hat die allgemeine Musiklehre schon deswegen keinen Raum, weil viel mehr Beispiele und tiefere Einsicht in Melodie, Harmonie, Stimmführung u. s. w. dazu gehören, als hier mitgetheilt und vom Lernenden auf dieser Stufe aufgenommen werden können. Dies muss also dem Studium der Kompositionslehre überlassen bleiben, und hier müssen wir uns wieder mit Andeutung, mit Einweisung in ein bei tieferm Eindringen höchst interessantes Gebiet begnügen. Selbst Beispiele können nur spärlich gegeben werden, da es doch unmöglich ist, sie vollständig mitzutheilen. Wer indess den hier gegebnen Winken stete Beobachtung folgen lässt, wird nach einiger Zeit doch ziemlich sicher im Formengebiet Bescheid wissen.

---

* Ausführlicher sind die Kunstformen im Anhang zu »Beethoven« (zweite Ausgabe) vom Verf. dargestellt.

# Zweiter Abschnitt.

## Formunterschiede der Stimmführung.

Jedes Tonstück kann, wie wir wissen, entweder e i n s t i m m i g (m o n o d i s c h, eine M o n o d i e) oder m e h r s t i m m i g sein; unter letzterer Benennung begreifen wir Alles, was mehr als eine Stimme hat, also auch zweistimmige Kompositionen.

Eine mehrstimmige Komposition kann hinsichts der Benutzung der Stimmen zweierlei Aufgaben verfolgen.

E r s t e n s kann von mehrern Stimmen irgend eine die Hauptstimme sein; die andern dienen ihr dann nur zur Unterstützung oder Begleitung. Kompositionen dieser Art nennen wir

h o m o p h o n,

die Schreibart aber H o m o p h o n i e. In der homophonen Schreibart also sind zweierlei Stimmen zu unterscheiden: die

H a u p t s t i m m e,

welche den wesentlichen Inhalt vorzutragen hat und den Ansprüchen an kunstgemässe Melodie entsprechen soll, und die

N e b e n s t i m m e n,

welche nur um der Hauptstimme willen da sind, — nicht eignen, selbstständigen Inhalt haben, sondern den der Hauptstimme bestärken oder hervorheben sollen. Hier

332

sehn wir ein homophones Sätzchen vor uns. Die Oberstimme zeigt eine bestimmt geformte und in so fern befriedigende Melodie, — gleichviel wie gering ihre künstlerische Bedeutung sein mag. Die vier andern Tonreihen haben offenbar nur den Zweck, die Hauptstimme mit Harmonie und gleichmässig bewegtem Rhythmus zu unterstützen; keine dieser Nebentonreihen könnte für sich allein als Melodie gelten, oder wohl gar der Oberstimme den Rang als Hauptstimme streitig machen.

In der Regel ist die Oberstimme Hauptstimme; sie ist wegen
ihrer Lage und der beweglichern und eindringlichern Natur der höhern Töne am geeignetsten dazu.  Allein es kann auch jede andre
Stimme, z. B. der Bass, —

oder der Tenor, wie in No. 97, oder hier, —

oder der Alt (wie in No. 117) sein.  Oder es kann eine Stimme um
die andre als Hauptstimme auftreten; z. B. der Satz aus No. 332 erst
in seiner Weise aufgeführt werden, also mit der Oberstimme als
Hauptstimme; dann könnte Bass oder Tenor die Hauptmelodie wie-
derbolen und die Oberstimme an der Begleitung theilnehmen, wie
No. 333 und 334 angefangen worden — oder es könnten in ein und
demselben Satze, z. B.

die Stimmen in der Hauptmelodie sich ablösen, es könnte z. B. erst
der Tenor, dann der Diskant u. s. f. Hauptstimme sein.

Vergleichen wir nur No. 335 und besonders No. 333 und 334
mit No. 332: so sehn wir, dass die Nebenstimmen auch mannigfalti-

gern und anziehendern Inhalt übernehmen, dass jede von ihnen (wie in No. 334) ihren eignen Weg gehn, oder auch eine (wie in No. 334 die Oberstimme) sich besonders hervorthun kann. In den vorstehnden Fällen wird man demungeachtet nicht zweifelhaft sein, welches die Hauptstimme ist. Aber es kann, wie man schon erräth, eine zweite Stimme sich so weit ausgebildet haben, dass ungewiss wird, ob sie noch als blosse Nebenstimme gelten soll, oder nicht vielmehr eine zweite Hauptstimme geworden ist. — Dies führt auf unsre Hauptunterscheidung (S. 269) zurück. Es kann nämlich

Z w e i t e n s ein Satz oder eine ganze Komposition so beschaffen sein, dass nicht eine Stimme Hauptstimme ist und die andern Nebenstimmen, sondern dass a l l e S t i m m e n w e s e n t l i c h e n In h a l t, gleichmässigen Antheil am Ganzen, so viel wie möglich jede die Eigenschaften kunstgemässer Melodie hat. Dies ist die e i g e n t l i c h e M e h r s t i m m i g k e i t. Einen so abgefassten Satz und die Schreibart selbst nennen wir

p o l y p h o n.

Hier haben wir ein kleines Beispiel. Das Sätzchen

ist so abgefasst, dass man keine Stimme ohne die andre irgend als befriedigend, keine als Hauptstimme ansehn kann;* jede der beiden Stimmen strebt nach möglichster Vollkommenheit in melodischer Beziehung, jede unterstützt, ergänzt die andre und wird von ihr gegenseitig unterstützt, jede hat gleich wesentlichen Antheil am Ganzen. — Wem dies allerdings winzige Beispiel nicht genügt, der sehe sich die Stimmen in irgend einer guten, z. B. Seb. Bach'schen Fuge an, und vergleiche ihre Weise mit den untern, begleitenden Stimmen in irgend einem Tanz oder Marsche: so wird ihm der Unterschied klar vor Augen treten.

Uebrigens ist allerdings P o l y p h o n i e und H o m o p h o n i e nicht so absolut geschieden, dass man nicht im Einzelnen zweifelhaft werden könnte, ob eine Stimme nur die ansprechende, oder doch inhaltvoller ausgeführte Begleitung (z. B die Oberstimme in No. 334), oder die — mitunter auch wenig mehr bedeutende Stimme eines polyphonen Satzes (man nennt sie wohl bisweilen** zum Unterschiede von blosser Begleitung ·

r e a l e S t i m m e n)

---

* Noch mehr ist dies bei den folgenden Sätzen No. 337 — 339 der Fall.

** Bisweilen wird jede Stimme real genannt, die nur überhaupt ihren eignen Gang, — nicht mit einer andern im Einklang oder in Oktaven zusammen, — geht.

sein solle. Auch ist nicht etwa jedes Tonstück durchweg e n t w e -
d e r homophon o d e r polyphon komponirt, vielmehr wechseln in vielen homophone Stellen mit polyphonen, oder es sind einige Stimmen
reale, andre blos begleitende.

Die Abfassung polyphoner Sätze (bisweilen auch die Abfassung
jedes mehrstimmigen Satzes, er sei polyphon oder homophon) wird

### K o n t r a p u n k t.

(die Kunst des Kontrapunkts, Kontrapunktik, Kontrapunktiren) genannt.

Man hat mehrere Arten des Kontrapunkts zu unterscheiden,
namentlich den einfachen, den doppelten, drei-, vier-, mehrfachen
und verkehrten.

### D e r e i n f a c h e K o n t r a p u n k t.

hat es nur mit der Erfindung zweier oder mehrerer realer Stimmen,
— also mit dem polyphonen Satze, wie wir ihn bisher kennen, —
zu thun.

### D e r d o p p e l t e K o n t r a p u n k t

ist die Abfassung zweier realer Stimmen in solcher Weise, dass sie
gegen einander die Stelle tauschen, die Oberstimme zur Unterstimme,
diese zur Oberstimme werden kann. Die Versetzung der Stimmen wird

### U m k e h r u n g

genannt. Hier —

sehn wir einen zweistimmigen Satz,* den wir vor allen Dingen für
einen polyphonen anerkennen müssen. Er ist aber so eingerichtet,
dass die obere Stimme unter die untere, oder diese über die obere —

gesetzt werden kann. Wir haben also ein nach dem doppelten Kontrapunkt abgefasstes Sätzchen vor uns, und erkennen an ihm die
eigentliche Kraft des doppelten Kontrapunkts, die darin besteht, dass
seine Erzeugnisse ohne alle innere Veränderung, durch blosse Umkehrung der Stimmen, eine neue Gestalt von eigner Bedeutung annehmen können, also doppelte Geltung haben.

.

——    ——

* Und zwar ist die Oberstimme der Anfang des Chorals: »Vom Himmel
hoch da komm' ich her«; es war daher nur die Unterstimme d a z u zu erfinden.
Ein solcher zuzuerfindender Satz wird bisweilen vorzugsweise »d e r K o n t r a -
p u n k t« und seine Erfindung K o n t r a p u n k t i r e n genannt.

Wie geschieht nun die Umkehrung? Dadurch, dass entweder die obere Stimme tiefer, oder die untere höher gesetzt wird. Diese Versetzung kann um acht, neun, zehn, elf, zwölf, dreizehn, vierzehn Stufen geschehn; es giebt daher **sieben** Arten des doppelten Kontrapunkts: den Kontrapunkt

> in der Oktave,
> -  -  None,
> -  -  Dezime,
> -  -  Undezime,
> -  -  Duodezime,
> -  -  Terzdezime (*decima tertia*),
> -  -  Quartdezime (*decima quarta*),

von denen die erste die leichteste und zugleich brauchbarste* ist. Der obige Satz (No. 337) ist, wie man sieht, nach dem doppelten Kontrapunkt der Oktave abgefasst.

**Der drei-, vier-, mehrfache Kontrapunkt** hat es, wie man schon erräth, mit der Abfassung eines drei-, vier-mehrstimmigen Satzes zu thun, dessen sämmtliche Stimmen gegen einander umgekehrt werden können. Hier —

---

* Man kann geradezu die andern Kontrapunkte (allenfalls mit Ausnahme des Kontrapunkts der Dezime und Duodezime) für **unbrauchbar** erklären, an so viel Bedingungen und Berechnungen ist ihre Abfassung gebunden. Für die Kontrapunkte der Dezime und Duodezime giebt es eine Erleichterung, aber auch hier auf Kosten der künstlerischen Freiheit, — das heisst also: der ersten Bedingung für das Entstehn wahrer Kunstwerke. Und obenein ist der Gewinn höchst unbedeutend. Vergl. Th. II der Kompositionslehre.

ein flüchtiges Beispiel dreifachen Kontrapunkts. Die drei Stimmen des Satzes *a.* lassen, wie in *b., c., d., e., f.* angedeutet ist, sechs verschiedne Stellungen (fünf Umkehrungen) zu; wenn man auch begreiflicher Weise nicht alle sechs durchgebrauchen wird, so erkennt man doch die Vielseitigkeit eines solchen Satzes, und kann davon nach eignem Ermessen Gebrauch machen. — Der vierfache Kontrapunkt würde übrigens 24 und der fünffache gar 120 verschiedne Stellungen der Stimmen zulassen.

Bei dem

### verkehrten

oder doppelt verkehrten Kontrapunkt werden die Stimmen nicht blos gegen einander umgekehrt, sondern auch Schritt für Schritt in entgegengesetzter Richtung geführt; jeder Schritt, jede Terz, Quarte u. s. w., die aufwärts ging, wird in einem gleichen Schritt abwärts verwandelt, und umgekehrt.

So viel von diesen verschiednen kunstreichen Schreibarten, damit wenigstens im Allgemeinen ihr Sinn gefasst werden könne. Das Nähere, und namentlich die Prüfung, welche von diesen Formen für den Künstler praktischen Werth haben, muss der Kompositionslehre überlassen bleiben. Uebrigens können in einem Satze neben den umkehrungsfähigen Stimmen auch noch blosse Begleitungsstimmen vorhanden sein. Ist nun von doppeltem, zwei-, drei-, mehrfachem Kontrapunkte die Rede, so werden nur die Stimmen gezählt, die gegen einander umgekehrt werden können, nicht aber die ausserdem noch zugefügten.

Hier können wir schon einigermaassen übersehn, auf wie vielfache Art ein Satz dargestellt werden kann. Wir können ihn einstimmig oder mehrstimmig darstellen; im letztern Falle homophon oder polyphon; wiederum den polyphonen Satz in den Formen des einfachen oder doppelten und mehrfachen Kontrapunkts.

Alle Kunstformen sind entweder in homophoner, oder in polyphoner Schreibart abgefasst, oder sie bedienen sich abwechselnd und vermischt des polyphonen und homophonen Satzes. Wir wollen uns dieser Unterscheidung bedienen, und erst von den rein oder vorzugsweis polyphonen Formen handeln, dann zu den homophonen übergehn. Späterhin erst, wenn wir die Formen aus der Schreibart entwickelt haben, wird die Anwendung auf die verschiednen Musikorgane folgen.

# Dritter Abschnitt.

## Die polyphonen Formen.

Von den polyphonen Formen sind besonders drei Hauptarten: Figuration, Fuge und Kanon, und von jeder die wichtigsten Anwendungen zu merken. Ihnen gesellen sich einige verwandte Formen zu.

### 1. Die Figuration.

Figuration nennen wir zuerst die Begleitung irgend einer feststehenden Melodie (z. B. einer Choralmelodie) mit einer oder mehr melodisch ausgebildeten Stimmen. Die dazu gewählte Hauptmelodie, meistens die eines Chorals, heisst dann fester (unabänderlicher) Gesang, oder *cantus firmus*, die hinzugesetzten Stimmen aber nennen wir

### F i g u r a l s t i m m e n

und die Arbeit selbst f i g u r i r e n.

Wie unterscheidet sich nun die Begleitung mit Figuralstimmen von blos homophoner Begleitung? Dadurch, dass die Figuralstimmen eignen, für sich geltenden Inhalt haben und nach melodischer Vollendung streben, die homophonen Begleitungsstimmen nicht. Hier —

340

sehn wir die schon No. 337 gebrauchte Choralzeile mit homophoner Begleitung, bei *a.* in enger, bei *b.* in weiter Harmonielage. Keine der begleitenden Stimmen hat besondern Inhalt und erregt für sich besondern Antheil; das sieht man schon daraus, dass keine von ihnen eigenthümlichen Rhythmus hat. Sie sind alle nur der Hauptstimme wegen, um diese mit Harmonie zu unterstützen, da. Giebt man ihnen auch da oder dort eine eigne, belebende Wendung, wie z. B. hier, —

so erkennt man doch im Ganzen mit Sicherheit, dass jede dieser Stimmen nur Nebenstimme, nur Begleitung der Haupt- stimme ist. Betrachtet man dagegen die in No. 337 zu demselben Cantus firmus gesetzte Stimme, oder diesen Satz:

so sieht man, dass freilich auch hier die untern Stimmen den Cantus firmus begleiten, dass aber jede derselben i h r e n g a n z e i g n e n, vom Cantus firmus wesentlich unterschiednen I n h a l t hat, jede von ihnen strebt, sich als eigne Melodie zu vollenden.

Solche Figurationen nehmen die mannigfaltigste Gestalt an. Bald ist der Cantus firmus in der Ober–, bald in der Unter- oder einer Mittelstimme, bald abwechselnd in einer oder der andern; bald steht demselben eine Stimme (wie in No. 347), bald stehn ihrer zwei, drei und mehr gegenüber. Von mehreren Figuralstimmen nimmt bald jede ihren eignen Weg, bald suchen sie wenigstens ein kleines Motiv gemeinschaftlich, entweder nach einander oder gleichzeitig mit einander festzuhalten (wie oben das mit *a.* bezeichnete), bald suchen sie einander in grössern Sätzen, wie z. B. dieses kleine Bei- spiel in dem mit *b.* bezeichneten Sätzchen, —

nachzuahmen. Bald beginnen und schliessen sie mit jeder Strophe

des Cantus firmus, bald machen sie Einleitungen, Zwischen- und Nachsätze, oder — wie sie in Bezug auf den Choral heissen, — **Vor-, Zwischen- und Nachspiele.**
In allen diesen Gestalten kann sich denn der mannigfaltigste Sinn aussprechen.

Endlich findet man Figurationen, in denen der Cantus firmus selbst nicht ganz genau beibehalten, sondern in eine andre Taktart gebracht, oder durch melismatische Zusätze (durch Veränderungen und Zusätze zu seiner ursprünglichen Weise) mehr oder weniger verändert erscheint. In dieser Weise hat z. B. Seb. Bach* die Melodie des Chorals: »Wer nur den lieben Gott lässt walten«

in einer Figuration so ausgeführt:

## 2. *Der feste Bass.*

Eine der vorhergehenden nah verwandte Form ist der feste Bass, von ältern Komponisten (namentlich von Seb. Bach und Händel) vielfach, später gar nicht mehr angewendet, wiewohl seine Bedeutsamkeit und Verwendbarkeit eben so feststeht, wie früher. Der Bass trägt einen nicht allzulangen Satz (von vier, sechs, acht Takten) zuerst allein vor. Dieser Satz tritt gleichsam an die Stelle des Cantus firmus im Choral, er wird das stets festgehaltne Grundthema. Der Bass wiederholt ihn fortwährend, die obern Stimmen führen ihm gegenüber eine immer reicher und stärker sich entfaltende Figuration aus, so dass abermals einer festgehaltnen Melodie gegenüber ein polyphones Stimmgewebe das innerliche Leben in mannigfachster Weise ausströmt, bald sich dem Maasse des Grundthemas fügend, indem es mit seinem Schlusse schliesst, bald über den Schluss des Themas hinausströmend in dessen Wiederholung, gelegentlich das Thema selbst dem Bass abnehmend, zuletzt vielleicht es als Fugen-

---

* Man vergleiche die zur Einführung in die Werke des grossen Meisters bei R. Cocks in London und Challier in Berlin herausgegebne »Auswahl aus Sebastian Bach's Kompositionen«, zweite Ausgabe.

thema fassend und durchführend.    Für den ersten Anblick stehe
hier —

der geringe Anfang eines solchen Satzes.    Das (des Raumes wegen
nur kleine) Thema *A.* wird bei *B.* wiederholt, und hier beginnen
die drei Oberstimmen ihren Gesang zu entwickeln; bei *C.* setzt das
Thema zum drittenmal ein und der Gesang der Oberstimmen scheint
fliessender und reicher werden zu wollen. — Eine geistreiche Anwendung dieser Form ist in Händel's Alexanderfest in dem Chor:
»Die ganze Schaar erhebt ein Lobgeschrei«, — eine mächtige eben
da in dem Chor: »Weck' ihn auf aus seinem Schlummer« zu finden;
in tiefrührendster Weise tritt sie im Crucifixus der Hohen Messe von
Seb. Bach auf.

Ein solcher sich hartnäckig (obstinat) wiederholender Bass
heisst in der ältern Kunstsprache *Basso ostinato*, und dieser Name
bezeichnet die ganze Form.    Am reichsten ist dieselbe übrigens in
Seb. Bach's Passacaglia ausgeführt.

### 3. *Die Nachahmung.*

In den Figurationen ist ein kleines Motiv (oder deren zwei,
drei) der eigentliche Kern und Trieb des ganzen Stimmgehalts; eine
Stimme nach der andern ergreift dieses Motiv und führt ihren Gesang dann weiter.    Auch grössre Melodiestücke können von einer
Stimme vorgetragen und von einer oder mehreren andern mehr oder
weniger genau wiederholt (mit dem Kunstausdrucke: nachgeahmt)
werden, während die vorangehende Stimme ihren Gesang fortsetzt.
So bildet B a c h in einer seiner »Inventionen« diesen Nachahmungs-
satz, —

347

in welchem die zweite Stimme der ersten eine Zeit lang folgt, bis beide frei weitergehn, zur Nachahmung (unter Vortritt der Unterstimme) zurückkehren u. s. w. Offenbar ist das nachgeahmte Melodiestück weit ausgedehnter und von selbständigerer Bedeutung, als das Figuralmotiv. In andrer Weise tritt hier

348

ein zweistimmiger Satz einstweilen ohne alle Nachahmung auf. Würde er fortgesetzt und irgendwo, z. B. auf der Dominante geschlossen, so könnten die Stimmen ihn in derselben oder einer andern Tonart, streng oder frei (mit gelegentlichen Aenderungen) wiederholen, aber in der Umkehrung, so dass die Oberstimme nähm', was zuvor die Unterstimme gehabt, und diese, was jene. Hier

349

ist eine solche sehr freie Nachahmung in der Tonart der Dominante begonnen. Die Stimmen führen ihren Gesang, ihre Bewegung für sich allein durch eine Reihe von Akkorden oder Modulationen aus, und schliessen ebenso, ohne dass man berechtigt wäre, eine von ihnen Hauptstimme, die andre Nebenstimme zu nennen, wenn auch eine von ihnen (meist die Oberstimme) v o r ü b e r g e h e n d, etwa am Schluss, eine vorherrschende Wendung der Melodie ergreift. Wir finden diese Form häufig in Vorspielen oder Einleitungen zu grössern Musikstücken, in Etüden für Klavier, in Duetten, oder als Bestandtheile grössrer Kompositionen. Der alte Name ist: I m i t a - t i o n.

## 4. Die Fuge.

Die Fuge ist eine zwei- oder mehrstimmige Komposition, in der ein einstimmiger (bestimmt in sich abgeschlossner) Satz,

**T h e m a**

genannt, erst in einer Stimme auftritt, dann von einer Stimme in die andre wandert, und den Hauptinhalt des ganzen Tonstückes ausmacht. Während eine zweite Stimme das Thema aufnimmt, — was man in der Kunstsprache die **Antwort** (Beantwortung) des Themas nennt, — führt die Stimme, die es zuerst gehabt, ihren Gesang fort, der nun also dem Thema gegenübersteht, und deshalb

### Gegensatz

heisst. Nach der zweiten Stimme ergreift eine dritte, vierte, — so viel Stimmen an der Fuge theilnehmen, — das Thema, die andern fahren fort und bilden insgesammt (sofern nicht eine oder die andre pausirt) dem Thema gegenüber den Gegensatz, von ältern Tonlehrern auch **Gegenharmonie** genannt.

Nun würde es aber zu einförmig sein, wenn das Thema von jeder Stimme fortwährend auf denselben Stufen vorgestellt werden sollte. Man wechselt also in mannigfacher Weise, und am regelmässigsten so, dass, wenn die erste Stimme das Thema in der Tonleiter des Haupttones vorgetragen hat, die folgende Stimme dasselbe in der Tonleiter der Dominante wiederholt. Bei dieser Weise der Beantwortung nennt man das Thema in der Haupttonleiter

### Führer (*dux*)

und die Antwort darauf, das Thema in der Nebentonleiter,

### Gefährte (*comes*).

Im Allgemeinen wird übrigens der Gefährte dem Führer genau, Note für Note, nachgebildet; besondre Umstände können jedoch zu einzelnen kleinen Abweichungen nöthigen, wofern nur nicht das Thema dadurch wesentlich verändert, oder gar unkenntlich wird. Betrachten wir vorerst einen kleinen Fugensatz, der mehr nach möglichster Einfachheit und Kürze, als nach Kunstwirkung strebt:

350

Hier sehn wir bei *a.* das **Fugenthema** (es ist der schon öfter gebrauchte Choralanfang) oder den **Führer**; er tritt im Alt zuerst ganz allein auf. Der Diskant antwortet darauf mit dem **Gefährten**, man wird in demselben (*b.*) ohne Zweifel das Thema erkennen, obgleich er in einem andern Ton (der Tonart der Dominante) erscheint, und ein Paar Intervalle verändert hat. Während der Diskant den Gefährten vorträgt, setzt der Alt seinen Gesang fort; was er vorträgt (e), ist der G e g e n s a t z.

Jetzt müsste man erwarten, sofort im fünften Takte das Thema in einer neuen Stimme zu hören. Es ist aber vorgezogen worden, den Eintritt der dritten Stimme mit dem Thema zu verzögern; ein

## Z w i s c h e n s a t z

(von ältern Tonlehrern Z w i s c h e n h a r m o n i e genannt) unterbricht die Wiederholungen, führt bequemer nach *C* dur zurück, wo der Führer wieder eintreten soll, und verhindert, dass das Thema durch unaufhörliche Wiederholung ermüde. Im siebenten und neunten Takte treten nun Bass und Tenor mit Führer und Gefährten auf, im elften Takte beginnt wieder ein Zwischensatz, der nicht zu Ende geführt ist. Hier könnte die Fuge zum Schlusse gehn, wenn der letzte Takt wieder nach *C* dur zurückkehrte. Es konnte aber auch (und dies ist der gewöhnliche Fall) weiter gegangen, nach dem Zwischensatze wieder das Thema in irgend einer Stimme eingeführt und von andern Stimmen beantwortet werden.

Jeder Lauf des Themas durch die Stimmen heisst

## D u r c h f ü h r u n g.

Die Durchführung ist v o l l s t ä n d i g, wenn alle Stimmen an ihr theilgenommen haben, wie in No. 350; u n v o l l s t ä n d i g, wenn nicht alle Stimmen das Thema gehabt; ü b e r v o l l s t ä n d i g, wenn eine oder einige Stimmen es mehr als einmal gehabt haben. Meistens, wie gesagt, enthält die Fuge mehrere Durchführungen; hieraus erst begreifen wir den Zweck der Zwischensätze vollständig: sie dienen, die einzelnen Durchführungen aus einander zu halten und dadurch Ueberschaulichkeit und Abwechslung in das Ganze zu bringen.

Woran erkennen wir aber das Thema einer Fuge? Wir sehn wohl seinen Anfang in der ersten Stimme; wo aber ist sein Ende, seine Gränze vom Gegensatz? — Dies finden wir, — wenn wir e r s t e n s nach den allgemeinen Grundsätzen über Melodie untersuchen, wo der Satz, mit dem die erste Stimme beginnt, ein befriedigendes Ende hat; z w e i t e n s durch Vergleichung des Führers mit dem Gefährten in den beiden anfangenden Stimmen; so weit beide mit einander gehn, so weit geht (in der Regel) das Thema, — wobei die kleinen bisweilen nöthig werdenden Abweichungen im Laufe des Gefährten unberücksichtigt bleiben. Meist genügt das erste Merkmal.

Merkenswerth sind einige besondre Umgestaltungen des Fugenthemas. Man lässt es bisweilen in der

## V e r g r ö s s e r u n g,

das heisst mit doppelt grossen Noten (z. B. mit Vierteln statt der Achtel), bisweilen in der

**Verkleinerung,**

das heisst mit doppelt kleinen Noten (z. B. Sechszehntel statt der Achtel), bisweilen in der

**Verkehrung**

auftreten, das heisst in der Weise, dass jeder Schritt, der hinunter ging, nun hinauf geht, und umgekehrt. Hier —

sehn wir das Thema der oben angefangnen Fuge in zweierlei Grössen neben einander; man kann die erste Stimme Vergrösserung der andern, oder diese Verkleinerung der ersten nennen. Hier —

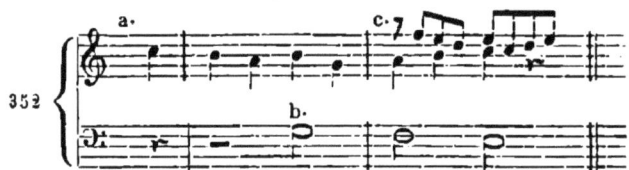

sehn wir bei *a.* das Thema in rechter Bewegung (in der ursprünglichen Grösse), bei *b.* in der Vergrösserung und bei *c.* in der Verkleinerung, also in drei verschiednen Grössen vereint. Hier —

sehn wir bei *a.* und *b.* das Thema in der Unterstimme in rechter Bewegung, in der Oberstimme in der Verkehrung, bei *c.* in der Unterstimme in rechter Bewegung und Grösse, in der Oberstimme in der Verkehrung und zugleich verkleinert. — Es versteht sich von selbst, dass diese Formen viel grössern Eindruck machen, wenn sie in einem wahren Kunstwerk' auftreten, als hier, wo wir nur ein möglichst kleines und einfaches Beispiel geben wollten. Ihre wahre Bedeutung bringt die Kompositionslehre zur Sprache.

Tritt eine Stimme mit dem Thema auf, während eine andre dasselbe begonnen, aber noch beschäftigt ist, es zu Ende zu führen: so nennt man eine solche Durchführung

**Engführung;**

No. 351, 352, 353 *b.* und *c.* sind also Engführungen von zwei und drei Stimmen.

Von den vielerlei Arten der Fuge erwähnen wir nur die vorzüglichsten.

Nach der Zahl der theilnehmenden Stimmen werden die Fugen in

**zwei-, drei-, vier-, mehrstimmige**

getheilt.

Ausser den an der Fugenarbeit theilnehmenden Stimmen können noch andre, blos begleitende oder sonst ihren eignen Gang neben der Fugenarbeit fortführende im Stimmgewebe enthalten sein. Die blos mit den fugirenden Stimmen zu deren Unterstützung gehenden Stimmen (z. B. die Instrumentalbegleitung zu einer Singfuge, die blos mit den Singstimmen in Einklang und Oktaven geht) verändern den Karakter der Form nicht. Nimmt aber die Begleitung ihren eignen Gang, hat sie besondre Melodien, Gänge, Figuren vorzutragen, so heisst die Fuge eine

**begleitete Fuge.**

Ein Beispiel hierzu ist der Fugenanfang „Quam olim Abrahae" in Mozart's Requiem.

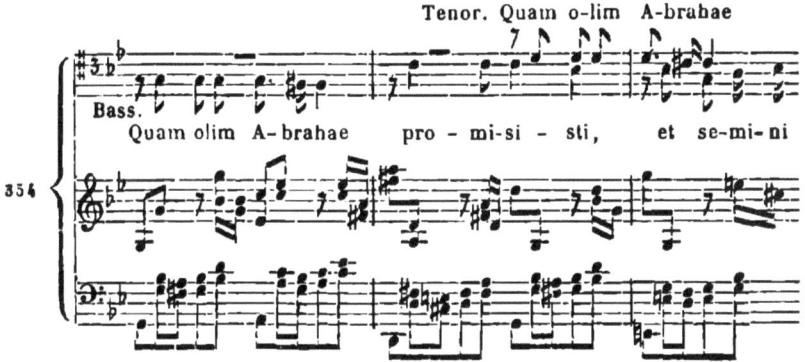

wo Bläser mit den Singstimmen den Fugensatz durchführen, das Streich-Quartett aber in ganz eigner Weise dagegen tritt.

Bisweilen wird der Fuge neben den blos unterstützenden Stimmen nur eine bewegliche, figurirte Oberstimme gegeben, die dann vorzugsweise der

**Kontrapunkt**

(die dagegen, nämlich gegen den Hauptsatz — die Fuge — gesetzte Stimme) heisst. Bisweilen ist es der Bass, der eine Gegenstimme gegen die Fuge macht; dieser heisst dann, besonders wenn er in gleichmässiger Weise (z. B. in Achteln oder Vierteln) fortgeht,

**gehender Bass**

oder *Continuo*. Mit einem Continuo ist unter andern das Kyrie in Seb· Bach's *G*dur-Messe und das Credo in dessen Hoher Messe

begleitet; figurirte Oberstimmen findet man öfters bei J. Haydn,
in Hummel's Messen und andern.

### 5. *Die Doppel- und mehrfache Fuge.*

Statt eines einfachen Themas können in einer Fuge auch zwei,
drei, — und noch mehr Themate gegen einander geführt werden.
Hier —

haben wir wenigstens den (möglichst kurz gehaltnen) Anfang einer
Doppelfuge. Der Tenor setzt bei *a.* das erste Thema, der Bass bald
darauf, dem ersten Thema gegenüber, bei *b.* das zweite Thema ein,
bei *c.* beantwortet der Alt das erste und bei *d.* der Diskant das
zweite Thema. Sollte die Durchführung vollständig werden, so müsste
der Bass noch mit dem ersten und der Tenor mit dem zweiten, ferner der Diskant mit dem ersten und der Alt mit dem zweiten Thema
auftreten, so dass jedes Thema in jeder Stimme dagewesen wäre.
— Dass von *e.* und *f.* an beide Unterstimmen den Gegensatz bilden,
ist von S. 280 her bekannt. Ebenso leuchtet ohne Weiteres ein, dass
dreifache Fugen, — auch

### Tripelfugen

genannt, — drei, ferner dass mehrfache Fugen alle Themate gegen
einander durchzuführen haben, wie die Doppelfuge ihre zwei Themate; selten oder nie hat man übrigens Anlass und Recht, über die
Zahl von drei Themate, also über die Tripelfuge, hinauszugehn.

Doppel- und mehrfache Fugen haben — abgesehn von dem,
was aus der Mehrzahl ihrer Themate folgt — ganz gleiche Einrichtung mit der einfachen Fuge. Die zwei oder mehr Themate müssen
regelmässig wenigstens einmal gegen einander durchgeführt sein,
können aber auch getrennt von einander einzeln durchgenommen
werden. Oft treten sogar Doppelfugen erst mit einem Thema auf

und führen es allein durch, dann mit dem andern in einer besondern Durchführung (so dass die Komposition gleichsam mit zwei verschiednen, aber mit einander verbundnen einfachen Fugen anhebt) und bringen erst darnach beide Themate zusammen, so dass die eigentliche Doppelfuge erst mit dieser dritten Durchführung anhebt. Von dieser Beschaffenheit ist das ,,Confiteor unum baptisma'' in Seb. Bach's Hoher (*H* moll-) Messe. Oder es tritt das erste Thema in einer Stimme allein auf; wenn dann die zweite Stimme dasselbe beantwortet, nimmt die vorhergehende das zweite Thema, gleichsam wie einen Gegensatz; und so laufen erstes Thema und Gegensatz (zweites Thema) durch alle Stimmen. Ein Beispiel giebt die *G*-moll-Fuge in Seb. Bach's wohltemperirtem Klavier Theil I. So auch pflegt man in Tripelfugen, damit jedes Thema erst sicher gefasst werde, nicht mit allen drei Thematen zugleich aufzutreten, sondern erst mit zweien und dann mit dem dritten (ein Beispiel giebt das Kyrie in Seb. Bach's *G* dur-Messe), oder (wie im 1. Psalm des Verf.) erst mit einem Thema, dann mit den beiden andern.

Uebrigens heissen in Doppel- und mehrfachen Fugen die Themate
S u b j e k t e
(erstes, zweites Subjekt u. s. w.) und namentlich in der Doppelfuge das zweite Subjekt auch
K o n t r a s u b j e k t ;*
die Fuge mit einem einzigen Thema im Gegensatz zu den Doppel- und mehrfachen Fugen heisst
e i n f a c h e F u g e.
Eine kleiner gehaltne Fuge heisst
F u g h e t t e ;
ein n u r u n g e f ä h r die Fugenform benutzendes Tonstück heisst
f r e i e F u g e,
im Gegensatz zur wirklichen, oder
s t r e n g e n F u g e,
in der die Form nach allen Gesetzen treu beobachtet ist.

Ein blos fugenartig gearbeiteter kürzerer Satz in einem grössern Ganzen (z. B. in Sonaten, Symphonien u. s. w.) endlich wird
F u g a t o
genannt; auch selbständige frei und leicht gehaltne Fugensätze erhalten oft diesen Namen.

So viel, — freilich nur das Nächstnöthige und Allgemeinste, — über die vorzüglich reiche und wichtige Fugenform. Von den man-

---

* Bisweilen giebt man diesen Namen auch den blossen Gegensatz in einfachen Fugen.

cherlei Verbindungen derselben mit andern Formen sind besonders
zwei zu erwähnen. Die erste ist die

**Fuge zum Choral;**

so heisst die Begleitung einer Choralmelodie mit einer Fuge, — wie
wir zuvor eine solche Melodie mit blosser Figurirung begleitet gesehn
haben. Die andre ist der

**fugirte Choral,**

die fugenmässige Durcharbeitung eines ganzen Chorals, in der e i n e
S t r o p h e  n a c h  d e r  a n d e r n  als Fugenthema aufgefasst und einzeln, jede für sich besonders, durchgeführt wird.

Beide Formen finden wir am reichsten in Seb. B a c h ' s Kirchen-
musiken und Orgelstücken, letztere namentlich ist wunderwürdig
angewendet in der Kirchenmusik: ,,Ein' feste Burg ist unser Gott'',
und einer Behandlung des Chorals: ,,Aus tiefer Noth schrei' ich zu
dir''. *

## 6. *Der Kanon.*

In der Fuge übernahm zwar eine Stimme nach der andern das
Thema; allein in Gegen- und Zwischensätzen hatte jede Stimme
mehr oder weniger ihren eignen Gesang, und selbst das Thema
blieb, wie wir gesehn haben, nicht ganz unverändert.

Wenn wir nun zwei oder mehr Stimmen nach einander eintreten und von da an gleichzeitig mit einander fortgehn lassen, die
Note für Note eine die andre nachahmen, deren also jede denselben
Gesang von Anfang bis zu Ende vorträgt, so haben wir einen Kanon
vor uns. Er ist also eine Komposition, in der eine Stimme der andern nicht blos einen bestimmten Satz, ein Thema, nachsingt, sondern Note für Note den ganzen Gesang. Dies kann nun so geschehn,
dass der einen vorausgehnden Stimme nur eine nachfolgt, wir also
nur zwei kanonische Stimmen haben, oder dass drei, vier und mehr
Stimmen den Kanon ausführen. Hiernach haben wir

**z w e i -,  d r e i -,  v i e r -,  m e h r s t i m m i g e**
Kanons.

Ferner können die nachfolgenden Stimmen den Gesang der ersten auf denselben Stufen und in derselben Oktave nachahmen; dies
nennt man einen

**K a n o n  i m  E i n k l a n g e , —**

oder in einer höhern oder tiefern Oktave; dies ist ein

**K a n o n  i n  d e r  O k t a v e , —**

---

* Hierzu der Anhang **B.**

oder in irgend einem andern Intervall von Sekunde bis Septime, —
als Kanons in der

### Sekunde u. s. w. bis Septime, —

oder endlich kann in mehrstimmigen Kanons eine Stimme in diesem,
die andre in einem andern Intervalle nachfolgen; dies nennt man

### gemischten Kanon.

Alle diese Arten des Kanons nennt man

### eigentliche Kanons,

wenn sie nach den Gesetzen des doppelten oder mehrfachen Kontrapunkts abgefasst und der Umkehrung ihrer Stimmen (so dass die
obere zur untern wird u. s. w.) fähig sind. Ist dies nicht der Fall,
so heisst der Kanon ein uneigentlicher oder

### Scheinkanon,

oder blosse Nachahmung. Die Kanons im Einklange sind insofern
nur Scheinkanons, als die Umkehrung ihrer Stimmen keine Aenderung im Satze zu Wege bringt.

Hier folgen als flüchtige Beispiele einige Anfänge von Kanons,
die man sich beliebig weit fortgeführt denken möge.

Bei *A.* sehn wir, wenn wir blos die ersten Stimmen betrachten, einen Kanon im Einklange; die dritte Stimme ahmt in der
Oktave nach. Bei *B.* sehn wir den Anfang eines zweistimmigen
Kanons in der (untern) Quarte; kehren wir die Stimmen um, so stellt
er sich als Kanon in der (obern) Quinte dar:

Bei *C.* sehn wir einen gemischten Kanon vor uns, dessen Stimmen
in der Unterquarte und Unternone (oder untern Sekunde in tieferer
Oktave) folgen. Setzen wir die zweite Stimme zu oberst (*a.*) oder
die erste zu unterst und die dritte zu oberst (*b.*),

so erhalten wir kanonische Nachahmungen in der Oberquinte und
Unternone, oder in der Oberquinte und Oberseptime; andre Umkehrungen mag man sich selber suchen.

Sind bei der Anfertigung eines Kanons alle Gesetze dieser Form
genau beobachtet, ist namentlich die erste Stimme von den folgenden
pünktlich nachgeahmt: so nennt man ihn einen

### strengen Kanon;

ist dagegen der Kanon überhaupt nicht genau gearbeitet, der Gesang
der ersten Stimme nur ungefähr nachgeahmt,* so wird er

### freier Kanon

genannt.

Betrachten wir nun die Anlage eines Kanons, so kann strenggenommen kein Schluss aller Stimmen, sondern nur allmähliches Aufhören einer Stimme nach der andern, wie eine nach der andern
angefangen hatte, stattfinden.   Da dies aber in der Regel den Intentionen eines Kunstwerks widerspricht, das vielmehr bestimmt und
kräftig abzuschliessen strebt: so macht man meist dem Kanon an
irgend einem gelegnen Punkte, wenn alle Stimmen im Gange sind,
willkührlich ein Ende, oder setzt einen freien Schluss hinzu, in
dem weiter keine kanonische Nachahmung stattfindet.   So könnten
wir dem Kanon No. 356 *C.* diesen Schluss

anhängen; freilich würde dann die kanonische Nachahmung der zweiten Stimme nur bis *a.*, und die der dritten gar nur bis *b.* (in der
ersten Stimme) reichen.

Da nun, wie wir gesehn haben, im Kanon jede Stimme denselben Gesang, wenn auch auf andern Tonstufen, auszuführen hat,

---

* Eine Art der Abweichung findet in allen Kanons ausser denen im Einklang und der Oktave  n o t h w e n d i g  statt. Sie müssen nämlich alle in derselben Tonart antworten, folglich aus kleinen Intervallen bisweilen grosse und aus
grossen kleine machen. In No. 356 *C.* z. B. macht die erste Stimme anfangs
Schritte von einem halben, halben, ganzen Ton, die zweite von dreimal ganzen
Tönen, die dritte von zweimal einem ganzen und dann einem halben Ton.

so schreibt man bisweilen nur eine Stimme nieder, und bemerkt in der Ueberschrift, wie viel Stimmen einander und in welchen Intervallen sie folgen sollen; der Ort, wo die Stimmen eintreten, wird über den Noten selbst bezeichnet. Wir hätten also den Kanon No. 356 *C.* auch so:

Canone a tre in Quarta e Nona inf.

360

aufzeichnen können. — Ein Schulspass früherer Zeit war es, Kanons in dieser Weise o h n e Angabe der Stimmzahl, Intervalle und Eintritte, oder auch wohl mit irreführenden Schlüsseln u. s. w. aufzuzeichnen, und als R ä t h s e l k a n o n s dem müssiggängerischen Scharfsinne solcher Musiker, die — nichts Besseres zu thun hatten, zur Lösung aufzutischen.

Schliesslich sei noch einer besondern Art, des

## Z i r k e l k a n o n s,

gedacht, dessen erste Stimme in einem andern Tone (meist der Oberdominante) schliesst, z. B. von *C* aus in *G*. Da jede Stimme genau nachahmt, so muss die folgende Stimme wieder in dem andern Tone, — das heisst in dem dritten, — z. B. nun von *G* aus in *D*, die dritte Stimme in *A* schliessen, und so fort. So durchläuft der Kanon allmählich alle Tonarten, wenn man ihn nicht irgendwo willkührlich abbricht. Hier —

361

geben wir den Anfang eines (freilich nur winzigen) Kanons dieser Art. Die erste Stimme geht nach *G* dur über, die zweite setzt also gleich in *G* dur (in der obern Quinte) ein und geht nach *D* dur. Hier setzt die dritte (in der Unterquarte) ein und geht nach *A* dur. Mittlerweile hat die erste Stimme geschlossen, und würde nun im folgenden Takte, gleich einer neuen Stimme, in *A* dur neu einsetzen, um nach *E* zu gehn und so fort.

Wunderschön ist diese Form im *Christe eleïson* der B a c h'schen *A* dur-Messe angewendet.

----

# Vierter Abschnitt.

## Die homophonen und gemischten Formen.

Die erste Klasse der hier zu nennenden Formen enthält sich meistens des polyphonen Satzes gänzlich; wir könnten also zuerst die rein homophone Form betrachten. Aber eines Theils wird sie unsre Aufmerksamkeit nicht lange fesseln, andern Theils kann sie ebenfalls polyphone Sätze in sich aufnehmen. Wir betrachten sie also ungetrennt von den gemischten Formen.

Hier treten uns folgende Formen entgegen.

## 1. *Die Liedform.*

Unter diesem Namen fassen wir alle Tonstücke zusammen, die nur einen einzigen Hauptgedanken haben, der sich entweder als ausgeführterer Satz, oder als Periode (mit Vorder- und Nachsatz), oder auch als eine gleichsam aus einander gefallene Periode mit erstem und zweitem Theil, — oder erstem, zweitem und drittem Theil (dann ist letzterer meist Wiederholung des ersten) darstellt. Es können sogar zwei, drei solche Bildungen in Einem liedförmigen Tonsatze zusammentreten; aber sie erscheinen dann ohne festere Verbindung oder Ineinanderarbeitung blos nach einander, etwa als zweimal zwei, oder dreimal zwei Theile, das zweite Theilpaar wird in diesem Falle

T r i o,

das dritte Trio 2 genannt und als ein zweites nur angehängtes Tonstück betrachtet. Solche Trios werden der Abwechselung wegen gewöhnlich in eine andre Tonart gestellt, oder in ein andres Tongeschlecht, und dann — wenn sie der Mollton derselben Tonstufe sind,

Minore,

wenn sie der Durton derselben Tonstufe sind,

Maggiore

genannt. Nach ihnen wiederholt man das Hauptstück im Haupttone (giebt ihm dann, wenn das Trio Minore war und es wieder Dur wird, den Namen Maggiore und so umgekehrt) und sucht dadurch wenigstens oberflächliche Einheit in das Ganze zu bringen.

In dieser Liedform sind die meisten Lieder für Gesang, Tänze, Märsche, viele Etüden, Einleitungen u. s. w. geschrieben. Vor allem Hierhergehörigen ist eine besonders wichtige Art zu betrachten,*

die Variation,

oder genauer zu reden: ein Thema mit Variationen. Variation ist nichts anders, als die Umgestaltung eines Satzes mit Hülfe melodischer, harmonischer, kontrapunktischer, rhythmischer Mittel. Der zum Grunde gelegte Satz heisst

Thema;

er wird gewöhnlich mehrmals, in verschiedner Weise, variirt, und die gesammten Variationen gelten dann mit dem Thema als ein Ganzes, das entweder mit einer Rückkehr zum Thema, oder mit einer weiter und reicher ausgeführten Variation, oder auch mit einem Anhange schliesst. Bisweilen hängen einzelne Variationen durch leichte Uebergänge unter einander zusammen, meistens schliesst aber jede für sich ab und der Zusammenhang des Ganzen beruht nur auf der Einheit des allen unterliegenden Themas und auf der durch alle durchgehenden Stimmung oder Idee des Komponisten, — wenn eine solche vorhanden ist.

Nicht blos in den Einzelheiten der Stimmführung u. s. w. verändern Variationen ihr Thema; sie nehmen auch noch besondre Formen, die eines Marsches oder Tanzes, Fugenform, Rondoform (von der weiterhin) und andre, an.** — Es wird Jedem erspriessliche Uebung sein, Variationenhefte genau durchzugehn, und sich so viel als möglich deutlich zu machen, wie und wodurch in jeder einzelnen Variation das Thema verändert worden ist.

## 2. *Die Rondoform.*

Das Eigenthümliche dieser Form besteht darin, dass sie e i n e n Hauptsatz hat, den sie in Verbindung mit andern Sätzen aufführt,

---

* Neben den neuern Tänzen gehören auch die ältern, theils noch in unsrer (z. B. G l u c k' s) Balletmusik, theils in den H ä n d e l'schen und B a c h'schen Suiten vorkommenden Tänze : Gavotte, Passacaglia, Courante, Sarabande, Bourrée, Gigue, Musette. Passepied, auch der Fandango (von M o z a r t in Figaro gebraucht), hierher.

** Die Variationenform ist, wenn der Komponist es leicht nimmt und seine Themate — eins wie das andre — mit hergebrachten Musikphrasen ausstaffirt, allerdings leicht herstellbar und von geringem Werthe. Sie ist sogar durch massenhafte Verwendungen solcher Art von Arbeiten, zu denen jeder fertige Spieler sich stark genug und berufen fühlen konnte, eine Zeit lang verrufen gewesen und in Verachtung gekommen (so dass neuere Salon- und Konzert-Komponisten ihre Variationen unter der Firma von Fantaisies, Réminiscences u. s. w. einzuschmuggeln liebten), nachdem früher H a y d n und M o z a r t Reizendes, S e b. B a c h in seinen »30 Veränderungen auf eine Arie« Bedeutendes gegeben. Die höchste Beum zuletzt wieder auf ihn zurückzukommen. Ein solcher Hauptsatz kann eine einzige Periode sein, oder z w e i oder d r e i Theile haben. Es lassen sich fünf Rondoformen unterscheiden.

Die e r s t e bildet sich in der Weise, dass nach dem Hauptsatz ein längerer Gang, oder eine längere Reihe von kurzen Sätzen folgt, die gewöhnlich durch mehrere Tonarten, endlich aber wieder in den Hauptton zurückführen, wo dann der Hauptsatz wiederkehrt und unmittelbar schliesst, wofern nicht noch ein vielleicht aus ihm oder dem Gange genommener Anhang folgt. — Es kann wohl der Fall eintreten, dass diese Form, enger ausgeführt, grosse Aehnlichkeit mit einem weiter ausgeführten Liedsatz in drei Theilen annimmt. Meistens aber unterscheidet sich der Hauptsatz des Rondos durch grösseres Gewicht und bestimmten Abschluss kenntlich genug vom ersten Theil eines Liedes, um keine Verwechslung zuzulassen.

Die z w e i t e R o n d o f o r m hat ausser dem Hauptsatz ein z w e i - tes T h e m a, einen S e i t e n s a t z, ebenfalls ungetrennt, oder von zwei oder drei Theilen, der in der Tonart der Unter- oder Ober- dominante, der Parallele, oder im Hauptton in Moll steht (*Minore*), wenn das Hauptthema Dur hatte, und in Dur (*Maggiore*), wenn das Hauptthema Moll hatte. Der Unterschied aber von der Lied- form mit Trio besteht darin, dass dieses zweite Thema nicht abge- rissen für sich dasteht, sondern meist mit dem ersten verbunden ist. Vom ersten führt bisweilen* ein Gang (oder eine Kette von Sätzen) nach dem zweiten, und von diesem stets wieder ein Gang oder eine Satzkette zum ersten zurück, worauf mit diesem, oder mit einem Anhang aus dem ersten oder zweiten Satz oder auch den Gängen geschlossen wird.

Die d r i t t e R o n d o f o r m hat ausser dem H a u p t s a t z e z w e i S e i t e n s ä t z e, den einen im Geschlechte des Hauptsatzes und dann gewöhnlich in der Dominante, den andern in der Regel im Parallel- ton' oder der Unterdominante. Von dem ersten Seitensatze bewegt man sich zum Hauptsatze zurück, wiederholt ihn, geht von ihm zum zweiten Seitensatz und von diesem auf den Hauptsatz zurück, und schliesst mit diesem, oder einem Anhange.

---

deutung hat erst B e e t h o v e n dieser Form verliehn, deren er sich auch in grös- sern Werken, z. B. Symphonien, mit steigender Vorliebe und Vertiefung bedient. Auch C. M. W e b e r hat geistreiche Variationen geschaffen, die mit Unrecht in Vergessenheit zu kommen scheinen.

* Die Ueberleitungen vom Haupt- zum ersten Seitensatze sind meist un- nöthig und unterbleiben, die Rückleitungen selten.

Das Nähere über diese und die Sonatenformen mit Nachweisen an zahlrei- chen Werken der Meister ist Theil III der Kompositionslehre zu finden.

Die **vierte Rondoform** fasst Hauptsatz und ersten Seitensatz als fester zusammengehörige Masse zusammen. Nach dem ersten
Seitensatze geht sie auf den Hauptsatz zurück (wie die vorigen Formen) und von da auf den zweiten Seitensatz. Nach diesem aber
wiederholt sie nicht blos den Hauptsatz allein, sondern **mit ihm
zugleich** auch den ersten Seitensatz. Dieser, der zuerst in der
Tonart der Oberdominante (oder bei Mollsätzen, in der Parallele)
erschienen war, tritt jetzt mit dem Hauptsatz im Hauptton auf. Der
erste Seitensatz wird in dieser Form leichter gehalten (weil er doch
nur im Anschluss an den Hauptsatz auftritt), der zweite Seitensatz
aber um so nachdrücklicher und ausführlicher hingestellt, weil er
den vereinten ersten Sätzen das Gegengewicht halten muss.

Die **fünfte Rondoform** wirft die mittlere Wiederkehr des
Hauptsatzes weg und schliesst die Masse des Haupt- und ersten Sei-
tensatzes durch eine ausführlichere — zu einem Satz,

Schlusssatz,

werdende Schlussformel zusammengefasster und entschiedner ab, so
dass sich **drei** wohlabgerundete Massen darstellen: Hauptsatz mit
erstem Seitensatz und Schlusssatz, — zweiter Seitensatz, — Hauptsatz mit erstem Seitensatz und Schlusssatz.

So viel, um die Rondoform kenntlich zu machen. Es kann bei
einiger Aufmerksamkeit nicht schwer werden, sie und ihre Ausgestaltung in jedem einzelnen Falle zu erkennen, wenn auch hier und
da mancherlei Abweichungen, namentlich in Bezug auf Tonarten,
Wiederholung u. s. w., vorkommen, die hier nicht weiter betrachtet
werden können.*

### 3. *Die Sonatenform.*

Es ist bekannt, dass gewisse aus mehrern abgesonderten Tonstücken (Sätzen) bestehende Instrumentalkompositionen für ein oder
ein Paar Instrumente Sonaten heissen; wir werden später, im folgenden Abschnitt, einen Blick auf sie werfen. Nicht diese Kompositionen, sondern eine einzelne bestimmte Form soll durch die oben
gebrauchte Benennung (für die wir keine andre besitzen) bezeichnet
werden.

Die Sonatenform unterscheidet sich von den höhern Rondoformen, und namentlich der fünften, wesentlich sogleich dadurch, dass
sie den zweiten Seitensatz auswirft, folglich zunächst nur die erste
Masse von Hauptsatz, (erstem) Seitensatz und Schlusssatz — und

---

* Hierzu der Anhang **C.**

deren Wiederholung im Hauptton als l e t z t e Masse festhält.  In
dieser Beschränkung wird das Tonstück als

### Sonatinenform

von der eigentlichen Sonatenform unterschieden; hier sind auch die
einzelnen Theile der Komposition in der Regel von leichterm Gehalt.
Uebrigens stellt die Sonatinen- wie die eigentliche Sonatenform statt
des liedförmigen Satzes oder der Periode (oder des einfachen Satzes),
die in den Rondoformen als Haupt- und Seitensätze galten, bisweilen figurale Sätze, fugenmässige Durchführungen, auch zwei und
selbst noch mehr verschiedene Sätze (oder Perioden) als eben so viele
Themate auf, die nur durch Einheit der Tonart (bisweilen auch das
nicht, sondern durch blosse Verwandtschaft der Tonart) zusammengehalten werden und insgesammt als »der eine Haupt-« oder »der
eine Seitensatz« anzusehen sind; man könnte sie dann füglicher

### Haupt- und Seitenpartie

nennen.

Die S o n a t e n f o r m schliesst sich hierin der Sonatinenform an,
bildet auch deren zwei Massen im Wesentlichen nach, unterscheidet
sich aber darin, dass sie zwischen beide noch eine dritte Masse
stellt und so drei Theile bildet, — wieder wie die fünfte Rondoform, — nur den mittlern von anderm Gehalt.

Unmittelbar mit dem H a u p t s a t z oder mit einer gangmässigen
Einleitung und Hervorbildung desselben beginnt der e r s t e  T h e i l;
es folgt dann unmittelbar (in Dursätzen meist in der Dominanttonart, in Mollsätzen in der Parallele) der S e i t e n s a t z; oder der
Hauptsatz geht in einen Gang über, der in Durstücken nach der
Dominanttonart, in Mollstücken nach dem Parallelton und in dieser
oder jener Tonart nach dem Seitensatze führt.  Mit diesem schliesst
nun der erste Theil unmittelbar, oder es folgt (und dies ist die Regel)
abermals ein Gang und ein besondrer Schlusssatz, — vielleicht auch
statt desselben oder nach demselben eine Wiederholung aus dem
Hauptsatze. So hat also der erste Theil beide Sätze gezeigt, den
ersten im Haupt1one, den zweiten im nächstverwandten Ton; im
letztern ist geschlossen worden, und hier hängt es von der Bestimmung des Komponisten ab, den ganzen ersten Theil wiederholen zu
lassen, oder nicht.

D e r  z w e i t e Theil schliesst sich unmittelbar dem ersten an,
oder setzt von Frischem ein. Er beginnt mit Fortführung des Schluss-,
oder einer Andeutung des Hauptsatzes, oder einem ganz neuen
kurzen N e b e n s a t z e.  Von hier führt er auf den Seiten- oder Hauptsatz, dann durch einen zweiten Gang auf den andern, noch nicht
wiederholten Satz, oder auch ohne Weiteres auf die Dominante des
Haupttons.  Die Sätze selbst erscheinen in diesem Theil in neuen,

gewöhnlich nahverwandten Tonarten, die Gänge gehn durch diese und ferner gelegne Töne, der ganze zweite Theil ist der Sitz der bewegtern, reichern Modulation.   Ohne Wiederholung, und in der Regel ohne bestimmten Abschluss geht er in den dritten Theil über.   Dieser giebt wieder den Hauptsatz im Hauptone, führt dann unmittelbar oder mittelst eines Ganges den Seitensatz, diesmal ebenfalls im Hauptone, zurück und bringt mit diesem, dem dazu gehörigen Gang und Schlusssatze (bisweilen auch noch einem besondern Anhang, etwa aus dem Hauptsatze) den Schluss des Ganzen im Hauptone zu Wege.

Die Gränze des ersten Theils wird gewöhnlich durch Wiederholungzeichen, oder Schlussstriche bezeichnet.   Die beiden folgenden Theile werden dagegen ohne solche Scheidezeichen abgefasst, gewöhnlich als ein Ganzes angesehn und im gemeinen Sprachgebrauch kurzweg zweiter Theil genannt.   Bisweilen wird auch dieser zweite Theil (nämlich der zweite und dritte) wiederholt, und dann allenfalls noch ein Anhang als letzter Schluss zugesetzt.

Mancherlei Abweichungen besonders in der Wahl und Anordnung der Tonarten müssen der Beobachtung des Einzelnen und für den Weiterdringenden dem Studium der Kompositionslehre überlassen bleiben. *

Dies sind die wichtigsten Kunstformen; alle weitern, die wir bei der Instrumental- und Vokalmusik besonders antreffen werden, sind aus ihnen hervorgebildet, oder zusammengesetzt. **

-----

* Hierzu der Anhang **D.**

** Eine besondre **Mischung** von Rondo- und Sonatenform kommt im Anhang D zur Anschauung.

-----

# Fünfter Abschnitt.

## Die besondern Formen der Instrumentalmusik.

Die Instrumentalkompositionen unterscheiden sich zuvörderst nach den Instrumenten, für die sie bestimmt sind. Da giebt es Kompositionen für ein einzelnes Instrument (Orgel-, Klavier-, Violinstücke u. s. w.), ferner für zwei oder mehr einzelne Instrumente (Duo, Trio, Quatuor, Quintuor, Sextuor, Septuor, Oktett, Nonett), dann für Instrumentalmassen (Orchester), in denen jede Stimme, oder die Hauptstimmen gleichzeitig von mehrern Spielern ausgeführt werden.

Hiernächst nehmen aber alle Kompositionen für diese einzelnen oder verbundnen Instrumente bestimmte Kunstformen an, von denen wir ausser den bereits beschriebenen noch die wichtigsten kurz anzudeuten haben.

## 1. Die Sonate. *

Die Sonate ist eine Komposition für ein Soloinstrument (auch wohl mit Begleitung eines oder zweier andrer), die in der Regel aus drei oder vier besondern Tonstücken, — wieder, im höchsten Sinne,

S ä t z e

genannt, — besteht. Der erste Satz hat gewöhnlich Sonatenform und stellt den Hauptton des ganzen Werkes fest. In der Regel ist ihm lebhaftere Bewegung (*Allegro* u. s. w.) eigen.

Auf ihn folgt ein zweiter, langsamerer und kürzerer Satz (*Adagio*, *Andante*, auch wohl *Allegretto* u. s. w.), meist in kleinerer Rondoform, oder in abgekürzter Sonatenform oder liedmässig mit einigen Variationen. Dieser Satz steht in einem andern Ton, etwa in der Unter- oder Oberdominante oder Parallele.

Den Beschluss macht ein dritter Satz, bisweilen ausdrücklich Finale genannt, und wieder in Sonatenform, oder in grössrer Rondoform, auch wohl fugen- und variationenmässig. Ihm ist wie-

---

* Wir übergehn hierbei die ältere, noch in Bach's und Händel's Werken unter uns lebende Form der Suite, so wie das neuere Divertimento (Divertissement), welche nichts anders sind, als eine durch freie Wahl des Komponisten bestimmte Aneinanderreihung verschiedner Sätze; so wie das Potpourri, in dem fremde Sätze, mit Eignem vermischt, in willkührlicher Ordnung verbunden werden.

der lebhaftere Bewegung (*Allegro, Presto* u. s. w.) eigen und er steht wieder im Haupttone, verwandelt aber denselben, wenn er Moll ist, bisweilen in Dur.

Nach oder vor dem zweiten Satze tritt in grössern Werken ein Zwischensatz auf,

### Menuett und Scherzo

genannt, meist in Liedform und vier oder sechs Theilen (nämlich mit Trio und Wiederholung des Hauptsatzes) oder auch einfache Rondoform u. A. annehmend. — Bisweilen finden sich auch noch mehr Theile z. B. in dem bekannten Septuor von Beethoven Op. 20 Menuett und Scherzo, Andante und Variationen. Bisweilen hat die Sonate (z. B. die von Beethoven Op. 111) nur zwei Sätze, oder nur Adagio, Menuett und Finale, und was der einzelnen Abweichungen mehr sind. Bisweilen geht dem ersten Satze (oder auch andern) eine besondere Einleitung, meist

### Introduktion

genannt, voraus, so in der Sonate pathétique und andern von Beethoven und in vielen andrer Komponisten.

Diese Form ist in allen Duos, Trios, Quatuors u. s. w. herrschend, nur das in ihnen die Ausführung meist reicher und mehr polyphon ist (oder doch sein sollte), weil man die grössern Kräfte vereinter Instrumente benutzen kann und beschäftigen muss.

Eine kleinere, einfacher gebildete, leichtern Ideen und Entwickelungen gewidmete, oft nur aus zwei, höchstens aus drei Sätzen bestehende Sonate heisst

### Sonatine,

wogegen der Name

### grosse Sonate

(*Grande Sonate*) für besonders grossartige und weitausgeführte Tonstücke dieser Gattung (meist aus vier Sätzen bestehend) angewendet wird.

Auch das

### Notturno

gehört hierher, ein in Sonatenform für verschiedne Instrumente in sanftem Karakter (gleichsam als Abendmusik) gesetztes Tonstück.

## 2. Die Ouvertüre*

(von den Italienern oft *Sinfonia* genannt) ist ein Orchesterstück in Einem, allenfalls durch eine Introduktion vorbereiteten, oder auch

---

* Ouvertüren zur Ausfüllung der Zwischenakte, oder zur Einleitung zweiter und späterer Akte heissen Entr'acte. Berühmt sind vor allen mit Recht Beethoven's (Ouvertüre und) Entr'acte zu Göthe's Egmont und seine Ouvertüre zu Coriolan.

durch einen Zwischensatz unterbrochenen Satze, meist in Sonatinen-
oder Sonaten-, auch wohl in Fugenform, seltner in Rondo- oder gar
Variationenform. Die Ouvertüre ist in der Regel zur Eröffnung irgend
eines grössern künstlerischen Akts, z. B. eines Schauspiels, einer
Oper, eines Oratoriums, eines Konzerts bestimmt, und hat von da
ihren Namen erhalten.

### 3. Die Symphonie

ist eine für das Orchester bestimmte Komposition in Sonatenform,
aber — mit Rücksicht auf die grossen Kräfte des Orchesters — gewöhnlich in weiter, reicher und grossartiger Ausführung, meistens
Einleitung, Allegro, Andante, Scherzo und Finale enthaltend, und
alle diese Sätze in grössrer Fülle der Ausführung und grossartigern
Zügen, als gewöhnlich die Sonate.

Aus diesem Grund ist dem Anfänger zu rathen, die Formen der
Sonate zuerst an Symphonien (und Ouvertüren) zu untersuchen,
wozu dem der Partitur Unkundigen die zahlreichen Klavierauszüge
ein bequemes Mittel bieten. Hier findet er die Grundformen einfacher
und unterscheidbarer, während in der Sonate selbst eine feinere,
bisweilen miniaturartige Ausführung oft Sätze und Themate häuft,
und dadurch die Unterscheidung der Partien dem ungeübtern Auge
erschwert. Dies ist auch bei J. Haydn's Symphonien der Fall,
den man übrigens den Schöpfer der Gattung in der heutigen Ausgestaltung nennen muss, wie Beethoven den Vollender.

Während die meisten neuern Komponisten, Mendelssohn,
Schumann, Hiller, Gade u. s. w., sich diesen Formen mehr
oder weniger treu angeschlossen haben, schlägt F. Liszt in seinen
,,symphonischen Dichtungen‘‘* einen eignen Weg ein, der sich zunächst durch festere Verkettung der einzelnen Sätze bezeichnet.

### 4. Das Konzert

Unter diesem Namen wird in der neuern Zeit eine mehrstimmige Komposition verstanden, in der ein Instrument, das

Prinzipal-Instrument

(oder die Prinzipalstimme), oder auch mehrere

konzertirende Instrumente

die Hauptpartie übernehmen und dabei die vorzüglichen (Virtuo-
sen-) Kräfte, die Bravour des Spielers an den Tag legen sollen,
während das Orchester eine sich unterordnende Begleitung** dazu

---

\* Bei Breitkopf und Härtel in Partitur erschienen.
\*\* Die Begleiter heissen Ripienspieler oder Ripienisten.

giebt, die sich aber gelegentlich auch zu grössrer Wichtigkeit erheben kann und soll. Auch hier liegt die Sonatenform zum Grunde, jedoch auf drei Sätze beschränkt; das Scherzo bleibt gewöhnlich weg. Wiefern das Konzert ausserdem von der Form der Sonate abweicht, ist in der Kompositionslehre zu erfahren. Ein kleineres, auf einen oder zwei Sätze beschränktes Konzert wird Konzertino genannt. Beethoven (in seiner Fantasie mit Orchester und Chor), Spohr (in seinem Violin-Konzert in Form einer Gesangsscene), C. M. Weber, Mendelssohn u. A. haben bald durch Verknüpfung der drei Sätze zu einem enger zusammenhängenden Ganzen, bald durch abweichende Auswahl und Zusammenstellung der das Ganze bildenden Sätze, bald durch eine besondre das Ganze hervorrufende und bedingende Idee dem Konzert neue Bahnen und Formen gewonnen. So zeigt jenes Beethoven'sche Werk den Spieler zuerst einsam an seinem Instrumente fantasirend. Dabei erwachen ihm im Geiste die Stimmen des Orchesters, mischen sich in Wirklichkeit in sein Spiel, rufen ,,schmeichelnd hold" Poesie und Gesang herbei, und vom Harmoniestrom des Orchesters und Chors getragen, stürmt das Instrument brausend und glanzvoll in den Jubel aller Stimmen.

Ebenfalls neu, aber wunderlich für deutschen Kunstbegriff, führt Berlioz in einer Symphonie-Kantate neben den scenisch geordneten Orchester- und Gesangsätzen eine obligate (also gewissermaassen konzertirende) Solo-Bratsche durch.

## 5. *Die Fantasie.*

So nennen wir eine Verknüpfung der mannigfaltigsten Formen zu einem für ein Solo-Instrument, oder für ein konzertirendes mit Begleitung, oder gar für das Orchester* bestimmten Ganzen. Zahl, Auswahl, Anordnung der Formen, Modulation u. s. w. sind ganz dem freiesten, scheinbar zielunbewussten Geistesfluge des Komponisten anheimgegeben. Man beginnt vielleicht mit einer liedmässigen Einleitung im Adagio, geht in ein Allegro über, von da in Rondoform, Fuge, Variation u. s. w., schliesst mit einem grössern Satz oder der Rückkehr des ersten, wählt seine Tonarten nach der jedesmaligen Stimmung und hält sich kaum verpflichtet, im Haupttone zu schliessen. Alles, mit einem Worte, ist der besondern Stimmung und Idee des Komponisten anheimgegeben, und daher eine bestimmte kenntlich machende Regel nicht möglich.

---

* So Beethoven's eben erwähnte Fantasie für Pianoforte mit Orchester, Sologesang und Chor, Op. 80, in Partitur bei Breitkopf und Härtel.

## 6. *Die Caprice, Toccate und Etüde*

sind hier zuletzt zu nennen; es sind Tonsätze, die bald Sonaten-
oder Rondoform, bald auch das ungebundne Wesen der Fantasie annehmen, bald einen eigenthümlichen, launenhaften Gedanken beharr-
lich durchführen, bald auf lebhaftes Spiel oder eine besonders zu
übende Figur oder Spielmanier ausgehn.

— · —

# Anhang.

### Aeltere Formen. Neuere Namen.

Nur die wichtigsten Formen haben hier Aufnahme gefunden;
es sollten nicht alle ältern und neuern Formen, noch viel weniger
alle nach der Mode wechselnden Namen aufgeführt werden.

So hat die Bach-Händel'sche Periode neben der Sonate und deren
(späterer) Ausbildung die Suite (S. 296) für Klavier und Orchester gehabt, die aus 5 bis 11 und mehr verschiednen Sätzen
(jedoch alle im Hauptton stehend) zusammengesetzt war. Ferner
hatte man in Italien und Deutschland das Ständchen (*Serenata*,
*Notturno*, auch „Cassation" genannt), eine zusammengehörige
Reihe von 4, 5 und mehr Sätzen für mehrere Instrumente oder Orchester. Der von Mendelssohn zuerst gebrauchte Name: „Lieder ohne Worte" für Tonstücke von kleinerm Umfang, aber innigerer Empfindung (die man früher *Bagatelles*, Eklogen u. s.
w. nannte) gehören bald der Liedform, bald einer der ersten Rondoformen an. Die modernen Salonnamen: *Rêveries*, *Réminiscences* u. s. w. bezeichnen bald Lied-, bald Fantasie-Formen. All'
diese Formen erklären sich leicht, sobald man die zuvor genannten
begriffen.

# Sechster Abschnitt.

## Die besondern Formen der Vokalmusik.

Die Vokalmusik tritt vor allem in zweierlei Weise auf, als

reine Vokalmusik

und als

begleitete,

mit einem oder wenigen Instrumenten oder einem Orchester. Ferner scheiden sie sich in

Sologesang,

in dem nur eine einzige Gesangpartie für eine einzelne Stimme bestimmt ist, oder auch mehrere Partien, deren jede nur von einer einzelnen Stimme ausgeführt werden soll, — und

Chorgesang,

in dem jede Stimme von mehrern oder vielen vereinten Individuen vorgetragen wird.

Mit Uebergehung der ohne Weiteres kenntlichen oder schon bekannten Formen (z. B. des Liedes) gehn wir auf die einer Erläuterung bedürfenden über.

## 1. Das Rezitativ.

Das Rezitativ ist der Gesang einer einzelnen, bisweilen auch mehrerer vereinter Stimmen, der nicht die feste Gestalt einer Melodie und bestimmter Satzformen annimmt, auch die Geltung der Noten und bestimmten musikalischen Rhythmus nicht festhält, sondern in Tonfolge und Rhythmus sich den deklamatorischen Accenten der Sprache anzuschliessen strebt, — eine auf bestimmte Tonabstufungen gebrachte Rede oder Deklamation. Daher hat das Rezitativ auch keinen bestimmten Takt, obwohl es gewöhnlich im Viervierteltakt aufgezeichnet wird, damit das Auge sich besser zurechtfinde.

Vorübergehend, oder am Schlusse kann das Rezitativ sich zu festerer Gestalt, zu kurzer satz- oder liedmässiger Form, erheben, die dann

Arioso

heisst, und bestimmten Takt mit festerere Melodie vereinigt.

Ist es nur von einfachen Akkorden begleitet, so heisst es einfach, *Recitativo secco* oder *parlante*; hat die Begleitung selbständigen Inhalt, so heisst es begleitet, auch obligat, *accompagnato, stromentato*. Soll es endlich eine Zeitlang sich mehr taktmässig bewegen, so heisst es *Rec. a tempo*.

## 2. *Die Arie.*

Arie nennt man den begleiteten Gesang einer Solostimme, in
dem sich ein bestimmter Gemüthszustand, eine Empfindungsreihe, eine
innerlich empfundne Situation des Singenden ausspricht. Ihre Form
ist entweder Liedform, oder die des kleinen Rondo, oder Sonatenform, jedoch mit Abkürzung oder Weglassung des zweiten Theils.

Grössere Arien setzen sich auch wohl aus mehrern Formen zusammen, beginnen z. B. mit einer liedmässigen Einleitung, gehn in
die Rondoform über, und lassen statt der Wiederholung des Hauptsatzes einen neuen Satz, vielleicht wieder in Lied- oder in Sonatenform, folgen. Verbindet sich endlich Rezitativ und Arie zu einem
grössern Ganzen, so wird dieses

**S c e n e**

genannt.

In diesen Formen bewegen sich nun auch die durchkomponirte
B a l l a d e, das D u e t t, T e r z e t t u. s. w., und die K a n t a t e für eine
Stimme. Letztere ist nichts, als eine weiter, durch mehrere Situa-
tionen oder eine Reihe wechselnder Empfindungen ausgeführte Scene.

Dagegen wird eine mit kleinern, leichtern, sanftern Vorstellungen beschäftigte, weniger ausgeführte, meist nur aus einem einzigen
Satz bestehende Arie

**A r i e t t e**

oder auch

**K a v a t i n e**

genannt.

## 3. *Der Chor.*

nimmt die mannigfaltigsten Gestalten: Liedform, Sonaten- oder
Rondoform (beides eng zusammengehalten), Fugenform, oder Verknüpfung mehrerer Formen an, vermischt sich in all' diesen Formen
mit Solosätzen für eine oder mehr einzelne Stimmen, tritt mit ihnen
zugleich auf in mehrstimmigen Sätzen (Chor- mit Sologesang), oder
giebt den Gegensatz und Hintergrund zu einem Sologesang (Arie
mit Chor u. s. w.), was Alles der Form nach keine weitere Erläuterung fodert. Nur eine Form ist noch besonders zu erklären: die

**M o t e t t e.**

Dieser Name bezeichnet zweierlei. Einmal eine geistliche aus
mehrern g e t r e n n t e n Sätzen verschiedner Form (Choral, Solo,
Fuge —) bestehende Kantate. Dann eine Chorkomposition (meist
geistlichen Inhalts), in der nach einer liedmässigen oder figurirten Einleitung (oder ohne dieselbe) ein Fugenthema einmal durchgeführt wird, dann ein zweites, vielleicht ein drittes, — und endlich mit diesem, oder dem Einleitungssatz, oder einem besondern
Schlusssatze geendet wird. Diese Form unterscheidet sich von den

Fugen mit zwei oder mehr Subjekten nicht sowohl durch die zu Anfang und Ende beigefügten freien Sätze (denn dieselben könnten bei
der Fuge auch zutreten und bei der Motette wegbleiben), als vielmehr darin, dass die verschiednen Subjekte jedes für sich durchgeführt werden, ohne gleichzeitig mit und gegen einander aufzutreten.

Eine besondre Art der Motette ist der bereits S. 286 erwähnte
durchfugirte Choral. Motettenform hat unter andern der erste Satz
in Mozarts Requiem und in Graun's Tod Jesu.

Aus Rezitativen, Arien, Chören u. s. w. zusammengesetzt ist

## 4. Die Kantate.*

eine grössere Komposition, in der verschiedne Empfindungen, Zustände, Vorgänge bald lyrisch, bald mehr dramatisch (nicht aber zur
theatralischen Aufführung) zusammenhängend dargestellt werden.

Endlich muss noch

## 5. Das Finale

besonders erwähnt werden, ein grössres Gesangstück zum Schluss
eines Opernaktes, das aus allerlei vokalen und instrumentalen Sätzen,
Solo- und Chorgesang, willkührlich wie die Fantasie, zusammengesetzt ist. Für das Ganze solcher Zusammenstellung giebt es keine
bestimmte Regel: wohl aber wird man an den einzelnen Partien
diese oder jene Form, bald vollständig, bald unvollständig ausgeführt, beobachten können. In dieser Gestaltung ist Mozart als Vorbild zu nennen.

Zum Schluss wollen wir noch der blos zur Stimmübung, und
deshalb ohne Text komponirten

*Solfeggien***

und *Vocalises* der Vollständigkeit wegen erwähnt haben.

---

* Symphoniekantate haben einige Komponisten (z. B. Mendelssohn
und Félicien David) Kompositionen genannt, in welchen der Instrumentalmusik in besondern weitausgeführten Sätzen eine vornehmliche, gewissermaassen
mit der Gesangpartie gleichberechtigte Stellung eingeräumt wird, während bisher
und der Natur der Sache nach dies nicht der Fall gewesen. Der Franzos David
bat dies in ungebundner Laune gethan, während Mendelssohn dem aus tiefster
Idee und Berechtigung hervorgegangnen Vorbilde von Beethoven's (neunter)
Symphonie mit Chören äusserlich nachahmend folgte, ohne tiefern Anlass und
ohne Begründung in künstlerischer Idee. Weitumfassende Gebilde dieser Art bat
auch Berlioz dargeboten, die — wenn sie auch dem wahrhaftigen Wesen der
Kunst nicht entsprossen sind, viel weniger (wie Einige vorschnell gemeint haben)
über Beethoven's Standpunkt hinausgehn — jedenfalls Zeugniss von einem
ernstlichen, energischen Streben ablegen, dem Antriebe nach weit hinausgehend
über die blosse nachahmende Ausbeutung der Form.

** Das Solfeggio hat seinen Namen von den Silben, mit denen früher (S. 43)
die Töne benannt und auf denen noch bis auf unsre Zeit Singübungen angestellt
wurden, um zugleich mit der Stimme auch die Aussprache zu bilden.

# Siebenter Abschnitt.

## Musik in Verbindung mit andern Produktionen.

Wer die vorausgegangnen Andeutungen über die musikalischen Kunstformen wohl gefasst hat, wird auch ohne Schwierigkeit erkennen, in welcher Weise die Musik an andern Produktionen theilnimmt, und welcher Gestaltungen sie sich dabei bedient. Es sind hier in aller Kürze nur die erheblichsten Verbindungen, die die Musik eingeht, zu erwähnen.

Sie verbinden sich erstens dem Gottesdienste. Hier tritt sie bekanntlich als Gesang im Choral (Liedform), in der Verwaltung der Liturgie (meist rezitativisch), dann instrumental in den verschiednen Orgelsätzen zur Einleitung des Gottesdienstes u. s. w. auf.

Grössere Gestalten sind die

### Hymne,

meist religiös, gewöhnlich aus einem einzigen (bisweilen mit Solosätzen untermischten) Chorsatze bestehend, ferner die aus verschiednen Solo- und Chorsätzen bestehende

### geistliche Kantate

(vorzugsweise Kirchenmusik genannt), im katholischen Ritus die

### Messe,

das Requiem (die für Verstorbene zu lesende Messe), das Graduale und andre der katholischen Liturgie zugehörige Formen.

Gewöhnlich wird der geistlichen Musik auch das

### Oratorium

beigesellt, — und dies hat auch insofern seinen Grund, weil ursprünglich das Oratorium im kirchlichen Gottesdienst, oder als künstlerische Anregung und Verherrlichung gemeinsamer Andacht*

---

\* Die Krone des gottesdienstlichen Oratoriums ist die Matthäi'sche Passion von Seb. Bach, die zur Zeit ihrer Dichtung in der Kirche aufgeführt wurde, in deren Chorälen die Gemeine mit sang; diese Art des Oratoriums ging aus dem alten Brauch hervor, an hohen Festtagen (namentlich am Charfreitag) die Evangelienstelle von verschiednen Personen rezitativisch und musikalisch-dramatisch (jedoch ohne wirkliche Handlung) vortragen zu lassen. Die andre Art des Oratoriums ging aus den geistlichen Schauspielen ausser der Kirche (in denen Gott, Christus u. A. persönlich auftraten und agirten) und aus den im Oratorium (Rede-Versammlungssaal im Kloster) stattfindenden andächtigen Uebungen und Unterhaltungen hervor.

auftrat, — dann, weil es lange Zeit ausschliesslich und noch bis heute vorherrschend seinen dichterischen Anhalt im Gebiete religiöser Anschauung, in religiösen meist der Bibel entnommenen Vorgängen suchte. Dieser Stoff erschien halb episch (in Rezitativen wurde der zum Anhalt dienende Vorgang erzählt), halb dramatisch (in Rezitativen, Arien, Chören u. s. w.) gestaltet, nicht ohne Einmischung rein-lyrischer Momente in Arien u. s. w. Allein alle diese Verhältnisse haben sich wenigstens so weit geändert, dass sie nicht mehr für bindend gelten können. Aus dem Gottesdienst ist das Oratorium seit länger als einem Jahrhundert geschieden; seit eben so langer Zeit ungefähr hat der geschichtliche Inhalt der Bibel aufgehört, vorherrschender Gegenstand künstlerischer Behandlung zu sein. Endlich hat auch nicht länger unbemerkt bleiben können, dass ein eigentliches Epos — erzählende Darstellung — der Natur und Fähigkeit der Musik nicht gemäss und nicht künstlerisch ausführbar ist, und dass das Gemisch von Erzählung und Drama, — in welchem bald der Vorgang und die Personen als längst vorübergegangen (in der Erzählung), bald als gegenwärtig geschehend handelnd und redend (im dramatischen Antheil) genommen werden, — ebenfalls nur im kindlich-naiven Zeitalter der Kunst oder Kunstgattung unbedenklich hingenommen werden kann. Von dem Erwachen dieses hellern Bewusstseins musste das Oratorium einen neuen Karakter annehmen.[*] Es machte sich von den gottesdienstlichen Formen, von dem gebieterischen Vorherrschen des Kirchlichen allmählich frei und trat der rein-dramatischen Form — natürlich ohne die Absicht scenischer Darstellung — näher.

In viel mannigfaltigerer Weise verbindet sich **zweitens** die Musik dem **Drama** mit scenischer Darstellung. Hier tritt uns das

---

[*] Dass hiermit den in jenem Zeitalter thätig gewesenen Meistern **n i c h t** zu nahe getreten wird, liegt im obigen Ausspruche selber. Unter jenen Männern steht **H ä n d e l** obenan, in der Herrlichkeit seines grossartigen, mächtigen, dann wieder oft so zarten und innigen Ausdrucks ein Denkbild deutscher Künstlergrösse für alle Zeit, — **i n d e r I d e e** des Oratoriums aber und der daraus bedingten Form so wenig über seine Zeit hinausschreitend, als in der Oper, die erst in **G l u c k** ihren rechten Befreier aus dem altitalischen Herkommen fand. So unangemessen es wäre, die alten Meister nach dem Maassstab unsrer Zeit **zu** messen, so unstatthaft ist das Entgegengesetzte, z. B. der gegen das Oratorium **M o s e** (des Verf.) aufgestellte Ausspruch: Es sei nicht kirchlich. Es konnte und sollte nicht kirchlich sein, sondern nur ein Drama, — und zwar die erste reine Anwendung der dramatischen Form auf das Oratorium, — das aber auf die scenische Darstellung schon deswegen verzichten musste, weil Vorgang und Personen (die Stimme Gottes u. A.) über jede Vorstellung, ausser der geistigen — dichterisch- musikalischen — unermesslich hinausragten. Gleiche Nothwendigkeit dramatischer und dabei nicht-scenischer Darstellung hat den **F a u s t** und **B y r o n 's K a i n** geschaffen.

## Ballet

entgegen, in dem sich bekanntlich wirklicher Tanz mit Pantomime
verbindet. Die Musik, meist nur instrumental, hat allen Bewegungen
der Handlung zu entsprechen, und bedient sich dazu bald wirklicher
Tanzformen, bald verschiedner willkührlich an einander gereihter
Formen, wie die Fantasie und das Finale. Ganze Reihen solcher Formen stellen sich zu grössern S c e n e n oder vollen A k t e n zusammen,
nur durch Modulation, sinnvolle Rückkehr auf schon dagewesene
Sätze und den innern Sinn der Handlung und Musik verknüpft. Das

## Melodrama

zeigt Instrumentalmusik als Begleitung oder Zwischensatz gesprochner
Rede, die durch jene tiefer gedeutet, in ihren Wirkungen verstärkt,
in der vorausgesetzten Situation u. s. w. erläutert oder motivirt
werden soll, — und was der melodramatischen Intentionen mehr
sein mögen. Hier hat die Musik nur leise, flüchtige Andeutungen
zu geben, nur gelegentlich und schnell vorübergehend etwas
Bestimmtes auszusprechen, und sich überall als Nebenwerk der
Rede und Handlung als Hauptsache unterzuordnen.

Folge davon ist, dass die melodramatische Musik sich während
der Handlung selbst vorzugsweise in leicht dahingeworfnen Gängen,
Harmoniefolgen, kurzen, gelegentlich (oder gar nicht) wiederkehrenden Sätzen u. s. w. bewegt, und nur gelegentlich etwa einen Marsch
oder Tanz aufnimmt, wenn die Handlung dergleichen fodert.

An das Melodrama schliesst sich das

## Schauspiel mit Musik.

Wir finden hier mancherlei Benutzung der Musik zu dramatisch
poetischen Zwecken.

Das Nächste ist, dass der Dichter hier und da G e l e g e n h e i t s -
m u s i k, z. B. Märsche, Fest- oder Tafelmusik, Lieder, ländliche
oder kriegerische, kirchliche Chöre u. s. w. eintreten lässt, wie dergleichen auch im wirklichen Leben statthat. Gewissermaassen eine
Nachahmung — oder reichere und absichtsvollere Benutzung dieser
zufälligen Form ist das

## L i e d e r s p i e l,

und das französische V a u d e v i l l e, eine leichte dramatische Entwickelung, mit Liedern, Wechselgesängen u. s. w. aus dem Volksleben (oder im Volkstone komponirt) reichlicher durchflochten. Auch
hier sollen die Gesänge durchaus (oder grösstentheils) so eintreten,
wie man sie im alltäglichen Leben wohl singt und vernimmt, —
oder sich wenigstens vorstellen kann.

Von hier erhebt sich die Musik zur eigentlichen künstlerischen Geltung im Drama. Die

## Oper

ist bekanntlich ein Drama, in welchem an die Stelle der sprachlichen Rede die Sprache der Musik — der Gesang getreten ist, mit künstlerischem Recht, ähnlich demjenigen, mit welchem im höhern Drama die prosaische Rede des gemeinen Lebens sich zur poetischen Rede, zum Vers, erhoben hat, oder in der Pantomime (im pantomimischen Drama) Geberdensprache an die Stelle der Wortsprache getreten ist. Die Oper ist entweder durchkomponirt, oder aus gesprochenem Dialog und gesungenen Scenen zusammengesetzt, also nicht durchkomponirt, sondern nach der gewöhnlichen Benennung: mit Dialog durchflochten. In einem oder dem andern Fall unterscheidet man die

### grosse Oper,
ernstern Inhalts und fast immer durchkomponirt, von der

### romantischen Oper,
die (wie das romantische Schauspiel der Deutschen und Engländer) ernste und heitere, höhere und niedere Momente verknüpft, und meist mit Dialog durchwebt ist, — ferner die

### Operette,
leichtern und heiterern Inhalts, die

### komische Oper,
(*Opera buffa*), und viele Zwischen- oder Mischgattungen. In ihnen treten alle Formen der Gesangmusik: Rezitativ und Arie, Duette, Ensembles und Chöre und vielerlei Instrumentalmusik in beliebigem Wechsel und nach freier Wahl des Dichters und Komponisten auf.

Eine Abart der Oper ist das

### Schauspiel mit Chören,
worin zwischen dem in gewöhnlicher Rede geführten Dialog der handelnden Personen Chöre lyrischen Inhalts gesungen werden; eine Verbindung, die deswegen wider die Idee der Tonkunst scheint, weil die Hauptpersonen in der Sphäre der Alltagssprache verweilen, während Nebenpersonen (der Chor) sich der fremden Region des Gesangs, einer idealen Sprache gleichsam, zuwenden.

Die nähere Erörterung all' dieser Formen muss einem andern Orte (zunächst der Kompositionslehre, dann der Musikwissenschaft) überlassen bleiben; hier konnte nur Inhalt und Zweck derselben in allgemeinen Umrissen angedeutet werden.

Und so soll denn schliesslich ebenfalls nur angedeutet werden, dass die Kunstlehre gewöhnlich alle Musikformen in folgende Klassen zusammenstellt. Sie theilt

I. *die Vokalmusikformen* in
   1) Kirchenmusik,
   2) dramatische Musik,
   3) Kammermusik,
   4) Volks- oder Naturgesang.

Unter der Kirchenmusik ist auch (vergl. S. 304) gewöhnlich

### das Oratorium,

begriffen, obgleich es jetzt nicht mehr zum Gottesdienst gehört und oft oder meist nicht in Kirchen, sondern in Konzertsälen aufgeführt wird. Auch der Choral muss zur Kirchenmusik gerechnet werden, obgleich er recht eigentlich Volksgesang ist. Die Kammermusik begreift alle nicht in die übrigen Rubriken gehörigen, mehr für die Ausführung im engern Kreise, in häuslichen oder gesellschaftlichen Gemächern bestimmten Gesänge.

Ferner theilt sie

II. *die Instrumentalmusikformen* in
   1) Konzertmusik,
   2) Kammermusik und
   3) Kriegs- oder Militairmusik.

Der erstern werden Symphonien, Ouvertüren und eigentliche Konzertstücke, der andern Solo-, Duo-, Quartettkompositionen und dergleichen für häusliche oder kleinere Kreise geeignetere Tonstücke zugezählt.

Endlich hat man nach den verschiednen Aufgaben, die der Kunst in der Kirchen-, Opern- und Kammermusik gesetzt sind,

### drei verschiedne Style

oder Schreibarten, — Kirchen-, Opern- und Kammerstyl, — angenommen, oder auch zwischen

### freiem und strengem Styl,

unterschieden, welcher letztere besonders für Kirchenmusik geeignet oder nothwendig sein, und darin bestehen sollte, dass man alle Kunstregeln auf das Strengste befolgte und alle Formen mit besonderm Fleiss und grosser Vollständigkeit ausführte, auch sich mehr der polyphonen (und unter diesen besonders der Fugen-) Formen bediente, als der homophonen.

Bei ernstlicherm und tieferm Eingehn auf Wesen und Zweck der Kunst scheinen dies theils einseitige und falsche, theils müssige und unfurchtbare Vorstellungen zu sein.

Was zuerst die Unterscheidung von freiem und strengem Styl betrifft, so ist wohl klar: dass eine Kunstregel entweder vernünftigen Grund haben muss, oder nicht, und dass sie im erstern Falle durchaus, im letztern gar nicht beobachtet werden muss. Wenn es wahr ist, dass Quinten- und Oktaven-Folgen bisweilen (S. 238),

oder nach dem übereilten Dafürhalten älterer Tonlehrer immer widrigen Eindruck machen; dass gewisse Akkorde (S. 239) gern oder
immer* bestimmte Fortschreitung nehmen, Vorhalte (S. 251) oft
oder immer vorbereitet und aufgelöst werden müssen, wofern sie
nicht widrigen Erfolg haben sollen: so wird man — das lehrt die
gesunde Vernunft — die Uebelstände überall vermeiden; oder man
müsste behaupten wollen, dass es dem Komponisten und dem Zuhörer nicht darauf ankäme, wenn nicht kirchliche Kompositionen widri-
gern Eindruck machten, — oder endlich man müsste sich einbilden,
dass an sich Widriges an der einen Stelle widrig und an der andern
Stelle nicht widrig klänge, dass z. B. diese Quinten- und Oktaven-
folge, oder diese Akkordfortschreitung

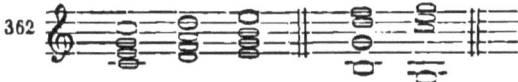

zwar an sich und namentlich in einem Kirchenstücke widrig klinge,
in einer Opern- oder Kammerkomposition aber anders und gut sei.

Hiermit ist die ältere Theorie in jener Unterscheidung widerlegt,
denn sie bleibt bei der Begründung ihrer Regeln, wenn man auf den
Grund geht, auf dem oberflächlichen Gesichtspunkt, ob Etwas gut
(angenehm) oder nicht gut klingt. Wer sich aber inniger und tiefer
mit der Kunst vertraut gemacht, weiss aus eigner Wahrnehmung,
wie aus tausendmaligen urkundlichen Zeugnissen aller Künstler und
Gebildeten: dass die Aufgabe der Kunst nicht ist, mit angenehmen
Klängen und Tonverbindungen den Sinn der Hörer zu kitzeln, sondern dass sie die Seelenbewegung, den geistigen Inhalt des Tondichters auf den Hörer zu übertragen hat. Auf diesem höhern und
wahrhaften Standpunkte fragt sich nicht mehr: ob Etwas (z. B. eine
Akkordbewegung) angenehm oder widrig klingt, — sondern: welche
Seelenbewegung sich in ihr offenbart und durch sie auf den Hörer übergeht. Hiermit kommen wir auf den zweiten Punkt der obigen Frage.

Soll die Unterscheidung von Kirchen-, Opern- und Kammerstyl
eine nicht blos müssige sein, die nichts weiter besagt, als dass es
Kirchenmusik, Opern- und Kammermusik giebt: so müsste man behaupten, dass in der einen Musikgattung Vorstellungen und Empfindungen zur Sprache kämen, die in der andern durchaus unstatthaft
waren, und dass hiernach eine Reihe musikalischer Ausdrücke und
Formen in der einen statthaft wären und in der andern nicht.

Dies ist zum Theil wahr. Man wird schwerlich in einer Messe
Tanzmusik und auf einem Balle Fugen spielen lassen. Aber ist eine

---

* Die nähere Prüfung dieser und aller Kunstregeln ist in der Kompositionslehre des Verf. unternommen.

so flache Bemerkung werth, ausgesprochen zu werden oder gar die hochtrabende Unterscheidung von Kunststylen zu begründen? Oder liesse sich die Unterscheidung nur durchführen? Können in der Oper und Instrumentalmusik nicht auch fromme, ja religiöse Empfindungen, kirchliche Vorstellungen eine Stelle finden und ist das nicht schon hundertmal dagewesen? Oder wendet sich nicht auch religiöse Empfindung zu Freude und Leid und erhebt sich bis zum Eifer und Sturm der Leidenschaft? Ist dies nicht im Alten und Neuen Testamente, ja in Christi Reden selbst vorgebildet und von Bach und Händel und allen ächten Künstlern ausgeübt worden? Und — um auf das sogenannte Technische einzugehn — sind nicht Fugen, Figurationen, Choräle hundertmal in weltlicher Musik, homophone Sätze in geistlicher, ja sogar Marsch- nnd Tanzformen in den Oratorien Händel's, wie in neuern (z. B. Fr. Schneider's und Ferd. Hiller's) angewendet worden und unentbehrlich erschienen? Und endlich: haben die Alten und Neuen, Seb. Bach und Händel, Haydn, Mozart, Beethoven, in ihren kirchlichen Musiken andre Grundsätze der Harmonie, Stimmführung u. s. w. befolgt, als in ihren weltlichen Kompositionen? Sie haben überall getreu ihre des Gegenstands volle Seele sprechen lassen ohne Ziererei und Rückhalt; und da bedurft' es der müssigen Stylunterschiede nicht, oder vielmehr sie waren für den wahren Künstler unmöglich.

Nur in einem ganz andern Sinne hat der Begriff von

## Styl

wahrhafte Bedeutung. Jeder ächte Künster hat nämlich eine besondre Weise, die Welt, seine gesammten Aufgaben, auzuschaun; so bildet sich eine ihm eigne Darstellungs- oder Ausdrucksweise, die man durch alle seine Werke beobachten und den T y p u s seines künstlerischen Schaffens, oder s e i n e n S t y l nennen kann. So kommen auch Künstler einer Schule, eines Landes, einer Zeit mehr oder weniger in ihrer Darstellungsweise überein, und in diesem Sinn kann man von i h r e m S t y l, z. B. dem Styl des Palestrina, der sächsischen Schule, der italischen Operisten u. s. w. reden.

Alle diese Begriffe können übrigens nur in der Musikwissenschaft vollständig ergründet werden.

# Sechste Abtheilung.

## DER KUNSTGEMÄSSE VORTRAG.

# Erster Abschnitt.

## Allgemeine Begriffe vom Vortrag.

Was wir bis hierher betrachtet haben, sind die für jede Beschäftigung mit Musik nöthigen oder dienlichen allgemeinen Kenntnisse.

Von hier aus scheiden sich zwei Wege musikalischer Praxis, ausser der Lehrbeschäftigung in Musik. Der eine ist der Weg des Komponisten, der zu eigner Erfindung und Hervorbringung musikalischer Kunstwerke führt. Der andre Weg ist der des ausübenden Künstlers oder Kunstfreundes, dem Ausführung schon vorhandner Kunstwerke obliegt.

Zur Ausführung einer Komposition scheint vorerst nur zweierlei erforderlich; nämlich erstens vollkommnes Verständniss der Schrift, in der die Komposition aufgezeichnet ist, — also unsrer Notenschrift mit allem Zubehör und der Textschrift für Gesangstücke, — zweitens technische Geschicklichkeit, das, was vorgeschrieben ist, auch richtig auszuführen. Beides ist allerdings unentbehrlich; zu dem Erstern enthalten die bisherigen Abtheilungen die nöthige Anleitung; das Letztere muss dem praktischen Unterricht und der Uebung überlassen bleiben.

Allein bald gewahren wir ein drittes ebenfalls Unentbehrliches. Es heisst schon von der gemeinen Sprache und Schrift: der Buchstabe tödtet, der Geist macht lebendig, — und zwar deswegen, weil es unmöglich ist, im Buchstaben den Geist festzuhalten. Dies gilt von unsrer Notenschrift ebenfalls im vollen Maass, und würde von jeder andern etwa zu erfindenden ebensowohl gelten müssen; denn es liegt nicht in einer Unvollkommenheit dieser Schrift, sondern im Wesen der Sache.

Wir besitzen Zeichen für alle Töne unsers Tonsystems, das heisst: für alle Tonabstufungen, die wir als wesentliche und bestimmt festzuhalten anerkannt haben. Nun wissen wir aber (S. 45), dass innerhalb eines Ganztons neun kleinere Abstufungen des Tons, die neun Kommate, unterscheidbar, — und noch unzählige ununterscheidbare Abstufungen vernehmbar sind. Von allen diesen machen

wir keinen bestimmten Gebrauch, wohl aber ist eine ungefähre Benutzung, wie wir weiterhin sehn werden, gar wohl denkbar und
unter gewissen Umständen zulässig und zweckdienlich. Wir werden
erfahren müssen, dass es bisweilen angemessen sein kann, einen
Ton um ein weniges höher oder tiefer zu nehmen, als er eigentlich
nach unserer Temperatur genommen werden sollte. Wir werden
ferner anzumerken haben, dass das s t ä r k s t e Legato zweier Töne
sich in der Art äussert, dass man den einen in den andern hinüber-
zieht, das heisst: zwischen beiden noch mittlere Tonabstufungen*
vernehmen lässt, für die wir zum Theil gar keine Noten und Benennungen haben.

Wir haben ferner in der Rhythmik schon (S. 82) angemerkt,
dass Länge und Kürze der einzelnen Töne und Tempo nicht absolut, sondern nur im Verhältniss zu einander bestimmt seien; dass
auch die gewöhnlichen Tempobezeichnungen durch die Ueberschriften *Allegro*** u. s. w. nur ungefähre Bestimmungen sind. Und
wenn man auch im Metronomen ein Mittel hat, die Zeitdauer absolut
zu bestimmen, so wird sich doch Jeder leicht von der Unmöglichkeit
überzeugen, ein solches Maass in grössern — und in allen Kompositionen stets streng zu beobachten. Für alle die feinern Abstufungen
des *ritardando, accelerando* u. s. w. ist aber vollends an kein bestimmtes Maass zu denken.

Eben so fehlt es an jeder nähern Bestimmung über den Stärkegrad; wir wissen, dass *piano* schwächer ist als *forte*, nicht aber,
wie stark dieses, und um wie viel weniger jenes. Auch kann hier
nur das Allgemeinere angedeutet werden, wenn nicht die Schrift
mit so viel Zeichen und Buchstaben überladen werden soll, dass
sich zuletzt kein Auge mehr herausfinden kann; in No. 130 haben
wir eine solche Ueberfüllung mit ansehn müssen. Endlich werden
wir bei den besondern Vortragslehren inne werden, dass dasselbe
Vortragszeichen (*f*, *p* u. s. w.) an verschiednen Stellen und unter
verschiednen Umständen mehr oder weniger Gewicht hat.

So besitzt auch keine Schriftsprache genug Buchstaben, alle
Stufen des Lauts, z. B. alle Zwischenlaute von *a* zu *o*, oder von
*b* zu *p*, anzugeben. Kurz, überall sehn wir die Schrift (Noten- und
Buchstabenschrift) ausser Stande, in alle feinern Schattirungen des
Organs und des Sinnes einzugehn.

––––––––––

* Gehört — aber in sehr leidiger Weise — hat sie wohl schon Jeder bei
dem Stimmen eines Klaviers, wenn eine klingende Saite hinaufgezogen oder
nachgelassen wird.
** Es kommt noch hinzu, dass diese Bezeichnungen zu verschiednen Zeiten
und von verschiednen Komponisten nicht genau übereinstimmend gebraucht
worden sind.

Allein gerade in diesen feinsten, stets in einander übergehenden Abstufungen lässt sich das eben so leise, zarte, durchaus unmessbare und unaussprechbare — und doch so mächtige Wogen des Gefühls, überhaupt des innern Lebens in seinen feinsten Pulsen empfinden; wer dasselbe im musikalischen Vortrage nicht zu erfassen und dem Zuhörer empfindbar zu machen weiss, der kann nicht hoffen, den Sinn eines Kunstwerks in seinen Zuhörern oder in sich selber vollkommen zu erwecken.

Nun aber haben wir im Vorstehenden nur von den Elementen eines Kunstwerks gesprochen, nicht von seinem Sinn und Zweck im Ganzen. Ein Kunstwerk hat, wie Jedermann bewusst ist, irgend einen mehr oder weniger reichen Inhalt für unsern Sinn, unser Gefühl, unser Bewusstsein. Dieser Inhalt ist durch Schrift und Zeichen nirgend auch nur mit einiger Befriedigung kundzugeben; und doch ist es klar, dass man eben ihn auffassen und auf den Hörer übertragen will.

Was die Schrift in dieser Beziehung gethan, ist Folgendes. Erstens hat sie mit einer Reihe von Kunstausdrücken (meist der italienischen Sprache entlehnt) die Stimmung des Ganzen oder einzelner Stellen anzudeuten gesucht. Hier folgen die gebräuchlichsten italienischen.

*Con abbandono,* mit Hingebung,
*accarezzevole,* schmeichelnd, lieblich,
*adirato,* erzürnt,
*affabile,* freundlich,
*affettuoso,* leidenschaftlich,
*con afflizione,* mit Betrübniss,
*con agilità,* mit Beweglichkeit,
*agitato,* mit Unruhe, bewegt,
*con allegrezza,* mit Munterkeit,
*amabile (con amabilità),* lieblich,
*amarevole,* lieblich, artig,
*con amarezza,* mit Bitterkeit,
*amoroso (amorevole),* zärtlich, liebevoll,
*angosciamente,* ängstlich,
*animato (con anima, animoso),* beseelt,
*appassionato,* leidenschaftlich,
*appenato,* bekümmert,
*ardito,* kühn,
*audace,* verwegen,
*brillante,* glänzend,
*brioso (con brio),* frisch, mit Munterkeit,
*bruscamente,* ungestüm,

*calando,* abnehmend,

*calmato, con calma,* ruhig, beruhigt,

*cantabile,* gesangartig, mit sanfter Empfindung,

*capriccioso,* eigenwillig, launig,

*carezzando,* liebkosend,

*commodo (commodamente),* bequem,

*compiacevole,* gefällig,

*delicatamente (con delicatezza),* zart, geschmackvoll,

*determinato,* entschieden, bestimmt,

*divoto (divotamente),* andächtig,

*dolce (con dolcezza, dolcissimo),* sanft, sehr sanft,

*dolente (doloroso, con duolo),* schmerzvoll,

*elegante,* zierlich,

*con elevazione,* mit Erhebung,

*energico (con energia),* kraftvoll, nachdruckvoll,

*eroico,* heroisch, heldenkühn,

*espressivo (con espressione, c. espr.),* mit (besonderm, oder
     zarterm) Ausdruck,

*fastoso,* prunkvoll,

*feroce,* wild,

*fiero (con fierezza),* stolz, mit Stolz,

*flebile,* klagevoll,

*fresco, frescamente,* frisch,

*funebre,* trauervoll, *marcia funebre,* Trauermarsch,

*fuocoso (con fuoco),* feurig,

*furioso (con rabbia),* wüthend,

*gajo,* froh,

*generoso,* edel,

*giocoso,* heiter, lustig,

*glissando, glissicato,* fliessend, leicht,

*grandioso,* grossartig,

*grave,* ernst,

*grazioso (con grazia),* anmuthvoll,

*impetuoso,* heftig anstürmend,

*innocente,* unschuldig,

*irresoluto,* unentschlossen,

*lagrimoso,* weinerlich,

*lamentoso, lamentabile,* klagend,

*languente, languido,* schmachtend,

*leggiero (con leggerezza),* leicht, mit Leichtigkeit,

*lugubre,* trauervoll,

*lusingando,* schmeichelnd,

*maëstoso,* erhaben, mit Majestät,

*malinconico,* melancholisch, schwermuthvoll,

*mancando,* schwächer werdend,

*marcato,* scharf betont, *ben marcato, marcatissimo,*
    sehr betont,

*alla marcia,* marschmässig, mit festem, scharf markirtem Takt,

*martellato,* gehämmert, hart angegeben,

*marziale,* kriegerisch,

*mesto,* trüb,

*minacciando,* drohend, heftig,

*morendo,* ersterbend,

*mormorando,* murmelnd,

*con moto,* mit Bewegung, mit Gemüthsbewegung,

*nobile (con nobilità),* edel, mit Adel,

*con osservanza,* mit genauem Vortrage,

*parlando,* sprechend,

*patetico,* pathetisch,

*pesante,* wichtig, nachdruckvoll,

*piacevole, placido,* gefällig,

*pomposo,* prachtvoll,

*rapido,* reissend,

*religioso,* andächtig,

*risoluto,* entschlossen,

*risvegliato,* aufgeweckt,

*scherzando,* scherzend,

*sciolto,* ungebunden, leicht, locker,

*semplice,* einfach, mit natürlicher Einfalt,

*con sentimento (con molto sentimento),* mit Empfindung,
    mit tiefer Empfindung,

*smanioso (con smania),* wahnsinnig, leidenschaftlich bis zum
    Wahnsinn,

*smorzando,* erlöschend,

*soave,* einschmeichelnd, überredsam,

*spianato,* eben, gleichmässig fliessend,

*spiccato,* deutlich, die Töne rund abgesetzt, nicht verwischt,

*spiritoso (con spirito),* geistvoll, beseelt,

*strascinato,* schleppend,

*strepitoso,* rauschend, geräuschvoll,

*tenero (con tenerezza),* zart, mit Zartheit,

*tempestoso,* stürmisch,

*tranquillo, tranquillamente,* ruhig,

*veloce,* schnell,

*vigoroso,* mit Feuer, mit Eifer,

*vivace (con vivacità),* mit Lebhaftigkeit.

Zweitens haben einzelne Komponisten den Karakter dieses
oder jenes Tonstücks schon durch die Benennung anzudeuten gesucht.
Hierhin gehören die oft gebrauchten Titel und Ueberschriften:

Pastorale, ländliches Tonstück,
Sonate mélancolique, melancholische, —
Sonate pathétique, pathetische Sonate;

ferner die Titel Eklogen, Elegien, Trauer-und Triumph-
märsche, Notturnos, Lieder ohne Worte (Andeutung, dass
nicht blosses Tonspiel, sondern Aussprache tiefern Inhalts gegeben
sei), und viele andre, auf besondre Bestimmung oder Bedeutung des
Tonstücks hinweisende.

Drittens haben Komponisten bisweilen bestimmte Vorstellungen, aus denen ihre Komposition hervorgegangen oder durch die
sie besondre Bedeutung und Richtung gewonnen, ausdrücklich angegeben; so Haydn in seiner unsterblichen Ouverture zur Schöpfung
(die er das Chaos nennt), Beethoven in seiner wunderschönen
Sonate »Les adieux, l'absence et le retour« und vielen
andern Kompositionen, Liszt in seinen dichterischen *Harmonies
poétiques et religieuses.** Allein auch hier erkennt man leicht, dass
mit all' diesen Kunstausdrücken und sonstigen Aeusserungen nur
höchst allgemeine Andeutungen gegeben sind, dass die verschiednen
Formen und Abstufungen der Empfindung, der Ideenkreis, Seelen-
oder äussere Zustand, — durchaus nicht mit einigen Worten, oft mit
Worten gar nicht erschöpfend bezeichnet werden können.

Viertens endlich muss einer eignen Bezeichnungsweise noch
gedacht werden, durch welche wenigstens der grossartigere und
höhere, oder niedere und leichtere Sinn eines Tonstücks angedeutet
zu werden pflegt. Das ist die Wahl unter verschieden benannten,
aber gleichbedeutenden Taktarten.

Dem Wesen nach ist nämlich jede zweitheilige, drei-, viertheilige Taktart u. s. w. gleich jeder andern zwei-, drei-, viertheiligen; Haupt- und Nebentheile, grössere und kleinere Accente
bleiben dieselben, mögen nun — z. B. hier in viertheiliger Taktart,

---

* Leider hat sich in den letzten Jahren eine seltsame Fälschungsweise
gerade an den Werken des grössten Tondichters, Beethoven's, vergriffen und
durch die vielen Verleger, die jetzt von Beethoven sichern Vortheil suchen, Förderung gefunden. Es sind nämlich vielen jener Werke Namen aufgebunden worden, an die der Dichter nimmer gedacht, und die eben zu ihnen passen, wie
die Illustrationen, womit die Fliegen sich an unsern Spiegeln und Krystallkronen
verewigen. So hat irgend ein verblasster Süssling der *Cis*-moll- Sonate den Namen »Mondscheinsonate« aufgeklebt, die grosse *F*moll-Sonate muss sich »*appas-
sionata*«, die edelgrosse *D* dur-Sonate »Pastorale« schelten lassen, — dem Kundigen zum Verdruss, der unerfahrnern Jugend zur Irrung. Der unberufne Wie-
dertäufer verdiente, vor das geistige Gericht gezogen zu werden.

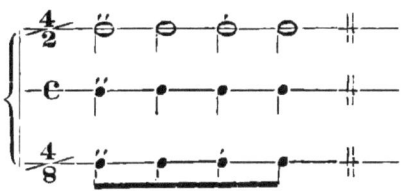

die Theile halbe Noten, Viertel oder Achtel sein; auch die Takt-
gliederung ist überall gleich, mögen auch die Taktglieder Viertel,
Achtel oder Sechszehntel u. s. w. sein. Auch auf das Tempo hat
die Grösse der Takttheile keinen Einfluss; ein Allegro im $^4/_2$ Takt
und ein Adagio oder Andante sostenuto im $^4/_4$ Takte, ein Presto im
$^4/_4$ Takt und ein Allegretto im $^4/_8$ Takt können gleiche Schnelligkeit
der Bewegung haben.

Demungeachtet hat man an diese Bezeichnungen h ä u f i g einen
Unterschied angeknüpft. Man ist stillschweigend übereingekommen,
die grössere Notengeltung als Zeichen für den grössern oder grossartigern Inhalt, die kleinere Notengattung als Zeichen des kleinern
oder leichtern Inhalts und Karakters gelten zu lassen. Man wird
also hochernste und würdige Sätze eber im $^4/_2$, $^3/_2$, $^2/_2$ Takte, flüchtige,
leichtergehaltne im $^4/_8$, $^3/_8$, $^2/_8$ Takte setzen* und nun erst das Tempo
nach der Notengattung bestimmen. Auch hierin liegt also ein Wink
über den Karakter des Tonstücks. — Doch abgesehn davon, dass
er nur ein sehr allgemeiner ist, müssen wir zufügen, dass man
besonders bei ältern Komponisten z a h l r e i c h e  A b w e i c h u n g e n
von dieser Gewohnheit findet; mancher hochernste Satz ist bei Seb.
Bach im $^3/_8$ Takt abgefasst, während leichtere und unbedeutendere
im $^3/_4$ oder gar $^3/_2$ Takte geschrieben sind.** Auch hier also müssen

---

\* So seltsam es Nichtkomponisten dünken mag, so möchte sich doch schon
das blos technische Geschäft des Schreibens (wie wohl jeder Komponist erfahren
hat) einen gewissen Einfluss auf die Ausführung anmaassen. Grössere Notengattungen (Halbe und Ganze) schreiben sich breiter und langsamer und verbinden sich weniger, laden also schon damit zu breiterer und weniger leichter, flüchtiger oder flüssiger Abfassung und Ausführung der Gedanken ein;
Fugen, selbst Choräle im $^2/_2$ oder $^3/_2$ Takte nehmen leicht einen andern, breitern und ernstern Gang, als im $^2/_4$ oder $^3/_4$ Takte. Natürlich darf und wird
sich der Geist nicht durch die federführende Hand unterjochen lassen; aber
eben darum wählt man lieber gleich die zusagendere Schreibart.

\*\* Ein Missverständniss hierin ist an vielen Orten Ursach' einer unrichtigen
Darstellung der alten Musiken aus der palestrinensischen, — überhaupt vor-
bachschen Periode. Wenn der Unkundigere die Werke eines Palestrina, Roland
Lattre, Gabrieli, Josquin de Prés u. A. meist in ganzen und halben Noten geschrieben sieht, so verleitet ihn dies leicht zu einer zu langsamen Bewegung.
Allein die alte Schreibweise bediente sich (S. 85) nur grösserer Schrift, als wir; man
hat im Allgemeinen ihre halben Noten etwa unsern Viertelnoten gleich zu nehmen.

wir die Unzulänglichkeit aller Vorschrift erkennen; und dem kann auch in diesem Punkte nicht abgeholfen werden, weil mancherlei andre Rücksichten die Wahl des Komponisten bestimmen können.

Wir überzeugen uns also: dass zwar nächst der technischen Geschicklichkeit (von der hier nicht mehr die Rede sein soll) vollkommne Kenntniss und Beachtung der Schrift zu rechtem Vortrag unentbehrlich ist, dass wir aber ausserdem noch Empfänglichkeit und Einsicht für dasjenige nöthig haben, was durch keine Schrift erschöpfend ausgesprochen werden kann: für den Sinn und die Tendenz des ganzen Kunstwerks wie aller seiner Theile, sie mögen niedergeschrieben und bestimmt, oder aus unserm Empfinden zu ergänzen sein. Zugleich kann uns nicht entgehn, dass alle einzelnen Züge ihre Bestimmung aus der Idee und dem Zwecke des ganzen Kunstwerks empfangen haben können, und dass auch wir bei der Auffassung, bei dem Studium und Vortrag eines Werkes nur von dessen Grundidee ausgehn dürfen.

Ein Werk von dieser Grundidee aus in allen seinen Theilen vollkommen auffassen und darstellen: das ist die Aufgabe des

### künstlerischen Vortrags.

Bis zu diesem Gipfel der darstellenden Musik giebt es verschiedne Stufen.

Wer sich damit begnügt, das Geschriebene (in den Noten und Kunstbezeichnungen Enthaltene) einer Komposition ohne weitern Antheil an ihrem Inhalt vernehmbar zu machen, der trägt mechanisch vor. Seine höchste Aufgabe ist, das Bestimmte bestimmt wieder zu geben, z. B. überall die richtigen Töne, überall genau abgewogne Geltung und Takteintheilung, überall den Wechsel von *forte* und *piano*, *legato* und *staccato* u. s. w., so wie sie vorgeschrieben und wie ihre Ausführung ihm gewohnt ist oder zufällig sich macht. Das Lobenswürdige, Positive an dieser Art der Darstellung kann man als

### richtigen Vortrag

bestimmen.

Wer neben dem, was der richtige Vortrag erfodert, noch Einsicht in die nicht mit Schrift durchaus darstellbare Konstruktion des Tonstücks, so weit sie dem Verstande fasslich ist, bethätigt, dem können wir

### verständigen Vortrag

beimessen. Ein solcher wendet zunächst seine Erkenntniss der Rhythmik an. Er weiss, dass die Abschnitte, Sätze, Gänge, Theile — kleinere zusammengehörende Partien des ganzen Tonstücks ausmachen, und trachtet danach, den Zusammenhang der einzelnen Partien und ihre Trennung von andern Partien deutlich herauszustellen, indem er das Zusammengehörige durch Bindung, gleichartiges Spiel u. s. w. verbindet, die Scheidepunkte durch Absätze, Wechsel von stärkerm und schwächerm Spiel, Kontrast der Vortragsart u. s. w. fühlbar macht. So treten ihm aus dem Takt und den grössern rhythmischen Konstruktionen diejenigen Töne hervor, die grössern oder geringern Nachdruck (Accent) fodern; er sucht jedem sein Recht zu ertheilen, dabei aber den Fluss des Ganzen ungestört — unzerbröckelt zu erhalten. In mehrstimmigen, besonders polyphonen Sätzen sucht er jede Stimme deutlich vorzustellen, auch — so weit es angeht — von den andern Stimmen durch abweichende Darstellung (z. B. *forte* gegen *piano*, *legato* gegen *staccato*) zu unterscheiden.

Der richtige und der verständige Vortrag können begriffsmässig gelehrt und gelernt werden.

Wer ferner von Natur oder vielmehr durch unbewusste Gewöhnung Sinn für Ebenmaass in Ton, Bewegung, Klang, u. s. w. empfangen und denselben rege erhalten und erhöht hat: der wird — auch ohne tiefere Theilnahme an Kunst und Kunstwerk — bald herausfühlen, worin der sinnliche Reiz bei den einzelnen Partien des Kunstwerks liegt. Er wird dem Instrument oder der Stimme die wohlthuendsten Klänge abgewinnen, in den Abstufungen von *forte* und *piano* mannigfach und anmuthig wechseln, manchen Accent ansprechend setzen, die Melodie durch Bindungen aller Art, die leichten Laufer bisweilen durch ein glückliches Staccato begünstigen, überall Schroffes, Hartes, zu grelle Gegensätze u. s. w. meiden, durch Wechsel und Verschmelzung aller dieser und ähnlicher Mittel den Sinn ergötzen und in eine wenn auch oberflächliche, doch reizende Theilnahme hineinschmeicheln. Diese Darstellungsweise wollen wir den

### anmuthigen Vortrag

nennen, und ihm jederzeit Vereinigung mit der verständigen Auffassung wünschen. Für ihn ist nächst Naturanlage und Gewöhnung nichts erwünschter und nichts bildender, als häufiges aufmerksames Zuhören bei dem gleichen Vortrag Andrer. Angemessnen Stoff findet er in den süssen Koketterien eines Rossini (von guten Sängern und Sängerinnen vorgetragen), in den artigen Spielen unserer Pianisten und, im höhern Sinn, in vielen Werken J. Haydn's und Beethoven's, — bei denen allerdings die Anmuth nur Aeusseres zu einem bedeutsamen Innern ist. Besonders lehrreich ist aber für Pianisten das Spiel guter Violinisten, die ihrem feinen und gewandten Instrument mehr Spielarten, Bindungen, Gegensätze, feinere Schattirungen und Uebergänge abgewinnen, als andre Instrumentisten.

Tritt in der Ausübung ein unbewusstes Gefühl von dem Inhalt
des Musikwerks hervor, so können wir ihr das Lob eines

**gefühlvollen Vortrags**

beimessen. Das Gefühl aber als solches giebt sich von seinem Wahrnehmen und Thun, selbst wo es sich an verständige Auffassung an-
lehnt, keine Rechenschaft; es lebt und webt nur im Momente, von
Moment zu Moment, vielleicht in allen einzelnen Momenten, aber
nicht im Ganzen als einem solchen. Es kann uns in jedem einzelnen
Moment anziehn, erregen; aber zuletzt bleibt ungewiss, ob wir in
dieser Reihe von Reizungen nun auch die wirkliche und volle Idee
und Empfindung des Kunstwerks empfangen, den Willen des Künstlers an uns erlebt, — ob wir d a s K u n s t w e r k — oder blos a m
K u n s t w e r k — empfunden, jenes oder die unbestimmten Vorstellungen des Darstellers aufgenommen haben. Dieses — an sich so
höchst schätzenswerthe, ja für den Künstler und Kunstfreund ganz
unentbehrliche und unersetzliche Vermögen weset und wirkt, wie
es eben ist, und wie es ihm kommt; es kann nicht gelehrt, nicht
gebildet, nur g e n ä h r t u n d g e s t e i g e r t werden; ja es hat seiner
Natur nach Scheu vor den Einmischungen klarern Bewusstseins,
weil es allerdings in seinem Dasein und Sichwohlempfinden durch
diese z u n ä c h s t gestört wird und in sich keine Sicherheit finden
kann, dass ihm für und durch die Störung höherer Ersatz werden
möge.

Wenn alle diese Vermögen und Bildungen sich selbst über-
lassen bleiben, so geben sie v i e l — a b e r n i c h t A l l e s, u n d i m
G r u n d e n i c h t d a s R e c h t e. Denn das Kunstwerk enthält mehr,
als sie alle: es hat einen zum Theil unbeschreibbaren und unaus-
sprechbaren Inhalt, es hat neben dem sinnlich anmuthigen einen
geistigen Gehalt, es hat über das dunkle Gefühl der Einzelheiten
hinaus die I d e e, die ihm und allem in und an ihm Vorhandnen
Ursprung und Bedeutung gab. Die Darstellung des Kunstwerks in
diesem Sinn ist, was wir oben den k ü n s t l e r i s c h e n V o r t r a g
genannt haben.

Für diesen bedarf es nun schlechthin

**der Kunstbildung,**

in welcher Form sie auch erreicht werde. Nur in sehr wenigen,
besonders begabten und zugleich unter günstigen Verhältnissen auf-
gewachsnen Individuen ist so reines, sichres und kräftiges Gefühl —
und daneben so selbständiges, wenn auch verschleiert thätiges*
Nachdenken — vom Anbeginn her lebendig, dass es sich — v i e l -

---

* Z. B. in M o z a r t. Vergl. des Verf. biographische Notiz über denselben
im Universal-Lexikon der Tonkunst.

l e i c h t! — überall zum Rechten hinwenden, den Ableitungen, Ver-
irrungen u. s. w. überall verschliessen kann; es ist dies mit Einem
Worte nur die vorzügliche und höchst seltne Begabung des höchsten und glücklich entfalteten Talents. Wir brauchen aber in unsern Chören und Orchestern, in Schulen und in der Gesellschaft
Tausend und aber Tausende von Musikern gegen Einen von der
begünstigtsten Hochbegabung Getragnen. Und ausser den Musikern
wollen noch viel Tausend als Kunstfreunde an Musik thätigen Antheil nehmen und können noch weniger auf jene höchste Gunst der
Anlage und Entwickelung für sich rechnen. Es ist also schlechthin
Niemand zu rathen, sich seinem unmittelbaren Gefühl ohne Weiteres anzuvertrauen; d e n  M e i s t e n  ist Hülfe und Vorbereitung
durchaus unentbehrlich.

Nun giebt es zweierlei Wege der Ausbildung. D e r  e i n e  ist
unmittelbare, sich gleichsam selbst hingebende a n t h e i l v o l l e  B e-
s c h ä f t i g u n g  mit Musik. S i e  i s t  d u r c h a u s  J e d e m,  d e r  s i c h
f ü r  M u s i k  b i l d e n  u n d  i n  i h r  b e t h ä t i g e n  w i l l,  u n e n t-
b e h r l i c h. V i e l  u n d  g u t e  M u s i k,  und zwar gut vorgetragen,
h ö r e n,  mit Auswahl und Eifer  s e l b s t  a u s ü b e n:  das weckt,
belebt, reinigt und berichtigt das Gefühl, ja es bringt endlich eine
Art von instinktartiger Erkenntniss hervor, die auch bei dem Vortrag solcher Tonstücke, denen kein Hören musterhafter Ausführung
vorausgegangen ist, ziemlich glücklich das Rechte trifft. Allein das
Gefühl, diese dunkelste und dumpfste Thätigkeit der Seele, bildet
sich, wie wir uns haben sagen müssen, nur sehr langsam und
höchst unsicher; darum mahnt auch das innere Bewusstsein stets,
darüber hinaus höhere Sicherheit zu suchen. So gewiss wir durch
gute Musik und guten Vortrag gefördert werden, so gewiss können
wir durch schlechte irre geleitet, in unserer Empfindung verwöhnt
und verderbt werden. Und so sehr wir wünschen, aus der uns
gebotnen Musik das Gute aufzunehmen, so können wir doch auch
besorgen, durch unser dunkles und ungeleitetes Empfinden von dem
Rechten ab auf das Falsche gelenkt zu werden.

Unser Selbstbewusstsein drängt also über den Kreis des blossen
Empfindens hinaus a u f  d e n  a n d e r n  W e g,  welcher kein andres
Ziel hat, als:  s i c h  ü b e r  d e n  e i g e n t l i c h e n  I n h a l t  d e r  K u n s t,
über Inhalt und Richtung jedes einzelnen Kunstwerks und jedes
Theils oder Bestandtheils  s i c h r e s  B e w u s s t s e i n  z u  v e r s c h a f-
f e n. Hier kann wieder Anleitung und Lehre hülfreich zutreten,
während das unmittelbare Gefühl sich und seinen Erlebnissen oder
Erfahrungen überlassen bleiben muss. Dies ist also die eigentliche
Aufgabe der Vortragslehre: das Bewusstsein vom geistigen Inhalt
der Kunst und des Kunstwerks wecken oder zurecht weissen.

Soll nun dieses Bewusstsein ein fruchtbares, so muss es ein wahrhaftes und lebendiges sein. Erklärungen und Bestimmungen von irgend einem Lehrenden oder Lehrbuche für wahr annehmen, mit sich herum und an das Kunstwerk herantragen: dass ist ein unfruchtbares und todtes Wesen. Vollends an den Worten irgend eines Erklärenden buchstäblich festhalten, würde zu den grössten Einseitigkeiten und Verkehrtheiten führen; denn allerdings ist das Wesen der musikalischen Gestaltungen nicht von der Art, dass man es in Ein Wort fangen könnte. Das Wort darf also nur als Hindeutung auf diese flüssigen Luftgestalten genommen werden, und wer das von der Lehre Anzudeutende nicht selber lebendig empfunden, in seiner eignen Seele erlebt hat, für den ist jede Erklärung und Ueberlieferung todt und unfruchtbar. Namentlich müssen wir vor jenen spieligen pseudopoetischen Umschreibungen ausdrücklich warnen, in denen sich ästhetisirende Dichter und poetisirende Aesthetiker vielfach gefallen, um mit irgend einem ausgemalten Bild oder vermeintlichen Kernspruche gleich ein ganzes musikalisches Wesen, eine Tonart, ein Instrument u. s. w. ein für allemal in Pausch und Bogen abzufinden.* Sprüchlein und Bildlein, wie: »die Klarinette ist das Instrument der Liebe, — ein Blasinstrument und ein Saiteninstrument zusammen bilden eine musikalische Ehe, — der Zweivierteltakt ist zum Ausdruck der Liebe besonders geeignet«, und viel dergleichen mehr — können, wenn auch irgend einmal ein Theilchen Wahrheit in ihnen sässe, dem, der sich ernstlicher mit Musik beschäftigt, nur als geisterschlaffende Spielerei erscheinen. Wer sich ihnen müssig hingiebt, bascht nach einem Schatten, während die reiche Wirklichkeit der Kunst ihm entschwindet.

Auf der andern Seite wollen wir uns aber auch nicht den kalten und todten Abstraktionen derjenigen überlassen, die da versichern, die Musik habe überall keinen geistigen, dem Bewusstsein erfassbaren Inhalt, — weil man ihn nicht dem Verstande beweisen, oder nicht mit einem Worte genügend aussprechen könne, oder weil die darüber Redenden so oft gefehlt und einander widersprochen, — sondern sei nicht mehr und nicht weniger, als unbestimmt anregendes und unterhaltendes Spiel mit Formen,** Formen von

---

* Dergleichen Mancherlei finden wir, angeführt aus andern Schriftstellern im Charinomos von Seidel, in Wagner's Ideen über Musik (Leipz. musik. Ztg. v. 1823), und andern Neuern und Aeltern.

** Der achtungswürdigste und musikalisch unterrichtetste Vertreter dieser Meinung ist Nägeli in seinen Vorlesungen über Musik, nach ihm der Philosoph . Herbart. Vergl. hinsichts beider Richtungen: Ueber Malerei in der Tonkunst, ein Maigruss an die Kunstphilosophen, und: Die alte Musiklehre im Streit mit

Schallen, Tönen, Rhythmen. Auch nach dieser Seite hin wollen wir uns nicht irren lassen, immer wieder und immer tiefer mit eignen Sinnen und eigner Ueberlegung in das Wesen der Kunst, ihrer Gestalten und Werke dringen, und daraus immer helleres Bewusstsein gewinnen. Hierbei können Weisungen Vorausgegangener anregen und leiten; aber nur als Andeutungen und Anregungen dürfen sie gelten, das Weitere muss eigne Wahrnehmung durch Sinn und Gefühl in unser Bewusstsein führen.

Daher wenden wir uns bei den folgenden Hindeutungen durchaus an die eigne Empfindung und Wahrnehmung eines Jeden, und wollen nur so weit unser Wort für Jeden gelten lassen, als es in der eignen Wahrnehmung desselben lebendige Bestätigung findet. Die tiefere Erörterung, die wissenschaftliche und vollständige Ergründung über das Wesen der Kunst gehört nicht in diese vorbereitende Lehre, sondern in die Musikwissenschaft; die Einführung in den Sinn der Kunstperioden, Künstler und Kunstgattungen kann ebenfalls nicht hier, sondern nur in der Kunstgeschichte gegeben werden. Beide Studien sollte man, damit nicht übertragne Begriffe an die Stelle eigner Wahrnehmung und leere Formeln an die Stelle lebendiger Anschauung treten, nicht eher unternehmen, als bis man sich recht tief in die Kunst hineingehört, hineingespielt und gesungen, — kurz hineingelebt hat. Auch das, was wir hier aus der Vortragslehre geben, ist schlechterdings nicht für den Anfänger. Jedem wird sie leeres Wort, ja verwirrend und irre leitend sein, der nicht schon in den Aeusserlichkeiten der Kunst bewandert und mit ihrem Sinne lange vertraut, oft und lebendig von ihr angeregt und erfüllt worden ist. Eben weil unsre Philosophen und Schöngeister versäumt haben, sich in die Kunst, über die sie gleichwohl denken und reden wollten, zu vertiefen und wahrhaft in sie hineinzuleben: eben deswegen haben sie es bei dem Streben nach dem Tieferliegenden nur zu jenem »Irrlichtiriren« gebracht, von dem oben ein Paar Pröbchen gegeben sind. Es sind die Besonnenern und gegen sich selber Ehrlichern, die der Kunst jene formale Gränze ziehn, weil sie selber nicht haben weiter dringen mögen.

---

unsrer Zeit, vom Verf. Nähere, wenn auch noch nicht erschöpfende Erörterung (sie bleibt der Musikwissenschaft vorbehalten) dieses nicht blos auf künstlerischem, sondern auch auf pädagogischem und humanistischem Standpunkte so wichtigen Gegenstandes ist aus kunstphilosophischem und kunstgeschichtlichem Gesichtspunkt' in dessen »Die Musik des neunzehnten Jahrhunderts« (Breitkopf und Härtel, 1855) niedergelegt.

# Zweiter Abschnitt.

## Der Sinn der Kunstgestalten.

Wir haben Rhythmus, — Ton, — Klang — als Grund-
gestalten der Musik kennen gelernt. Ihrer aller bedient sich der
Geist des Künstlers zu seinen, also zu geistigen und zwar künstlerischen Zwecken. Dies könnte nicht geschehn, wenn jene Grund-
gestalten nicht fähig wären, den Zwecken, dem eignen Empfinden
und Denken des Künstlers zu entsprechen. Und wenn sie ferner nicht
gewissen, sichern Inhalt und Sinn hätten, könnten sie ja
nicht auf andre Menschen einen gewissen, sichern Eindruck
hervorbringen; der Künstler würde also wirken, aber er wüsste
nicht, was; er würde das Eine — vielleicht Freude — fühlen und
verkünden, und die Hörer, ja jeder einzelne Hörer könnte etwas
ganz Anderes — der eine Trauer, der andre Zorn — vernehmen.
Eine solche Kunst wäre aber keine Kunst, sondern ein sinnloses,
wo nicht unsinniges Spiel.

Unser Bewusstsein und die tägliche Erfahrung sagen uns etwas
Besseres. Wir sind uns gewisser Erregungen und Empfindungen
bei der Musik bewusst, und bemerken leicht, dass dieselben nicht
etwa zufällig, z. B. von unsrer mitgebrachten Stimmung, abhängig
sind, — sonst würde dasselbe Tonstück uns bald so, bald in ganz
andrer Weise, einmal erheiternd, ein andermal beklemmend an-
sprechen. Wir erkennen auch bald, dass die Wirkung der Musik
nicht etwa eine rein individuelle ist; denn so weit die Menschen
überhaupt sich gleichen, so weit bringt auch ein bestimmtes Musikstück auf Jeden dieselbe Wirkung hervor. Das wäre ein schlechter
Marsch, der nicht auf Jeden erregend wirkte, und ein schlechtes
Trauerlied, das etwa dem Einen Wehmuth und dem Andern Tanzlust weckte! — Nur solche Tonstücke, die selbst keinen bestimm-
tern Inhalt haben (deren giebt es freilich genug), können keinen
solchen mittheilen.

Nur das kann die Frage sein, wie weit die Bestimmtheit des
Musikinhalts sicher angenommen werden könne? Aber diese Frage
stellen wir hier bei Seite, wo wir nur andeuten und einführen,
nicht durchführen, nicht bis zur Gränze vollführen wollen. Die
Musikwissenschaft hat sie zu beantworten.

Hat nun ein Musikstück irgend einen mehr oder weniger bestimmten Inhalt, so muss derselbe in den Bestandtheilen des Musikstücks und deren Zusammensetzung enthalten sein. Wir müssen also auf beide merken. Ueber die erstern geben wir hier die allgemeinsten Andeutungen.

## A. *Der Rhythmus.*

Im Rhythmus unterscheiden wir zweierlei: B e w e g u n g und B e t o n u n g (Accent).

## 1. Die Bewegung.

Ueber den Sinn der Bewegung, — flüchtiger, langsamer, stockender, gleichmässiger, ungleicher u. s. w. zu reden, wäre überflüssig; Jeder hat ihn nicht blos in der Musik, auch in der Sprache, in Handlung, Geberde u. s. w. kennen gelernt. Daher enthalten wir uns aller Bemerkungen über den Sinn der verschiednen Tempi; sie sollen dem Sinne der lebhaftern oder lindern Gemüthsbewegung, die das Tonstück voraussetzt oder erregen will, entsprechen.*

Will man sich aber den Sinn der Bewegung im Einzelnen verdeutlichen, so muss man unterscheiden: d i e B e w e g u n g f ü r s i c h, — das flüchtigere oder mässigere Vorübereilen einer Reihe von Tönen; d i e B e w e g u n g v o n e i n e m f e s t e n P u n k t e a u s, z. B.

an dem die entflatternden Töne gleichsam festhalten; und die Bewegung a u f e i n e n f e s t e n P u n k t h i n, auf ein Ziel los,

das die bewegte Tonreihe gleichsam an sich, in sich hineinzieht. Der Sinn dieser Bewegungsform wird bedingt durch die Kraft, mit der ein Punkt sie anzieht oder festhält, durch die Kraft, die wir über die Bewegung oder in derselben äussern, durch die Stetigkeit

---

* Da die Gemüthsbewegungen selbst ihrer Natur nach kein ganz bestimmtes Maass haben, und nicht blos von ihrem Gegenstande, sondern auch von Person und Stimmung des von ihnen Ergriffnen und von allerlei äussern unberechenbaren Umständen abhängen: so sieht man hier, wie naturgemäss auch unsre Tempobestimmungen keineswegs absolute Zeitmaasse abgeben, und wie auch die Bestimmungen des M e t r o n o m e n (vergl. Anm. S. 102) nicht als absolutes Gesetz, sondern n u r a l s g e n a u e r e A n d e u t u n g für den Vortrag gelten dürfen.

des Willens, mit dem wir dem Ziel ununterbrochen, oder zögernd
und stockend zustreben. Daher begreifen wir z. B. einer ziellos
flüchtigen Tonreihe gegenüber leicht,

dass hier kein einzelner Ton Hauptsache, sondern das D u r c h -
h i n e i l e n durch sie alle der Sinn des Satzes oder wenigstens seiner rhythmischen Gestaltung ist. Wieder an einer andern raschen
Bewegung nach einem bestimmten Ziel hin —

sehn wir die K r a f t d e s Z i e l t o n s , der so viel Töne in so rascher
ununterbrochner Folge an sich reisst, während dieselbe Tonfolge
m i t s t o c k e n d e m R h y t h m u s —

wieder dem schon in der Benennung liegenden Sinn entspricht.

Hier ist auch der schon in der Rhythmik (S. 94 und 95) ge-
dachten Vortragsweisen, des *Staccato* und *Legato*, nochmals
zu gedenken. Dort betrachteten wir nur ihre Wirkung auf die einzelnen Töne, die im *Legato* länger, im *Staccato* kürzer gehalten wurden. Hier erkennen wir im *Legato* eine fliessendere, sanftere Weise,
Töne verbunden darzustellen, im *Staccato* eine lockere, losere und
darum oft pikantere Art, Tonreihen auszuführen. Man bedient sich
sogar einer Verschmelzung beider Vortragsweisen und deutet sie
durch die vereinten Zeichen beider

an. Hier sollen zwar die Töne gehalten werden, bis der folgende
Ton eintritt; aber zugleich soll jeder Ton besondern Nachdruck erhalten, ungefähr so,

dergestalt, dass trotz der verbindenden Haltung doch auch jeder Ton durch Accentuation gesondert wird.

## 2. Die Betonung (der Accent)

hat doppelte Ausdrucksweise, aber nur ein Ziel. Was wir betonen, zeichnen wir als das Wichtigere aus. Wir thun dies entweder, indem wir länger bei ihm verweilen, oder indem wir ihm grössere Schallmasse, Nachdruck, stärkere Ansprache zuertheilen. Durch länger Verweilen sind, schon ohne alle Betonung, im Beispiele No. 367 die Töne *c*, *g*, *c* vor den andern hervorgehoben. Durch Betonung kann nicht blos der Accent des Verweilens (wie No. 366 durch die *fz* angedeutet) unterstützt, sondern ein und derselben Tonfolge ganz andrer Sinn gegeben werden. So, wenn wir in No. 365 nach der oben, — oder unten bezeichneten Weise, —

oder in noch andrer Art betonen wollten.

Von hier aus begreifen wir auch den Unterschied der Taktarten. Je weniger accentuirte Noten eine Taktart hat, desto beweglicher, flüssiger ist sie. Daher sind dreitheilige Takte leichter, fliessender, als zweitheilige, zusammengesetzte leichter, als einfache Takte u. s. w. Es ist daher keineswegs gleichgültig, ob ein Satz etwa im Drei-achtel-, oder Sechs- oder Zwölfachteltakte geschrieben ist. Im ersten Falle (bei *A.*)

haben wir vier betonte Noten, wo im zweiten (bei *B.*) nur zwei und im dritten (bei *C.*) nur eine sich findet; die letzte Weise wird

also die fliessendste, die erste die gegliedertste und nachdruckvollste
sein. — Dass nun freilich die T a k t g l i e d e r u n g den Rhythmus
erst genauer bestimmt, dass durch sie eine von Haus' aus schwerere
Taktart leichtere und umgekehrt eine leichte schwerere Sätze geben
kann, z. B. dieser Dreiachtelsatz

fliessender und flüchtiger erscheint, als dieser durch den scharf ge-
gliederten Rhythmus schwer accentuirte und heftig bewegte Zwölf-
achtelsatz

ist klar, wie denn überhaupt dieser Gegenstand keiner umständ-
lichen Erörterung bedürftig sein kann.

### 3. Grössere rhythmische Glieder.

Wir haben bereits (S. 208) von den grössern rhythmischen
Maassen Kunde, zu denen sich einzelne Takte einer Komposition
verbinden; auch ist uns bekannt, dass diese Abschnitte einander
gleichmässig oder ungleichmässig folgen können.

Welcher Sinn spricht sich in diesen Gestaltungen aus?

Derselbe, der in den Taktarten, nur in freierer und reicherer
Anwendung.

Jeder Abschnitt ist ein Ganzes für sich, und als solches ein
Moment im ganzen Tonstück. Je kürzer diese Momente, desto leichter
ist der Gang des Ganzen, desto leichter, flüchtiger eilen wir von
einem zum andern. So hier —

in einem Sätzchen, das aus lauter Gliedern von einem Takte besteht. Je ausgedehnter oder umfassender diese Momente sind, desto
gehaltner und sättigender wird das Ganze. Dieser, dem vorigen
nachgebildete Satz von zweitaktigen Rhythmen —

macht es sogleich empfindbar.

Hierbei ist ein erheblich unterschiedner Einfluss der Zwei- und Dreizahl zu bemerken.

Die zweitaktigen Rhythmen sind, wie ihre Zahl unter den Theilungszahlen, die einfachsten und leichtesten oder fliessendsten. Breiter und würdiger erscheinen die viertaktigen; aber auch sie sind fasslich und fliessend, weil aus ihnen die Zweizahl herausgefühlt wird. Die dreitaktigen dagegen treten sogleich unruhiger oder auch heftiger auf; ihr Karakter ist so entschieden ein andrer, dass z. B. Beethoven in einem seiner grössten Werke es der Mühe werth findet, ausdrüklich darauf aufmerksam zu machen. Im Scherzo seiner neunten Symphonie nämlich herrschen viertaktige Rhythmen, —

und verwandeln sich weiterhin in dreitaktige, —

was Beethoven mit „*Ritmo a tre battute*" (Rhythmus von drei Schlägen — nämlich Takten) anzeigt. Fünftaktige Rhythmen endlich werden breit, lastend, wo nicht schleppend, und so fort.

Wiederum geben gleichmässige oder ebenmässige Abschnitte dem Ganzen gleichmässigere, fasslichere, ruhigere Haltung: wechselnde oder gar unregelmässige bringen Unruhe, oder gar Unstätheit und endlich Haltungslosigkeit in das Ganze, — was bald ein Fehler, bald treffender Ausdruk leidenschaftlicher schwankender Stimmung sein kann. Auch hier kommt es freilich darauf an, welcherlei Abschnitte gleichmässig und ungleichmässig einander folgen. Es sind so viel verschiedne Verbindungen möglich, dass, sie erschöpfend aufweisen zu wollen, ein Missverstand des Lehrzwecks heissen müsste. Jeder übe und gewöhne sich, die rhythmische Ordnung

in wirklichen Kompositionen zu erkennen und ihren Sinn, ihren
Einfluss auf das Ganze zu empfinden und zu begreifen.*

## B. Das Tonwesen.'

Auch im Tonwesen unterscheidet man leicht mannigfachen Sinn.
Hier aber haben wir schon eine fremdere und feinere Materie vor
uns, und es kommt darauf an, wie weit Jeder darin vordringen
kann und will.

Im Allgemeinen sind je höhere Töne um so gespannter und
schärfer, je tiefere um so weniger gespannt und dumpfer; ferner
aufwärts steigende Tonfolgen steigernder, heftiger werdend, abwärts gehende das Gegentheil. Allein hier kommen mancherlei besondre Verhältnisse in Mitwirkung, die wir nicht alle hier betrachten können; z. B. der Umstand, dass auf einem gewissen Punkte die
Höhe zu gespannt ist, zu viel an Schallkraft verloren hat, um noch
heftig wirken zu können, und nun in das Gegentheil, in die feinsten,
oft reizendsten Schalle umschlägt, — was freilich für den Nachdenkenden auf den ursprünglichen Sinn deutlich genug zurück-
weiset.

Wichtiger für die Betrachtung im Besondern ist

## 1. Die Art der Tonbewegung.

Die sprungweise (über zwischenliegende Stufen hinweg) ist
unruhiger und heftiger, die schrittweise (von Stufe zu Stufe)
ist ruhiger und milder. Die diatonische Tonleiter ist schon
deshalb ruhiger, milder, gesangvoller, als alle Arten springender
Bewegung; noch mehr deswegen, weil ihre Tonfolge (namentlich
die Durtonleiter) die nächstverwandten und nächstnöthigen Töne
in bequemster und ebenmässiger Reihe enthält. Die chromatische Tonleiter bewegt sich in noch kleinern und gleichmässigern

---

* In den meisten Fällen hält es für den nur einigermaassen Musikalisch-
Begabten nicht schwer, die rhythmischen Abschnitte zu erkennen. Für zweifel-
haftere Fälle hat man einen leichten Querstrich, z. B.

als Zeichen der Trennung rhythmischer Abschnitte oder Glieder vorgeschlagen,
ohne dass die Bezeichnung allgemeinere Verbreitung errungen hätte. Es scheint
auch in der That nicht nothwendig — und darum nicht rathsam. Unsre Schrift
ist übergenug mit Bezeichnungen beladen.

Schritten, in lauter Halbtönen; aber eben darum ist sie schon kleinlich und peinlich geworden, — zumal da sie ausser den diatonischen
noch die fremden, in keiner Tonart mit jenen zusammengehörigen
chromatischen Töne enthält.

Wenden wir uns von den Tonleitern nochmals auf die sprungweise Bewegung zurück, so stellen sich zunächst die aus Akkorden stammenden Tonfolgen dar. Jede aus einem Akkord gebildete
Tonreihe macht sich in ihrer Einheit als etwas Zusammengehöri-
ges, leicht sich an einander Schliessendes empfindbar, und so treten
hier zwei ursprünglich getrennt gewesne Elemente zusammen: die
Weite der Schritte zu entlegnen Tönen (also ein äusserlich Unver-
bundnes), und der innere harmonische Zusammenhang. So können
dergleichen Tonfolgen bald flüchtig leichten, schwebenden Gang, bald
unstätes, gaukelndes Wesen, —

bald kühnen Schwung, — etwa wie hier

annehmen, jenachdem Rhythmus, Betonung u. s. w. diese oder jene
Anwendung hervorheben.

## 2. Die Intervalle.

Wir haben vorher die Tonschritte nur oberflächlich nach ihrer
Weite betrachtet. Bald aber werden wir gewahr, dass sie sich nicht
blos quantitativ nach ihrer Weite unterscheiden, sondern jeder
derselbe seinen eignen Sinn hat. Wenigstens einige hierher gehörige Wahrnehmungen hat wohl Jeder mit innerm Antheil und
Achtsamkeit Musizirende schon in sich bestätigt gefunden.

Wollen wir uns hier etwas sicherer finden, so gehn wir von
der Durtonleiter aus, weil sie lauter grosse Intervalle enthält, und
scheiden vorerst eine Oktave von der andern, höhern; wir wissen dabei, dass in der höhern Oktave dieselbe Tonfolge, dieselben Töne, nur
in einer höhern, gespanntern Sphäre wiederkehren, zuerst die Oktave
der Tonika, dann die None oder um eine Oktave höhere Sekunde u. s. w.

Hieraus ist sofort klar, warum allen überoktavigen Intervallen ein gespanntes, gegen die oktavigen gehalten, überspanntes Wesen eigen ist. Die None ist der Schritt in die Sekunde, aber in einer höhern Region, schon die Oktave ist die hochgespannte Wiederkehr der Tonika, daher das Mächtige in dem Aufschwung in die Oktave, das Gewaltsame, Ueberschwängliche, auch wohl Uebertriebne in der None und Dezime, bis endlich in viel weitern Spannungen die Beziehung aufhört fühlbar zu sein, und das Intervall gleichsam auseinanderfällt in zwei vereinzelte, unzusammenhängende Töne.

Innerhalb der Oktave nun ist die Quinte das in das Unbestimmte hinaus verlangende, verschwebende Intervall, die Quarte das fest und stark zutreffende (daher die Pauken meist in Quarten gestimmt werden), die Sekunde ruhiger, mässiger Fortschritt, die Terz entschieden und bestimmt, die Sexte sanft bindend, die Septime verlangensvoll. — Wir wollen noch hinzufügen, dass alle kleinen Intervalle Minderung oder Sänftigung, alle verminderten Verkümmerung, alle übermässigen leidenschaftliche, ja verzerrte Steigerung und Schärfung in den Sinn der grossen bringen. Man mache sich dies an grosser und kleiner Terz und Septime, an grosser, kleiner und übermässiger Quinte, an grosser und übermässiger Quarte, — an jener auffallenden übermässigen Sekunde in der Molltonleiter (S. 55) deutlich.

Hier ist jenes merkwürdigen Abweichens von der Regel unsers ganzen Tonsystems zu gedenken, dessen wir schon S. 314 erwähnt haben, nämlich des Zuhoch-Nehmens eines Tons bei schärferer, heftigerer. — und des Zutief-Nehmens bei herabgestimmter Empfindung, so wie jener stärksten und leidenschaftlichsten Verbindung durch Ueberziehn eines Tons in den andern. Es sind extreme, nur mit äusserster Behutsamkeit anzuwendende Gestalten, deren Bedeutung sich von selbst ausspricht.

Dem wachen Sinne werden aus allen tiefer gefühlten Musikstücken genug Bestätigungen des hier flüchtig Angedeuteten entgegenspringen. Nur muss man sich ein Missverständniss fern halten. Keineswegs spricht sich nämlich der Sinn der Intervalle überall aus. Wir haben selbst schon (S. 327) gesehn, dass es oft gar nicht Absicht ist, den einzelnen Ton, das einzelne Tonverhältniss hervortreten, für sich wirken zu lassen, sondern dass dasselbe in einem grössern Ganzen als ununterscheidbarer Theil aufgehn, oder doch wenig fühlbar werden kann. Sodann ist aber begreiflich, dass Intervalle (wie alle sonstigen Mittel) von den Komponisten oft ohne Bedeutung, ja wider ihren eigentlichen Sinn ergriffen werden, — wie ja auch andre Künstler, Maler und Dichter u. s. w.,

sich oft in ihren Mitteln vergreifen. Ein solcher Fehlgriff verräth sich nicht einmal jederzeit durch offenbares Misslingen des
Werks; es kann mit andern Mitteln einigermaassen nachgeholfen
oder verdeckt werden, was hier versäumt worden. Wer wollte nach
Fällen der Art die Natur des Intervalls ermessen, oder überhaupt
auf irrig oder bedeutungslos Ergriffnes Gewicht legen? Nur da
haben wir auf die Bedeutung der Intervalle zu achten, wo sie mit
Bedeutung gesetzt sind. Wo sie in richtigem Sinn' erscheinen,
werden sie Momente des Verständnisses und des Vortrags; wo sie
aber absichtlich irrig gesetzt sind, können wir uns auch am Fehlgriff und seinen Folgen das Richtige klar machen, nicht aber unsre
Auffassung des Werks, unsern Vortrag darauf gründen.

## 3. Die Akkorde

kommen uns zu Hülfe, um den Karakter der Tonverhältnisse sicher
zu erfassen.

Gehn wir von dem Intervall der Quinte aus,* und betrachten es als unvollständigen Dreiklang, so fühlen wir ihren oben angedeuteten Karakter entschieden hervortreten aus dem Zusammenklang
etwa von zwei Waldhörnern, Klarinetten, oder dem blossen Klaviere
(besonders wenn wir auf demselben, wegen geringerer Schallkraft,
das Intervall in zwei Oktaven über einander verdoppeln), oder von
zwei menschlichen Stimmen angegeben. Ihr in das Unbestimmte
ziehender Sinn verräth sich schon dadurch, dass sie das Wichtigste
am Dreiklang, — ob Dur oder Moll? — unentschieden lässt.

Tritt dann zu der Quinte die grosse Terz, so strahlt im
reinsten, hellsten Klange, wohllautend und befriedigend, der grosse
Dreiklang, — der Urakkord, — uns entgegen. Erniedrigen
wir die Terz, so vernehmen wir den getrübten kleinen Dreiklang;
erniedrigen wir auch noch die Quinte, so schleicht der verkümmerte
verminderte Dreiklang hervor. Fühlbarer wird der Sinn dieser
Akkorde, wenn man sie in Folgen wiederholt. Der grosse Dreiklang —

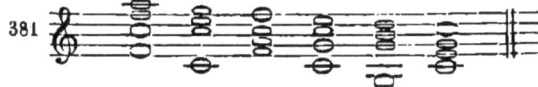

schreitet helltönend und rüstig einher, kann rein und zart, aber
auch klingend stark werden. Der kleine Dreiklang —

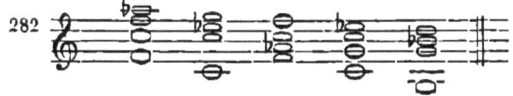

---

* Warum von ihr? — Weil sie in der natürlichen Entwickelung der Töne
zunächst nach dem Grundton und dessen Oktave erscheint. Das Nähere gehört
der Musikwissenschaft an.

wird in Folgen immer trüber und dumpfer, oder auch wild und
wüst, und lässt längere Folgen gar nicht gern zu. Der verminderte Dreiklang —

windet sich ängstlich und peinlich fort. Gehn wir aber auf den
grossen Dreiklang zurück, und erhöhen die Quinte, so schreit uns
der übermässige Deiklang schrillend an; eine Folge solcher
Akkorde ist aber (bis jetzt wenigstens) noch gar nicht gewagt worden, — und wüssten auch wir nicht zu motiviren. — Sie könnte
sich nur etwa in dieser bitterbösen Weise, wie Hexengekeif' —

darstellen, eine Akkordfolge, die wir nicht ohne Weiteres vertreten möchten, die aber, wenn man sie je gelten lassen will, dem zuvor angedeuteten Sinne des Akkords vollkommen entspricht.

Zu dem grossen Dreiklang der Dominante stellt sich die kleine
Septime, und der helle Dreiklang ist Dominantakkord, eine reine,
klare, weich, sehnsüchtig nach Auflösung verlangende Harmonie geworden. Wir fügen die grosse None zu, und der grosse Nonenakkord baut sich überschwänglich, in übergreifendem Verlangen
auf; wir nehmen statt der grossen die kleine None, und der
kleine Nonenakkord büsst gleichsam ängstlich und wehvoll
sein Uebergreifen über die Septime hinweg in die höhere Oktave.
In beiden waltet der Karakter des Dominantakkords und seiner
Septime; im grossen Nonenakkorde hebt die Sehnsucht auf in über-
schwänglichem, Entzückung ahnendem Begehren; im kleinen überfüllt sie sich zu schmerzlichem, verzagendem Ersehnen.

Doch schon haben wir unsre Aufgabe, wenige Andeutungen
von dem innern Sinn der Töne zu geben, überschritten. Es ist
allerdings schwer, hier im rechten Moment still zu stehn; denn
fasst uns das tiefe Wesen eines so mächtigen Naturlebens wie das
der Töne, so zieht es immer tiefer und fast unwiderstehlich in
seinen geheimnissvollen Schoss. Hier aber dürfen wir uns dem
Zuge nicht überlassen, da hier nicht der Ort ist, auch nur einen
Theil des Ausgesprochnen näher zu erweisen, vielmehr jedem zum
ersten Mal diese Kreise Betretenden mit Beweisen von aussen her
und vollständiger Entwickelung gar nicht gedient sein kann. Nur
geweckt, angeregt sollte hier der eigne Sinn werden, und nur das
frommt und soll gelten, was dieser erkennt und festzuhalten weiss.

Nun ist sehr leicht zu fassen, welchen Karakter

## 4. die Tongeschlechte

haben. Das Durgeschlecht schreitet fest, sicher, hell in lauter
grossen Intervallen, vom Grundton aus, —

385

und in wohlgeordneter Folge von ganzen und halben Tönen, der
Tonleiter nach, einher. Das Mollgeschlecht zeigt vom Grundton aus getrübte Terz und Sexte, —

386

und der Tonleiter nach die bitterliche übermässige Sekunde (von
der sechsten zur siebenten Stufe), dadurch aber auch gestörte Eben-
mässigkeit. Es spricht uns daher trüber, auch wohl schmerzlich
und wild an. Da es sich aber gedrungen fühlt, jenen fremden Schritt
durch Verwandlung der Sexte oder Septime oft zu vermeiden, so
nimmt es reichere Wendungen, aber auch einen wandelbarern und
weniger zuversichtlichen Sinn an.

Nach den beiden Tongeschlechten treten uns — der in der
Kompositionslehre abgehandelten Kirchentöne nicht zu erwähnen —

## 5. die Tonarten

vor das Auge, und zwar zunächst die Durtonarten.

Unter ihnen erscheint die Normaltonleiter, *C*dur, als ruhige
klare Mitte, auf deren einer Seite die Erhöhungstonarten von lich-
term — auf deren andrer Seite die Erniedrigungstonarten von schat-
tigerm Karakter sich anreihen, bis zu dem merkwürdigen Punkte,
wo beide entgegengesetzte Reihen enharmonisch in einander gegenseitig übergreifen; — eine viel zu tiefe Materie, als dass sie in einem
einleitenden Werke auch nur einigermaassen zweckmässig angeregt
werden könnte.

## Abschluss.

Hier geben wir vielmehr unsern Betrachtungen nothwendig
Stillstand. Es wäre noch von dem Karakter und den innern Beziehungen der Tonarten, von dem Karakter der verschiednen Klang-
organe (Instrumente und Singstimmen), der Sprachlaute u. s. w.
Beherzigenswerthes zu sagen. Allein schon der Anfang davon würde
über die Bestimmung einer vorbereitenden Lehre hinausführen, und

die Natur der Sache würde noch weniger, als zuvor, zeitiges Ab-
brechen gestatten. Wem am Bisherigen — oder nur einem Theil
desselben — der Sinn sich geöffnet hat, der wird schon voraussetzen, dass ein gleicher Geist, wie er sich in einigen Theilen bereits
offenbaret, den gesammten Organismus der Kunst durchdringen
möge. Ihn wird der eigne Sinn weiter leiten, oder zu höherer Lehre
vorbereiten.* Wer aber noch nicht Empfänglichkeit für dieses innere Wesen hat, oder wer seine natürliche Empfänglichkeit durch
voreiliges Abschliessen, vorgefasste Meinungen u. s. w. getrübt und
gestört hat: dem würde weitere Auseinandersetzung doch nichts
als vermehrte Last sein.

Nur den einen auf das Praktische gerichteten Rath und Wunsch
möchten wir aussprechen, dass man nicht so leichtfertig, wie leider
oft geschieht, Tonstücke aus einem Ton in den andern übertrage.
Mancherlei Umstände können dergleichen Transpositionen bisweilen äusserlich wünschenswerth machen; indess ohne Noth, ohne
den Antrieb gebieterischer Umstände sollten sie nie geschehn. Man
muss, wenn nicht eigne Ueberzeugung von der Bedeutung jeder
Tonart, doch so viel Ehrfurcht vor dem Schöpfer eines Kunstwerks
haben, vorauszusetzen: dass er nicht ohne Grund eben diesen und
keinen andern Ton für sein Werk gewählt hat; ja man muss seine
Bestimmung ehren, schon weil es seine Bestimmung ist. Wer nicht
rechte Ehrfurcht gegen Künstler und Kunstwerk zu hegen weiss,
hat auch nicht rechte Liebe für die Kunst, oder büsst sie ein, und
verliert damit gerechterweise auch ihre Freuden.

Wer am willkührlichsten zu diesen Transpositionen greift, das
sind nächst den Operisten (die bisweilen wirklich zur Uebernahme
von Partien genöthigt oder hingezogen sind, die ihrer Stimmlage
nicht entsprechen) und nächst den Salonpianisten, die wo möglich die ganze Musik nach *Fis* und *Cis*dur versetzen möchten, um
Alles recht glatt und gleitend überfliegen und übersäuseln, oder mit
den schärfsten Schlägen hervorreissen zu können, die Singlehrer,
die jeden Gesang für jeden Schüler mundrecht machen möchten, —
um so beflissner, je weniger sie gethan haben, für jede Stimmlage
das ursprünglich Passende zu kennen.

---

* Die Grundzüge dieser Lehre findet man im Anhang zu des Verf. »Gluck
und die Oper«.

# Dritter Abschnitt.

## Der Sinn der Kunstformen.

Leichter, oder allgemeiner begreiflich ist die Bedeutung der Kunstformen; denn sie sind nicht Naturschöpfung, die wir enträthseln sollen, sondern selbst Werk des menschlichen Geistes, der seine Absicht durch sein eignes Gebilde schon deutlich genug dargelegt hat. Wer also nur die einzelne Form für sich und im Zusammenhange mit den andern Kunstformen lebendig anschaut, wird das Rechte schwerlich verfehlen.

So ist klar, dass Einstimmigkeit im Allgemeinen das Einfachste und Fasslichste, aber freilich auch das Aermste ist. Die homophonen Bildungen zeigen eine Stimme als Hauptsache, die hervortreten, — die begleitenden Stimmen als Nebensache, die sich unterordnen soll, mögen nun diese Stimmen zu einer weiter nicht unterscheidungswerthen Masse (wie No. 332) zusammentreten, oder in Oktaven-, Terzen-, Sextenfolgen u. s. w. sich als ergebne Diener und Begleiter der Hauptstimme anschliessen, oder auch gelegentlich (wie No. 334) einen Augenblick lang sich zu emanzipiren suchen.

Reicher entfaltet sich der Geist in polyphonen Sätzen, wo jede Stimme strebt, selbständig geltend zu werden, wo bald jede Stimme ihr Wort für sich führt, bald einige sich gegen andre verbinden, also Masse gegen Masse tritt, bald eine einzelne — wenn auch nur vorübergehend oder am letzten Ende — wirklich die Herrschaft erringt und Hauptstimme wird. Hier kommt es darauf an, jeder Stimme ihr Recht zu thun, sie auszuzeichnen, wo sie vorherrscht, sie unterzuordnen, wo eine andre hervortreten soll, sie unterscheidend fortzuführen, wenn neben ihr andre mit gleicher Bedeutsamkeit auftreten. Alle Weisen der Darstellung eines Satzes, Bindung und Stossen, Accentuation und Abgeschliffenheit, Forte und Piano, müssen dazu dienen, den Reichthum und Sinn polyphoner Sätze herauszuheben.*

---

* Umfassender und tiefer eindringend spricht sich die der „Auswahl aus Bach's Kompositionen" beigefügte Abhandlung, mit Anknüpfung an diese Kompositionen, aus. Vergl. Anm. S. 277.

Gehn wir auf die Formen über, so sind die G ä n g e das
Bewegliche, die S ä t z e das Bestimmte, Abgeschlossene; die P e r i o d e
verlangt die abgewogenste Rundung und Gliederung; der A n h a n g
muss sich als zugetretener, aber doch zum Ganzen gehöriger Theil
darstellen.

Sehr leicht sind Kompositionen in L i e d f o r m und k l e i n e r n
R o n d o f o r m e n als Ganze zusammenzufassen. Sobald sich im
Liede verschiedne Sätze (z. B. H a u p t s a t z und T r i o) an einander
reihn, oder im g r ö s s e r n R o n d o neben dem Hauptsatz ein oder
zwei S e i t e n s ä t z e auftreten, erscheinen die verschiednen Sätze
als H a u p t m o m e n t e des Ganzen, die von einander auch durch
den Vortrag bestimmt geschieden, jeder in seiner Weise aufgefasst,
jeder aus dem Strome des ganzen Tonstücks kenntlich und doch
ohne Zerstörung des Zusammenhangs hervorgehoben sein wollen.
Die Wiederkehr des gleichen Satzes (z. B. des Hauptsatzes) fodert
von selbst Wiederkehr derselben Darstellungsweise. Da aber in-
zwischen Stimmung und Verhältniss des Werks und des Ausübenden
und Hörenden ein Andres geworden sind, so wird auch die Darstellung irgend eine andre Farbe annehmen, sie wird verstärkt, beschleunigt, zögernd, inniger u. s. w. geworden sein. Die Gänge
dazwischen werden bald sanfter, bald schwunghafter Uebergang
und Vermittlung von einem Hauptmomente zum andern bilden.

Diese Formen sind die leichtern, flüchtigern, denn sie begnügen
sich entweder an einer Hauptsache, oder verknüpfen mehrere
Hauptmomente nur locker. Fester und tiefer ist das Gewebe der
S o n a t e n f o r m. Hier machen sich zwei H a u p t m o m e n t e, Haupt-
und Seiten-Partie, vor allem geltend, — und vielleicht in jedem
mehrere Sätze. Diese Hauptmomente treten im ersten Theil gegen
einander, durchdringen, verdrängen sich im zweiten streitend,
ringen sich durch verschiedne Tonarten, verändern das Geschlecht
und gelegentlich ihre eigne Weise, einigen sich endlich im dritten
Theile. Neben ihnen treten Schlusssätze, Anhänge, Einleitungen,
Gänge auf; alles dies sondert sich entschieden, und will doch als
Ganzes gefasst und dargestellt sein. Wer nicht Glieder und Theile
eines solchen Ganzen zu sondern, jedes für sich zu erkennen und
darzustellen, und doch wieder das Ganze zusammenzufassen, den
wiederkehrenden Satz auch durch ähnlichen Vortrag wieder kenntlich zu machen, aber doch von der frühern Darstellung zu scheiden,
nach den jetzigen Umständen auszulegen weiss: wie will der der
Idee des Komponisten sicher entsprechen?

Blickt man von dem festen Bau der S o n a t e n f o r m, — in
der kein Gedanke aufgegeben wird ohne den Vorsatz, zu ihm zurückzukehren, und keiner wiedergebracht ohne den Trieb, ihn anders

zu wenden, — auf die Rondoformen zurück: so wird man erst den flüchtigern, gleichsam fahrlässigern Karakter der letztern inne, die einen Gedanken um den andern verlassen, um ihn unverändert wiederzubringen, oder auch ganz aufzugeben. Natürlich ist das nur der Grundkarakter; bei jedem einzelnen Gebild' ist zu prüfen, wie weit es über denselben hinausgeht, oder hinter ihm zurückbleibt.

In allen diesen Formen kommt uns noch die Absonderung bestimmter Theile zu statten. Wenn wir nur die grossen Massen zusammenhalten und in sich gerecht vortragen, dann ist schon viel gewonnen. Aber in der Fuge und grössern Figurirung missen wir auch diese Hülfe. Diese Kompositionen haben zwar ihre Theile, aber in der Regel nicht so bestimmt, durch förmliche Absätze, geschieden. Sie bewegen sich gleichsam in grossen Wogen, die unterschieden, aber doch ineinanderfliessend sind, — und beides muss die Darstellung festzuhalten wissen.

Gebn wir endlich auf die zusammengesetzten Formen, z. B. der Sonate, Symphonie u. s. w., so sind zwar die einzelnen Sätze in der Regel durch förmliche Absätze und Zwischenzeiten von einander geschieden. Aber innere Beziehung waltet dennoch in ihnen, innere Einheit der Idee oder Stimmung muss sie von Rechtswegen zu einem wahrhaft zusammengehörigen Ganzen verbinden und dieses Ganze muss sich im Vortrag als solches darstellen. Und so wird man zuletzt auch nicht bezweifeln, dass in grossen Werken, z. B. Opern oder Oratorien, jede Partie als einheitsvolles Ganzes aufgefasst und durchgeführt werden muss, — wofern dem Dichter und Komponisten das Werk wahrhaft gelungen, in ihm ein nach Idee und Ausgestaltung einheitvolles Kunstwerk erstanden ist.

# Vierter Abschnitt.

## Auffassung und Vortrag bestimmter Werke.

Alle bisherigen Betrachtungen waren nur ganz allgemeine. Sie sollten auf den Sinn, den die verschiednen musikalischen Gestaltungen und Formen im Allgemeinen haben, hinweisen. Allein, worauf es zuletzt ankommt, ist: wie im bestimmten einzelnen Kunstwerke, das wir auffassen und darstellen sollen, alle diese Mittel und Formen sich bezeigen, was mit ihnen eben im bestimmten einzelnen Falle der Komponist gewollt und der Ausübende zu bewirken hat? —

Dass die Notenschrift hier nicht ausreicht, haben wir schon anerkannt; dass man zur Sprache und andern Bezeichnungen seine Zuflucht genommen, den Tonstücken oder einzelnen Sätzen in ihnen mancherlei karakterisirende Ueberschriften gegeben hat u. s. w., wissen wir ebenfalls schon. Man muss diese Ausdrücke kennen und ihnen Folge zu leisten suchen; aber wir haben uns schon überzeugt, dass das allgemeine Wort nur ein sehr allgemeiner Wink sein kann, und dass hundert solche Worte noch nicht hinreichen, den Vortrag eines einzigen Satzes genau zu bestimmen.

Zu der Kenntniss und Benutzung alles in der Notenschrift, in Kunstausdrücken und Zeichen Enthaltenen, zu dem Eingehn auf den tiefern Sinn aller Kunstelemente und Kunstformen: dazu kann die allgemeine Lehre Anleitung und Hülfe gewähren.

Weiter kann dann der lebendige Unterricht geleiten, wenn man das Glück hat, einen für das Tiefere selbst befähigten und dafür thatkräftigen Lehrer zu haben; — was leider nicht häufig zu erlangen ist. In jedem Fall aber muss das Beste der Fähigkeit und dem eifrigen und wohlgeleiteten Willen des Schülers anvertraut bleiben. Denn alles Wissen und Vorzeigen hilft nichts, bleibt todt und unfruchtbar, wo nicht lebendige Empfänglichkeit und Darstellungsgabe, die Kraft, ein lebendig Empfangnes lebendig wiederzugeben, vorhanden und in Thätigkeit gesetzt ist. Aller Unterricht kann diese Kraft nur wecken, nähren, leiten, aber weder schaffen, noch ersetzen. Hieran also knüpfen wir unsre letzten Erinnerun-

gen. Eine nicht eben engbegränzte Erfahrung im Felde musika-
lich-praktischer Bildung überredet uns, dass dieselben weder überflüssig, noch irrig sein möchten. —

Wenn es also zuletzt darauf ankommt, — alle Vorbildung vorausgesetzt, — ein bestimmtes Tonstück auf das Lebendigste und
Tiefste zu erfassen: so nehme man doch ja Bedacht, in rechter
Stunde und Sammlung, und ohne allen Rückhalt, ohne alles Hem-
mende und Zerstreuende sich dem neuen Werke hinzugeben, ja,
sich hineinzustürzen und auf das Wesentliche zu werfen, mögen
auch nebenbei noch so viel Einzelheiten wegfallen. Denn ein Kunstwerk ist ein Ganzes, ein lebendiges Wesen gleichsam, das man an
seinem Herzen fassen muss, in seinem Leben und als Ganzes; —
aus Einzelheiten wird kein Kunstwerk geschaffen und keins erfasst.
Wer nun geübt ist, ohne Hülfe des Instruments schon aus dem
Blick auf die Noten eine Vorstellung vom Inhalte zu fassen, der suche sich in raschem Ueberblicke wenigstens eine ungefähre Vorstellung vom Werke zu machen, und gebe sofort zur ersten Ausführung
über, sobald der vorausgeschickte Einblick in die Noten nur einigen
Anhalt gewährt hat. Bei dieser ersten Ausführung muss man sich
ganz dem Glück und Eifer des Augenblicks anvertraun, nur für das
Tonstück, dem es gilt, dasein. Mag in diesem ersten Ergreifen sich
Schwierigkeit auf Schwierigkeit, Fehler und Lücke im Einzelnen
häufen: man muss unnachlässlich, und in dem Zeitmaasse, das man
vorerst als das vermeintlich rechte ergriffen hat, das ganze Tonstück
bis zu Ende durchführen, und — hat es mehrere Sätze — alle Sätze
ununterbrochen nach einander.

Was auch im Einzelnen verfehlt sei, Eins ist nun gewonnen, zu
dem man schwerlich auf anderm Wege gelangt: vorurtheilsfreie,
durch keine Rücksicht etwa auf technische Schwierigkeit gestörte,
auf das Ganze mit dem ersten Feuer dringende a l l g e m e i n e  A u f -
f a s s u n g. — In Gesangstücken ist uns sehr rathsam erschienen, zu
dieser ersten Auffassung nicht einmal den Text vorauszulesen. Denn
da jeder Text auf vielfältige Weise behandelt werden kann, und
überdies selten einem Texte ganz vollkommen und in allen Theilen
genügt wird: so bringt vorherige Lesung leicht vorgefasste Meinungen zu Wege, setzt wohl gar mit der Auffassung des Komponisten
in Widerspruch.

Nun erst, wenn einmaliges oder wiederholtes Durchspielen aus
dem Ganzen eine naive Vorstellung von seiner Tendenz und einen
Ueberblick seines Inhalts gegeben hat: ist es Zeit, sich von letzterm
etwas g e n a u e r e  R e c h e n s c h a f t zu geben. Damit stellt sich vor
Allem das rechte Zeitmaass fest. Wir haben uns schon von der Unbestimmtheit der üblichen und von der Unzuverlässigkeit der metrono-

mischen Tempobestimmungen (S. 104) überzeugen müssen; dass die
erste Auffassung eines noch unbekannten Werkes ebenfalls täuschen
kann, wird Niemand in Abrede stellen.   Nähere Bekanntschaft muss
ohne Frage grössere Gewissheit bringen.   Besonders ist darauf zu
achten, dass das Zeitmaass nicht blos für den ersten Gedanken eines
Tonwerks angemessen erscheine, sondern dem Ganzen, namentlich
den Hauptmomenten, also nicht blos dem Hauptsatze, sondern auch
dem Seitensatze.   Dabei wird sich oft Ermässigung oder Beschleuni-
gung des zuerst ergriffenen Zeitmaasses als rathsam erweisen, bisweilen allerdings auch Wechsel in der Bewegung nothwendig werden.

Jetzt tritt aber auch die Formkenntniss ungemein hülfreich
herzu, indem sie die Einrichtung des Ganzen, die Abtheilungen, die
Hauptsätze und ihre Wiederkehr, Veränderungen, Verbindungen
u. s. w. leicht und klar auffinden lässt.   Jetzt prüfen wir mehr ab-
theilungsweise, wir sondern den ersten, zweiten Theil, das Hauptthema, die Seitenthemate, und streben uns in jedes derselben tiefer
hineinzufühlen.   Wiederholt und verändert sich ein Thema (z. B. in
der Sonatenform, so vergleichen wir alle seine Gestaltungen und
suchen uns die Wendungen des Grundgedankens in ihrer Bedeutung
und mit dem erfoderlichen Vortrage deutlich vorzustellen: so erst,
wenn wir wissen, was aus einem Thema wird, vermögen wir es
sicher zu behandeln, erkennen wir, wie es das erstemal hinzustellen, wie es zu steigern oder zu sänftigen, in diesem oder jenem
Punkt anders zu motiviren ist.

Sobald wir die Hauptsätze und ihre Verbindungen einzeln erwogen haben, kehren wir zum Ganzen zurück.   Jede Komposition
hat einen, oder vielleicht einige Höhenpunkte, die der ganzen
musikalischen Ausführung gleichsam zum Ziel und zur Besiegelung
dienen.   Alles gruppirt sich um diese Höhenpunkte, strebt — unaufhaltsam, oder in Absätzen — zu ihnen hin, führt von ihnen wieder
zurück zum Ende oder zu neuem Anlauf.   So bewegt sich also durch
jede Tonschöpfung, gross oder klein, Eine grosse — oder wenige
grosse Wogen (und sind deren mehr als eine, so wird wieder eine
unter ihnen die mächtigste sein, wär' es auch nur, weil sie die letzte
ist), die anschwellen und ebbend sich wieder legen.   Wer nicht
diesem Flutengange zu folgen, wer sich nicht zur rechten Höhe zu
erheben, und im rechten Augenblicke wieder nieder zu senken
weiss: dem mag viel, alles Einzelne gelingen; den Preis des Ganzen, die rechte und volle Wirkung erlangt er nicht.   Also wiederum
müssen wir aus dem Ganzen und auf das Ganze hinarbeiten; aber
diesmal mit sicherndem Bewusstsein über seine Theile und deren
Zusammensetzung.

Jetzt erst dürfen wir der Auffassung in allem Wesentlichen uns versichert halten und auf das Studium des Einzelnen bis zur Vollendung eingehn. Jetzt muss erst nachgeholt und bis in das Feinste eingeübt werden, was in technischer Beziehung nicht voll- gelungen war, in Gesangsachen muss der Text, überall das ganze rhythmische und Tongewebe genau erwogen werden; hier wird sich auch unsere tiefere Bekanntschaft mit den Elementen und Kunstfor- men in ihrem ganzen Werthe zeigen; durch sie können wir erst gewiss werden, wodurch eigentlich der Komponist zu uns hat reden wollen, auf welches Intervall, auf welches rhythmische, melodische Motiv u. s. w. er wesentlich gerechnet, was wir heben, was in Schatten stellen sollen. In dieser gewissenhaften Durchsuchung werden wir noch recht gründlich erfahren, ob unsre frühere Auf- fassung die richtige war, oder nicht. — In Kompositionen, die von verschiednen Sängern oder Instrumentisten auszuführen sind, wird, wie sich fast von selbst versteht, diese Untersuchung nicht bei unserer Partie stehn bleiben, sondern alle übrigen mit umfassen. Wie wollte ein Sänger seinen Gesang sicher und wirksam durch- führen, wenn er nicht erwogen hätte, wie er begleitet wird, welche Instrumente sich seiner Stimme zugesellen oder entgegensetzen? So also sind wir zuletzt zu allen, auch zu den entlegensten Einzel- heiten durchgedrungen; aber wir haben sie nicht als Einzelheiten erfasst, sondern aus dem Ganzen und mit der festgehaltenen Idee des Ganzen.*

---

* So wenig es im Bereich dieses Werkes liegen kann, tiefer in die Einzel- heiten des Vortrags einzudringen, was vielmehr dem lebendigen Unterricht und Studium überlassen bleibt: so möchte der Verfasser doch nicht ohne einige wenige einzelne Bemerkungen scheiden, die ihm in vielfacher Erfahrung dien- lich erschienen sind.

Erstens wolle man nicht in jedem Tonstück alle Mittel auslegen, nicht überall z. B. das äusserste Forte oder Piano, alle Spiel- oder Singmanieren. Nichts macht den Vortrag unwahrer und einförmiger, als diese Verirrung, die entweder in Vorliebe für diese oder jene Manier, oder gar in der eitlen Sucht, mit dem Besitz aller Mittel zu glänzen, ihren Grund hat. Ein artiges Lied oder Rondo, ein feiner Sonatensatz, oder ein gefühlvolles Adagio können unmöglich die Massenkraft einer grossen Scene, einer leidenschaftlichen Sonate oder Sym- phonie u. s. w. fodern, und ohne Aufhebung ihres wahren Gehalts ertragen; ein sinniger, wohl gar polyphoner Satz, in dem man jede Wendung, den Gang jeder Stimme fühlen möchte, wird zerrüttet durch zu schnelles, vielleicht für ein glänzendes Bravourstück eben angemessenes Tempo; — und der Verf. muss bei dieser Gelegenheit ausdrücklich gegen viele Tempobezeichnungen protestiren, die in der sonst vortrefflichen und höchst rühmens- und empfehlenswerthen Ausgabe von Bach's sämmtlichen Werken (bei Peters in Leipzig) von C. Czerny — freilich mit Berufung auf Beethoven, wahrscheinlich aber mehr unter dem Einfluss seines eignen ausgezeichneten Virtuosenspiels — gegeben worden sind.

Es ist wahr, dieser Weg ist nicht so leicht und kurz, als die aufflackernde Lust manches Sing- oder Spielbegierigen wohl begehrt. Aber einmal möchte sich schwerlich Vollendung und Sicherheit des Erfolgs wohlfeiler erlangen lassen. Und dann wird der Weg unerwartet bald leichter und erfreulicher, und das Ziel rückt näher, als man zu hoffen sich getraute. Denn wer nur erst wenige Kompositionen recht ernstlich durchgearbeitet hat, der geht mit so viel schärferm und rascherm Einblicke, mit so gesteigertem Vermögen zu den folgenden, dass er bei geminderter Arbeit höhere Erfolge und gesteigerte Freuden erlangt.

Wer aber in dieser Weise seine höhere Bildung vollenden will, dem ist zu rathen, dass es nicht von einer Musikgattung zur andern und von einem Komponisten zum andern überspringe, sondern überall sich die nöthige Zeit lasse, einheimisch zu werden. Hat ihn also eben eine Fuge oder Sonate beschäftigt, so nehme er noch einige

---

Sogar auf die Beschaffenheit des Instruments oder der Stimme und auf den Raum wird ein besonnen Ausübender Rücksicht nehmen, das ganze Maass seines Forte und Piano so einrichten, dass das Instrument oder die Stimme überall ausreicht (bei schwächern Musikorganen also mit den Mitteln haushälterischer zu Werke gehn, um derselben Steigerung noch mächtig zu sein, die man bei reichen Mitteln sicherer erlangt), bei Aufführungen in grössern Räumen die Bewegung zurückhalten, damit die Töne Zeit haben, sich ohne Vermischung auszubreiten u. s. w.

Zweitens überlege man wohl, dass — wenn nicht gleiche, doch sehr ähnliche Erfolge bisweilen durch verschiedne Mittel erreicht werden können, dass also bisweilen ein Mittel für das andre eintreten, das andre ersetzen oder ergänzen kann. So kann bald beschleunigtere Bewegung die Kraft ganzer Sätze, bald unmerkliches Verweilen den Nachdruck einzelner Noten oder Stellen erhöhn, wenn Stimme oder Instrument nicht genug Stärke darbieten, oder man Gründe hat, damit zurückzuhalten; so kann im Gesange Reiz, Ausdruck, Energie der Aussprache Vieles ersetzen, was der Stimme abgeht.

Drittens bedenke man wohl, dass Eilen und Zögern niemals so häufig, so bedeutend und so ausgedehnt angewendet werden dürfen, dass darunter das Gefühl des Tempo verloren ginge, — ausser, wenn man damit ein neues Tempo vorbereitet; dass auch bei Tempowechsel ebenmässiges Verhältniss des neuen Tempo zum vorhergehenden (so, dass das neue ein halbmal, ein-, zwei-, viermal so geschwind oder langsam als das vorhergehende ist) wohlthut, ausser wo ein besonders leidenschaftlicher Inhalt diese blosse Rücksicht des Ebenmaasses beseitigt.

Viertens endlich erwäge man wohl, dass auch die vom Komponisten vorgezeichneten Forte, Piano und andre Vortragszeichen nicht überall gleiche Geltung haben, dass z. B. *sf* oder *f* in einem Satze, der im Ganzen sanfter oder stiller vorgetragen sein will, nach Verhältniss der Bedeutung, die im Ganzen liegt, gelinder ausgedrückt werden muss, als dieselben Bezeichnungen in einem Satze, der schon im Ganzen kräftigere Darstellung fodert.

Es kommt eben überall darauf an, den Sinn des ganzen Kunstwerks auch in jeder Einzelheit vor Augen zu haben als einziges Gesetz und Ziel.

Fugen oder Sonaten durch, um eine recht vollständige, befriedigende
Anschauung von der Form und der im Allgemeinen ihr angemes-
senen Behandlung zu erhalten. Dann aber vergleiche er die verschiednen gleichförmigen Werke und suche in ihrem Inhalte die
karakteristischen, den Vortrag bedingenden Unterschiede, damit er
nicht in Vortragsmanieren gerathe und alle Sätze, die denselben Namen tragen, auf gleiche Weise darstelle.

So ist auch besonders rathsam (was ohnehin in lebhafter Füh-
lenden schon die Neigung mit sich bringt), dass man, sobald ein
Werk eines Komponisten angezogen und beschäftigt hat, ungesäumt
deren mehrere nach einander studire, um sich ein vollständigeres
und sicheres Bild von der Weise dieses Künstlers und von dem,
was seine Werke fodern, einzuprägen. Jeder Künstler, jede Nation, jede Zeit hat ihre eignen Weisen in der Musik, wie in allen
andern Künsten und im Leben selbst; das muss schon Jeder voraussetzen, der nur irgendwo Geschichte und Menschen kennen gelernt
hat; das wird selbst dem flüchtigen Musikliebhaber klar, wenn er
nur irgend zwei Künstler verschiedner Nationen, etwa Rossini mit
Mozart, Auber mit Gluck vergleicht. Je tiefer wir nun in die Zeit-
und Nationalverhältnisse, dann in das Leben und die Eigenthümlichkeit eines Künstlers hineinblicken, desto klarer, verständlicher
und fasslicher wird er in seinen Werken, wird uns deren Tendenz
werden; — und so wenig auch viele unserer Kunstgenossen es
noch Wort haben wollen: rechtes, volles Verständniss der Kunst
ist ohne die Aufklärung der Kunstgeschichte unmöglich. Alle die
schönen Redensarten: die Kunst sei ein rein oder allgemein Mensch-
liches, gehöre keiner Zeit an, sei überall dieselbe, fodre nur ein
empfänglich Herz, — sind eben nur Redensarten, die ein Theilchen Wahrheit unter einem grossen Haufen Irrthum und Unwahr-
heit verbergen, und deren geschäftigtste Verbreiter in der Regel eben
den engsten Horizont haben. Indem sie dabei beharren, die Kunst
sei zeitlos und ortlos, bleibt ihnen die Kunst der meisten Zeiten,
der ganzen weiten Vergangenheit, — und von den Gleichzeitigen
alles nicht ihrer Subjektivität Gleichartige befremdend, räthselhaft,
meist ein verschlossnes Buch; die ganze Kunst schrumpft ihnen auf
den Raum eines oder weniger einzelner Künstler ein, die sie eben
deswegen auch nicht verstehn. Alle übrigen sind dann falsche, oder
vergeblich strebende, oder — veraltete Künstler gewesen. Aber wie
kann ein Künstler veraltet, oder modern sein, wenn die Zeit keinen
Antheil an der Kunst hat? — Diese Frage mögen sie nicht hören.

Hier konnte es nur Obliegenheit sein, auf die Wichtigkeit
geschichtlicher Aufklärung hinzudeuten; aber sie zu ertheilen, ist

nicht Aufgabe der vorbereitenden Lehre,* sondern der Geschichte
der Musik, wenn es dieser erst gelungen ist, nicht blos äussere
Daten und die Faktur, sondern den Geist der Kunstperioden und
Künstler kennen zu lehren. Allein auch hier muss gesagt werden,
was schon bei Betrachtung der Kunstelemente erinnert worden:
dass das Wort der Geschichte leerer Schall und jeder Gedanke
eines Andern unfruchtbarer Besitz bleibt, so lange nicht zur Selbst-
anschauung und eignem innerm Leben geworden ist, wir nicht
selbst gehört und innigst gefühlt haben, was Lehre und Geschichte
zu verkündigen streben.

---

* In des Verfassers »Kunst des Gesanges« sind für die Gesangmusik, in
»Ueber Malerei in der Tonkunst« für Instrumentalmusik, in dem schon erwähnten Mus. Lex. sind von ihm über Seb. Bach, Händel, Gluck, Haydn, Mozart, Beethoven und andere Künstler mancherlei hierher gehörige Notizen mitgetheilt
worden, der vielen trefflichen Artikel in demselben Lexikon von andern Verf.,
in Nägeli's Vorlesungen u. a. m. nicht zu erwähnen.

# Fünfter Abschnitt.

## Gemeinsame Ausführung.

Besondre Betrachtung fodert noch das Verhalten bei gemeinsamer Ausführung. Dies kann zweierlei Richtung annehmen. Entweder dient Einer nur als Begleiter, z. B. am Klavier für einen Gesang, oder es haben sich Mehrere zu gemeinsamer Ausführung mit gleichem Antheil, etwa bei Quartett- oder Orchesterstücken, mehrstimmigem (Ensemble-) oder Chorgesang vereinigt.

Die Begleitung verlangt ganz eigne Geschicklichkeit und Rücksicht: man findet nicht selten gute, ja treffliche Spieler, die schlechte Begleiter sind. Der Begleiter bedarf nicht blos, wie jeder Ausübende, vollkommner Einsicht und Geschicklichkeit, um das auszuführende Werk recht zu fassen und genügend darzustellen. Er muss dabei auch noch die Selbstverleugnung üben, sein Spiel dem der Hauptstimme oder dem Gesang, als der Hauptsache, unterzuordnen, — Bereitwilligkeit und Gewandtheit, auf die Idee der Hauptperson ganz einzugehn, ja ihre Absichten voraus zu errathen, ihre Schwächen und Fehler zu verdecken und ihre Vorzüge hervorzuheben. Und all' diese Kunst, jedes Opfer, das sie mit sich bringt, wird erst dann recht dankenswerth sein, wenn sie sich dem Hörer ganz zu verbergen weiss. Ihm darf kein Widerspruch oder gar Widerstreit der Ausübenden, kein Fehler, keine Verdeckung eines Fehlers merkbar werden; das Werk muss ihm wie aus Einem Geist' entgegentreten.

Und wiederum darf die Begleitung nicht zur passiven, lebensleeren Unterordnung herabsinken: nichts ist ermattender für das Werk und lähmender für die Hauptpartie, besonders für Gesang. Jedem Sänger (und so jedem Prinzipalspieler) ist es vielmehr bei seinem Wirken Bedürfniss, kräftige Gegenwirkung — nicht in Widerspruch, sondern in Entgegenkommen und Wetteifer — von der Begleitung zurück zu empfangen. Besonders der zum Unduliren von Natur geneigten Singstimme ist energisches, accentvolles Eingreifen der Begleitung — zur rechten Zeit und stets mit Anerkennung der Hauptpartie — anfrischend und hebend, während zaghaft

zerfliessende Begleitung selbst dem tüchtigen Sänger allmählich
Sicherheit und Spannkraft raubt. Wie vollends Sängerinnen (auch
trefflichen) männliches, Zuversicht und Bestimmtheit weckendes Eingreifen der Begleitung im rechten Augenblick und in rechter Weise
wohlthuend und kräftigend werden muss, wird Jeder aus dem weichern,
unentschiednern Wesen der weiblichen Natur leicht ermessen. —
Wir haben übrigens von den Pflichten des Begleiters im Momente
der Ausführung geredet. Dass vorher durch Verabredung und Einübung möglichst für Uebereinstimmung im rechten Sinne des Werks
gesorgt werde, versteht sich.

Eine andre Aufgabe hat der Begleiter mehrstimmigen Gesangs.
Hier ist Er es in der Regel, der neben der Begleitung auch die
Direktion zu führen, Tempo, Ensemble, Vortrag, kurz die ganze
Ausführung zu bestimmen hat. Dies führt uns auf den zweiten
Punkt unsrer Betrachtung.

Gemeinsame Ausführung von mehrern zusammenwirken-
den Partien setzt, wenn ihr Erfolg irgend sicher und befriedigend
sein soll, gemeinschaftliche Verabredung, Einübung und Probe, und
— besonders bei grössern, z. B. Orchester- und Chorvereinen, —
einen Direktor voraus.

Dem Direktor liegt nächst der Wahl der Komposition auch die
Sorge für ihre vollkommne Ausführung ob. Vertheilung der Partien,
Stellung des Personals, Tempo, Vortrag, — Alles wird von ihm
endgültig festgestellt. Er muss nach allen Seiten hin Alles wissen,
Alles vorausbedacht, vorbereitet haben, und der Mann sein, es
durchzuführen. Wer nicht in allen Beziehungen die Mittel der Ausführung kennt, das aufzuführende Werk ganz durchdrungen hat und
ein bestimmtes Bild von der Art, wie es vorgetragen werden muss,
in seinem Geiste trägt, — wer nicht mit Wort und That seine Vorstellungen und Absichten den Ausführenden lebendig mittheilen,
ihre Fehler bemerken, beseitigen, wo möglich voraussehn und vermeiden kann, — wer nicht mit Nerven- und Willenskraft und einem
gleichsam allgegenwärtigen Auge alle Ausführenden fest- und zu-
sammenhält, — wer nicht endlich auch durch äussere Stellung mit
unbeschränkter Autorität ausgerüstet ist: der kann sich nicht des
Glücks rühmen, ein vollkommner Dirigent zu sein. Das äusserliche
Verfahren des Taktirens ist bald gelernt. Man schlägt zweitheilige Takte ab- und aufwärts, den Haupttheil mit dem Nieder-
schlage, den Nebentheil mit dem Aufschlage bezeichnend,* —

---

* Italiener und Franzosen bezeichnen öfters umgekehrt (und, wie es scheint,
gegen das Gefühl und Wesen der Sache) den Haupttheil mit Aufheben der Hand
oder des Taktstockes, um dieses Zeichen besser sichtbar zu machen.

Zwei!*

Eins!

in dreitheiligen den Haupttheil abwärts und die Nebentheile
schräg aufwärts, —

Drei!

Zwei!

Eins!

in viertheiligen den Haupttheil abwärts, das zweite Viertel
links, das dritte rechts, das vierte aufwärts, —

Vier!

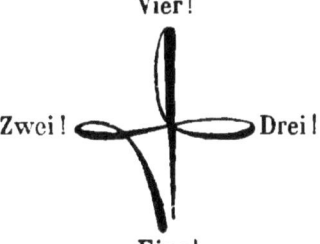

Zwei! Drei!

Eins!

in sechstheiligen eben so, nur dass auf den Niederschlag die
zwei ersten Theile (Eins! Zwei!), auf den Schlag links der dritte,
auf den Schlag rechts der vierte und fünfte Theil (Vier! Fünf!),
und auf den Schlag nach oben der sechste Theil gezählt werden, —
markirt bei rascher Bewegung nur die Takthälften oder Taktdrittel,
z. B. im schnellen Viervierteltakte das erste und dritte Viertel mit Nieder- und Aufschlag, im schnellen Dreiviertel- oder
Dreiachteltakte den Haupttheil mit Nieder- und den zweiten
Nebentheil (das dritte Viertel oder Achtel) mit Aufschlag, —

Drei!

Eins! Zwei!

den schnellen Sechsachteltakt mit zwei, den Neunachtel-
takt mit drei Schlägen (gleichsam als Zwei- oder Dreivierteltakte,

---

\* Man bemerkt leicht, dass jeder Strich hier einen Schlag (Taktschlag)
anzeigt, der nach der Richtung geführt wird, wo der Strich sich verbreitert.

deren Theile in Triolen aufgelöst sind), bezeichnet, wenn es (z. B.
bei langsamemTempo) nöthig ist, die im Obigen nicht mit angegebnen Takttheile oder selbst die Taktglieder mit wiederholten Nieder-
schlägen, z. B. langsame sechstheilige Bewegung ungefähr in dieser
Weise:

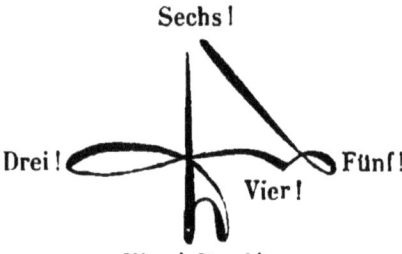

und trifft sonst mancherlei Verabredungen, die hier schon deswegen
keiner weitläufigen Aufzählung bedürfen, weil man sie bei einiger
Achtsamkeit bald an Ort und Stelle erräth, oder der Dirigent sie
ausdrücklich anordnet. Hierher gehört auch die Form des Taktirens;
man schlägt leichter oder tiefer, jenachdem man leichtern oder nach-
druckvollern Vortrag verlangt, man zieht die Bewegungen breiter
aus, wenn man die Ausführung weilender, die einzelnen Töne mehr
ausgehalten (*tenuto*) haben will. Selbst im Rezitativ, das bekanntlich nicht im bestimmten Taktmaasse vorgetragen wird, bezeichnet
man wenigstens die Hauptmomente des Takts durch leise Takt-
winke, damit das begleitende Orchester dem Fortschritte des Gesangs sicherer folgen könne. Nähere Auskunft kann hier nicht gegeben werden.*

Dem Direktor gegenüber sollen die Ausübenden nicht nur
vollkommne Hingebung in seinen Willen, sondern auch die Fähigkeit haben, demselben genugzuthun. Rechte Hingebung ist aber ein
ganz ander Wesen, als todte, schlaffe oder gar mit innerm Wider-
streben gepaarte äussere Unterwerfung; sie besteht vielmehr in lebendigem und freudigem Aufnehmen und Festhalten der vom Direktor ergriffnen Idee, — mag sie nun mit der des Ausübenden über-
einstimmen, oder nicht, — und in unermüdlicher Beachtung seiner
Winke. Dies letztere setzt ausgedehntere Fähigkeit und Fertigkeit
voraus, als Alleinsingen und Alleinspielen; man muss seiner Partie
schon vollkommen mächtig und sicher sein, um neben der eignen
Arbeit des Ausführens noch Auge und Ohr für jeden Wink des Di-
rektors zu haben. Hierin erst zeigt sich ein für Zusammenwirken
vollkommen gebildeter Spieler oder Sänger.

---

* Ausführlicher handelt über diesen Gegenstand Dr. Gassner's Schrift:
»Dirigent und Ripienist« bei Groos in Karlsruhe.

Wie sehr auch diese Aufgabe durch tiefere Einsicht in das Wesen der Kunst und in das besondre Werk, das eben aufgeführt werden soll, erleichtert und erfreulicher wird, bedarf nicht erst der Erklärung. Hier aber, wo nächst der unerlässlichen Schule und Vorbildung noch die entscheidende Leitung des Dirigenten die Ausführenden erwartet: muss die blos einführende, das Studium anbahnende, die ersten Unterweisungen nöthigenfalls ergänzende oder berichtigende allgemeine Musiklehre jedenfalls ihrer Gränze sich bescheiden.

# Zusatz.

## Das Partiturspiel.

Die Andeutungen über gemeinschaftliche Musikaufführung führen schliesslich auf einen Gegenstand zurück, der zwar nicht jedem Kunstfreunde, wohl aber dem höher strebenden und allen gründlichen Musikern wichtig sein muss: auf die Benutzung der Partitur. Was über ihren Werth und zu ihrem äusserlichen Verständniss zunächst zu sagen war, findet sich im zehnten Abschnitte der dritten Abtheilung. Wie sehr Kenntniss der Harmonie, Bekanntschaft und Geläufigkeit in den Bezifferungen, Einsicht in die Kunstformen, besonders aber wirkliche Kompositionsbildung das Verständniss der Partitur erleichtern und bereichern, ist aus allem Vorhergehenden leicht einzusehn. Uebung, stufenweis' angeordnet, dann Bekanntschaft mit der Schreibart, dem Styl des Komponisten, dessen Partitur man kennen lernen will, sind die letzten Bedingungen zu leichtem und sicherm Eindringen.

Verständniss der Partitur vorausgesetzt, folgen hier noch einige allgemeine Andeutungen über Partiturspiel. Es ist so natürlich, dass wir das antheilvoll Gelesene uns und Andern zu Gehör bringen wollen, und es wird selbst dem nicht amtlich mit einer Direktion beauftragten Musiker und Kunstfreunde so vielfältig wünschenswerth, eine Musikaufführung aus der Partitur zu begleiten oder zu leiten: dass diese Andeutungen, wenn auch nicht allgemeinen Antheil, doch die Aufmerksamkeit manches eifriger Vordringenden hoffen dürfen. Wir nehmen übrigens das Klavier als dasjenige Instrument an, das sich allein vollkommen für Partiturspiel eignet und am leichtesten überall zur Hand ist.

Nächst den schon erwähnten Erfodernissen für Partiturspiel ist noch eins hier zu erwähnen: hinlängliche — das heisst bedeutende Gewandtheit im Klavierspiel überhaupt. Allein hierunter verstehn wir nicht sowohl ausgezeichnete Fertigkeit in Bravourpassagen (wiewohl auch sie höchst begünstigend werden kann), als vielmehr Geschicklichkeit, eine, zwei oder mehr abweichende Stimmen deutlich und sinnvoll mit und neben einander zu führen, vollgriffige Sätze, Oktavengänge mit energischem oder leichtem Anschlag, Sprünge in jeder Hand, Melodien und Gänge in jeder Spielart angemessen zu Gehör zu bringen. Sehr oft — fast

jeden Augenblick hat der Partiturspieler Sätze und Gänge vorzustellen, die durchaus nicht klaviermässig sind (denn sie waren ja
andern Musikorganen zugedacht) und ihn zwingen, von dem regelmässigen Fingersatz' abzuweichen.* Es ist ihm daher, über die
eigentliche Schulbildung hinaus, Gewandtheit nöthig, sich jeden
Augenblick eine neue durch die besondern Umstände gebotne Appli-
katur und Spielart zu schaffen, sich aus unbequemen Lagen und
Verwickelungen (in die der Partiturspieler oft unversehens geräth)
geschickt herauszufinden, ja sich aus dem Stegreif bisweilen neue
Vortragsmittel zu den besondern Aufgaben dieses oder jenes Satzes
zu ersinnen.

Wer viel und antheilvoll am Instrument phantasirt (improvisirt)
hat, findet darin gute Vorübung zum Partiturspiel. Man erkennt
aber aus dem oben angedeuteten, dass die schulgerechte Spielart
durch Partiturspiel mehr oder weniger gefährdet sein kann; wir
rathen daher alles Ernstes Jedem vom Partiturspiel ab, bis er sich
hinlängliche Sicherheit und Eingewöhnung in das ordnungsmässigere
Klavierspiel erworben.

So viel über die Vorbedingungen.

Alles, was sonst hier mitzutheilen ist, reiht sich an die Frage:
was soll das Partiturspiel darstellen?

Wer sich diese Frage für die jedesmalige Aufgabe und für
jeden Theil derselben klar beantwortet, findet darin die rechte
Anleitung zu dem gewinnreichen Unternehmen.

Das Partiturspiel soll den Inhalt der Partitur möglichst vollständig und vollkommen zu Gehör bringen. Und zwar entweder
allein oder im Verein mit einigen der in der Partitur enthaltenen
Stimmen, z. B. den Singstimmen. Im letztern Fall soll also nicht
der ganze Inhalt der Partitur dargestellt werden, sondern derselbe
nur so weit, als er nicht bereits von den mitwirkenden Stimmen
zu Gehör gebracht wird.

Man sollte hiernach meinen, es käme nur darauf an, alle Noten
der Partitur auf dem Klavier wiederzugeben, — so weit sie nicht
von etwa mitwirkenden Stimmen übernommen sind. Allein dem ist
nicht so.

Erstens würden die sämmtlichen Noten einer Partitur auf
dem Klavier nicht dieselbe Wirkung haben, die sie im Orchester
hervorbringen. Welche Kraft hat ein einziger Akkord in den Streichinstrumenten, welche Fülle in der Harmoniemusik —

---

* Auch hier darf ich auf die »Abhandlung zur Auswahl aus Bach« (Challier
in Berlin) verweisen, wie denn überhaupt Fertigkeit im polyphonen Spiel Vorschule und Bedingung für Partiturspiel ist.

und wie wenig würde die Uebertragung derselben Töne auf das
Pianoforte der ursprünglichen Wirkung entsprechen! Alle Mittel
der Stärke, die vollsten Griffe, die schallvollere Tiefe müssten auf-
geboten werden; man würde (es soll und kann aber hier durchaus
keine allgemeine Regel gegeben werden) statt der hohen Lage der
Bläser, — in der diese stark sind, das Pianoforte aber schallärmer,
— für die Oberstimmen eine tiefere Oktave günstiger finden, vielleicht den Hornklang durch eingeschobne Quinten —*

abspiegeln, u. s. w.

Zweitens sind die gesammten Noten der Partitur oft gar
nicht, oft nur auf verwirrende Weise darzustellen. Schon die obige
Blasharmonie kann mit zwei Händen auf dem Pianoforte nicht vollständig wiedergegeben werden; noch weniger würde dies bei vielen
mannigfach figurirten Stimmen der Fall sein, — wie der erste Blick
in eine Partitur schon lehrt. Wär' aber auch Vollständigkeit möglich, so würde sie oft nur den Gang der Stimmen verwirren. Man
betrachte hier ein höchst einfaches Beispiel, den Anfang von Mozart's
feuriger *G* moll-Symphonie.

* Mit welchem Rechte hier Quinten und Oktaven (S. 238) genommen sind,
kann nicht hier, sondern nur in der Kompositionslehre und Musikwissenschaft
erörtert werden.

Er kann nicht einmal vollständig gespielt werden; der Kontrabass (die tiefere Oktave des Basses) müsste wegbleiben, im dritten Takte der Bass verlegt werden, und das Ineinandergreifen der Hände in so raschem Tempo wäre höchst schwierig, wo nicht unmöglich. Geläng' aber Alles mechanisch vollkommen, so würde Melodie und Begleitung in einander gewirrt und der leichte leise Gang der Geigen durch die tiefere Oktave belastet und materiell gemacht. Wenigstens müsste also die zweite Geige aufgegeben werden, wenn man dem Sinne des Originals nahe bleiben wollte. Bei zahlreichern oder abweichendern Stimmen muss man die Ausführbarkeit und Klarheit des Spiels natürlich durch noch mehr Opfer erkaufen. Wenn z. B. in jener Symphonie derselbe Satz wiederkehrt, nun aber vom dritten Takt an die Oboen sich mit dem hohen *d-b* darüber legen, wird man diese — so schön im Orchester ihre Wirkung ist — aufgeben müssen, um nicht die Klarheit der Melodie zu verdunkeln.

Soll nun ein Theil des Partiturinhalts aufgegeben werden, so ist die Frage: welcher? — Zunächst nur der, dessen Unausführbarkeit oder Unverträglichkeit mit der Absicht des Partiturspiels einleuchtet. Dann von mehrern Partien die minder wichtige. So haben wir oben die blos deckenden und begleitenden Oboen zu Gunsten der Hauptmelodie aufgegeben, und bei No. 389 die blos verstärkende zweite Geige zu Gunsten der ersten. — Derselbe Satz kommt abermals zum Vorschein, wird aber durch einen Zwischensatz von Flöte, Oboe und Fagotten eingeführt, so dass die Geigen mit ihrer Melodie zwischen den Bläsern auftreten. Hier dürften die letztern keineswegs aufgegeben, nicht einmal (um die Hauptmelodie klarer hervortreten zu lassen) die Oberstimmen ausgelassen oder abgebrochen werden. Wir würden so spielen —

390

und nur den letzten Ton der Flöte und Oboe (*fis*) zu Gunsten der schmeichelnden Sexte in der Hauptmelodie weglassen, denn es ist eben der Wille des Komponisten, dass diese gedeckt und umhüllt von den Bläsern auftreten soll.

Nicht immer ist man übrigens gleich genöthigt, aufzugeben, was sich unspielbar oder im Spiel — wie es die Partitur angiebt — ungünstig erweiset. Bisweilen genügt es, eine Stimme um eine

Oktave zu versetzen. Hierzu lässt sich aber keine weitere Anweisung
geben. Es muss in jedem einzelnen Fall erwogen werden, ob die
Versetzung ihren Zweck (spielbar und deutlich zu machen) erfüllt,
ob sie nicht Fehler oder ungünstige Lagen, oder einen abweichenden Sinn in die Komposition bringt. Dann muss man auch Bedacht
nehmen, aus der Versetzung wieder schicklich und unstörend in die
Stimmordnung des Originals zurückzulenken.

    **D r i t t e n s** sind mancherlei Gänge und Tonfiguren andrer
Instrumente auf dem Klavier entweder gar nicht, oder nur äusserst
schwer und dabei wirkungslos oder mit andrer Wirkung auszuführen.
Schon die Bratschenbegleitung in No. 389 kann als Beispiel dienen,
noch mehr gewisse Tonwiederholungen,

die auf Streichinstrumenten in der schnellsten Bewegung und jedem
Stärkegrade leicht gelingen, auf dem Piano dagegen (zumal in Terz-,
Sext- oder Oktav–Verdopplung) unausführbar, oder äusserst schwer
sind, und namentlich die Leichtigkeit und das *piano* der Original-
Instrumente niemals erreichen. Hier kommt es nun darauf an, zum
Ersatz günstigere Figuren zu finden, um auf dem Piano die Wirkung
der Originalfiguren möglichst zu erreichen.

    Andre Bedingungen treten ein, wenn aus der Partitur b e -
g l e i t e t werden soll. Meist stellt sich diese Aufgabe so, dass ein-
oder mehrstimmiger Gesang zu begleiten ist und dem Begleitenden
auch die Direktion oder wenigstens Leitung, Einhülfe, Sicherung
des Gesangs bei schwierigen Stellen, eintretender Unsicherheit
u. s. w. obliegt.

    Hier kann es nicht mehr nöthig, oft nicht zuträglich sein, nach
vollständiger Darstellung des Partiturinhalts durch das Spiel allein
zu trachten. Sind die Singstimmen sicher und nicht gar zu schwach
besetzt, so kann man ihnen ihre Partie meist ganz überlassen und
das Spiel um so reicher und wirksamer dem Vortrag der abweichenden Begleitung zuwenden. Hierbei ist vorerst für eine hinlänglich starke, die Singstimmen tragende Bassstimme zu sorgen; man
wird gern weite Harmonielagen und vollständige Darstellung der
Mittelstimmen aufgeben, um nur — besonders in starken, oder
ernsten und sonst würdigen Sätzen — die linke Hand zu einer
ausschliesslichen, um so stärker oder gehaltnern Ausführung des
Basses in Oktaven frei zu behalten. So wird man bei karakteristischen, scharf hervorzuhebenden Figuren der Oberstimme die
rechte Hand gern ihnen ausschliesslieh widmen, um sie auf das

schärfste, oder in Oktaven durchzuführen; ja man wird bisweilen Nebenstimmen, die der Hand erreichbar wären (S. 357), weglassen, um nur die Hauptstimme ganz frei und um so wirksamer vernehmbar zu machen; es kann gar wohl der Fall sein, dass die Begleitung einer stimmreichen Stelle sich auf zwei energisch hervorgehobne Stimmen, — ja sogar auf eine einzige beschränkt, und nun erst, nur so, der eigentlichen Absicht des Komponisten zu entsprechen vermag, — nämlich unter den gegebnen Umständen, am Klavier, statt mit dem Orchester.

Macht sich ein Fehler oder Schwanken in einer Stimme oder im Ganzen fühlbar, so ist die nächste Obliegenheit des Begleitenden, demselben abzuhelfen. Unter der Ausführung einer vielleicht reich geführten Begleitung ist dies schwerlich zu hoffen; man wird gut thun, statt derselben seine Zuflucht zu einfachen, scharf gegriffenen Akkorden (zu sogenanntem generalbassmässigem Spiel) zu nehmen. oder die einzelne unsichre Stimme besonders hervorzuheben, ja nöthigenfalls ganz allein zu spielen. Alles dies soll jedoch nur im Nothfalle geschehn: es erfodert Besonnenheit und Geschick des Spielenden, von solchen abgedrungnen Spielweisen so bald und so sicher, so unstörend wie möglich auf reichere, partiturmässigere Begleitung zurückzukommen.

So viel, um die Studien zu einer der anziehendsten Aufgaben der Musikübung einigermaassen zu leiten. Lange Uebung, die vom Einfachern zum Reichern und Schwerern fortgeht, und eignes Nachdenken, — wo möglich die Leitung und Aufsicht eines einsichtigen, partiturgewandten Lehrers (deren es freilich nicht allzu viele giebt) führen auch hier zum Ziel. Was die Ordnung der Uebungen betrifft, so sind (abgesehn davon, dass man vom Minderstimmigen zum Mehrstimmigen geht) im Allgemeinen italienische Kirchensachen, dann Händel'sche und Gluck'sche Partituren, Haydn'sche und Mozart'sche Symphonien und Quartette das leichter Ausführbare. Mozart'sche Opern, dann die Haydn'schen Oratorien, endlich Beethoven'sche und S. Bach'sche Werke — vieler andrer Meister nicht zu gedenken — würden sich jenen Werken stufenweis' anschliessen. Es versteht sich von selbst, dass dies nur ungefähre Andeutung sein kann, und dass mancher Beethoven'sche oder Bach'sche Satz leichter ausführbar ist, als italienische oder Händel'sche und Haydn'sche. Haydn namentlich ist reich an eigenthümlichen Kombinationen, und überrascht den Spieler oft mit schwer zu lösenden, und doch werthen Aufgaben.

Zuletzt könnte wohl gefragt werden, ob nicht ein Klavierauszug, mit Bedacht ausgearbeitet, die Aufgabe des Partiturspiels sicherer und besser löse.

Das Erstere ganz gewiss; denn der Verfasser eines Klavier-
auszugs hat beliebige Zeit, Alles zu überlegen und aus allen Möglichkeiten die günstigste zu wählen. Das Letztere gewiss nicht.

Denn Klavierauszüge* werden in der Regel für den Verkauf,
also mit Rücksicht auf viele weniger fertige und gebildete Spieler
verfasst, enthalten also keineswegs Alles, was ein besserer Spieler
der Partitur abgewinnen kann. Wäre das aber auch nicht, so kann
natürlich jeder Klavierauzug nur Eine Auffassung der Partitur geben. Nun muss man bald einsehn, dass selbst das vollkommenste
Partiturspiel den Reichthum der Komposition nur unvollständig
wiedergeben kann. Der in die Partitur tiefer eingedrungene Spieler
wird daher denselben Satz nicht ein Mal wie das andre ausführen:
er wird jetzt diese, jetzt jene Partie hervorziehen, bald diese, bald
eine andre Wendung zur Ergänzung oder zum Ersatz des nicht vollständig und genau Ausführbaren unternehmen, und so wenigstens
allmählich mehr von der Partitur geben, als der beste Klavierauszug
vermag.

Keineswegs ohne Gewicht ist auch der reichere Genuss und die
höhere Stimmung, die aus dem Anblicke der Partitur dem ihrer Behandlung Mächtigen zufliessen. Man wird finden, dass ein solcher
lieber und besser, oft sogar leichter aus der Partitur darstellt, als
aus dem Klavierauszuge.

---

\* Eine rühmliche Ausnahme bietet F. Liszt's zweihändiger Klavierauszug
von Beethoven's Cmoll-Symphonie (bei Breitkopf und Härtel), der das grossartige Orchesterwerk in Fülle, Würde und Macht und mit scharfsinniger, ja
raffinirter Einsicht in das Wesen des Pianoforte wiedergiebt. Die eben so bear-
beitete Pastoralsymphonie konnte nicht mit gleichem Erfolg übertragen werden;
hier sind die Orchestereffekte eben so unerreichbar als unentbehrlich. Höchst
beachtenswerth ist auch seine Darstellung der neunten Symphonie für zwei
Pianos, wie denn überhaupt dieser geniale Künstler von seiner Macht über das
Instrument und seiner Kenntniss vor allen Komponisten und Virtuosen seit
Beethoven den edelsten Gebrauch sich zur Aufgabe gesetzt.

# Siebente Abtheilung.

# MUSIKBILDUNG

## UND

# MUSIKUNTERWEISUNG.

# Erster Abschnitt.

## Ein Blick auf den gegenwärtigen Musikzustand.

Was liegt wohl einem Buche, das sich dem Lernenden als Begleiter auf seinen ersten Bahnen, dem Fortgeschrittenen, Lehrenden und Leitenden als erinnernder Rathgeber in manchem versäumten Punkte hülfreich erweisen soll, näher, als die Ueberlegung: welches eigentlich das Ziel und der rechte Weg aller Musikbildung sei, der es sich selbst als ein Mittel darbietet? — Und wo fände der für Kunst Lebende, an der Bildung für sie werkthätigen Antheil Nehmende die schicklichere, günstigere Stelle, seine Gedanken und Wünsche darzulegen, als in diesem einleitenden, mit der Kompositionslehre und der wissenschaftlichen Abhandlung der Tonkunst zusammenhängenden Werke? —

So schliessen sich der allgemeinen Musiklehre — zum Theil ihr unmittelbar zugehörend, jedenfalls ihrem Zwecke nahverwandt und der Absicht ihrer Leser sich widmend — Betrachtungen an: **über Zweck und Methode der Musikbildung für Volk und Künstler.**

Solche Betrachtungen können aber nur Grund fassen in einer klaren Ansicht vom Wesen und von der Bestimmung der Tonkunst, und in einer unbefangnen Anschauung des heutigen Musikzustandes, zunächst in unserm Vaterlande. Allerdings — das ist sofort zuzugestehn — dürfte kaum irgend Jemand, wer es auch sei, volle Unbefangenheit und Umfassungskraft für sich zu hoffen haben. Jeder Einzelne gebietet nur über einen verhältnissmässig beschränkten Gesichtskreis; und wer sich irgendwo mit lebendigen Antheil umgethan, das Bedürfniss gefühlt hat, mit eignen Augen, aus eignem Gesichtspunkte zu schauen, der weiss, wie unzulänglich und unsicher der Ersatz fremder Mittheilung für eigne Auffassung ist. Jeder muss ferner zugestehn, dass er selber mehr oder weniger in dem Treiben und Ideengange der Gegenwart befangen (er verhalte sich zustimmend oder widerstrebend) und dass das Endurtheil hier wie überall erst von der Zukunft zu erwarten ist. Allein wenn wir auch die Entscheidung den Nachkommen überlassen dürfen und müssen, so gebührt doch uns die Sorge für unsre und ihre Zeit. Es ist also Beruf und Pflicht, unsre Zeit zu prüfen und zu wägen, und wir lassen uns wohlgefallen, dass unser Urtheil über sie vor einem höhern Urtheilenden sich in Zeugniss über uns verwandle.

Werfen wir nun einen Blick auf den jetztigen Musikzustand, so tritt uns vorerst d a s B i l d e i n e r so u m f a s s e n d e n M u s i k - th ä t i g k e i t entgegen, wie sie kaum in irgend einem frühern Zeit- raume stattgefunden haben mag, — wenn nicht vielleicht in der anregungsvollen Zeit, die zwischen harten Kämpfen und tiefem Fall Italien einst vergönnt gewesen. Da strömte aus allen Domen, von allen Hügeln hernieder, die sich mit Wallfahrten kränzten, die Woge heiligen Gesangs, schmetterten von den Altanen die fest- lichen Drommeten in das Gelag der Vornehmen und Fürsten, schwirr- ten die balsamischen Nächte vom Zitherklang zärtlicher Sänger. So wiederhallte auch unser Land in Luther's grossen Tagen von sei- nen Rüsteliedern; sie drangen machtvoll weckend, festigend, be- geisternd vom Kirchenchor herab durch den vollen Markt und die strömenden Strassen bis in den trauten Familienkreis und das ver- schlossene Kämmerlein.

Was dort erregterm Naturell und der süsslösenden Natur, was in jenen Tagen höchster Gemütherregung entströmte, dem Menschen als ein ihm Natürliches, Angebornes, oder als unmittelbar gegebne Stimme erneuten Glaubens da war: überkommt auf uns, — zwar dem Gemüth, zwar der tief dichterischen Natur unsers Volks innigst verwandt, ja ihm l ä n g s t v o r d e m E r w a c h e n e i n g e b o r e n, — doch zunächst mehr in der Form eines Erworbnen oder zu Erwer- benden, einer Zierde und Erfreuung, die wir zu empfangen haben, und dann so gut es sein kann zu hegen.

So füllen sich unsre Gärten, unsre geselligen Kreise, unsre Festlichkeiten allüberall mit Tonströmen; stimmreiche und immer stimmreichere Musikbanden prangen vor den theuern Kriegerschaa- ren her, und lassen überrauschend den Ballsaal erzittern im Grauen der Lust.* Welche Stadt wäre so klein, dass sie nicht wenigstens einige Winterkonzerte versuchte? wie viel Virtuosen, wie viel Quar- tettvereine, wie viel Konzerte aller Art und jedes Inhalts drängen sich in grössern Städten? welche Zeit hat, fast aller Orten das ganze Jahre hindurch, so viel Opernaufführungen gesehn oder ver- mag jenen Städtebünden, unsern Musikfesten, Gleiches an die Seite zu stellen? Und endlich: welche Zeit hätte so mit Wort und That,

---

\* Man höre nur unsre Walzer mit Posaunenhall und die wollüstig ein- schlürfenden unersättlichen Strauss'schen Tänze.

mit solchen Opfern an Zeit und Geld Musik als unerlässlichen Theil humaner Bildung anerkannt, wie die unsrige?

Dieser Ausbreitung der Musik, diesem überallhin reichenden, allerwärts sich regenden und bewährenden Antheil an ihr entsprechen die Mittel, die man für sie verwendet. So kostspielig Unterricht, Instrument, Musikalien sind: jede Familie von geringem, wie von höherm Wohlstande sucht Rath zu schaffen. Nirgend fehlt es an Lehrern; auf allen Schulen wird Gesang geübt, Seminare, Universitäten, besondre Musikschulen setzen die Unterweisung erweitert, zu höherm Ziel fort; überall haben sich Singakademien, Instrumentalvereine, Musikgesellschaften zu gemeinsamer Uebung oder öffentlicher Ausführung gebildet. Städtische und Staatsbehörden wenden der Leitung, der Ausführung in Kapellen und Chören, dem öffentlichen Unterricht Sorgfalt und Mittel zu; unser Buchhandel spendet die Kunstwerke aller Zeiten so zahlreich, so bequem und wohlfeil, wie noch niemals; selbst die Anschaffung guter Instrumente ist durch den Fortschritt der mechanischen Künste gegen sonst erleichtert.

Wunderwirkung der Tonkunst! Alle Herzen zu öffnen! selbst denen Antheil und Beisteuer abzugewinnen, die bei mangelhafter Bildung oder Organisation an ihren Entzückungen nicht theilnehmen, die den Ihrigen das Opfer bringen und dann scheu, unbegabt zur Seite treten!

Wodurch vermochte die Tonkunst solches? und wie vergilt sie uns Liebe und Opfer?

Sie vermochte es, sie ist mächtig im Menschen, weil sie ihn in allen seinen Fibern, sinnlich und geistig, den ganzen Körper und die ganze Seele, Empfindung und Gedanken erfasst. Die rohste Natur fühlt sich erschüttert von ihrem Vollklang, geschmeichelt von ihrer Süsse. Schon ihre sinnliche Wirkung ist unwiderstehlich, zauberhaft, denn der blos sinnlich Ergriffne ahnt schon, dass diese Bebungen seiner Nerven in die geheime Tiefe der Seele hinein reichen, dass dieser Körperreiz geheiligt und gefeiet ist durch Berührung mit dem Grund unsers Daseins. Wer nun erst die zartesten, mächtigsten, geheimsten Empfindungen seiner Seele von ihr hervorgelockt, nach Gefallen gelenkt, die unbewussten Tiefen des Gemüths von ihrem Dämmerschein angeleuchtet, zu traumhaftem Bewusstsein erwachend an sich erlebt hat, — wer in diesem Wogenspiel der Seele Ahnungen, Anschauungen, tiefste Ideen sich als lenkende Geister aufrichten sieht, — wer es weiss, dass unser Dasein unvollkommen wäre, wo nicht die Welt der Töne es ergänzte: der begreift, dass die flüchtige Sinnenfreude am Tonspiel uns blos heranlockt, um unser Empfinden zarter, regsamer zu beseelen, um den

innersten Grund des Gemüths zu sittigen und zu befruchten, unsern
Geist den höchsten Ahnungen, einer neuen unabsehbaren Ideenwelt,
einer neuen Anschauung des Daseins zu eröffnen.

Das ist die alldurchdringende, überallhin reichende Macht der
Töne, und das: ein erhöhtes, beseligteres Dasein, — ist
die Verheissung dieser Kunst, der wir, wissend oder ahnend, so
viel von uns und vom Unsrigen gläubig dahingeben.

Aber ihre Natur ist, wie die des Menschen, eine zwiefältige,
dem Sinnlichen — der Materie, und dem Seelischen — dem Geiste,
gleich angehörig. Ihr Walten vermag uns aus dem Rohen, Spröden
und Unfruchtbaren zu menschlicherm, empfänglicherm, beseelterm
Dasein zu erheben, unser Empfinden zu sänftigen und zu sittigen,
unser Ahnen zu wecken, und zu den Ideen höchster, reinster Menschheit, an das Weben des Göttlichen in und über der Natur empor-
zuflügeln, und in dieser innersten Erhebung mit der wahren That-
kraft zu allem Guten, mit Liebe zu erfüllen. Aber dieses selbige
Walten der Töne und Klänge vermag auch den nur verhüllt in ihm
wesenden Geist in den verführerischen Wogen erregter Sinnlichkeit
zu begraben, edleres Empfinden und jede haltende Kraft aus der
Seele zu spülen, und uns der Gedankenlosigkeit, der Haltungslosigkeit des Gemüths, dem faden, alles Edlere auflösenden und zersetzenden Sinnenkitzel dahinzuwerfen; in deren Gefolge treten die
seltsamen Zwillinge Uebersättigung und Unersättlichkeit auf, und
die entsetzliche Antheillosigkeit.

Schon die gränzenlose Ueberwucherung unsers heutigen Lebens mit Musik muss dem Freunde wahrer Bildung und Wohlfahrt
für das Volk höchst bedenklich erscheinen. Wie hoch auch Bedeutung und Werth unserer Kunst anzuschlagen seien, sie kann doch
nur als einer der Bildungszweige neben sehr vielen und wichtigen
andern gelten; wie wohlthätig man auch ihren Einfluss auf das
Gemüth befinde, doch ist Entwickelung der Denkkraft und Stählung
des Karakters neben gründlicher Durchbildung für die mancherlei
Lebensverhältnisse und Berufsfächer im Volksleben allzu hochbe-
deutend, als dass man es nicht auffallend finden müsste, dass keinem andern Bildungszweige so viel Kraft, Zeit und Geld gewährt
wird, als der Musik. In einer Zeit, wie die unsrige, wo neben der
Wissenschaft Industrie und Handel einen bisher in Deutschland seit
Jahrhunderten nicht erlebten Aufschwung nehmen, wo die Völker
immer entschiedner zu politischer Reife und Selbstverwaltung ihrer
Angelegenheiten herantreten, muss ein solches Bedenken doppelt
und dreifach in's Gewicht fallen.

Was ist von Seiten des Musikers dabei zu thun?—

Uns Musikern ist nicht auferlegt, die Verhältnisse der verschiednen Bildungsgegenstände und die dazu bestimmten Kräfte gegen einander abzuwägen. Aber eins steht bei uns und ist hohe Pflicht. Wir sollen durch That und Lehre dahin trachten, die Opfer, welche für Musikbildung gebracht werden müssen, durch zweckmässiges Verfahren zu verkürzen und zugleich in der Lehre selber ein Gegengewicht gegen den zersetzenden Einfluss des Tonspiels darzubieten, indem wir den Geist zu regster Betheiligung wecken und heranziehn. Und dasselbe müssen wir als Komponisten und Ausübende für heilige Pflicht erachten und üben. Dann dürfen wir uns Förderer der Kunst und gleichermaassen der Volksbildung nennen.

Denn wie wir die Kunst auffassen, so ist sie uns; wie wir sie pflegen und wirken lassen, so wirkt sie. Es ist die Schuld unserer Schwäche und Verderbtheit, wenn sie, die reine, edle, gute, zu Gift wird, wenn wir an der Schwelle zu ihrem Heiligthume matt dahingesunken liegen bleiben, wenn wir ihren Zuruf aus der Seele flattern lassen und aus den geweihten Hallen uns wieder in die Höfe verlieren, die den Exuvien der Opferthiere bestimmt sind.

Viel ist zusammengetroffen, unsrer Zeit den reinen Genuss und das reine rechte Streben in der Welt der Töne zu stören oder zu verkümmern. Mächtig schlagen die Wogen der Weltereignisse in das Innerste der Gemüther und alle Gestaltungen des sozialen und geistigen Lebens hinein, und noch fehlt den Völkern die einnende, hebende, geistig anregende Macht. Uebergewaltige Erlebnisse und Erinnerungen haben auf der einen Seite Heftigkeit des Begehrens und die Gewohnheit leidenschaftlicher, wildwechselnder Eindrücke, auf der andern Seite ihren Gegensatz, Erschlaffung, das tiefe Verlangen nach Ruhe der Geister, Nachlassen der Gemüthspannung hervorgerufen. In beiden Beziehungen hat das Materielle, als Element gewaltsamer Erregungen und Effekte oder als weicher, geisteinlullender Sinnengenuss, eine den Höhen der Kunst fremde Geltung, ja Herrschaft erlangt, und es wiederholt sich das mehrmals schon gesehne Schauspiel, dass in solchen Momenten, wo die Spannung des deutschen Geistes und Karakters in den Massen des Volks und den unmittelbar an ihr Gemüth Redenden nachlässt, das Ausland, besonders die Frivolität und der fixfertige Prosaismus der Franzosen und die entnervende Sinnlichkeit Italiens, das Scepter stehlen. Es ist dann, besonders in Bezug auf Musik, die Oper, wo das schlechte Ausländische seine leichtesten und sichersten Siege erficht, und im Ueberrennen seine Eroberungen macht; denn wie vielerlei sinnliche Reizmittel zerstreuen und betäuben in dergleichen Produktionen den Geist der Geniessenden und verwirren das Urtheil über den wahren Gehalt! Und wie kann dann von dem Theater, diesem höchsten, beherrschenden Schau-

platz der Künste aus, gleichartiger Einfluss auf alle andern Gestaltungen der Kunst wohl ausbleiben! In der That hat er sich in
Konzert und Gesellschaft, in der Symphonie, im Oratorium, am
Klavier, — überall gezeigt; der heute bei dem Schweigen tieferer
Interessen und Ideen waltende Geist des Industrialismus oder Ma-
terialismus erkennt hierin das »Geschöpf, nach seinem Ebenbilde
gemacht«. Diesem Geiste kann ächte Kunst mit ihren Idealträumen
nur die verstossne und missliebige Aschenbrödel am Heerdesstaub
in der fetttriefenden Küche sein.

Müssen wir uns auf der einen Seite die zu dem Materiellen
und Niedern herabziehende Richtung der fremden Opern eingestehn —
eine Richtung, die um so unwidersteblicher in unserm deutschen
Volke wirkt, je weniger dasselbe bei der Zertheilung und Zerklei-
nerung des gemeinsamen Vaterlands bis jetzt zu nationalem Selbstbewusstsein und, auch ausserhalb der Politik, zu nationaler Selbst-
ständigkeit erhoben ist, und je mehr wir gewöhnt, ja durch das er-
höhtere politische und öffentliche Leben im Westen gedrungen sind,
unsre Blicke dorthin, als auf die Unruh' an der Uhr Europa, zu wenden : so wollen wir auf der andern Seite das eine Positive anerkennen, dass uns in jenen Opern zukommt, und das von unsern
Musikern und ihren Dichtern nur zu sehr verabsäumt worden *:* die
gespanntere Richtung auf dramatische — oder wenigstens scenische
Lebendigkeit, aus den engern persönlichen Befindnissen heraus auf
allgemeinere Beziehungen, und ein mehr öffentliches, gemeinsames
Leben. Nur wenn durch alle Armuth, Niedrigkeit und Verwirrung
des Fremden hindurch dieses eine Element von unsern Musikern
allgemeiner erkannt und in höherer Weise und Wahrheit der deutschen Oper angewonnen ist, und wenn das Leben unsers Volks
neuen Gehalt errungen, in einer neubeseelenden Idee sich verjüngt
und wiedergeboren hat, wenn ihm, dem Faust gleich, im »Sturm
der Horen des Lebens Pulse schlagen frisch lebendig«, nur dann,
wenn dieses hohe »Wenn!« sich erfüllt, mag die Tonkunst auf
deutschem Boden, — und sonst nirgends! — neue, reine Sieges-
züge feiern.

Bis dahin wird aus fremdem und eingebornem Geschäft hervor
das fremde Wesen herrschen, beliebt sein, die künstlerischen Begehren der Menge an sich ziehn und in seiner Weise befriedigen.
Sinnreiz und Sinnerschütterung, äusserer Prunk bei innerer Armuth, oberflächliche Gefallsamkeit an der Stelle von Karakter und
Tiefe, Hingebung an das Niedere, Herabwürdigung der bedeutsam-
sten Zustände und Formen zu blossen Effektmitteln sind das un-
trennbare Gefolge dieser Herrschaft. Die zum Unterhaltungsstoff nie-
dergezogne Musik wird überall mit herumgeschleppt, verfolgt uns

in die Gärten und zum Mahl, in den geselligen Kreis der Freunde
und in das Arbeitszimmer des Denkers, übertäubt jeden geistigern
Austausch und stumpft in dem Gefühl, blosses Ausfüllsel der öden
untheilnehmenden Gesellschaft zu sein, ihre wahre Kraft und das
Ohr der Hörer gleichmässig ab. Karakter- und Bedeutungslosigkeit
dringt in alle Zweige, und hat wachsende Antheillosigkeit in ihrem Gefolge; je mehr man sich von der Idee des Ganzen, von der
Bedeutung, dem Gedanken der Kunst und des einzelnen Kunstwerks hinwegverliert, desto entschiedner tritt die Verkehrung hervor, die aller Kunst innerlicher Tod ist: die Mittel als Hauptsache
anzusehn und den Zweck aufzugeben. So vermögen jene fremden
verführerischen Opern selbst unter der uns Deutsche blendenden
und irrenden Autorität ihrer Herkunft doch nur durch berühmt gewordne, für ihre koketten oder gewaltsamen Effekte reichbegabte
Sängerinnen und den steigenden Aufwand aller Mittel ihre Erfolge
zu gewinnen. — Der entgegengesetzte Fehler, die Mittel für den
Zweck nicht sorgsam genug zu bereiten, ist uns oft nicht ohne
Grund vorgerückt worden, und soll uns durch leidige Erfahrung
vielleicht abgewöhnt werden.

Von hier aus öffnet sich unserm Auge die andere Seite des
heutigen Musikzustandes zu nicht erfreulichem Anblicke.

Wir haben allzuviel Musik und deshalb allzuwenig
wahre Musikfreude. Wir nehmen mit Zerstreuung und Unterhaltung fürlieb, wo wir ihr Sammlung und Erhebung zu danken haben
könnten. So in den Mode-Opern, die ihre Liebhaber einen Augenblick schwindlich rütteln oder drehn, um sie leer zu entlassen und
in Kurzem von ihnen vergessen zu sein; so in unsern Konzerten,
die den Gipfel ihrer Wirkung in dem Erstaunen über das Geschick
eines Virtuosen — der unfruchtbarsten Gemüthsbewegung — erreichen; so in unsern öffentlichen Musiken, die ohne nähern Antheil
der Versammlung nur die Unterhaltung übertäuben; so im geselligen Kreise, der sich mit herzlosen Schulstücken oder übelgerathe-
ner Wiederholung der Modesachen hinhält, und statt Freude an
der Kunst mehr Pein der Beklommenheit, des Neides und der Lang-
weile spendet, als man sich selbst gestehn möchte. Die Folgen
werden von Jahr zu Jahr sichtbarer: Mechanisirung, Materialisi-
rung — oder auch Ueberfeinerung der Kunst, und Uebersättigung der
Hörer. Ja wohl Uebersättigung der Hörer! Wer im Umkreise grösserer Städte und im Virtuosenleben Bescheid weiss, dem ist bekannt,
wie wenige unter hundert Konzerten auch nur die Kosten tragen,
wie viel schätzenswerthe Virtuosen, wie viel gute Aufführungen ach-
tungswürdiger und anerkannter Werke Zubusse aus der eignen Ta-
sche fodern. Und wer offnen Auges unsre Gesellschaften beobach-

tel, dem entgeht nicht, wie viel Unachtsamkeit, Ueberdruss, gegenseitiges Ertragen und kaum verhehlte Ungeduld sich unter der durchsichtigen Maske der Theilnahme bergen.

Gern ziehn wir den Blick von der unerfreulichen Seite schnell zurück; ist es doch ohnehin hier nicht Zweck und Ort, ein Urtheil zu begründen, sondern nur, diejenigen zum Nachdenken zu bewegen, denen die Sache der Kunst und der Volksbildung am Herzen liegt. Auch müsste man sehr fremd in seiner Zeit sein, wenn man nicht neben Ausartung und Schwäche das erfreulichste vielversprechendste Ringen und Wirken gewahren und ehren wollte, das Festhalten an den Werken vorübergegangner, selbst älterer Meister von Beethoven bis zurück zu Gluck und Sebastian Bach; den seltnen, wenn auch einstweilen mehr technischen Fleiss der Ausübenden, das eifrigere Streben so manches Jüngern nach einer Tüchtigkeit der Schule und Universalität geistiger Bildung, die beide dem Künstler unentbehrlich, und in der jüngstverflossnen Zeit keineswegs so ernstlich gesucht waren, als in der unsrigen. Nur lässt sich auch in so löblichem Streben und Beschäftigen noch zu häufig eine Bewusstlosigkeit über Inhalt und Zweck der Beschäftigung gewahren, die überwunden werden muss, wenn die rechte Frucht gedeihn soll, und die einstweilen den sonderbaren Anblick gewährt, das Tiefste neben dem Flachsten, falsche und wahre Kunst neben einander in gleicher Schätzung, unterschiedloses Hinnehmen des Guten und Schlechten mit dem Namen der Vielseitigkeit geschmückt, Unterscheidung als Einseitigkeit denunzirt zu sehn.

So tritt in den Spuren und Keimen des Guten, wie in dem Treiben des Entarteten grosse, weitverbreitete Regsamkeit hervor, die Bedeutendes verspricht, wenn sie auf den rechten Zielpunkt hingeleitet wird, der aber einstweilen einendes, leitendes Bewusstsein, aus dem Tiefsten hervor beseelende Idee, — die höchste Macht der Kunst noch zu erringen bleibt.

So mancher Edelgesinnte und Ernstlich-Denkende hat in diesem Strudel vielfach verwirrter, gegen einander schlagender Kräfte und Strebungen den zersetzenden Tod einer Kunst zu erblicken gemeint, die den Sonnenpunkt ihres Lebens — in Bach, oder Gluck, oder Mozart, oder Beethoven — schon hinter sich habe. Wie dem auch sei, — nicht aus den vielleicht vorübergehenden Schwächen und Verderbnissen eines Zeitabschnitts, sondern durch die schwierige Untersuchung ergäbe sich das Urtheil, ob dem Wesen der Kunst noch neue Wege der Entwickelung offen stehn, oder ob sich dasselbe schon vollständig erfüllt habe, — wie dem auch sei: wir dürfen vor allem an der Ueberzeugung festhalten: dass die Kunst Bedürfniss der Menschheit, mithin unvergänglich wie sie sein muss,

und dass aus demselben Grund' auch im einzelnen Volke die Musik
nicht aufhören und untergehn kann, als mit diesem Volke selbst,
obwohl sie mit demselben Momente des Nachlassens und Rückschrei-
tens mehrmals erleben mag. Gründliche Einsicht in die Geschichte
der Tonkunst beweist dies; eine würdige Vorstellung von dem,
was unser Volk zu sein, was die Tonkunst noch nothwendig von
ihm zu empfangen, nur von ihm zu gewärtigen, und was sie ihm
zu gewähren hat, erhebt selbst in Zeiten unleugbaren Rückfalls
die Herzen, die für Höheres, als das Vergängliche schlagen.*

---

\* Eingehendere Erörterung der hochwichtigen Frage über Standpunkt und
Zukunft unsrer Kunst, — eine Frage, ohne deren Erledigung man weder schaf-
fend oder darstellend, noch lehrend oder Lehre suchend sicher vorschreiten
kann, — ist in des Verfassers »Methode der Musik (Die Musik des
neunzehnten Jahrhunderts und ihre Pflege)« als deren unerlässliche
Grundlage gegeben worden.

# Zweiter Abschnitt.

## Der rechte Zielpunkt und das rechte Mittel.

Welches ist nun der eigentliche Zweck aller Musikbildung und Beschäftigung?

Freude an der Kunst — sprechen wir als ersten Zweck aus; freudenlose Beschäftigung mit ihr (und wie häufig treffen wir auf sie! wie alltäglich ist leider die Bemerkung, dass mit dem Lernen und Ueben die frisch herzugebrachte Freude erlischt, um sich nie wieder in ursprünglicher Kraft und Fruchtbarkeit herzustellen!) ist für den Kunstsinn tödtend, verderblicher als Nicht-Beschäftigung, da sie nicht blos die Zeit für anderes Thun und Geniessen verdirbt, sondern auch die Fähigkeit, durch Kunst erfreut zu werden, aufzehrt.

Allein die Freude muss auch wirklich eine künstlerische, nicht blos eine fremde oder gar widerkünstlerische sein. Hier warnen wir vor dem Kitzel jener Eitelkeit, die sich darin gefällt, überwundne Schwierigkeiten, erworbne technische Fertigkeiten auszukramen und sich darin anwundern zu lassen. Nichts ist wahrer Kunst fremder und ferner, die vielmehr den hohen Beruf hat, den Menschen über die enge Schranke persönlichen Daseins hinauszuheben in Regionen gemeinsamer und allgemeiner Freude, Liebe und Begeisterung; nichts ist dem wahren Kunstsinn und Kunstgenuss feindlicher und zerstörender, als dieser giftige Mehltau, der sich über die künstlerische Thätigkeit und ihre Erzeugnisse selbst legt; nichts zieht sicherer die Gemüther aus der reinigenden Atmosphäre der Kunst in das kleinliche, engbrüstige Treiben und Quälen selbstsüchtiger und scheelsehender Eitelkeit hinab, als dieses Herausstellenwollen persönlicher Künste; nichts endlich offenbart dem Verständigen deutlicher die weite Kluft, die den Eiteln vom wahren Begriffe der Kunst scheidet, als diese Verwechslung eines äussern Mittels mit dem Zweck der Sache. Und wie verbreitet, wie überwiegend ist doch dieses Trachten in unsern Gesellschaften und Konzerten! Wie selten ist es eigentlich Absicht unsrer Konzertisten und Kunstfreunde, die Hörer zu erfreun, wie viel näher liegt es ihnen, mit neuersonnenen Künsten, mit den Kunststücken einer Döhler'schen, Henselt'schen, Thalberg'schen Etüde (oder wie der letzte Fingerkünstler eben heisst) das Erstaunen der Mindergeübten oder der unkünstlerischen Menge zu wecken! Und wie oft sind es

die Lehrer, die zu so verkehrtem Treiben anregen, um durch dergleichen Erfolge neue Schüler zu gewinnen! Der niederste, unbewusst blos sinnliche Genuss der Musik, die oberflächlichste Freude
an einem hüpfenden Tanz ist künstlerischer, edler, fruchtbarer, als
dieses so weit unter uns verbreitete Unwesen; der sinnvolle Vortrag des flüchtigsten Liedchens oder des leichtesten Walzers wird
dem Einsichtigen ein günstigerer Beweis vom Geschick des Schülers
und des Lehrers sein, als jene vorzeitig herausgezwungnen — im
Grunde so wohlfeilen Künste der Eitelkeit.

Denn schon die sinnliche Freude an der Kunst erweckt unmittelbar auch geistigen Antheil. Und dieser geistige Antheil an
der Kunst ist es, den wir als höchstes Ziel betrachten, dem die
Beschäftigung mit Kunst sich zuzuwenden hat. Verschliessen wir
nur nicht eigensinnig und in verkehrtem Streben Sinn und Herz,
stören wir nur nicht selber das Empfinden und geheime naturgemässe
Weben unsers Geistes: so wird sich aus der unmittelbar sinnlichen
Aufnahme des Kunstwerks Erregung, erhöhtes Leben durch unsre
Nerven, Freude durch unser Gemüth ergiessen, wie sie nur reiner
Kunstgenuss gewährt; die Sicherheit gemeinsamen Mit- und Wohl-
empfindens wird die starre Kruste des Egoismus von unserm Herzen
lösen und uns in Sympathie und Liebe dem heitern Kreise mit-
geniessender Freunde, sie wieder unsrer Lust eng verbinden.
Einem andern, neuen Empfinden und Gemüthzustande, die sich im
Kunstwerke regen, öffnet sich gern das Herz und nimmt sie, von
allen Schlacken und scharfen Ecken wirklicher Persönlichkeit rein,
unbefangner, hingebender in sich auf; es ist ein Verkehr der Seele
mit andern Seelen, voll der Innerlichkeit menschlichen Daseins und
doch ledig alles lastend materiellen oder sonst störenden Beiwerks.
Und so führen jene luftigen Wesen, die der Künstler gerufen, ihr
bedeutungsvolles Leben vor uns auf; wir leben es mit in Lust und
Wehmuth, wie der Geist dem Künstler eingegeben, unschuld-
voll, unverletzt; wir leben neben unserm persönlichen ein viel-
faches geistiges Dasein mit und durch, und erfahren an uns selber
den unermesslichen Reichthum geistigen Lebens neben dem eng-
beschränkten der körperlichen Wirklichkeit. Längst entschwundne
Zustände und Personen — jene reinen Gestalten, die Gluck aus
Hellas und dem zauberhaften Osten heraufbeschworen, — die patri-
archalische Einfalt und Hoheit jenes Volkes, aus dessen Nacht das
Licht der Welt aufgehn sollte, in Händel's Gesängen, — die
wüthige Zerrüttung der Pharisäer und ihres Anhangs gegenüber der
Heiligkeit des neuen Bundes in Bach's ewigen Weihetönen, — sie
treten uns nah, und die weite Vergangenheit wird sinnlich-geistige
Gegenwart. Was in Unschuld, Freude und Zärtlichkeit und kind-

lich phantastischem Humor das Menschenherz entzücken kann, was
athemlos entbrennende Liebe, übermüthige Lust, das anmuthigste
Spiel der Laune und halbunschuldiger Koketterie gewaltigwogend in
unsrer Brust aufrühren kann, das mysteriöse Insichgekehrtsein des
Geistes in das traumhafte Innere seiner selbst, in das geheimniss-
volle Dämmerdunkel der Natur aller Wesen, — Alles, was H a y d n ,
M o z a r t , B e e t h o v e n gegeben worden, die ganze Unendlichkeit
der Geisterwelt, die kein Wort umschreiben und kein Blick eines
Sterblichen umzucken kann : sie ist uns nicht verschlossen, sie ist
uns zu eigen geboten

 R e c h t e s   H i n e i n l e b e n   i n   d i e   K u n s t ,   r e c h t e s   S i c h -
i h r e r ö f f n e n ,   rechte Bildung für sie und in ihr: d a s   i s t   d i e
B e d i n g u n g , unter der wir ihre unschätzbaren Gaben uns gewinnen.
Aber es ist unerlässliche Bedingung.

 Besitz grosser Künstler und Kunstwerke i s t   e s   n i c h t , der
einem Volk', oder auch nur den begabten Individuen in ihm ächte
Kunstbildung und damit den Vollgenuss, die höhere Freude der
Kunst verbürgt. Wär' es, so müsste kein Volk gesicherter auf der
Höhe tonkünstlerischer Bildung stehn, als das unsrige, dessen Ton-
künstler wenigstens seit einem Jahrhundert die Träger der erhaben-
sten und reichsten Ideen gewesen sind, die je sich in Tönen verkörpert haben. Wir haben aber im Gegentheil erfahren müssen,
dass in einem einzigen Jahrhundert nach dreimaligem Aufschwunge,
den Deutschland in Bach und Händel, — in Gluck, Haydn und
Mozart, — in Beethoven erlebt, ein dreimaliges Sinken des Gei-
stesflugs stattgefunden; ja, wenn wir auf die lautesten und zahlreichsten Stimmen des Tages hinhören wollten, so möchte es fast
scheinen, als sei in vielen Geistern bis a u f   d i e   E r i n n e r u n g
verlöscht, was uns Allen aus frühern, aus den nur noch eben
empfangnen und erkannten Kunstwerken einleuchtend geworden.

 Blosses Hören, und zu hören Geben i s t   n o c h   w e n i g e r   zu-
trauenwürdiges Bildungsmittel, obwohl es Grundlage und Begleiterin aller Musikbildung sein muss. Denn wir hören Schlechtes so
wohl wie Gutes, und erfahren nicht blos, dass das Schwächere oder
Verderbte ebenfalls seine Wirkung (oft schnellere oder verbreitetere)
hat, wie das Höhere und Gute : wir müssen auch eben darin die
Macht der Töne anerkennen, die sogar in der niedrigsten Anwendung
noch Gewalt über Sinn und Gemüth üben kann; — selbst abgesehn
von dem Einfluss der Beiwerke, des Vorurtheils, der Mode. Ja,
es ist nicht zu verkennen, dass eben die sinnliche Macht der Töne
durch massenhafte Aufführung, im Verein mit bedeutendem, wohl
gar durch das Vorurtheil noch höher angeschlagnem Talent der Ausführenden manches mittelmässige oder geringe Werk zu einer Wir-

kung gelangen lässt, die selbst den Kundigen überraschen kann, die aber ihren Grund gar nicht im Werke, sondern in der Massenkraft und dem Talent oder der Geltung der Ausübenden hat. Es erhellt daraus, wie schwach die Vertheidigung ist, die man für manches bedenkliche Erzeugniss der Kunst aus seinen Erfolgen schöpfen will; auf der andern Seite aber auch, wie unbedacht diejenigen urtheilen und handeln, die schon das Dasein des Guten ohne Weiteres für genügend halten zum Siege. Ja, es wird ohne Weiteres bestehn! Es wird von Künstler zu Künstler sich fortpflanzen, und die Auferbauung der Kunst wird sich vollenden, so herrlich sie dem Menschengeschlechte verheissen ist. Aber die Theilnahme, d i e k ü n s t l e r i - sche und sogar sittliche Erhebung der Zeitgenossen, darf sie versäumt werden, wenn es möglich ist, für sie zu wirken? Die Weltgeschichte zählt nach Jahrhunderten, und in weiten Räumen von einander gehn gleich Sternen am Himmel die Momente geistigen Fortschritts mit ihr vorüber. Aber das enge Menschenleben möchte doch auf keinem der wenigen ihm zugemessnen Schritte des wohlthätigen Sternenschimmers entbehren.

Endlich: die blos äusserliche, — technische, mechanische, verstandesmässige Bildung reicht e b e n s o w e n i g in den Born, der den Lebensquell der Kunst erzeugt und birgt. Es ist leider nur zu oft wahrzunehmen, wie dies falsche äusserliche Bilden das Gemüth leer und unbefruchtet lässt, ja, wie daran Jahr um Jahr Keime des Lebens und der Kunstfreude ersterben; es ist nur zu häufig beobachtet worden, wie eben in diesen Zöglingen der Technik, in unsern V i r - t u o s e n oder Virtuositätsdilettanten, in unsern G e n e r a l b a s s i s t e n und A e s t h e t i k e r n der unzulänglichste Begriff von Kunst, die matteste Theilnahme, die weiteste Abwendung von ihrem Wesen und ihren Werken zu treffen ist.

D i e r e c h t e K u n s t b i l d u n g hat es, wie die wahre Kunst, weder mit blosser Technik, — die nur Handwerker macht, noch mit blos äusserlichem Herandenken, — das statt des Kunstlebens todte Abstraktionen bietet, zu thun. S i e r i c h t e t s i c h a u f d a s W e s e n d e r S a c h e, stellt sich die Aufgabe: im Einzelnen, in möglichst vielen Einzelnen, — so weit wie möglich im ganzen Volke den höchsten und vollsten Begriff der Kunst zur Erkenntniss, zur That, zum Leben zu bringen. Ihr Geschäft ist ein doppeltes. Im Zögling sucht sie die Keime künstlerischer Empfänglichkeit und Fähigkeit auf, belebt sie, befreit sie von Hemmnissen, stärkt und erzieht sie zu Kräften des Lebens. Vom Gipfel der Kunstidee überschaut sie, was Alles die Kunst will und vermag und was sie schon hervorgebracht hat. Dies Alles, so viel Jeder davon fassen und tragen kann, von Allem das Höchste und Beste, wohinan die Kraft eines Jeden langen kann, strebt sie auf den Zögling zu übertragen. Nicht blos Hand und Ohr will sie üben, durch den Sinn dringt sie in die Seele, durch die tieferregte Empfindung weckt sie das innerliche Bewusstsein. Und nun mögen die Wellen der Töne in Lüften verwehn: was das innerste Bewusstsein gefasst hat, was Eigenthum des Geistes, Gedanke geworden, daran lässt sich sicher halten und weiter bauen.

Dies ist, im flüchtigen Umriss gezeichnet, die Aufgabe wahrer Kunstbildung: Geschick, Sinn und Geist zum Höchsten hinan zu erziehn. Dies ist das Mittel, die unerlässliche Bedingung, ohne welche die Seligkeit der Kunst nicht rein und voll zu erlangen; dies ist das mehr oder weniger aufgeklärte Streben aller, die ihre Kraft und ihr Leben ganz oder theilweise künstlerischer Beschäftigung widmen; dies ist die — erkannte oder nicht anerkannte, aber durchaus unleugbare und unerlässliche — Pflicht jedes Lehrers.

Soll es ein leerer Traum bleiben, dass unserm für Tonkunst so tief begabten Volk allgemeine, Volksbildung für Musik in jenem hohen und einzig wahren Sinn werde? Spricht sich nicht in dem eingebornen tiefen Sinne des Volks schon, in der Fruchtbarkeit seines Geistes, — in hundert und aber hundert Talenten, in der Lösung der höchsten Kunstaufgaben vor allen andern Nationen erprobt, — Bedürfniss und Recht des Volks aus? Sollen unsre Feste nie wieder des Volkslieds froh werden, da kein Volk der Erde so reichen, viel mannigfaltigen, hochklingenden, tiefrührenden Volksgesang erzeugt hat? Haben nicht schon 1848 unsre trefflichen Handwerkerchöre unter der Leitung eines Mücke und andrer tüchtiger Männer so frisch und erfrischend den Volksgesang angestimmt, dass Sänger und Hörer erhöhte Lust und brüderlichen Gemeinsinn durch ihr Innres strömen fühlten? — Soll die evangelische Kirche stets der rechten, ihr gebührenden, für sie durch Jahrhunderte erzognen Kirchenmusik entbehren? Oder meint man, dass Geistliche und Synoden jenes Leben des Gesangs wecken und erziehn werden (oder der kostbare Chor, den hohe Gunst einem einzigen Kirchen-Kreise nur gewähren kann, zu ersetzen vermag), das nur aus der Mitte des Volks und nur vom Berufenen in seinem Sinne geweckt und auferzogen werden kann? — Soll die katholische Kirchenmusik, die so wichtigen Antheil an der Gottesfeier nimmt, in unserm Vaterland gleich tiefen Verfall zu tragen haben, wie in Italien? — wo Rossini'sche und Bellini'sch Opernsätze und Auber'sche Opern-Ouvertüren die heiligsten Momente verhöhnen, — oder in Spanien, wo in neuerer Zeit die Kirchenmusik bis auf die Psalmodien des Priesters ganz verstummt ist? — Wir fürchten es nicht; und wer mit uns höherer Zuversicht ist, wird rastlos an sich und Andern, so weit Kraft und Gunst der Verhältnisse reichen, zu höherer Vollendung, zum höchsten Ziele hinarbeiten. Für uns, für ein arbeitsames, geistrüstiges Volk ist H ö h e r e s zu gewinnen und zu vollbringen, als die zärtliche Natur ihren südlichen Kindern zum Spiel süsser Stunden in den Schooss warf.

Arbeit und Wort d e s E i n z e l n e n vermag hier wenig, wenn nicht Einer zum Andern steht; sie dringen schwer und spät durch die Masse zufälliger und absichtlicher Hindernisse und Trägheiten. V o m S t a a t' a u s musste und durfte das Vollbringen gehofft werden, als Frieden und Stille den günstigen Zeitpunkt darboten. Man hatte nur zu wünschen, dass seine Verwaltenden zu dem rechten Willen auch die rechten Vollzieher herausfinden möchten, nicht Handwerker, die ihre Profession fortpflanzen, sondern Männer, die mit der Form der Kunst auch ihren Geist, mit der Technik auch den Gedanken, mit einem Worte: die wahre Kunst zu ihrer Lebensaufgabe gemacht haben. *

Zuletzt, über Alles hinaus, müssen wir dann noch anerkennen, dass der Zustand und die Kultur der Kunst abhängig, ganz bedingt ist von dem Zustande, von den politischen und sittlichen Verhältnissen und Bewegungen des Volks, wie schon in Bezug auf die Kunstrichtung der letzten Jahrzehnte nicht unangemerkt bleiben konnte. Die Geschichte der Kunst bezeugt aber, dass auch in diesen Beziehungen kein blindes Ungefähr, sondern höchste Vernunft und Güte die Schicksale lenken. So möge denn Jeder wohlgemuth thun, was ihm obliegt und möglich ist, und den Segen rechter That ruhig erwarten.

---

* In dem an Hoffnungen, Aussichten, Zusicherungen reichen Jahr 1848 fasste Herr v o n L a d e n b e r g (damals Ministerial-Verweser, später Kultusminister) den Gedanken einer Reorganisation des Kunst-, namentlich auch des Musikwesens im preussischen Staate, foderte alle Sachverständigen zu Gutachten auf und stellte gemeinschaftliche Berathungen Einzuberufender in Aussicht. Der Auffoderung entsprach ausgebreitete Betheiligung. Auch der Verfasser legte sein Gutachten (»über O r g a n i s a t i o n d e s M u s i k w e s e n s«, bei Bote und Bock in Berlin) der Oeffentlichkeit und der fodernden Behörde vor. Von Staatswegen hatte, wie vorauszusehen gewesen, das Alles keine Folge.

Unterdess hat sich aus dem Mittel des Volks, aus Privatkräften, zu dem schon gegründeten Konservatorium der Musik in L e i p z i g ein zweites in K ö l n, ein andres in M ü n c h e n, eines unter Mitwirkung des Verfassers in B e r l i n (das nach Rücktritt des Verf. in zwei besondern Instituten fortbesteht), eines in S t u t t g a r t, ein neues in D r e s d e n erhoben, der alten in Wien, Prag, Pesth u. s. w. nicht zu erwähnen. Wie überwiegend auch die Mittel des Staats gegen die Einzelner, — es muss immer allgemeiner und gründlicher begriffen werden, dass sicherer und kräftigender die Zuversicht ist, die Jeder, Einzelne und Völker, auf den eignen Willen und die eigne Kraft setzt, als Hoffen und Harren auf fremde Willfährigkeit und fremde Bethätigung oder Betheiligung. Allein neben dieser Zuversicht und den vorauszusetzenden Lehrkräften und sonstigen Mitteln muss dann auch getrachtet werden, unter vereinten Lehrern das innerliche Einvernehmen und Ineinandergreifen der Wirksamkeiten und Richtungen zu schaffen und zu erhalten, ohne die jedem Zusammenwirken das Schiksal des babylonischen Thurmbau's droht. Und gerade dies ist bei der unter den Musikern aus leicht begreiflichen Ursachen vorherrschenden Reizbarkeit und Hinneigung zu subjektiven Bestimmungen schwer zu erreichen.

# Dritter Abschnitt.

## Anlage — Beruf zur Musik.

Bei der hohen Wichtigkeit, die wir der Musikbildung zugestehn müssen, und bei den nicht geringen Ansprüchen, die sie an Zeit und Kraft der Theilnehmenden macht, ist die Frage dringend: welche Erfolge der Einzelne von seinem Bestreben um Musikbildung zu hoffen habe? Jede Bildung, soll sie fruchtbar werden, setzt eine Anlage voraus, und Mancher könnte wohl durch das allgemeine Beispiel in eine Kette von Mühen und Opfern hineingezogen werden, die ihm aus Mangel an Naturell unbelohnt bleiben; mancher nicht eben Unbegabte für thätigen Antheil an der Kunst kann durch ihre Reize verführt werden, ihr das ganze Leben hinzugeben, und zu spät gewahren, dass sein musikalisches Vermögen nicht hinreicht, die Kunst als Lebensberuf zu umfassen, wenn es auch vielleicht genügte, höhere Freuden, innigern Antheil in ihrem Reich ihm zu erwerben. Die Gefahr eines schweren Irrthums, vielleicht eines verfehlten Lebens droht gerade begabtern Naturen am bedenklichsten; auch für den mildern Fall blos beiläufigen Theilnehmens ist die Frage so wichtig, dass man sie nicht umgehn darf, wo von Musikbildung ernstliche Rede ist, wenn man auch nicht hoffen kann, sie im Allgemeinen und in der Kürze erschöpfend, Jeden befriedigend zu beantworten.

Anlage für Musik haben mit unendlich seltnen Ausnahmen alle Menschen; die Meisten haben sogar mehr Anlage, als man von ihnen, als sie selbst von sich anzunehmen pflegen. Denn nichts ist häufiger, als dass diese Anlage durch schwankende Vorstellung von ihr verkannt, oder durch Trägheit und Fahrlässigkeit vernachlässigt, oder durch falsche Behandlung irre geleitet und gar unterdrückt wird. Jene höchst seltnen Ausnahmen stellen sich gewöhnlich durch vollkommne Gleichgültigkeit gegen die Musik, selbst gegen ihren sinnlichen Reiz — wo nicht gar durch entschiednen, körperlich sich fühlbar machenden Widerwillen gegen sie kenntlich genug dar; nur am Rhythmischen kann auch dann noch ein sogar vergnüglicher Antheil stattfinden.

Schwieriger, sehr schwer ist die Entscheidung, wie weit die Anlage eines bestimmten Menschen reicht, was man von ihrer Ausbildung zu hoffen hat, wie viel vom Menschenleben und seiner Bestimmung man ihr anvertrauen darf.

Im Allgemeinen wagt der Verf. aus einer an Hunderten gemachten Erfahrung und aus der Anschauung der Sache selbst zu behaupten:

> dass eines Jeden Anlage so weit reicht, und so weit der Ausbildung werth ist, als die Lust desselben an der Sache reicht; —

die Lust an der Sache, an der Kunst selbst, — nicht die vielen beiläufigen Gelüste, die sich an das Kunstleben hängen; also nicht die Modegrille, auch Musik zu lernen, weil so Viele sich damit beschäftigen, nicht die Eitelkeit, dadurch den Ruf feinerer Bildung, oder durch verdoppelte Bemühung den Preis besondrer Geschicklichkeit davon zu tragen. Alle diese Gelüste verlassen uns meist, ehe ihr Ziel, oder gleich nachdem es erreicht ist, und bringen selten auch nur den gehofften Lohn, nie wahre Freude an der Kunst. Daher sehn wir so viel Schüler (besonders Schülerinnen) bald nach dem Aufhören des Unterrichts, oder bei dem Eintritt in bürgerliche und amtliche Verhältnisse, in eigne Häuslichkeit u. s. w. von aller Beschäftigung mit der Kunst scheiden; daher hat selbst mancher Musiker so bald seinen Antheil erschöpft, und trägt nun die Last eines ungeliebten Geschäfts seufzend oder resignirt gleichgültig weiter.

Dass aber die Anlage mit der Lust zur Sache in gleichem Verhältnisse steht, wird Jeder, wie der Verfasser, bei schärfrer Beobachtung zahlreicher Individuen durch die Erfahrung bestätigt sehn und müsste er schon ohne Erfahrungsbeweis für wahr annehmen. Denn es wäre ja zwecklos, zerstörende Grausamkeit, wenn uns ein Trieb eingeboren sein sollte, ohne die Kraft, ihn zu befriedigen; wer nun aber Lust am Spiel der Töne hat, der wird durch die Natur alsbald über unthätiges Zuhören hinausgelockt zum Miteinstimmen, — wie wir schon an den kleinsten Kindern beobachten (die meistens früher singen, natürlich auf ihre Weise, als sprechen) und aus dem Wesen des Klang - und Tonreichs uns erklären können. Nur in dem Mittel zu musikalischer Beschäftigung kann aus Unkunde im Technischen geirrt werden. Es kann Jemand von der allgemeinen Lust am Gesang ergriffen werden, dem bessere Stimmanlage fehlt, — oder vielmehr verderbt ist; oder er kann sich einem Instrument widmen wollen, zu dessen Kultur ihm Kraft oder günstiger Bau des Körpers mangelt. Und auch hier, wofern der Trieb ein ursprünglicher (kein eingeredeter oder durch Beispiel eingebildeter) ist, wird die Natur Recht behalten; es wird sich zuletzt das unzulängliche Organ entwickeln, oder, durch andre mitwirkende Kräfte unterstützt, ergänzt und ersetzt sehn. In dergleichen Fällen ist gleichwohl Prüfung

und Rath eines Sachverständigen höchst dringend und beachtenswerth.

Wenn sich nun, — scheinbar im Widerspruch mit unsrer
Ansicht, — Anlage und selbst Lust an der Musik so oft verbergen, anscheinend vermissen lassen, oder Fortschritt und Ausdauer
des Lernenden so oft hinter den Erwartungen weit zurückbleiben,
die man sich von seiner Lust und den ersten Proben seiner Fas-
sungskraft machte: so erkennen wir hierin zunächst die Folge unsers, häufig von Grund aus der Natur abgewendeten Unter-
richts- oder vielmehr Erziehungssystems für Musik, und
der unklaren Vorstellung, die man sich meist von musikalischer
Anlage bildet. Dies Wort umfasst verschiedne Kräfte, die bald
einzeln, bald vereint da sein können, deren jede aufgesucht und
gehegt sein will, lange zuvor, ehe der eigentliche Musikunterricht
beginnt. Wir müssen uns über diese Punkte näher verständigen;
sie sind entscheidend bei der Frage, ob man Musik in den Kreis
seiner Beschäftigungen aufnehmen soll, und sehr wichtig für den
Erfolg.

Jeder Antheil an Musik setzt voraus, dass man irgend einen
Eindruck von ihr empfange; sei es ein blos sinnliches, oder ein
in das Gemüth übergehendes Wohlgefallen. Das Aeusserlichste ist
der Eindruck, den die blosse Schallmasse oder ein besonders
reizender Klang, das Geschmetter einer Janitscharenmusik, der
Silberton eines Glöckchens u. s. w. hervorruft. Er ist blos elemen-
tarer, stoffiger Natur, und verbürgt keinen geistigen Antheil, also
auch keine geistige Anlage. Erst in einer der höchsten Regionen
wird auch der Klang vom Geist ergriffen und erfüllt, und zeigt sich
der sinnige Antheil an ihm als besondre wichtige Kunstanlage.

Hiernächst kann es die Bewegung, der Rhythmus und zunächst der Takt sein, der uns Aufmerksamkeit, Antheil abge-
winnt. — Im Rhythmus kann ein tiefer Sinn liegen, die Gestalten
des Takts können sich unendlich reich und feingegliedert entwickeln
und vielfache Bedeutung annehmen. Das Grundsächliche daran
ist aber immer die Unterscheidung und Bestimmung der Zeitmomente,
und zunächst die Festsetzung und Beobachtung des Gleich-
maasses. Der Rhythmus und namentlich der Takt geht davon aus,
zu bestimmen: dass ein Ton so lang wie der andre, dann, dass
er noch einmal, zweimal so lang oder kurz als der andre gehalten
werden soll; er erleichtert sich dieses Geschäft, indem er alle einzelnen Momente in gleichmässige Abtheilungen zusammenstellt, und
auch hier von den einfachsten Theilzahlen, der Zwei und Drei
(oder zwei- und dreitheiligen Taktordnung), ausgeht. Dies Alles ist
Geschäft des blossen Verstandes, der Messung und Rechnung; die

Unterscheidung der Haupt- und Nebentheile durch Betonung der erstern geht ebenfalls vom Verstand aus und auf rein mechanischem Wege vor sich. Wir dürfen also sicher behaupten: dass die rhythmische Anlage, — der T a k t, wie es die Musiker nennen, — jedem mit Verstand begabten Menschen eigen ist. Sehn wir nun, wie weit es die meisten, die gewöhnlichsten Köpfe im Rechnen bringen, bemerken wir, wie sicher rohe Rekrutenhaufen das Gleichmaass des Schrittes, Drescher den gleichen Schlag in drei- und viertheiliger Ordnung sich angewöhnen: so wird nicht füglich zu bestreiten sein, dass im Allgemeinen genügende Taktanlage jedem geistgesunden Menschen eigen ist, und dass es nur Versäumniss naturgemässer Entwickelung zeigt, wenn sie sich wo vermissen lässt. — Dass freilich diese wie jede Anlage verschiedne Stufen hat, ist nicht zu leugnen. Es genügt hier, wenn wir das so häufig laut werdende Vorurtheil enträften, dass einem Menschen überhaupt Taktanlage fehle.

Eine höhere Anlage, von den vorigen ganz unterschieden, ist die des T o n s i n n s, der Fähigkeit: verschiedne Töne zu unterscheiden und von Tonverhältnissen bestimmte, mehr oder weniger bleibende Vorstellung zu fassen.

Wissenschaftlich stellen wir uns Tongrössen als Schwingungszahlen tönender Körper vor und man* hat sogar die Musik (aus physikalisch-mathematischem Standpunkt) als ,,verborgne Arithmetik des Geistes, der sich nicht bewusst sei, dass er rechne,'' bestimmen wollen. Das unmittelbare Auffassen der Töne scheint aber vielmehr auf p h y s i s c h - p s y c h i s c h e r  S y m p a t h i e zwischen den Nerven des Hörenden und den Schwingungen des tönenden Körpers zu beruhn. Bringen doch diese Schwingungen selbst leblose gleichgestimmte Körper zum Mittönen, rufen sogar abweichende, aber verwandte Töne (die sympathetischen oder mitklingenden genannt) hervor; sehn wir doch an abgerichteten oder nachahmenden Vögeln, sowie an den jüngsten Kindern, — wenn sie anfangen, nachzusingen und nachzupfeifen, — dass ihnen fremde Töne und Tonfolgen ohne weiteres Bewusstmachen, durch blosses Hörenlassen eingeprägt und ihren Stimmen entlockt werden!

Hiernach müssen wir behaupten: dass auch die Grundlage musikalischen Gehörs den meisten, wo nicht allen Menschen (sofern sie nur überhaupt hören können) eigen ist. Hier giebt es aber ungleich mehr Abstufungen der Anlage, jenachdem sie durch eignen innern Reiz oder fremde Hülfe schon mehr oder weniger hervorgelockt ist. Dem Verfasser ist noch nie der Fall vorgekommen, dass überhaupt der Unterschied von Höhe und Tiefe, von weit höhern

---

Es ist L e i b n i t z, der die Musik so definirt hat.

und weit tiefern Tönen nicht gefasst worden wäre, wohl aber der :
dass man, bis durch Lehrmittel nachgeholfen wurde, den Unterschied von ganzen und halben Tönen, auch wohl von Terz und
Quarte, Quarte und Quinte nicht zuverlässig wahrnahm. Feinere
Abstufungen, etwa von einem Komma oder selbst einem sogenannten Viertelton, entgehn auch manchem sonst begabten Musiker,
besonders Klavierspielern; so wie sich umgekehrt bisweilen die
schärfste Unterscheidung kleiner Tonabstufungen bei Personen ohne
erheblichen Musiksinn, z. B. bei unmusikalischen Akustikern und
Klavierstimmern findet, die ihr Ohr an Schärfe gewöhnt haben.

Ueberhaupt ist es gewöhnlich, diesen geschärften Tonsinn mit
Musiktalent zu verwechseln, oder als erstes Zeichen dafür anzusehn, was doch nur sehr bedingt zuzugestehn wäre. Mangelt er,
ist er unkräftig, so lässt sich allerdings vermuthen, dass die Seele
sich mit ihrer urspünglichen Neigung oder ihren ersten Gewöh-
nungen nicht dem Tonleben, der Musik zugewendet hat; demungeachtet wäre mehr als ein Beispiel zu nennen, dass bei sehr geringem
oder bisher wenig entwickeltem Tonsinn doch erhebliche Empfänglichkeit für Musik* vorhanden gewesen. Umgekehrt aber ist die
schärfste Zuspitzung des Tonsinns keineswegs Zeichen, ja nicht
einmal Bedürfniss für Musiktalent; noch weniger sind gewisse äussere Fertigkeiten dieses Sinnes dafür, wie oft geschieht, zu achten. So findet sich oft bei wenig musikbegabten Personen die Fertigkeit eine absolute Tonhöhe, z. B. die Stimmung des Orchesters in
ihrem Wohnorte, festzuhalten und aus dem Stegreif anzugeben, —
eine nicht eben unnütze Geschicklichkeit des T o n g e d ä c h t n i s -
s e s , die aber mit tiefern Anlagen gar keinen Zusammenhang hat,
vielmehr das Zeichen einer weniger beweglichen Tonphantasie sein
kann, wo sie nicht durch lange Gewöhnung im Orchester hervorgerufen ist. Umgekehrt finden wir bisweilen bei begabten Sängern
und Geigern gewisse Abweichungen von der abstrakten Reinheit
der Tonverhältnisse, die nicht einem Mangel des Sinnes, sondern tieferm Empfinden beizumessen sind, das von unsern temperirten Inter-

---

\* Dies scheint der Fall bei der Masse der französischen Nation, in der
unglaublich viel und unglaublich falsch, oft ohne alles Festhalten des Tons gesungen wird. Die geringe Entwickelung des Musikvermögens scheint hier zusammenhängend mit dem mehr nach Aussen gekehrten als gemüthvollen Leben der
Nation, sie hat sich darin beurkundet, dass bei aller allgemeinen Bildung und
bei grosser Empfänglichkeit für Musik doch so wenig grosse Komponisten aus
Frankreich hervorgegangen und die wahren Fortschritte der Kunst dort stets
durch Ausländer (Lully, Gluck, Spontini) geschehn sind. Wir Deutsche wollen
aber dankbar eingedenk sein, dass unser Gluck seine Vollendung und Anerkennung nur im Schoosse der in Bildung und geistiger Erwecktheit zu seiner
Zeit voranstehenden französischen Nation hat finden können, wie denn auch gegen Haydn und Beethoven die französische Empfänglichkeit sich edel bewährt hat.

vallen auf die urkräftig-natürlichen, oder auf ein heftig ausdrucksames Uebermaass in Erhöhung und Erniedriguug der Töne (S. 334) hinzieht.

Wenn man zu diesen Grundlagen noch Gedächtniss für Tonsätze, eine gewisse Beweglichkeit des Verstandes und Witzes im Auffassen, eine gewisse Keckheit und das erfoderliche mechanische Geschick der Glieder, der Stimm- und Sprachorgane zum Darstellen musikalischer Sätze zurechnet: so hat man beisammen, was gewöhnlich unter Musikanlage verstanden wird. Es sollte aber niemals versäumt werden, die höhern Anlagen mit zur Betrachtung zu ziehn: Empfänglichkeit der Seele und des Geistes für den Sinn der Tongestaltungen und Tonstücke, und — jene Richtung des Geistes, Empfindung und Ideen in musikalischer Verkörperung lebendig erstehn zu lassen, — die Anlage und Kraft des Tondichters.

So viel, um bestimmtere Vorstellung von der Musikanlage zu begründen. Diese Anlage ist, wie wir gesehn haben, eine zusammengesetzte, kann also mehr oder weniger vollständig vorhanden sein; sehr selten ist sie einem Menschen ganz versagt, kann aber in den verschiedensten Abstufungen eingeboren und entwickelt sein. Und eben weil sie, wie jede menschliche Anlage, unberechenbarer Erweiterung und Kräftigung fähig ist, kann man nie — am allerwenigsten zu Anfang oder vor dem Beginn der Ausbildung — voraussagen, wie weit sie in bestimmten Persönlichkeiten reichen und führen wird. Wir kommen auf unser erstes Wort zurück:

> Jeder soll so weit gehn, oder geführt werden, als ihn seine aufrichtige, aber auch unverkümmerte Lust an der Sache ruft.

Wer also Empfänglichkeit für Musik und Lust an ihr hat, mög' ihr getrost so viel Zeit und Kraft zuwenden, als sein eigentlicher Beruf und sonstige Verhältnisse gestatten: so weit Lust und Arbeit gehn, so weit wird er Lohn gewinnen. Möge dann nur Jedem eine Unterweisung werden, die nicht unnöthig die Lust verkümmert und stört, ehe die natürliche Gränze erreicht ist; und möge Jeder eingedenk bleiben, dass der nächste und wichtigste Zweck der Kunstbildung kein andrer ist, als, Empfänglichkeit und Theilnahme für sie zu erhöhn, das Leben durch sie zu bereichern und zu beseligen. Dann wird weder aufgereizte Einbildung ihn wider erste Absicht und Natur unberufen in die Künsterlaufbahn hineinreissen, noch ein — dem wahren Kunstsinne fremder Ehrgeiz ihm den ächten Erfolg seines Strebens bei dem Anblick glänzenderer fremder Erfolge verleiden.

Wer aber Beruf und die stets damit verbundne Kraft in sich zu fühlen meint, sein ganzes Leben der Kunst zu weihn: der prüfe sich ernstlichst, ob dieser Beruf kein eingebildeter ist, vor-

gespiegelt durch eine phantastische, die eigne Fülle und Kraft
nicht ermessende Liebe* zur Kunst oder durch Gelüste nach den
hohen Momenten, nach dem scheinbar fessellosen, leicht und froh
hingetragnen Laufe des Künstlerlebens, oder gar durch den an glänzenden Erfolgen Andrer entzündeten Ehrgeiz. Diese äusserlichen,
verführerischen Anreizungen werden meist bitterlich bereut, wenn
es zu spät ist. Es fehlt zwar nicht an einzelnen Beispielen, dass von
so unzulänglichen Antrieben aus mit entschiedner Willenskraft und
Beharrlichkeit dennoch bedeutende Erfolge errungen worden sind;
schwerlich wird ihnen aber die Vergeltung innerlichen Befriedigt-
seins zu Theil, öfter werden sie mit Einbusse des wahren Kunst-
sinns, der wahren Lust an der Kunst, und der Gesundheit erkauft.

Diejenigen endlich, die sich zu der Laufbahn des Tonsetzers berufen meinen, sollten sich am sorgfältigsten prüfen; denn
ihre Bestimmung ist die höchste, aber auch die foderndste und zwei-
felhafteste, und ihnen kann kein Andrer entscheidenden Rath ertheilen. Niemand sollte sich dieser Laufbahn weihn, als
der es muss — nach allen Antrieben seiner Seele; — Niemand,
der einen andern Beruf auf sich nehmen kann, den es in einem
andern Berufe lässt und duldet, der nicht gern jede Sicherheit
und Freude des Lebens, wenn es nöthig sein sollte, hingiebt auf
immer, um jenem innern Rufe zu folgen, — der nicht selbst der
erschütternden Möglichkeit, sein Leben ohne den gehofften
Erfolg (ganz erfolglos bleibt kein redlich Streben) aufgewendet zu
haben, fest und hingegeben in das Auge blicken kann. Gewöhnlich
— wo nicht immer — äussert sich solche Bestimmung in frühen
Knabenjahren in Phantasiren und Kompositions-Versuchen; wer
erst auf die Lehre wartet, Komponiren mit Komponirenlernen anfängt,
dessen Beruf ist schon zweifelhaft, — wenn auch keineswegs
undenkbar. Auch das ist zu erwägen, dass früh geäusserste und
irgendwie gehegte und genährte Neigung und Anlage einen weitern
Zeitraum gehabt, sich schon vor dem Beginn der eigentlichen
Lehre und Bildung zu entwickeln, dass sie daher schon eine entfal-
tetere und gekräftigtere ist und dem Jünger den unschätzbaren
Vortheil frühzeitig schon in das Leben übergegangner Vorstellungen
und Erfahrung und wohlthätiger — eben so von Zagen und Zweifel
als eitler Ueberschätzung entfernter Zuversicht gewährt.** Doch
auch dieser Vortheil ist nicht unersetzlich. Wahre Liebe und

---

* Phantastisch nennen wir die Liebe, die sich selbst überschätzt, die sich
für so hoch und kräftig hält, als sie vielleicht in einzelnen Augenblicken der
Erhebung oder Ueberreizung erscheint, statt ernstlich und redlich zu prüfen,
ob und wie weit sie auch ausdauere.

** Dies ist es, was vielen achtbaren Männern vom Fach Anlass wird, die

Ausdauer vermag auch bei spätern Entschlusse — nur sei er kein
zu später! — zu siegen.

Wer sich aber den Beruf eines Tonsetzers zur Lebensaufgabe
gestellt hat, möge sich baldigst überzeugen, dass derselbe n i c h t
a u s s c h l i e s s l i c h e s  G e s c h ä f t  d e s  L e b e n s  sein kann, und
zwar aus dem durchgreifenden Grunde, weil Niemand immer kom-
poniren kann. Dichtung in Tönen, wie in Worten oder Farben,
entspriesst nur den höchsten Lebensmomenten und füllt, die ganze
Arbeit der Ausführung hinzugerechnet, nur einen Theil der Lebenszeit
aus; selbst dem reichsten Talent ist kein ander Loos beschieden und
würde kein andres erträglich sein. Noch ferner bleibe dem Jünger
die unerfüllbare und entheiligende Hoffnung, der Komposition den
nöthigen  E r w e r b  abzugewinnen. Die grössten Künstler, Bach,
Haydn, Mozart, Beethoven, haben es n i c h t gekonnt; — vielleicht
war es ehedem einigen ganz in den Sinn des Tags, auf die Mode des
Tags und die Laune der Sängerinnen eingehenden Komponisten der
italischen Oper möglich, und auch ihnen wohl erst in spätern Jahren.
Stets war eine zweite Bethätigung, sei es Ausübung im Gesang oder
Spiel, Direktion oder Lehre, die nothwendige und auch — trotz vieler
Hemmniss und Last — heilsame Begleiterin der Kompositions-Thätig-
keit. Jede dieser Beschäftigungen hat ihre günstige, aber auch ihre
bedenkliche Seite für den Komponisten; für eine oder mehrere muss
er sich entscheiden und vortheilhaft zu ihnen zu stellen suchen. Auch
dies möge bei der Bestimmung des Lebensberufs wohl erwogen werden.

---

Talentfrage allzuleicht zu nehmen. Sie meinen, bei der ersten Bekanntschaft,
nach wenigen Proben (die sich besonders auf Gehör, technische Anstelligkeit und
allgemeine Auffassung beschränken) über die Befähigung entscheiden zu dürfen,
gleichsam nach einer Art von Instinkt, die jedem Musiker inwohne und seines
Gleichen spüren lasse. Was bei dieser Art von Urtheil zunächst entscheidend
wird, ist nicht sowohl die Anlage (oder vielmehr der Inbegriff verschiedner Anlagen, deren der Musiker bedarf) als der Grad von Entwickelung durch frühzeitige
Eingewöhnung in Musikhören und Musikmachen, den der zu Prüfende bereits erlangt hat. Dass Kinder aus Künstlerfamilien oder kunstfleissigen Häusern schon
vor dem Beginn eigentlichen Unterrichts ihre Anlagen weit entfaltet und damit
vor andern unschätzbaren Vorsprung erlangt haben, ist leicht zu bemerken. Aber
hiermit kann die Talentfrage nicht erledigt sein; man darf nicht ausser Acht lassen, wie viel Versäumtes zweckmässige Lehre und Willenskraft nachholen können.

Endlich muss man neben der obigen Zergliederung des Begriffs Anlage doch
auch die besondere Bestimmung in das Auge fassen. Jedes Talent lässt unzählige
Abstufungen zu, deren jede für irgend einen Beruf genügen kann. Wenn Auber's
oder Donizetti's Anlage weit hinter der Rossini's, dessen Anlage hinter der Mozart's zurücksteht, dürfen wir darum jenen die Anlage absprechen? Wenn der
Eine sich zur höchsten und edelsten Virtuosität emporschwingen, der Andre nur
ein trefflicher Orchesterspieler werden, der Dritte auch das nicht, wohl aber gut
zum Tanze spielen kann: ist nicht ihnen allen irgend ein Maass von Anlagen nöthig und eigen? ist nicht ihnen allen ein Berufskreis eröffnet, der ihnen lohnen, sie
befriedigen kann, und den wir anerkennen müssen? Und ist nicht vollends dem an-
spruchlosen Kunstfreunde jede Förderung Gewinn, soweit sein Trieb ihrer begehrt?

---

# Vierter Abschnitt.

## Entwickelung der Anlagen.

Wir haben uns überzeugen müssen, dass den meisten Menschen Anlage für Musik von Natur gegeben ist, dass aber diese Anlage verschiedne Kräfte und Fähigkeiten in sich begreift und in den mannigfachsten Abstufungen vorhanden sein kann. Der Keim zu diesen wie zu andern Kräften und Fähigkeiten wird, da er uns von Geburt an eingepflanzt ist, vom ersten Moment unsers Lebens durch die von Aussen herantretenden Erscheinungen und Eindrücke der Aussenwelt gekräftigt und entwickelt, und wenn in irgend einer Sphäre der eigentliche Unterricht beginnt, ist die Anlage schon durch die unbewusste Vorbildung, die das unmittelbare Leben ihr gegeben hat, bis auf einen gewissen Punkt entfaltet.

Hier steht die Entwickelung der musikalischen Anlagen, namentlich des Tonsinns, gegen die andrer Anlagen sehr im Nachtheil, und bei den Nordländern vielleicht am allermeisten. Denn die dringendsten Bedürfnisse und Anfoderungen des Lebens wenden sich zuerst an den andern geistigen Sinn, das Auge, und an den Verstand. Das Kind lernt nothwendig eher mit dem Auge erkennen, Unterschiede und Merkmale auffassen und vergleichen, als mit dem Ohr; der Verstand baut oder gewinnt sich so schnell als möglich die Sprache zu seinem Organ, und das Ohr ist fast unablässig damit beschäftigt, Laute, Worte zu fassen, — aber natürlich nur nach ihrer sprachlichen Bedeutung, als verstandesmässige Zeichen, nicht nach ihrem verhülltern musikalischen Sinne, der der Mehrzahl der Menschen unbewusst bleibt, und ohnehin bei den weniger sprachseligen Deutschen mindern Anlass hat, sich zu verlautbaren, als bei den südlichen und westlichen Nachbarn, so unendlich tiefsinniger und unentstellter und gewaltiger auch das musikalische Element in unsrer Sprache ist, als selbst in der italischen, die nur allgemeine Klarheit des Klangs — und das alte Vorurtheil, sie sei musikalischer, vor der unsrigen voraus hat.

Um so beklagenswerther und nachtheilvoller ist die später fortdauernde Vernachlässigung der musikalischen Anlage, ja ihre Unterdrückung, die sich selbst im eigentlichen Musikunterrichte fortsetzt und sogar eben da am stärksten und verderblichsten hervortritt. Man hört Eltern und Lehrer zu oft über Mangel an Anlage in den Zöglingen klagen, als dass man nicht in ihnen selbst die Schuld des Mangels suchen sollte. Nur wenn von vielen, von allen Seiten der Versäumniss und störenden Missgriffen entgegen gewirkt, ein Ende gemacht wird, nur dann wird sich unsre Ueberzeugung, dass den meisten Menschen weit mehr Musikanlage gegeben ist, als man gewöhnlich annimmt, vollständig bewähren.

## Zeit vor der Lehre.

Auch im Felde der Musikbildung muss häusliche Fürsorge und Erziehung dem eigentlichen Unterrichte vorangehn und stets hülfreich zur Seite bleiben; hier ist es vor allem der Mutter Beruf, Pflegerin des kaum erwachten Sinns, und auch nach dieser Richtung Wohlthäterin der Kindes zu werden. Es ist nicht zu berechnen, wie anregend von den ersten Jahren her lockende, entschiedne Klänge dem Sinn und Seelenleben des Kindes werden können, wenn man dessen Aufmerksamkeit, ohne Zwang, ohne Absichtlichkeit merken zu lassen, darauf hinlenkt. Ein reiner Glockenton, das Vorklingen zweier oder dreier Töne ($\overline{\overline{g}}-\overline{\overline{c}}$, dann $\overline{g}-\overline{\overline{d}}-\overline{h}$) an Gläsern oder Glocken oder auf dem Klavier, der Gegensatz hoher, heller Akkorde gegen tiefsummende, und zwar schon in einem entschiednen Rhythmus, z. B. diesem, —

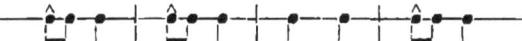

wie es scheint, sehr naturansprechenden; dann später das Hinlauschen auf den verrollenden Donner, auf das Säuseln und Flüstern des Abendwinds in den Büschen, auf den rieselnden Bach, auf die Klage des wüsten gefangnen Sturms, auf das Flöten der Nachtigall: — wer ermisst, wie tief, wie weithin ein solcher Moment in das junge, inhaltdurstige Leben eindringt und fortwirkt, bis er vielleicht spät zu einem schönen Zug der Seele, oder zu dem Zündfunken eines Kunstwerks in der Brust des Berufenen wird? Aber wie viel Störendes, Betäubendes, Zerstreuendes hat sich gegen diese befruchtenden Augenblicke der Kindheit, zumal in den unseligen Grossstädten, verschworen! Wie noth thut da Nachhülfe, wo nun einmal die Natur sich nicht selbstüberlassen bewähren kann! Und während die lebenweckenden Momente so sparsam erscheinen, wie zerrüttend, wüstend tritt das Getöse der Strassen an den zarten Sinn, wie werden absichtlich die Kinder dem betäubenden Geschrei unsrer Janitscharenmusik, dem Gerassel der Trommeln nebenhergetragen ausgesetzt, dass der Sinn lange vor dem Erwachen des

Bewusstsein an das Rohe und Gewaltsame gewöhnt, seine zarten
Fasern zersprengt und erschlafft werden!

Möchte doch jede Mutter, die von den Freuden der Musik und
ihrem sittigenden Einfluss eine Anschauung hat, wohl erwägen, wie
wichtig die erste Erziehung des Sinnes ist! Das einfache Lied der
Mutter,* vielleicht vom Kinde mitgesungen, ist der natürlichste und
oft befruchtendste Unterricht; der Marsch, den der Knabe an der
Hand des Vaters nach einfachster Melodie oder blossem Trommel-
rhythmus in der Stube herum macht, rüttelt mehr Lust und Taktsinn auf, als mancher halbjährige Unterricht. Will es nun gar das
gute Glück, dass in frühen Tagen einmal das Zauberspiel einer Oper
hineinblitzt, so kann von einem solchen Wunderabend ein wärmen-
der Sonnenschein weit und breit in das Leben hineinleuchten. Da
möchten wir denn jedem Kinde als erster Frühgenuss die liebe,
alte, ewig junge Zauberflöte wünschen, dieses Kinderfeenspiel,
durch das uns Mozart den unschuldig-seligen Genuss erster Jugend-
blüte für alle Lebensstufen verewigt hat, wo geniale Kinder alle
Wunderlichkeiten und die räthselhaft wilden Leidenschaften der
Grossen nachspielen mit süssestem Selbsthingeben, hingerissen
endlich vom eignen Spiele bis zur Wahrheit, bis zum gefürchteten
Dolche, aber so unschuldig rein, so kindlich selbstvergessen, dass
man es der sternflammenden Königin gar nicht übel nehmen kann,
wenn sie mitten in ihrem Herzeleid wie eine Lerche niedlich und
leicht in die feinsten Töne hinaufsteigt. Dagegen möchten wir die
alt-neuen Prunk- und Gewaltopern, und noch mehr jene prosai-
schen, die Musik in die Trivialitäten und Nichtigkeiten gemeiner
Existenz herabziehenden Auber-gistenopern den jungen Gemüthern
fern halten; eben so all' die leere Gesellschaftsmusik, überhaupt
alle ihnen unverständliche, und zuletzt jedes Uebermaass an Musik.
Die erste Oper, — einmal, in leerer Kirche, das Spiel der vollen
Orgel, — selten eine kriegerische Musik, noch seltner ein Konzert —
das sind wichtige Momente für das junge Leben, und sie müssen
sehr sparsam erscheinen.

Dagegen möchten wir für alle Kinder die Freiheit erbitten,
bisweilen auf dem Klavier nach ihrer Art herumzuspielen, zu suchen,
selbst herumzutosen, so weit es ohne Beschädigung des Instruments
angeht. Das Spiel wird meist unterdrückt, besonders wenn der
Klavierunterricht begonnen hat; man sagt dem Kinde, es solle sich

---

* Angelegentlich empfehlen wir dazu den schon S. 108 erwähnten „deutschen Liederhort" von Erk; in ihm findet sich ein reicher Schatz natürlichen, sinn- und herzerfreuenden Gesangs, aus dem Munde des liederreichen
deutschen Volks getreulich aufgezeichnet.

lieber nützlich beschäftigen mit Fingerübungen oder aufgeschriebnen Tonstücken. Aber woran soll sich denn der eigne Sinn, die noch unvollständige Tonphantasie halten, wenn man ihr das einzige und eben in dieser Zeit ganz unentbehrliche Hülfsmittel entzieht? Man lässt sich mit Wohlgefallen erzählen, dass Mozart schon im dritten Jahr Töne zusammengesucht habe; und zu gleicher Zeit verwehrt man es den eignen Kindern, oder stört ihre oft brünstigen Tonträume mit der altklugen Ungeduld Erwachsener.

Ein letztes Wort vergönne man uns bei diesen Kinderstubensachen in Betreff der Sprache. Man dürfte fast behaupten, dass in Deutschland mehr Menschen gut schreiben als gut sprechen können, so dumpf, so unbestimmt und unrein, so schaal und unfrei zurückgedrückt erklingt unsre herrliche, jedem Sinn und Gefühl mit den eigensten, ausdrucksvollsten Lauten und Klängen entgegenkommende Sprache, die zum Dank ihrer Vortrefflichkeit von flachen Ausländern verläumdet, und von ihren eignen Kindern versäumt, verkannt, verunziert und verderbt wird. Wie selten hört man unter uns frisch und frei aus der Brust heraus sprechen! wie selten ist der reine Vollklang der Vokale, die vielfarbige Karakteristik der Mitlaute! wie selten hat unsre Redeweise Modulation der Stimme, und wie viel seltner Schwung des Tonfalls und der Klangweisen ohne eckige Unbeholfenheit! Viel thut zu diesen Unvollkommenheiten die Ungewohntheit öffentlicher Rede und manche beklemmende Rücksicht und Schranke. Aber eben so viel verschuldet dabei der erste Sprachunterricht und die spätere Aufsichtlosigkeit; und der Nachtheil ist hier in der That nicht blos auf die Theilnahme an Musik beschränkt.

Soviel von der Hegung und Entwickelung der Musikanlage vor und neben dem Beginn des Musikunterrichts. Das Bestimmtere und Entscheidende muss vom Lehrer ausgehn.

## Lehrzeit.*

Wie oft — wir sagen es noch einmal — hört man die Lehrer über Mangel an Anlage ihrer Schüler klagen, und wie selten wird

---

* Auch in Bezug auf Alles, was eigentliches L e h r w e s e n betrifft, muss auf das schon erwähnte Werk des Verf.: »D i e M u s i k d e s n e u n z e h n t e n J a h r h u n d e r t s, M e t h o d e d e r M u s i k« verwiesen werden, in welchem Lehre und Lehrmethode zu vollständigerer Betrachtung haben kommen können, während die Musiklehre nur so viel davon in sich aufzunehmen hatte, als dienlich erschien, um allen Lehre Suchenden, — Eltern, sonstigen Erziehern und denen, die auf ihre eigne Musikbildung Bedacht nehmen, — bestimmte Gesichtpunkte zu gewähren.

ernstlich darauf hingearbeitet, d i e A n l a g e z u e n t w i c k e l n u n d
z u s t ä r k e n ? wie selten denkt man schärfer über Mittel nach,
dieser oder jenen Schwäche abhülflich zu werden! Ist denn etwa
nur dies Zweck des Musikunterrichts, dass der Schüler eine Reihe
Tonsätze ausführen lerne, eine gewisse Anzahl Fertigkeiten und
äusserliche Einsichten gewinne? Das kann in der That mit blossem
Verstand und Körpergeschick ohne tiefern Antheil der Seele erlangt
werden; allein es bleibt ohne Frucht für Geist und Gemüth und
ohne Leben für den Kunstsinn. Wer aber nicht jenen äusserlichen und in der That hohlen und tauben Vortheil, sondern wahren
Gewinn aus der künstlerischen Beschäftigung begehrt, der kann
nicht anders, als auf den Quell und Sitz aller Kunst, auf den Kunstsinn und die natürlichen Anlagen, zurückgehn, und Alles aus ihnen
entfalten oder auf sie zurückführen.

Hier drängt sich gleich ein Grundsatz hervor, den man sich
kaum auszusprechen getraute, so nahe liegt er der Ueberlegung, —
wenn nicht so häufig gegen ihn gefehlt würde. M a n s o l l d e m
S c h ü l e r n i c h t s, k e i n T o n s t ü c k b i e t e n, d a s e r n i c h t m i t
S i n n z u f a s s e n v e r m a g. Tiefsinnigere, zusammengesetztere,
selbst nur ausgedehntere Werke fodern, wenn sie nicht blos mechanisch, sondern mit Sinn aufgenommen oder wiedergegeben werden sollen, schon eine gewisse Reife und Bildung des Geistes. Man
würde es lächerlich finden, wollte man Kindern den Dante, oder
Shakespeare, oder auch nur die leichten, aber weitgeschlungenen
Mähren Ariost's zu lesen geben; aber man trägt kein Bedenken, sie
zu Bach's Fugen, Beethoven's tiefsten Werken, oder zu bogenreichen
Konzertstücken anzuleiten, oder mit Anfängern, die sich und uns
an einem natürlichen Liedchen erfreun könnten, grosse Opernsce-
nen zu studiren. Unglücklicher Weise kann dies bei einigem Geschick und mechanischem Fleiss ä u s s e r l i c h wohl gelingen; der
äusserliche Erfolg täuscht dann Schüler und Eltern mit dem Schein,
es sei nun etwas erreicht, ein grosser Schritt vorwärts gelungen,
während in der That nur Eins mehr geschehn ist, das Naturell zu
betäuben und ausser Theilnahme zu setzen.

---

Wenn die Musiklehre h i n u n d w i e d e r weiter gegangen ist und dadurch
im neuern Werk einige Wiederholungen enstanden sind: so war dies theils
wegen des mehrjährigen Vorauserscheinens der Musiklehre unerlässlich und
unvermeidlich; theils hat auch jetzt der Verf. die (ohnehin das Werk nicht
beschwerenden) Wiederholungen nicht beseitigen mögen, um manches ihm
wichtig Scheinende auch denjenigen Lesern nicht zu entrücken, die zunächst
nur dem einen Werk' ihre Aufmerksamkeit zuwenden.

## Entwickelung des Taktsinnes.*

Dieser Fehlgriff ist es auch, der die meisten Klagen über Taktlosigkeit herbeiführt, ja, dieselbe förmlich anbildet. Taktgefühl und Sinn für Rhythmus, wir wiederholen es, ist jedem mit Verstand begabten Menschen angeboren, — aber, wie alle andern Anlagen, in verschiednem Grade, und unmöglich gleich von Natur so ausgebildet, dass er die vielfach und künstlich zusammengesetzten Rhythmen unsrer Tonstücke leicht durchdringen und darstellen könnte. Man betrachte eine der leichtesten Sonaten von Mozart, Haydn, Beethoven, oder irgend eine Arie von Spontini, Weber, Rossini: welche Menge abweichender, zum Theil künstlich verschlungner Rhythmen! wie werden da die Takttheile bald in Achtel, bald in Sechszehntel oder Triolen zergliedert, mit Punkten, Bindungen und Synkopen in einander gezogen, bald zwei und zwei, bald mehr oder weniger Takte zu Gliedern und Abschnitten verkettet! wie vielerlei Accentuirungen treten da ein! Jeder, der von dieser rhythmischen Mannigfaltigkeit nur eine ungefähre Vorstellung hat, muss gleich zugeben, dass ohne Vorbildung und Erziehung das angeborne Taktgefühl für solche Aufgaben unmöglich ausreichen kann.

Dies ist es aber eben, was die Mehrzahl unserer Elementarlehrer am wenigsten kümmert. Befolgen sie bei der Beschäftigung des Schülers überhaupt einen geordneten Gang, so messen sie die Tonstücke fast ausschliesslich nach dem Grade technischer Fertigkeit, den dieselben erfodern, ab; ja sie suchen ihre Ehre darin, die Zöglinge möglichst schnell zu den technisch möglichst schwersten Aufgaben vorzudrängen sie hoffen sich dadurch, dass sie den Schüler »schon so weit« gebracht, zu empfehlen — und sie erreichen es bei Unkundigen. Was aber ist die nächste Folge? Der verwickeltere Rhythmus bleibt unbegriffen, man begnügt sich daran, dass der Takt, — nämlich das Gleichmaass der Bewegung — durch ewiges Vorzählen des Lehrers und Mitzählen des Schülers, durch ununterbrochnes Takttreten und Ungeberdigkeiten ähnlicher Art erzwungen wird. Dadurch kann indess das Taktgefühl, der feinere rhythmische Sinn und die Einsicht in das Wesen des Rhythmus nicht beseelt und ausgebildet werden; bei jedem neuen Tonstücke beginnt also die Qual des Zählens, Schlagens und Stampfens von Neuem, bis mechanische Gleichgewöhnung an

---

* Gründlicher und methodischer wird Entwickelung des Taktsinns wie des Tonsinns in der Methode der Musik (die Musik des neunzehnten Jahrhunderts) behandelt.

die Stelle l e b e n d i g e n G e f ü h l s für Gleich- und Ebenmaass und
ihren Ausdruck getreten ist. Es ist leider nur zu wahr, dass die
Mehrzahl der Musikübenden nur Sinn und Geschick für das mechanische Gleichmaass, den kalten, todten Niederschlag des reichen und
lebendigen rhythmischen Sinnes, übrig behalten hat.

Wie leicht gelingt es dagegen dem einsichtigen Lehrer besonders zu Anfang, diese Seite der musikalischen Anlage durch eine
auch in rhythmischer Hinsicht methodische Anordnung der Uebungsstücke an bestimmten einfachen, dann allmählich mannigfaltigern
und gemischter Rhythmen zu entwickeln! Märsche für den Knaben,
Tänze für das Mädchen, vierhändiges Spiel am Pianoforte oder Zu-
sammenspiel mit andern Instrumenten, und von Anfang an Ver-
deutlichung der Accente, Halten auf accentuirt geordnetes Spiel,
nöthigenfalls Marschirenlassen oder Ausübung der Direktionsbewe-
gungen von Seiten des Schülers zum Spiel des Lehrers oder eines
andern Schülers unter Aufsicht des Lehrers, vor allem freilich ganz
einleuchtende Erklärung und Zergliederung des Rhythmus: dies —
und mancherlei kleine, im Unterricht selbst sich ergebende Hülfen
und Vortheile, die sich nicht alle aufzählen lassen, — sind die geeignetsten Mittel zur Ausbildung des Taktsinns.*

---

* Nur gegen das U e b e r m a a s s im Z ä h l e n, gegen u n a u f h ö r l i -
c h e s oder übertäubendes L a u t z ä h l e n und das leidige T a k t t r e t e n
haben wir uns oben erklärt. Das Zählen selbst ist, besonders anfangs, nicht
zu entbehren. Wo es nun geschehn soll, muss das Zahlwort kurz und scharf
ausgesprochen werden; dies weckt und ordnet die Taktbesinnung, während
gezogne Aussprache Unbestimmtheit und Unsicherheit hervorruft, ungeduldiges
Lautwerden betäubt, und Takttreten die sichre Haltung stört. Ein kurzes halb-
lautes E i n ! Z w e i ! des Lehrers zur rechten Zeit, ein leiser pünktlicher Finger-
aufschlag neben dem Notenpult oder auf den Arm des Schülers regelt den Takt
sicher, und reizt das Taktgefühl schärfer an, als die Ungeberdigkeiten, in
denen mancher Leitende seinen Eifer beurkundet. — Bei schwer fasslicher Gliederung und zweitheiliger Ordnung (z. B. Auflösung der Viertel in Achtel, Sechszehntel u. s. w,) kann statt Ein ! Zwei ! — Erstes! Zweites! gezählt werden;
das Wort bezeichnet hier den Takttheil, jede Silbe ein Glied. Geht der Satz
unmittelbar in dreitheilige Gliederung über, so verwandelt man das Erstes
Zweites! wieder in Ein! Zwei! Drei! u. s. w. Bei lebhafter Bewegung werden
Takthälften oder gar nur Takte bezeichnet, und was der einzelnen Hülfen mehr
sind. Sehr eingreifend ist Mitspielen schwerer Stellen in höherer Oktave von
Seiten des Lehrers, Anschlag blosser Takttheile bei lebhaften Gängen, oder kleinerer Glieder bei langsamen Stellen. — Besonders leite man den Schüler an,
sobald er einige Sicherheit erlangt hat, das Zählen bei leichten Stellen zu unter-
lassen, v o r dem Eintritt bedenklicher Stellen wieder zu beginnen, überhaupt
so viel und so bald es Einsicht und Mühe gestatten, sich der äusserlichen
Hülfe zu entledigen.

Ein gutes Hülfsmittel, den Klavier-Schüler bei seinen Uebungen in
g l e i c h m ä s s i g e r T a k t b e w e g u n g zu erhalten, ist der M ä l z e l ' s c h e

## Entwickelung des Tonsinnes.

Noch übler ist es oft mit der Entwickelung des Tonsinns, namentlich bei den Klavierschülern, bestellt. Hier meint die Mehrzahl der Elementarlehrer Alles gethan zu haben, wenn der Schüler dahin gebracht ist, die Noten wie sie eben dastehn richtig abzuspielen; ob er auch eine sinnlich lebendige Vorstellung hat von dem, was er spielt, ob gar sein Empfinden und Bewusstsein daran erwacht, das kommt nicht weiter in Frage. Aber selbst bei bessern Absichten des Lehrers wird zu oft in den Mitteln fehlgegriffen. Wir wollen nicht weiter erwähnen, dass auch hier die Wahl der Beschäftigung dem geistigen Standpunkte des Schülers jederzeit angemessen sein muss, sondern wenden uns gleich zu den ersten Mitteln für die Erweckung des Tonsinns, zu denen, die in falschverstandner Gründlichkeit am meisten vermieden und zurückgewiesen zu werden pflegen.

Das nächste Mittel ist, den Tonsinn sogleich in die Selbstthätigkeit des Auffindens und Erfindens zu setzen. Bei Anfängern im Klavier (oder andern Instrumenten, die gleiche Uebungen zulassen) beginnt bekanntlich der Unterricht mit einer Reihe von Fingerübungen, die in mehrern oder allen Tönen wiederholt werden. Hier rathen wir, anfangs keine Uebung aufzuschreiben, sondern sie vom Schüler nachmachen und so unmittelbar dem Gedächtniss einprägen zu lassen. Erst wenn der Uebungen so viele würden, dass man befürchten muss, eine über die andre vergessen zu sehn, mögen sie kurz, und zwar alle in *C* dur oder (wenn Moll-übungen nöthig sind) in *A* moll notirt werden. Nun muss der Schüler blos mit Hülfe seines Gehörs dieselben Uebungen auf jedem andern Ton wieder zusammensuchen, namentlich auch die Tonleitern, später, wenn ihm Akkorde gezeigt werden, auch diese auf allen Stufen und Halbtönen bilden; der Lehrer muss dabei höchstens mit einem Falsch! die Aufmerksamkeit wecken. Erst wenn diese Uebung mit Sicherheit und einer gewissen Geläufigkeit dem Schüler gelingt, mag man ihm zeigen, wie die Tonleitern und Töne zu benennen sind, und sie aufschreiben lassen; sehr dienlich ist es, wenn man den Schüler dahin bringt, Tonleitern und Akkorde auch mit der Stimme anzugeben.

---

Metronom, besonders mit der S. 101 erwähnten neuen Vorrichtung zu lautem Taktzählen. Er darf aber, wenn er sicher helfen soll, nicht auf das zu spielende Pianoforte gesetzt werden, weil seine Regelmässigkeit durch abweichendes energisches Spiel gestört werden kann, wie z. B. auch verschieden schlagende Uhren ihre Bewegung unter einander ausgleichen, wenn sie auf einem gemeinschaftlichen Brette befindlich sind.

Ein zweites Mittel, die Vorstellung der Töne zu verlebendigen, ist: Aus dem Gedächtniss spielen und singen zu lassen. Dem Lehr- und Erziehungsverständigen muss die Furcht der meisten Eltern und Lehrer vor musikalischem Auswendigspielen wunderlich scheinen, während man in allen andern Richtungen geistiger Bildung so ernstlich und nutzbringend auf Uebung und Stärkung des Gedächtnisses Bedacht nimmt. Der einzige Grund, den man dagegen anführt, ist, dass der Anfänger nicht auf die Noten sehn, sich genau nach ihnen richten lerne, sondern eins seiner Uebungsstücke nach dem andern aus dem Kopfe spiele, bis es wieder vergessen sei, ohne in den Stand zu kommen, jemals sicher von Noten zu spielen. Allein dagegen giebt es sehr sichre und nahe liegende Mittel. Man gebe nur, wenn diese Verirrung bedrohlich wird, dem Anfänger so lange und so viel Tonstücke auf einmal, dass ihm Auswendiglernen unmöglich wird; man beschäftige ihn zeitig mit vierhändigen oder begleiteten Kompositionen, die sich schwer auswendig lernen, weil sie in keiner Stimme vollständig enthalten sind; endlich, man lasse nicht alles auswendig lernen und halte darauf, dass auch nicht die unbedeutendste Note verändert, sondern bei der kleinsten Abweichung wieder auf die Noten zurückgegangen werde; ja, im äussersten Fall bringe man bei weniger vollendeten Kompositionen, während sie von einem reissend schnell fassenden Schüler schon fast auswendig gelernt sind, bald diese, bald jene kleine Aenderung schriftlich an, die den Schüler zwingt, immer von Neuem die Noten anzuschauen. Genug, dem einsichtigen und aufmerksamen Lehrer wird es nie an Mitteln und Wegen fehlen, den Missbrauch einer Fähigkeit abzulehnen, deren Annehmlichkeit und unberechenbarer Vortheil für jeden Ausübenden, besonders aber für den Komponisten offenbar sind. Die höchste Freiheit, Kraft und Innigkeit des Vortrags wie der Direktion sind nicht zu erlangen, so lange man an die Noten gefesselt ist; wie man vollends in der Komposition und im Improvisiren ohne sichres Gedächtniss weit kommen kann, ist nicht wohl einzusehn.

Auswendig-Spielen und -Singen stärkt nicht blos den Tonsinn, insofern es einzelne Tonverhältnisse sich einzuprägen und nach eigner innerer Vorstellung wieder zu finden nöthigt; es befähigt auch, sich ganze Tonsätze nach ihrem innern Zusammenhang lebendiger vorzustellen. Hier schliesst sich nun ein drittes Mittel an, das besonders geeignet ist, die Aufmerksamkeit zu schärfen, den Sinn des Schülers gespannt zu erhalten, die nöthige Entschlossenheit in jedem Moment anzugewöhnen und die Auffassung im Ganzen und Grossen zu gewinnen, ohne die niemals in das

Wesen der Kunst oder eines Kunstwerks eingedrungen werden kann. Dieses Mittel ist: **häufiges Vomblattspielen** und **Singen**, besonders vierhändig oder mit Begleitung, und zwar sogleich in dem Tempo (oder doch fast in dem Tempo), das die Komposition erfodert. Der Lehrer muss dem Schüler im Voraus begreiflich machen: dass es dabei vor allen Dingen darauf ankommt, die Komposition ohne Absatz, ohne Stocken, ohne Nachlass im Tempo zu Ende zu führen, dass kein Besinnen, kein Wiederholen, kein Rückblick auf Verfehltes erlaubt ist, sondern das Auge immer vorauseilen, die Ausführung dem Blick unbedingt nachfolgen muss. Dies allein wird vom Schüler verlangt, darauf muss der Lehrer ohne Nachlass dringen, besonders aber beim Mitspielen unaufhaltsam vorwärts gehn. Dagegen muss dem Schüler zur Beruhigung vorgestellt werden, dass er unter solchen Umständen für Fehler im Einzelnen, für Auslassungen u. s. w. nicht weiter verantwortlich ist. Die ersten Versuche fallen oft höchst übel, ja sogar lächerlich für den aus, der nicht bedenkt, wie viel Kräfte bei solchen Ausführungen zusammenwirken müssen; aber unerwartet schnell pflegt sich, wenn es der Lehrer recht anfängt, Fortschritt und Gewinn zu zeigen.

Es versteht sich von selbst, dass neben diesen Uebungen andre Tonstücke auf das sorgfältigste studirt werden und als Hauptgegenstände des Unterrichts gelten müssen, dass man zu dem Vomblattspielen leichtere Tonstücke wählt, und, wenn eins derselben einige Mal dazu benutzt worden, es sorgfältig üben und studiren lässt. Dann wird man auch den Nachtheilen, die sich dem Vomblattspielen anhängen können, der Gewöhnung zu Flüchtigkeit, Ungenauigkeit u. s. w. sicher entgehn.

Endlich möge man doch ja **das fruchtbarste Mittel**, den Musiksinn nach allen Seiten zu beseelen und zu erhöhn, nicht unterdrücken, sondern aus allen Kräften fördern: **das Selbsterfinden**, sei es nun schriftlich, oder am Klavier. Wie oft wird der junge Zögling von Lehrern und Eltern gescholten, wenn er sich seinen Versuchen, seinem Unter- und Zusammensuchen am Instrument überlässt! Wie oft — wir haben es schon oben beklagt! — muss er hören, dass dies unfruchtbare Träumerei, und Fingerübung nützlicher sei! wie oft werden seine ersten schriftlichen Versuche mit Geringschätzung verworfen, wird ihm Talentlosigkeit, oder doch die Wahrscheinlichkeit, dass er kein Talent habe, oder die anderweite Lebensrichtung, die ihm bestimmt sei, vorgerückt, um von nutzlosen Träumen und Bestrebungen abzubringen! Dem Höherbegabten sind solche Eingriffe drückend, dem Minderbegabten werden sie nur zu oft zerstörend. Man locke Niemanden auf die Laufbahn des Komponisten; wen nicht die innere Stimme unwiderstehlich ruft, der hat keine Bürgschaft des Erfolgs. Aber man störe auch nicht die höchste und fruchtbarste Form, in der sich der Musiksinn ausarbeiten und vollenden kann.

Uebrigens ist es ja bei der Anregung und Anleitung zum Selbsterfinden, ja bei dem Kompositionsunterricht selber nicht darauf abgesehn, aus jedem Schüler einen Komponisten — oder gar einen Tonsetzer von Bedeutung zu machen: dazu fehlt Vielen Beruf und Kraft. Aber keinem von diesen Unberufenen wird jene Anregung fruchtlos bleiben, sie wird sich Allen als Wohlthat erweisen, indem sie sie zu selbständigem Anfassen und damit zu klarerer Anschauung und innigerer Vertiefung bewegt. So sind wir alle von Kindheit auf in schriftstellerischen Arbeiten, sogar in Versen, geübt worden. Sollten wir etwa alle zu Schriftstellern oder zu Dichtern erzogen werden? Keineswegs. Aber es giebt kein kräftigeres Mittel, den Geist zu entwickeln und ihn seines Organs, der Sprache, mächtig zu machen, als das Herausarbeiten eigner Vorstellungen und Gedanken. Wie viel wichtiger muss dieses Mittel in der Musik sein, der keine so unermessliche Vorbildung vorangeht, wie dem Denken und Schreiben durch das unmittelbare Leben, durch stetes Denken und Reden von Kindheit auf!

# Fünfter Abschnitt.

## Gegenstände musikalischer Unterweisung, und ihre Zeit.

Was soll gelernt werden? und wann ist die rechte Zeit für jeden Unterricht? Diese Fragen, von durchgreifender Wichtigkeit vom Allgemeinsten bis zum Besondersten, müssen wohldenkende Eltern und Lehrer ungesäumt und auf das Schärfste zur Erwägung ziehn, sobald sie den ersten Entschluss, den ihnen Anvertrauten Musikbildung angedeihen zu lassen, gefasst haben. Denen, die sich selbst mit Musik beschäftigen, sind dieselben Fragen Gegenstand steter Wichtigkeit. Wir gehn, um wenigstens die wichtigsten Momente anzudeuten, alle Verhältnisse der sich mit Musik Beschäftigenden durch.

Doch zuvor ist ein arges und weit verbreitetes Vorurtheil zu beseitigen. — Bei der Frage, was in der Musik gelernt werden soll, pflegt man — pflegen besonders viele Lehrer zu unterscheiden zwischen denen, die sich der Musik als ihrem Berufe widmen, und denen, die blos ihrer Freude, oder dem Zweck allgemeiner humanistischer Bildung nachgehn, zwischen künftigen Männern vom Fach und blossen Dilettanten. Jene sollen nach der Versicherung der Unterscheidenden g r ü n d l i c h, diese brauchen n u r o b e r - f l ä c h l i c h, oder weniger gründlich unterrichtet zu werden. — Diese Unterscheidung ist eine der irrigsten und verderblichsten, die es in irgend einer Lehre geben kann. Nur der möglichst gründliche Unterricht ist ein wahrhaft fruchtbringender, — ja, was noch mehr: der gründliche Unterricht ist auch der leichteste und wenigst zeitraubende. Man muss, um sich hiervon zu überzeugen, nur den richtigen Begriff von Gründlichkeit haben, nicht die fälschlich mit ihr verwechselte Pedanterie darunter verstehn, die sich mit unnützem Beiwerk und Umständlichkeiten plagt (die also dem Manne vom Fach eben so unfruchtbar und verderblich ist, als dem Dilettanten), sondern das auf das Wesen der Sache dringende Studium, die Zusammenfassung alles Wesentlichen, die stetige, in der Vernunft der Sache gegründete Entwickelung einer Gestaltung, eines Satzes aus dem andern, so dass jeder vorangehende die folgenden herbeiführt, jeder folgende durch die vorhergehenden vorbereitet und erleichtert ist. Zwischen der Unterweisung des Dilettanten und des Künstlers besteht nur der eine Unterschied, dass jener früher,

an einer ihm beliebigen Stelle das Fortschreiten aufgiebt, weil seine
Kraft zunächst eine andre Aufgabe hat, dass er auch bis zu diesem
Stillstande nicht seine ganze Kraft der Musik zuwenden, mithin
nicht so rasch vordringen kann, während der künftige Künstler
sein ganzes Vermögen diesem Berufe zunächt hingiebt und so weit
fortschreitet, als Anlage und Verhältnisse irgend gestatten.

Nun zurück zu unsrer eigentlichen Frage. Was soll gelernt
werden, und welches ist die rechte Zeit für jedes Studium?

## Gesang.

Wir haben zuvor gesagt, es solle möglicher Weise Jeder Musik
lernen; jetzt sprechen wir aus: es soll wo möglich Jeder
singen lernen. Der Gesang, das ist unsre eigne, die wahre,
recht eigentliche Menschen-Musik; die Stimme ist unser eignes,
angebornes Instrument, — ja sie ist viel mehr, sie ist das lebendige sympathetische Organ unsrer Seele. Was sich nur
in unserm Innern regt, was wir fühlen und leben: das ist in der
That die Stimme und der Gesang, wie wir an den kleinsten Kindern
wahrnehmen können, unsre früheste Poesie und die treueste Begleiterin unsrer Gefühle bis in das zitternde Greisenalter. Vermählt
sich nun, im eigentlichen Gesange, der Tonweise das Wort — und
gar das Wort des rechten Dichters: so tritt der innigste Verband
von Geist und Gefühl, die Einheit beider, die ganze Gewalt des
Menschenwesens hervor, und übt auf den Singenden und Hörenden
jene wunderbare Liedesmacht, der die Jugendvölker nicht ganz
unwahr Zaubergewalt beimaassen, und deren gemilderten und darum
vielleicht nur wohlthätigern Einfluss wir alle an uns und unsern
Nächsten erlebt haben.                 .

Gesang ist der eigenste Schatz des Einzelnen; er ist zugleich
das umspannendste und festigendste Band musikalischer Geselligkeit,
und zwar von der Stufe des fröhlichen oder gemüthlichen Volks-
und Rundgesangs, bis zu dem Verein kunstbefreundeter Chöre zu
feierlichster Darstellung der Kunstwerke. Die Andacht in unsern
Kirchen wird erbaulicher, unsre Volksfeste und Freudentage werden
sittiger und beseelender, unsre Gesellschaften belebter und kunst-
freudiger, unser ganzes Leben wird erhöhter und freudiger mit der
Verbreitung der Gesanglust und Gesangfähigkeit in möglichst vielen
Einzelnen. Und diese Einzelnen fühlen sich zugehöriger, antheilvol-
ler, werther und gewinnender in der Gesellschaft, wenn sie ihre
Stimme dem Gesang der Uebrigen beigesellen.

Dem Musiker, besonders aber dem Komponisten ist der Gesang
das fast unersetzliche und unentbehrliche Mittel, die feinsten, innig-

sten, tiefsten Züge der Tonkunst auf das Innerlichste zu fassen. Kein Instrument kann uns Gesang ersetzen, den die eigne Seele aus eigner Brust zieht, nicht tiefer können wir ein Tonverhältniss, eine Melodie empfinden, nicht inniger in unsre und der Hörer Seele dringen, als durch seelenvollen Gesang.

Singen sollte also jeder Musiklustige, und vollends jeder Musiker, der nur irgend Stimme hat. Gesang sollte a u c h d e r Z e i t n a c h die erste Musikübung sein, sie sollte in frühester Jugend, im dritten bis fünften Jahre, wenn es nicht früher möglich ist, beginnen, — nicht aber in Form des Unterrichts. Der Gesang der Mutter, der zum Nachsingen lockt, der Ringelreigen der Kinder mit einander, das ist die erste, natürliche Singschule, die ohne Noten und Lehren, blos aus dem Kopfe, nach Gehör und Lust gleichsam erst die Saiten der Seele spannt und in Schwingung setzt. Der eigentliche Unterricht sollte erst auf der zweiten Lebensstufe, zwischen dem siebenten und vierzehnten Jahre, beginnen, kann es aber da unbedenklich, wofern nicht Krankhaftigkeit oder besondre Schwäche des Organismus entgegensteht.

Das Erste und Vornehmste für Musikbildung überhaupt und für Gesang insbesondre ist ohne Frage C h o r g e s a n g und Bildung dazu. Im Chorgesange findet das Allen oder Vielen (dem Volke, der Gemeine, dem Verein von Genossen zu irgend einem Zweck oder in irgend einer Stimmung) Gemeinsame volltönenden Ausdruck, am Chorgesange nehmen gleichzeitig Viele, Massen der Menschen, Antheil, finden und fühlen sich in ihm einig und verbrüdert zusammen. Im gemeinsamen Wirken fällt alles Schwächliche, Eigensinnige und Eigenwillige und all das Eitle und Hoffärtige weg, das sich so leicht an jede Einzelleistung und namentlich an den Einzelgesang hängt. Der Chor ist in unsrer Kunst die wahre Volksstimme, wie bei allem lebendigen Kirchenthum die Stimme der Gemeine, — wie er dem Tondichter »die Stimme Gottes« sein muss, wenn der Geist ihm gebietet, die Stimme Gottes zu vernehmen zu geben. Und zuletzt: für den Chor hat die überbesorgliche Frage der Stimmbildner nach genügenden Stimmmitteln das mindeste Gewicht; Tausende, deren Mittel für Sologesang zweifelhaft sein mögen, treten hier vollberechtigt zu einander. N u r m ö g e n d i e C h o r b i l d n e r d e r u n e r s c h ö p f l i c h v o n N e u e m b e g i n n e n d e n A b r i c h - t u n g e n t s a g e n u n d i h r e S c h a a r e n r ü s t i g m a c h e n, ü b e r - a l l a u s f r e i e r H a n d o d e r n a c h k u r z e r V o r b e r e i t u n g a n's W e r k z u g e h n.

Was übrigens jene begründete, aber oft allzuängstliche Frage nach den Mitteln betrifft, so dürfen wir zusetzen, dass bei Weitem die meisten Menschen Stimmanlage genug haben, um zu singen, und Gesangbildung mit Erfolg zu erstreben. Sogar bedeutende Stimmanlage ist weit häufiger vorhanden, als man gemeinhin annimmt; es fehlt nicht sowohl an der Naturanlage, als an Solchen, die aufmerksam und geschickt sind, sie aufzufinden, zu hegen und auszubilden. Indess, wenn auch nicht Jeder Anlage und Beruf (und das Glück) hat, etwas Bedeutendes im Gesange zu leisten: so möge man wiederum bedenken, dass selbst mit geringer Stimmanlage Viel, ja bisweilen das Rührendste, Innigerfreuendste erreicht werden kann, wenn Empfindung, Kunstbildung und Einsicht durch das unbedeutendere Organ sprechen; wer sollte sich nicht befriedigt fühlen, wenn mässige Anlagen und Bemühungen ihn auch nur dahin gebracht haben, ein gefühlvolles oder heitres Lied uns zu Herzen zu singen, oder sich den Chören, den gemeinschaftlichen Aufführungen thätig theilnehmend anzuschliessen? — Wie viel weiter es dann rathsam sei, in Stimm- und Gesangbildung zu gehn, das muss bei jedem Einzelnen besonders entschieden werden. Von Komponisten, Dirigenten und höhern Lehrern ist durchaus vollkommne Kenntniss des Gesangfaches zu fodern (wenn auch nicht die dem Sänger nöthige Stimmbildung und Fertigkeit), selbst wenn organische Mängel ihnen jedes höhere praktische Gelingen im Gesange unmöglich machten. Ein Komponist namentlich, der nicht Gesang förmlich studirt, und so weit wie ihm möglich geübt hat, wird schwerlich gut für Singstimmen schreiben, schwerlich die feinere musikalisch-sprachliche Deklamation sich aneignen, ja, er wird niemals der l e b e n d i g e n S t i m m f ü h r u n g (die etwas ganz Andres ist, als die blos richtige) ganz mächtig und sicher werden.

## Klavierspiel.

Nächst dem Gesang ist es K l a v i e r s p i e l, das die ausgebreitetste Anhänglichkeit verdient und unter uns auch erhält. Das Pianoforte ist (abgesehn von der schwer zugänglichen Orgel) das einzige Instrument, auf dem Melodie und Harmonie, das Gewebe verschiedner gleichzeitig verbundner Stimmen mit grossem Tonreichthum und einer fast unbeschränkten Ausführbarkeit dargestellt werden können; es ist zugleich höchst geeignet zur Begleitung des Gesangs und zur Direktion. Durch alle diese Vorzüge ist es gekommen, dass für dieses eine Instrument von Seb. Bach's Zeiten bis auf uns mehr Meisterwerke geschrieben worden sind, als für alle andern Instrumente zusammengenommen; die Mehrzahl der Gesänge ist mit Begleitung desselben komponirt oder wird dafür eingerichtet, die Orgelsachen sind grossentheils ohne Weiteres darauf darstellbar, was von Quartett- und Orchestermusik irgend Anerkennung findet, ist in Arrangements den Klavierspielern zugänglich gemacht. Es kann also kein Zweig der Ausübung so reiche Ausbeute versprechen, als das Klavierspiel, und man muss zugeben, dass ohne dasselbe ausgebreitete Bekanntschaft mit der musikalischen Literatur, reich ergiebiges und tiefes Eindringen in unsre Kunstwelt kaum denkbar, oder doch sehr schwer erreichbar ist.

Der Komponist kann dieses Instrument vollends kaum entbehren, theils aus den obigen Gründen, theils weil kein andres so geeignet ist zu fruchtbarem Phantasiren und zur Prüfung mehrstimmiger Kompositionen. Gleichwichtig ist es dem Dirigenten und Gesanglehrer. Sogar die mangelhafte Seite dieses Instruments gereicht der allgemeinen Musikbildung und den Zwecken des Komponisten insbesondre zum Vortheil. Das Piano steht nämlich den Streich- und Blasinstrumenten durchaus nach an Innerlichkeit und Kraft des Klangs, an Fähigkeit, einen Ton lange und gleich stark oder gar anwachsend zu halten, zwei und mehr Töne in einander schmelzen zu lassen oder auch durch Ueberziehn eines in den andern (das Streichinstrumenten so wohl gelingt) auf das Innigste zu verbinden; es giebt dem Ohr nicht volle Sättigung, seine Melodieführung ist im Vergleich mit der auf Blas- oder Streichinstrumenten gewissermaassen farblos, ein Klaviersatz gar mit einem Orchestersatze verglichen verhält sich wie Zeichnung zu Gemälde. Aber eben deshalb regt das Klavier mehr den innern schöpferischen Sinn des Hörers und Spielers an, zu ergänzen, farbig und vollsinnlich auszubilden, was durch seine Mittel nur unvollkommen angedeutet wird; dadurch weckt und nährt es die Phantasie und findet durch sie einen geistigen Weg in unser Herz, während andre Instrumente zunächst unsre Sinne mächtiger fassen, erregen und sättigen, und auf diesem sinnlichern Weg an das Gefühl dringen, es vielleicht sinnlich gewaltiger, nicht aber geistig fruchtbarer wecken. Dies ist vielleicht der Hauptgrund, der das Klavier zum ersten Werkzeuge geistiger Bildung, besonders für Komponisten, macht, während andre Instrumente den sich ihnen Hingebenden leicht überwältigen und in ihre Besonderheiten hineinziehn, so dass er nur für dies eine Instrument schreibt, oder gar andre Musikorgane nach dieser einen ihnen fremden Form anschaut und behandelt, und dadurch einseitiger Manier verfällt.

Für den ersten Anfang hat das Klavier endlich noch den Vortheil, dass es (rechte Stimmung vorausgesetzt) dem Schüler reine Töne und leichte Anschauung des Tonsystems auf der Tastatur darbietet.

Allein eben von hier aus entspringt die bedenkliche Eigenschaft des Instruments, die dem wesentlichen Gewinn aller Musikbildung bedrohlich werden kann, wenn nicht entgegengewirkt wird. Und leider muss anerkannt werden, dass dies in unsrer Zeit weniger als je geschieht, dass man auf jene bedenkliche Eigenschaft förmlich spekulirt und zu äussern Vortheil ganz falsche Bildung und Unterrichtmethoden darauf baut, durch deren Scheinerfolge das bessere, auf wahre Kunstbildung gerichtete Wirken andrer Lehrer für Unkundige oft in falsches, nachtheiliges Licht gesetzt wird.

Da nämlich das Klavier fertige, bestimmte Töne hat, so ist bei ihm mehr als auf irgend einem andern Instrumente möglich, ohne Antheil des Tonsinns, ja ohne Gehör und innerliche Theilnahme zu musiziren, sogar bedeutende mechanische Geschicklichkeit zu erwerben. Wie oft findet man fertige Klavierspieler, die aus Mangel an gebildetem Tonsinn nicht fähig sind, eine Tonreihe richtig und rein zu singen oder sich vorzustellen, die keinen bestimmten Begriff von dem haben, was sie spielen, ja, die es im Grunde gar nicht bestimmt hören! Wie manchen Bravourspieler könnte man nennen, dem der künstlerische Sinn eines einfachen Tonstücks ein verschlossen Buch bleibt, der deswegen das Grösste wie das Kleinste, mit Eitelkeit und Koketterie allenfalls, aber ohne Antheil der Seele, ohne eigne Freude ausführt und auch in den Zuhörern nicht Antheil und Freude am Kunstwerk erwecken, nur die unfruchtbare Bewunderung seines technischen Geschicks hervorrufen kann! Und wie tief ist diese Verkehrung der Kunst in todte Technik in das Kunstleben eingedrungen! Wer Gelegenheit hat, viel Musikübende und ihre Lehrer zu beobachten, kann sich nicht bergen, dass jetzt, besonders in grossen modebegierigen, der Eitelkeit ergebnen Städten die Mehrzahl der Klavierlernenden auf diese Weise irre geführt wird und dass ein grosser Theil der Lehrer das Rechte selbst nicht kennt, oder nicht den Muth hat, es gegen den Strom der Mode und verlockender Beispiele und Vortheile ernstlich zu wollen. — Auch hier zeigt sich Gesangübung, und namentlich Chorgesang, als ergänzendes Bildungsmittel. Wem Ohr und Gefühl im Gesang' erweckt und gebildet worden, dem beseelt sich von da aus das abstrakte Tonspiel des Klaviers, der hört aus ihm heraus und in es hinein, was sich sonst ihm entzogen hätte; das Klavier wird ihm leibhaftiger — nicht blos gedachter Gesang, kann nimmer zum blossen Werkzeug für Tongespiel herabsinken.

Wenn nun weder von allen Lehrern das Rechte zu erwarten, noch für alle Zöglinge die Wahl guter Lehrer zu hoffen ist: so giebt es doch einen ziemlich sichern Punkt, auf den man halten und von dem aus man Bewahrung vor dem verbreiteten Uebel hoffen und erlangen kann. Es ist kein andrer, als: dass man die Beschäftigung, die dem Schüler dargeboten wird, scharf in das Auge fasse, dass der Lernende sich selber, dass seine Erzieher nöthigenfalls den Lehrer ernstlich zu der Wahl guter Beschäftigung anhalten, oder — wenn das nicht sicher zu erreichen ist, baldigst einen kunstgetreuen Lehrer suchen.

Es ist schon oben gesagt worden, dass das Pianoforte eine überaus reiche Literatur besitzt, theils solcher Werke, die ihm eigen, theils solcher, die dazu eingerichtet sind. Was ist nun natürlicher und einleuchtender, als dass der Unterricht hauptsächlich die Aufgabe hat, den Schüler in den Besitz dieser Werke zu setzen? Es bedarf dazu technischer Fertigkeit, besondrer Fingerübungen und Studien. Aber das Alles ist offenbar nur Mittel zum Zweck; so gewiss daran nichts versäumt werden darf, so gewiss kann das Erfoderliche auf einem weitern oder nähern Wege erlangt, können die nöthigen Uebungen auf gewisse Grundfertigkeiten zurückgeführt, oder über Nebendinge und Zufälligkeiten ausgedehnt und durch Mangel an methodischer Einsicht in das Unendliche erweitert werden. Wir können uns nicht bergen, dass eben in der letzten Zeit diese Verirrung sich unübersehbar ausgedehnt und uns namentlich mit einer U n z a h l  v o n  E t ü d e n überschüttet. Jeder angesehene Lehrer, jeder unsrer überzahlreichen Virtuosen hält es für unerlässlich, einige Dutzend Etüden zuzubringen, in denen dieses oder jenes Fingerkunststück des Breitern gelernt werden soll. Und da zu einer wohlklingenden Etüde im Grunde nur der Einfall oder die Herausbildung irgend einer Figur und ein wenig Kompositionsroutine gehört, da man einen kleinen Anflug von künstlerischer Glut der Etüde schon hoch anrechnet, weil es doch — im Grunde nur eine Etüde sein soll, da endlich jede solche Etüden–Sammlung durch das glänzende Spiel des Verfassers oder sein Lehreransehn eines Publikums ziemlich sicher ist: so kann Niemand berechnen, wo das Etüdenschreiben und Kaufen eine Gränze finden, — aber auch Niemand: wo ein Schüler Zeit finden soll, sich nur durch die besten und angesehensten Etüden hindurch zu arbeiten, geschweige endlich zu den Kunstwerken selbst zu gelangen, denen das ganze Studium eigentlich gilt.

Hiermit ist nun selbst für den Nichmusikverständigen das Kennzeichen guten und irrigen Unterrichts (in der fraglichen Beziehung) gegeben.

S e b a s t i a n  B a c h  und  H ä n d e l ,  J o s e p h  H a y d n ,  M o z a r t und  B e e t h o v e n ,  — das sind die Künstler, denen wir die zahlreichsten und grössten Kunstwerke für das Pianoforte verdanken; unter ihnen stehn Bach und Beethoven als diejenigen voran, die der eine in alter, der andre in unsrer Zeit, in diesem Felde das Höchste errungen und geleistet haben. Erst nach ihnen würde Dussek, Weber, Hummel, Mendelssohn, Chopin, R. Schumann, St. Heller, Litolff, Liszt — und mancher Andre zu nennen sein; wir enthalten uns vollständigerer Aufzählung, da es nicht in der Richtung dieses Werkes liegt, urtheilend oder gar ausschliessend gegen Personen aufzutreten. Ueber die höchste, durchaus überwiegende Bedeutung der erstgenannten fünf Künstler kann bei keinem Kunstverständigen ein Zweifel obwalten: ja, wenn man einem oder dem andern Künstler gleichen, oder sogar höhern Rang anweisen wollte, so würde doch damit die hochwichtige Geltung jener nicht aufgehoben. Und so dürfen wir uns einer in Angelegenheiten des Geistes ohnehin nur bedingt zulässigen Rangbestimmung überheben.

Hiernach können wir als Bedingung guten Klavierunterrichts aussprechen, dass die Werke jener fünf Männer* als vornehmste und vorwaltende Aufgabe des Unterrichts angesehn werden. Wie viel Fingerübungen, Handstücke, Seitenbeschäftigungen ein Lehrer bei jedem Schüler nöthig finde, kann nicht allgemein bestimmt, muss dem Ermessen des Lehrers anvertraut werden. Der Lehrer aber, der nicht, sobald es mit Sicherheit geschehn kann und so viel es die ganze Zeit des Unterrichts gestattet, seine Schüler in diese

---

* In Bezug auf Seb. Bach haben wir die dringende Warnung beizufügen, dass man jüngere Schüler doch ja **nicht zuerst an das wohltemperirte Klavier** führe und dass man ihnen und sich nicht einreden wolle, Alles, was jener grosse Mann geschrieben — bisweilen nur zu augenblicklichen Zwecken des Unterrichts u. s. w. — sei von gleicher Wichtigkeit. Bach's Weise steht der Gewöhnung des heutigen Tages nicht so nahe, dass man rücksichtslos mit dem Ersten Besten von ihm die Bekanntschaft anknüpfen könne. Dies, und namentlich der so gewöhnliche Beginn mit dem am meisten verbreiteten temperirten Klavier, hat gewiss mehr Kunstfreunde vom Meister abgewandt, als in Lust für ihn gewonnen. Wir wollen selbst bei der höchsten Verehrung für ihn uns nicht scheuen, einen andern Theil seiner Kompositionen (namentlich der Tänze) überlebt und veraltet zu nennen. Der einsichtige Lehrer wird aber in den 6 *Préludes pour les commençans,* in den Inventionen und einzelnen Fantasien, namentlich in den englischen und andern Suiten unter den Präludien, Sarabanden, Giguen u. s. w. eine reiche Auswahl der reizendsten, nie veraltenden, unserm Sinn und Gewohntsein näherstehenden und damit den Uebergang in die andern Werke bildenden Tonstücke finden, und damit Lust und wahre Bildung seinen Schülern gewinnen können. Hierbei sei die Ausgabe von Bach's Klavierwerken, bei Peters in Leipzig, nach Verdienst empfohlen, während die grosse von der Bachgesellschaft unternommne Ausgabe sämmtlicher Werke der Vollendung entgegen wächst. — Als Vorschule, zur Einführung aus unsrer Zeit und Weise in die so wesentlich verschiedne Bach's und zur ersten Bildung im polyphonen Spiel hat der Verf. die Auswahl aus Seb. Bach's Kompositionen für das Piano bei Challier in Berlin (zweite Ausgabe) herausgegeben,

Auch von Händel, der übrigens für Klavier weniger ergiebig ist, gilt obige Warnung. Empfohlen für Fortgeschrittnere seien die bei Trautwein in Berlin herausgegebnen sechs Fugen und ein Capriccio.

Werke einführt und das Studium derselben als Hauptaufgabe und Ziel der Unterweisung festsetzt: von dem, sprechen wir unumwunden aus, ist nicht wahre künstlerische Bildung zu erwarten, so geschickt und sorgsam er auch andre Momente seiner Obliegenheit wahrnehmen mag. Lehrer, die nun gar ihre Schüler mit Modetänzen und ähnlichen Spielereien, mit Arrangements aus beliebten Opern u. s. w. hinhalten, sind vollends des Zutrauens derer, die wahre Kunstbildung suchen, unwürdig. Man sollte also keinen Lehrer wählen, ohne sich von seinen Unterrichts-Gegenständen genaue Nachricht verschafft zu haben.

Der Unterricht im Klavierspiel kann unbedenklich früh, — im siebenten, achten Jahr oder noch eher beginnen, selbst wenn die Hand noch nicht Oktavenspannung hat. Auch finden sich genug treffliche Werke, namentlich von Haydn und Mozart, für die selbst so frühe Jugend Empfänglichkeit hat, wenn nur der Lehrer zu wählen weiss.

## Komposition.

Als dritten Gegenstand allgemeiner musikalischer Bildung nennen wir Studium der Komposition. Tiefes Eindringen in die Kunst und ihre Werke, reiche Entfaltung der musikalischen Anlage ist ohne dieses Studium nicht zu erlangen. Wird es in rechtem Sinn unternommen, so lohnt es jeden Schritt vorwärts durch erhöhte Einsicht und Freude; und zwar auch denen, die nicht durch höheres Talent zu der Laufbahn des Komponisten bestimmt sind.

Dieser Gegenstand verdient um so mehr genaue Erwägung, je unvollkommnere und irrigere Vorstellungen sich an ihn gehängt haben.

Die Musik ist, wie man schon aus diesem Buche sehen kann, ein Inbegriff unzähliger höchst mannigfaltiger, vielfachst von einander abweichender, vielfältigst mit einander sich verbindender und verschmelzender Gestalten. Man kann von ihren Werken selbst ohne alle Vorbildung einen flüchtigern oder tiefern Eindruck erhalten, kann mit einer oberflächlichen Unterweisung sie obenhin verstehn und darstellen. Aber sie ganz verstanden, ganz durchdrungen, ihren ganzen Inhalt gewonnen haben, — das heisst nichts anders, als: jeden einzelnen Zug und die Gesammtheit aller aufgefasst haben. Da wird nun Jeder, einem grössern Werke gegenüber, — in dem sich verschiedne Stimmen in mannigfachster Weise, in den verschiedensten Kunstformen vereinen, jede ihre Kantilene, ihren Rhythmus, ihre Tonschritte hat, in jedem Ton ein bestimmtes Verhältniss zu den Tönen andrer Stimmen, die mannigfachsten Bewegungsgrade, Stärkegrade, Vortragsarten zusammenwirken, — Jeder

wird einem solchen Werke gegenüber eingestehn, dass ohne Studium kein Eindringen möglich ist, und dass dieses Studium, wenn
es genügen soll, ein durchdringendes, ein systematisches und methodisch geordnetes sein muss.

Es liesse sich denken, dass man eine solche Zergliederung der
Kunst in ihren vorhandnen Werken vornähm' ohne Kompositions-
übung. Dann wär' eine unermessliche Last von Einzelheiten zu
tragen, an Erschöpfung der Aufgabe jedoch schon deswegen nicht
zu denken, weil die Kunst täglich zu neuen Gestaltungen und Anwendungen fortschreiten kann.

Das Frischere, das allein Ausführbare und Fruchtbringende ist
also: selbst Iland anlegen, selbst die Gestalten der Tonwelt hervorbringen lernen, die Weise, den Rhythmus des Gestaltens sich
aneignen, so dass man alles Vorhandne und alles Neuzukommende
begreift, weil man es an der Wurzel seines Daseins erfasst hat,
weil man weiss, wie es enstanden ist und wozu. Das nun ist es
eben, was die Kompositionslehre leistet.   Sie allein giebt uns —
nicht abstrakte Gedanken über Kunst, nicht die blosse Oberfläche
ihrer Werke, nicht einige ausgeschnittne todte Theile: sondern
das Ganze mit allen Einzelheiten und in seiner Einheit, Stoff und Geist, Form und Inhalt, — und dies wieder in
der Einheit, die das Wesen wahrer Kunst ist.

Wir dürfen hinzusetzen (aus reicher Erfahrung an jedem Alter
und Geschlecht), dass die Kompositionslehre, ohne unver-
hältnissmässigen Zeitaufwand selbst für Kunstfreunde,
jeden Schritt sicher lohnt, auch da, wo nur geringere
Anlage vorhanden ist, oder die Umstände Weiterschrei-
ten nicht zulassen. Schon die ersten Uebungen im einstimmi-
gen Satze* wecken den Sinn für Melodie und geben deutlichen

---

* Der Verf. hat sich hier dem Gang und der Tendenz seiner »Lehre von
der musikalischen Komposition (bei Breitkopf und Härtel) anschliessen
müssen. Wie wenig das oben Zugesicherte von der alten Generalbass- und
Harmonielehre geleistet, wie unkünstlerisch in Grundsatz und
Methode, wie höchst unvollständig und schon darum unbefriedigend
die alte, von Zeit zu Zeit immer wieder aufgewärmte Lehrweise ist: hat der
Verf. beiläufig in der Kompositionslehre, gründlicher und erschöpfender aber
in der besondern Schrift: »Die alte Musiklehre im Streit mit unsrer
Zeit« (bei Breitkopf und Härtel) darzuthun versucht, — wie es denn lange
genug vor ihm von Reicha und jedem nachdenkenden Kompositionskun-
digen erkannt und ausgesprochen worden.   Nur die Trägheit so manches
ältern oder des eigentlichen Wesens der Komposition ganz unkundigen Lehrers
ist Schuld an der nutz- und fruchtlosen Pein, die noch immer viele Jüngere --
in der stets unerfüllten Hoffnung, sie werden damit endlich zum Komponiren
oder doch zu tieferer Einsicht in das Wesen der Kunst gelangen — erdulden,
bis die Zeit verschwendet, Lust und natürlicher Sinn ertödtet und verderbt ist.

Begriff von den Grundformen derselben, von der Wirksamkeit des Rhythmus, von Entstehung und Umbildung der Gänge und sogenannten Passagen; schon die eben so leicht und schnell zu fassende Lehre von der auf Naturharmonie gebauten zwei- und zweimal zweistimmigen Komposition macht das Grundwesen aller Harmonie und Stimmführung anschaulich und bietet selbst dem mittelmässig Begabten vergnügliche und anregende Aufgaben; dies kann in ein Paar Wochen mit zwei wöchentlichen Lehrstunden und bei mässiger Anstrengung erworben werden; man könnte dabei stehn bleiben, ohne seine Mühe verloren zu haben. Dann wird die allmähliche Entfaltung der Harmonie und der reichern Stimmführung selbst für den blos Betrachtenden den Reiz einer durchaus vernunftgemässen und auf jedem Schritt inhaltvollen Entwickelung überreichen Lebens aus den einfachsten Grundformen und nach den einfachsten Gesetzen haben; wer aber selbstthätig herantritt, dem erhellt und erweitet sich das Reich der Töne mit jedem neuen Zuge, belebt, schärft und verinnigt sich der Sinn für Musik, wenn sich auf jedem Schritt, aus jedem ihrer Momente sinnvolles Leben mehr und mehr enthüllt. Nun, bei der Lehre von der Akkordverschränkung, kehrt Freiheit in die Kunstentfaltung zurück und beginnt ihr immer reicheres Spiel. Dann bilden und erklären sich alle Kunstformen, eine aus der andern in ihrer Ordnung, eine so leicht als die andre, bis zuletzt ihre Verwirklichung auf bestimmten Instrumenten oder im Gesang, ihre Verwendung zu kirchlichen, dramatischen und andern von Aussen unsrer Kunst gestellten Zwecken das ganze Studium vollendet. Auf jedem Punkte kann mit einem der Arbeit angemessnen Erfolge, wenn die Umstände gebieten, oder der Eifer des Einzelnen nicht weiter begehren sollte, abgebrochen werden.

Das Studium der Komposition kann schon früh, sollte bei talent- und lustvollen Kindern zeitig, doch nicht eher beginnen, als bis schon auf irgend einem Instrumente — wo möglich auf dem Klavier — ein gewisser Grad von Bildung und Fertigkeit erlangt und dadurch Antheil und Fähigkeit für die Kunst erhöht, auch schon eine gewisse Einsicht und Ueberlegung erworben ist. Man muss wenigstens über die Elementarübungen hinaus und geistig wie technisch zur Auffassung und Darstellung grösserer Werke, z. B. Sonaten von Mozart und Haydn, fähig sein. Ein früherer Kompositionsunterricht wird entweder leeres Spiel, oder — was noch weit verderblicher ist — zerstört dem noch zu unselbständigen Schüler den unbefangnen, unmittelbaren Sinn für die ihm vorliegenden Kompositionen, und schiebt an die Stelle lebenvoller, seelenfreuender Kunstbeschäftigung kalten und unfruchtbaren Mechanismus des Verstandes. Dies ist einer der grössten Fehler eines in mehrern For-

men ziemlich ausgebreiteten Systems gemeinsamen Klavier- und
Harmonieunterrichts, das seine Zöglinge durch scharfsinnigen Mechanismus äusserlich rasch fördert, aber auf Kosten des eigentlichen
Musiksinns, der unentwickelt bleibt, ja durch die Rührigkeit des
Verstandes und der Mechanik, die jenes System hervorruft, unterdrückt und ertödtet wird.    Rechte Kunstfreude und künstlerische
Vollendung werden dabei um so sicherer untergraben und verhindert, je täuschender für den äusserlich Beobachtenden die Freude
des Schülers am mechanischen Gelingen und der anfangs dem Un-
unterrichteten unerklärlich rasche Fortschritt in gewissen Aufgaben
der Setzkunst ist.

Grundbedingung übrigens für lebensvollen Erfolg des Komposi-
tionsstudiums ist E n t w i c k e l u n g  d e s  V o r s t e l l u n g s v e r m ö -
g e n s  für tonische und rhythmische Verhältnisse, später für das
Klangwesen.    Die erste Schule für jenes Vermögen ist wieder G e -
s a n g, und namentlich C h o r g e s a n g, wenn er methodisch umsich-
tig geleitet wird.    Dann vollendet die Kompositionslehre, was jene
begründet hat.

So viel über die allgemeinen Bildungsgegenstände.    Die Wahl
andrer Instrumente mag Jeder nach Neigung und unter dem Rath
Sachverständiger treffen, so wie es lediglich von der Neigung und
Zeit jedes Kunstfreundes abhängt, ob und wie weit er sich mit der
W i s s e n s c h a f t  u n d  G e s c h i c h t e  d e r  K u n s t  bekannt machen
will. Der K o m p o n i s t, und überhaupt der wahrhaft g e b i l d e t e
M u s i k e r  wird sich besonders des Studiums der Geschichte — aber
nicht blos aus Büchern, sondern aus den Kunstwerken selbst —
schwerlich enthalten können.

# Sechster Abschnitt.

## Lehrer und Lehrmethode.

Um den Zweck der Musikbildung zu erreichen, ist für die Unterricht Suchenden Wahl des Lehrers und für diesen die Lehrmethode offenbar ein Gegenstand, der reiflichste Ueberlegung fodert. So viel Eltern wissen sich hier nicht zu rathen, so mancher das Gute redlich wollende Lehrer möchte sein Verfahren berichtigen oder versichert sehn, — so viel Schüler sind schon durch falsche Lehrerwahl oder Methode irregeführt oder ganz verderbt worden: dass wir es als Pflicht erkennen, dies Buch nicht ohne einige Andeutungen hierüber zu schliessen. Nur Andeutungen geben wir, um auf die Hauptpunkte, so weit es im Allgemeinen angeht, aufmerksam zu machen. Denn gründliche Verbesserung muss auf ganz andern Wegen, kann nicht durch ein Buch, sondern nur d u r c h  h ö h e r e  B i l d u n g  d e r  L e h r e r  u n d  d u r c h  w a h r h a f t e  A u f k l ä r u n g  a l l e r  G e b i l d e t e n  über das Wesen und Bedürfniss der Musik erreicht werden.

Der Beruf eines Musiklehrers ist bei dem mächtigen Einflusse der Tonkunst auf unser sinnliches, geistiges, sittliches Leben ein ungemein wichtiger. Die Eltern sollten bei der Wahl eines Lehrers wohl bedenken, welche Gewalt ihm durch seine Kunst über das Gemüth des Schülers verliehen ist, wie er es zum Edelsten erheben, aber auch mit Gemeinem beflecken und verderben kann, und wie nachtheilig selbst Leerlassen des Gemüths ist, während die Musik unwiderstehlich auf Erregung der Sinn- und Seelenkräfte hinwirkt. Fadheit, Gedankenlosigkeit, Sinnlichkeit, Eitelkeit, ungezügelte Leidenschaftlichkeit können durch den Musiklehrer eingepflanzt und grossgezogen, es kann ihm aber auch die Erweckung und Nährung der edelsten Seelenkräfte und Gesinnungen verdankt werden.

Dies erscheint sonach als wichtigster Punkt bei der Wahl eines Musiklehrers, zu erwägen: w e l c h e n  E i n f l u s s  m a n  v o n  i h m  a u f  d a s  G e m ü t h  s e i n e s  S c h ü l e r s  z u  g e w ä r t i g e n  h a b e. Für einen wohlthätigen bürgt aber nicht blos seine eigne Sittlichkeit, sondern der hohe und reine Sinn, in dem er seine

Kunst selbst aufgefasst hat, und der Grad seiner allgemeinen Fähigkeit und Bildung, der ihn in den Stand setzt, seine Auffassung der
Kunst auf den Schüler zu übertragen. Dies Alles muss reiflich erwogen, dann aber muthig und zutrauensvoll dem Lehrer freie Hand
gelassen werden. Halbes Vertraun, Eingreifenwollen in den Unterricht würde nur die Wirksamkeit des Lehrers stören.

Es kommt also, in näherer Beziehung auf Musik, zuvörderst
in Betracht, in welchem Sinne der Lehrer seine Kunst auffasst, und
was ihn an ihr beschäftigt. Der blosse Techniker, der seine
Kunst nur handwerkmässig übt, wird auch nur Handwerker bilden;
der blosse Verstandesmensch wird kalte Lehren und Begriffe mittheilen, kann die Technik leicht und sicher beibringen, wird aber
niemals das Herz entzünden mit dem beseelenden Feuer, wird es
viel eher seiner natürlichen Wärme berauben; der blosse Gefühls-
mensch wird den Schüler vielleicht sympathetisch mitfühlen lassen,
nie aber zu sicher Bildung fördern. Die Kunst ist weder blosse
Technik, noch blosse Verstandes- oder blosse Gefühlssache. Sie ist
d e r  A u s d r u c k  d e s  g a n z e n  M e n s c h e n; und nur wer sie so,
in ihrer Ganzheit, fasst, kann wahrhafte Bildung für sie ertheilen.
G e s c h i c k  u n d  K e n n t n i s s  u n d  e i n  f ü h l e n d e s  H e r z  u n d
e i n e  d e s  W e s e n s  u n d  d e r  W i r k u n g e n  d e r  K u n s t  s i c h
b e w u s s t  g e w o r d e n e  V e r n u n f t: d a s  s i n d  u n e r l ä s s l i c h e
E i g e n s c h a f t e n  f ü r  d e n  M u s i k l e h r e r. Eines der Zeichen
für seinen künstlerischen Standpunkt — wir müssen hier auf ein
schon Ausgesprochnes zurückweisen — sind die Werke, mit denen
er sich und seine Schüler beschäftigt. Ein Lehrer, der sich mit
geringen, werthlosen Kompositionen, statt mit den zahlreichen Mei-
sterwerken unsrer Kunst beschäftigt, bezeichnet damit den eignen
niedern Standpunkt und geringen Begriff von der Kunst. — Freilich finden sich auch Lehrer, die auf blosse Autorität des Namens
sich an gute Werke halten, aber ohne wahrhaft lebendige Theilnahme an ihnen; was denn allerdings für sie und ihre Schüler ohne
Frucht bleiben muss.

Die nächste allgemeine Eigenschaft, deren der Musiklehrer un-
erlässlich bedarf, i s t  d i e  F ä h i g k e i t, a u f  G e i s t  u n d  G e m ü t h
d e s  S c h ü l e r s  e n t s c h i e d e n  u n d  b e s t i m m t  z u  w i r k e n.
Die blosse Geschicklichkeit, ein Musikstück selbst zu verfassen oder
gut vorzutragen, genügt hier nicht. Sie kann den Schüler erfreun,
tief bewegen und anregen, sie kann ihn möglicherweise zu der ge-
lungensten N a c h a h m u n g und endlich zu einer mehr oder weniger edlen und glücklichen M a n i e r anleiten, aber für sich allein
nicht zu freiem Gefühl und sicherm Bewusstsein von der Kunst
bringen. Hierzu gehört, dass der Lehrer nicht blos in der Aus-

führung ganze Kunstwerke dem Schüler gleichsam hinhalte, sondern dass er ihn in dieselben hineinführe, sie ihn in all' ihren Einzelheiten und dem Zusammenhang und Wesen des Ganzen durchschaun und begreifen lasse. Nur helles Bewusstsein vom Wesen
der Kunst und dem Inhalt jedes Kunstwerkes fördert den Schüler
zu freier, eigenthümlicher Auffassung und Darstellung, und führt
ihn in seinen eignen Leistungen auf den Gipfel, wo Individualität
des Künstlers und Wesen der Kunst in den reinsten Verein treten,
giebt seinen Leistungen S t y l. Nur ein solcher Unterricht wirkt über
den Kreis der Aufgaben hinaus, den er unmittelbar durchlaufen
ist. Hat der Schüler das Wesen der Sache begriffen, so wird er
es nicht blos in den Werken und Formen festhalten, die der Lehrer
mit ihm durchgearbeitet hat, er wird es auch ferner in allen, zu
denen er ohne Lehrer tritt, aufsuchen und ergreifen. Dies ist das
wahre L e b e n i n d e r K u n s t: es verbürgt allein sicher, dass die
Kunstübung nicht mit dem Unterricht ende, sondern das ganze Leben schmücke.

Hierzu gehört aber von Seiten des Lehrers tiefe Einsicht, ausgebreitete Kenntniss und in beidem solche Sicherheit und Gewandtheit, dass er die Sache von allen Seiten fassen und darstellen kann.
Ein Lehrer muss viel, viel mehr wissen, als er lehren will, er muss
ganz einheimisch, ganz Herr seines Gegenstandes sein, um jeder
Frage, jedem auch unausgesprochnen Bedürfniss des Schülers ent-
gegenzukommen, und für dessen Hülfsbedürftigkeit unerschöpflich
an Mitteln zu sein.

Nächst der elementaren und technischen Bildung fodern wir
von dem guten Gesang- und Klavierlehrer durchaus S t u d i u m d e r
K o m p o s i t i o n s l e h r e, da sie der sicherste, wo nicht einzige
Weg ist, in das Innere der Kunst mit Bewusstsein einzudringen.
Wir fodern von ihm ausgebreitete und gründliche B e k a n n t s c h a f t
m i t d e n M e i s t e r w e r k e n der Kunst, älterer wie neuerer Zeit,
und rathen dringend, stets ein aufmerksam und theilnehmend
Auge für die neuen Werke, für jede Bewegung im Kunstleben zu
haben, obgleich Massen verfehlter oder rückweisender Erscheinungen diese Pflicht oft sehr beschwerlich machen. Der höhere Lehrer, besonders der mit der Bildung von Komponisten und Lehrern
oder Dirigenten Beschäftigte, wird ausser gründlicher Kompositions-
kenntniss nicht versäumen dürfen, sich mit der K u n s t g e s c h i c h t e
und W i s s e n s c h a f t d e r M u s i k ernstlicher zu beschäftigen; denn
alles Dasein, so auch das der Kunst, kann vollkommen nur mit
Hülfe seiner Geschichte begriffen werden. — Was zur a l l g e m e i -
n e r n B i l d u n g gehört, kann hier als sich von selbst verstehend
unerwähnt bleiben.

Zu der eignen künstlerischen Fähigkeit und Bildung muss noch
Menschenkenntniss und Geschick, auf Menschen zu
wirken, dann aber auch Liebe zum Geschäft des Unter-
richtens und herzlicher Antheil am Schüler hinzukommen. Der geschickte Lehrer studirt seine Zöglinge nach
Anlagen und Gemüthsrichtung. Er erwägt bei jedem derselben,
wie eben er zu gewinnen, zu überzeugen ist, auf welche Anlagen
man rechnen, welchen man zu Hülfe kommen, welche man durch
andre Kräfte zu ersetzen suchen muss. Er stellt sich nicht dem
Schüler als ein andres, fremdes Wesen gegenüber, er macht weder
seine Ueberlegenheit geltend, noch lässt er sich zu ihm herab (die
beiden falschen Weisen des Lehrers), sondern er vertieft sich mit
seiner höhern Idee und Bildung in den geistigen Zustand des Schülers, begreift gleichsam aus dessen Seele heraus, wie ihm die
Kunst und jede ihrer Gestaltungen erscheint, scheidet hier vermöge
seiner überlegnen Einsicht das Wahre und Gesunde vom Unzulänglichen oder Falschen, fördert, breitet sie aus, erhöht das Erstere,
ergänzt oder berichtigt das Andere, kurz, er trachtet, alles Erfoderliche aus dem Schüler zu entwickeln, weil nur das, was aus
uns selber herauswächst, nicht was von Aussen an uns herange-
bracht wird, lebendig ist und lebendig wirkt.

Ein solcher Lehrer wird nur im Falle gänzlicher Unlust und
wahrer Unfähigkeit den Muth verlieren, — oder vielmehr dann
unsrer Ansicht gemäss den Unterricht versagen; jedem einzelnen
Mangel, jeder irrigen oder einseitigen Richtung wird er zu begegnen wissen. Ist der Taktsinn unzuverlässig, oder vielleicht von
frühern Lehrern verwirrt, so wird er zuerst sehr einfache Aufgaben von bestimmtem Rhythmus stellen, und dann dieselben rhyth-
misch-melodisch variiren, so dass der Schüler an demselben Satze
von einfachen Rhythmen zu reichern, zusammengesetztern und
schwierigern fortgeht.* — Ist der Tonsinn unentwickelt, so wird
der Lehrer um so eher zu dem Akkordwesen übergehn und erst
den grossen Dreiklang, dann den Dominantakkord, endlich den
grossen und kleinen Nonenakkord (später erst kleine Dreiklänge
im Gegensatze zu grossen u. s. w.) auf dem Klavier nach dem
Gehör suchen, dann singen lassen. Denn da jene Akkorde die
nächsten von der Natur gegebnen Inbegriffe sind, so verhilft einer
ihrer Töne dem unbewussten Tongefühl des Schülers zum andern,

---

* Es ist freilich dazu so viel Geschick von Seiten des Lehrers erfoderlich,
dass er auf der Stelle nach dem jedesmaligen Bedürfnisse des Schülers Sätze
komponiren oder variiren könne. Dies ist ein wichtiger Nebengewinn,
den er aus dem Studium der Komposition zieht.

und es werden die wichtigsten Intervalle, Oktave, Quinte, Quarte, grosse und kleine Terz, kleine Septime, ganzer und halber Ton, auf das Naturgemässeste gewonnen. — Hat ein Schüler seine Theilnahme besonders auf glänzendes und fertiges Spiel, auf sogenanntes Passagenwesen gerichtet: so wird der Lehrer hierauf eingehn (denn der Neigung schroff entgegentreten, kann den Schüler eher abschrecken, als gewinnen), nach und nach aber auf mannigfaltige Nüancirung derselben oder ähnlicher Passagen durch Stossen und Binden, Wechsel der Stärkegrade u. s. w. dringen, und dem Schüler begreiflich und annehmlich machen, wie ein und derselbe Gang durch verschiednen Vortrag neuer, anziehender, bald netter und zarter, bald stärker u. s. w. dargestellt werden kann; von hier aus ist es leicht, den tiefen Sinn für Melodie zu wecken und eine edlere Richtung zu nehmen. — Waltet die V e r s t a n d e s - s e i t e vor, so benutze man sie, um die dem Verstande zunächst angehörende Rhythmik, namentlich die Accentuation, begreifen und mit Antheil auffassen zu lassen; dann vertiefe man sich einmal (wie wir S. 136 gethan) in die unberechenbaren Abstufungen der Accente, und erwecke damit die Ueberzeugung, dass die musikalische Thätigkeit nicht ausschliessliches Geschäft des Verstandes sein kann, sondern man sich vielfältig dem unmittelbaren Empfinden anvertrauen muss. Von hier aus gelingt es leicht, dem Gefühl Unbefangenheit und das ihm gebührende Recht der Mitthätigkeit und Theilnahme zu erwirken. Hat umgekehrt der Schüler Neigung, sich dem u n b e w u s s t e n G e f ü h l, vielleicht schwärmerisch, hinzugeben: so achte und erhalte man doch ja das edle Seelenvermögen, das dieser Einseitigkeit zum Grunde liegt. Man gehe nur auf einige und mit Vorliebe empfundne Sätze näher ein und deute (ohne in lästig weite Auseinandersetzungen zu gerathen) auf den Hauptzug hin, an den sich unser Empfinden schliesst, erläutere gelegentlich einen solchen Moment durch Vergleich mit ähnlichen oder entgegengesetzten, oder durch Aenderungen, die ihm seine Kraft oder Zartheit rauben würden. Ist, wie bei Gefühlsmenschen fast immer, die Theilnahme eines solchen Schülers vornehmlich oder ausschliesslich d e r M e l o d i e zugewendet, so führe man ihn allmählich auf Sätze, wo neben der ansprechenden Hauptmelodie eine karaktervolle, einen Gegensatz bildende Stimme auftritt, oder zwei und mehr gefühlvolle, gehaltreiche Melodien mit einander gebn. Indem er von selbst oder durch den Lehrer veranlasst wird, in jeder der bedeutenden Stimmen das, was ihn bisher ausschliesslich angezogen hat, wahrzunehmen, ist er auf dem Wege, sich über das dunkle, einseitig beschäftigte Gefühl zu höherm Bewusstsein, zu umfassender und fruchtbarer geistiger Theilnahme zu erheben.

Es wäre unthunlich, alle Rathschläge und Vortheile, die das
Eingehn des Lehrers auf den Schüler an die Hand bietet, hier auf-
sammeln zu wollen: genug, wenn man an wenigen Beispielen deutlich gemacht hat, worauf es ankommt.

Dass nun solche Lehrer, wie wir sie wünschen, gar wenige
unter so vielen Lehrenden zu finden sind, ist wahr. Allein hierin
kann man nicht Widerlegung unsrer Foderung, sondern nur eins
der Zeichen für die Unzulänglichkeit unsrer Leistungen im Vergleich zu den Foderungen unsers Bewusstseins, — und einen Antrieb sehn, das für recht und gut Erkannte nach Kräften zu erstreben. Auch das ist nicht zu leugnen, dass häufig selbst im Allgemeinen einsichtsvolle Personen statt der erreichbaren guten Lehrer
aus Unbedacht, Unkenntniss oder Nebenrücksichten ungeeignetere
wählen. Allein hier trifft der erste Vorwurf die Musiker und Musiklehrer selbst, von denen bisher viel zu wenig geschehn ist, das
grössere Publikum auf richtigere Begriffe von der Kunst und ihrer
Erlernung zu leiten; — eine Ueberzeugung, die grossen Antheil an
der Abfassung dieser Blätter gehabt hat.

Einen Fehlgriff der Unterrichtsuchenden müssen wir vor allem
ausdrücklich warnend bezeichnen. Er entsteht aus dem Wahne,
dass für den Anfang ein geringer Lehrer „gut genug“
sei; der Antrieb ist oft in dem Wunsche zu suchen, eine Zeit
lang das höhere Honorar für einen guten Lehrer zu sparen. Man
muss diesen Wahn in der That verderblich nennen. Der unge-
schickte Lehrer legt schlechten Grund; er versäumt Grundsätze und
Grundübungen, auf denen aller fernere Unterricht weiter bauen
muss; er vernachlässigt Erweckung und Ausbildung der Naturanla-
gen, giebt der ganzen künstlerischen Thätigkeit falsche Richtung,
missbraucht und tödtet die Lust und Arbeitsamkeit des Schülers.
Der nachfolgende bessere Lehrer findet nun einen vom Hin- und
Hergehn, von unbelohnten Arbeiten halb ermüdeten Schüler, er
stösst überall auf halbe oder falsche Vorbildung und es wird ihm
oft schwer genug, den Schüler zu neuer Achtsamkeit und Arbeitsamkeit für einen Gegenstand zu gewinnen, den derselbe schon errungen zu haben meinte. Welcher Lehrer hat in solchen Fällen
(und sie sind nicht selten) nicht schon gewünscht, dass lieber noch
gar nichts geschehn sei und man auf frischem Boden von Grund
aus tüchtig bauen könne! und wie mancher begabte Schüler tritt
von der Kunstübung zurück, wenn er endlich sich überzeugen muss,
dass er Jahre lang gearbeitet hat, um wieder von Neuem anzu-
fangen!

Einen zweiten Fehlgriff, der (so viel wir wissen) erst in neuerer oder neuester Zeit und in Grossstädten von den gesuchtern Leh-

rern eingeführt worden ist, wollen wir den Eltern und sonstigen
Leitern der Jugend warnend bezeichnen. Wir meinen die Einführung von Hülfs- oder Nebenlehrern neben dem eigentlichen
oder Hauptlehrer. Wenn nämlich die Eltern zwar einen der
gesuchtern, voraussetzlich oder vermeintlich bessern Lehrer benutzen, nicht aber genügenden Aufwand daran setzen wollen, ihm den
ganzen Unterricht zu übertragen, — oder wenn solchen Lehrern
Zeit oder Lust fehlt, die volle Lehrarbeit selber zu leisten : dann
verpflichtet man den Lehrer (Hauptlehrer) zu einer, zwei wöchentlichen Lehrstunden, und derselbe führt einen geringer bezahlten
Gehülfen ein, der in den Zwischentagen die vom Hauptlehrer an-
gebahnten Aufgaben mit dem Schüler durchgeht.

Schwerlich möchte sich irgend ein Erziehungsverständiger finden, der die Vertretung dieser Einrichtung übernähme. Gleichzeitig
an derselben Aufgabe bei demselben Schüler wirkende Lehrer schaden einander immer, weil vollkommne Uebereinstimmung des Verfahrens selbst bei völliger Unterordnung (oder Bereitwilligkeit dazu)
nicht zu erreichen ist, und jedes Auseinandergehn den Schüler ungewiss macht, und weil schon die Zweiheit des Lehrpersonals jene
Hingebung und kindliche Anhänglichkeit verkümmert, die der Jugend
so wohlthätig und dem Gemüthe so befruchtend ist für das einzelne
Fach, wie der Einfluss des Vaters auf die Gemüther uud die Ordnung des Hauses. Im Gegensatz dazu lernt der Zögling an der Un-
tergeordnetheit des Hülfslehrers erst diesen geringer schätzen und
damit die Lehrwürde selbst verkennen.

Dann aber (und das ist noch bedenklicher) raubt dieses fortwährend Ueberwachen und Gängeln — in den Hauptstunden durch
den Hauptlehrer, bei den Uebungen durch den Gehülfen — dem
Schüler alle Selbständigkeit, alles eigne Aufmerken und Nachdenken, allen frei dem Gemüth' entspringenden Eifer, jenes im Kunst-
eben so befruchtende Hineinsinnen, jenes eigne Besinnen,
in denen die Seele sich der Kunst selber erschliesst. Die Uebungen
werden Werkeltagsarbeit, die Lehrstunden Prüfungen, die Kunst
wird — man sieht es aus tausend Anlässen ohnehin überall —
mechanisirt und der Zögling wird ein selbstloser Werkeler, der
die Kunst handthiert statt sie zu durchleben, und der noch froh sein
mag, wenn nicht sein Karakter im Ganzen durch jenes Abrichtungs-
wesen in dem einen Felde Schaden nimmt und von Selbstbestim-
mung und Selbständigkeit zu Bedientenhaftigkeit und Schwächlich-
keit heruntergebracht wird.

Die Lehrstunden sollen geben, wessen der Schüler bedarf,
und hinwegräumen, was an Irrthum, Missverstehn, Verwöhnung
ihm hinderlich wird. Die Uebungsstunde muss regelmässig dem

Schüler frei überlassen sein, damit er zu sich komme, selber
aufmerke, nachdenke, selber sich Mittel und Wege suche, und dabei die Geisteskraft übe, Eifer und Lust von innen heraus sich
entzünde. Selbst der Irrthum wird dann, unter der nachfolgenden
Belehrung, fruchtbar. Nur in seltnern Fällen und nur gelegentlich
oder sehr vorübergehend muss bei jüngern oder schlaffern Wesen
Ueberwachung der Uebungen eintreten, — und zwar von den
Eltern oder Hausgenossen, nicht von bezahlten Fachleuten. Ja,
nichtmusikalische Aufsicht ist hier vorzuziehn, weil sie sich nicht
in die Sache selber mischt, und wenigstens innerhalb ihrer den
Zögling frei lässt.

Zum Schluss ist es endlich die Lehrmethode selbst, die
unsre Betrachtung fodert. Hier dürfen wir uns nach allem Vorausgeschickten auf einen einzigen Grundsatz beschränken, der uns
wichtig und durchgreifend scheint, der sich dem nachdenkenden
Lehrer nach allen Seiten hin reich entfalten wird, so einfach er sich
auch aussprechen lässt.

Der Lehrer soll stets im Sinne behalten, dass er
eine Kunst lehrt, — dass er folglich den Schüler und den Gegenstand seiner Lehre im Sinn eines Künstlers und der Kunst zu
behandeln, sich selber als Kunstgenossen zu erweisen hat.

Er wird also stets und durchaus den Schüler mit derjenigen
Achtung und Liebe behandeln, die dem künftigen Kunstgenossen, die jedem mit höhern geistigen Dingen sich Beschäftigenden
gebührt.

Er wird die Anlagen und die Lust des Schülers zur Kunst hegen
und auferziehn. Künstlerische Thätigkeit muss frei und froh aus
dem Herzen treten, wenn sie befruchtend in das Leben dringen
soll; wir können uns selber nicht zu ihr zwingen, geschweige Andre.
Lust zur Sache ist erste und unerlässliche Bedingung alles Gelingens
in diesem Gebiete; und der Lehrer, der sie nicht zu erhalten und
zu steigern weiss, verfehlt gewiss sein Ziel. Er soll aber nicht falsche
Lust, — Eitelkeit, Begier nach Lohn und Vortheil, sondern die
wahre Lust an der Kunst selbst erwecken, und zwar dadurch, dass
er den Schüler immer empfänglicher und fähiger für ihre Freuden
und ihre würdige Ausübung macht durch belebendes Wort, durch
rechtzeitige Vorstellung der Kunstwerke und besonders durch
künstlerisches Lehr- und Uebungsverfahren.

Dies letztere ist der erwägungswertheste Punkt.

Die Kunst ist nicht abstraktes Denken, nicht gedankenloses Empfinden, nicht bewusstloses Thun.

Auch die Lehre soll nicht ein abstraktes Regelge-
bäude sein. Jeder Lehrsatz, jede Regel muss vor den Augen des

Schülers aus der Natur der Sache selbst hervorgehoben und gleich — sobald nur irgend möglich — zur That gefördert werden. Dass dies selbst in der Kompositionslehre durchführbar ist, glaubt der Verf, durch die That in seiner Kompositionslehre erwiesen zu haben; es ist eine der unkünstlerischen Seiten früherer Lehrart, wenn man da dem Schüler erst alle möglichen Intervalle, dann alle möglichen Akkorde u. s. w. auf einen Haufen gleichsam hinwarf, dann ihm an kleinen unkünstlerischen Sätzen alle Formen des Kontrapunkts aufwies, ehe es dazu kam, nun endlich (zuvor aber schliessen die meisten Lehrbücher!) die Anwendung zu versuchen. Die Natur — und die Geschichte der Kunst weisen einen andern Weg. Wo man der Vernunft freie Bahn gegeben, ist sie auf das Nothwendige und Nächstnöthige, in der Kunst durchaus auf die That, geradezu und ungesäumt losgegangen, hat die Ueberlegung an dem jedesmaligen Erfoderniss des Moments festgehalten, und so in jedem Augenblicke das Thun zum Bewusstsein erhoben, den Gedanken in lebendige That verkörpert. So auch ist die Entwickelung der Kunst — durchaus vernunftgemäss-thatsächlich — vor sich gegangen, wie ihre Geschichte, im rechten Sinn' aufgefasst, erweiset.

Auch in der ausübenden Musik ist dieser Grundsatz durchaus anwendbar. Tonsystem, Notensystem, Rhythmik sind so vollkommen vernunftgemäss, dass jeder Schüler unter der leisen Leitung des Lehrers sie aus den ersten Andeutungen weiter entwickeln, gleichsam noch einmal für sich erfinden kann. Es scheint uns eine der Kruditäten der gewöhnlichen Lehrart zu sein, dem Anfänger das ganze Tonsystem, dann (oder gar vorher, wie die meisten Lehrbücher thun)* das ganze Notensystem (wohl gar zwei und mehr Schlüssel auf einmal), dann die ganze Taktlehre auf einmal aufzubürden, während er augenblicklich nur den kleinsten Theil, z. B. zu den ersten Uebungen nur wenige Noten ohne Hülfslinien unter einem Schlüssel, braucht, und das Uebrige sich im Augenblick gesteigerten Bedürfnisses nacherfinden, oder neu zuthun lässt. Durch diesen Fehlgriff wird der Schüler von unmittelbar lebendiger und fördernder Anschauung zu unkünstlerischem Gedächtnisswerk abgeleitet und in eine widerkünstlerische Art der Geistesthätigkeit versetzt. Es versteht sich daher von selbst, dass die Ordnung dieses Hülfsbuches, das nur die Materialen des Unterrichts in Erinnerung bringen, erläutern, ergänzen soll, nicht Ordnung

---

* Sie geben also die Lehre von den Zeichen, ehe sie die Sache gelehrt haben, die jene Zeichen bedeuten; daher ist ihre Notenlehre gegenstandlos, und muss unvollständig bleiben, bis die Tonlehre nachgekommen ist.

oder Plan eines wirklich praktischen Unterrichts sein
kann.

Selbst bei den Uebungen, die zunächst nur Fertigkeit der Hand
oder Stimme zum Zweck haben, soll nicht blos die Hand und der
aufmerksame Verstand, sondern der Sinn und lustvolle Antheil des
Schülers — soviel es nur irgend in jedem Moment angeht — beschäftigt, und das Erlernte sobald als möglich in künstlerischer Gestalt zur Anwendung gebracht werden.    Man kann aus diesem
Grunde nicht ohne Bedenken auf eine in neuerer Zeit versuchte
Weise hinblicken, Anfänger im Klavierspiel an einer auf Papier ge-
zeichneten Tastatur zu üben; so bequem und wohlfeil das auch
erscheinen mag, so einleuchtend ist doch, dass dabei der eigentlich
künstlerische Antheil beeinträchtigt, — oder wenigstens, gelinde
gesagt, nicht gehoben und belebt wird.*

Ein letzter Rath — und sicher nicht der unwichtigste — in
Bezug auf Uebung ist der: man lasse nicht zu viel und nicht
zu lange auf einmal üben, und man nöthige nicht dazu,

---

* Diese Lehrweise ist in Berlin von der (nunmehr verstorbnen) Frau
Schindelmeisser und Herrn Dr. Lange, — soviel dem Verf. bekannt geworden, — mit glücklichem Erfolg für raschen Gewinn technischer Fertigkeit
angewendet worden; die Schüler führen die Uebungssätze auf papiernen oder
wirklichen Tasten, letztere aber ohne Saiten, also ebenfalls stumm, aus, während Einer dasselbe auf einem wirklichen Instrumente zu Gehör bringt.  Die
Fortschritte bezeugen jedenfalls das Talent der ohnedem schon vortheilhaft bekannten Lehrenden; und wenn einmal die Jugend massenweis Klavier lernen
soll, selbst wo ein Instrument fehlt oder man das Unbehagliche von lauter Uebungen zu blos technischem Zwecke vermeiden will, so würde jener Ausweg der einzige und darum gewiss rechte sein.  Allein selbst dann müsste man sich bescheiden, dass eine Musikübung, die so abstrakt getrieben wird, dass der Uebende
sich selber nicht hört, nicht selber etwas Hörbares hervorbringt, sondern das
Hörbare — also die Musik, die er selber lernen und hervorbringen soll — erst
aus der Thätigkeit eines Andern empfängt — dass eine solche Musikübung nie
so belebt und belebend sein kann, wie eine lebendig erschallende, in der der
Schüler die Musik selber hervorbringt und eben deswegen lebhafter empfindet
und nach eigner Wahrnehmung beurtheilt.  Jede Lehrweise kann allerdings
durch besondres Talent und die Energie der Lehrenden fördersam werden.
Aber dies stösst die Grundwahrheiten nicht um.   Gleiches Talent und gleiche
Energie würden bei besserer Lehrweise weit mehr erwirken.

Wenigstens an einem einzigen Zöglinge dieses Lehrverfahrens hat der Verf.
auch praktisch die Richtigkeit des obigen Urtheils wahrnehmen können.   Eine
der geistig und musikalisch begabtern Schülerinnen des Berl. Konservatoriums,
sinnige und geschickte Sängerin, später auch als Spielerin öffentlich mit
grossem Beifall aufgenommen, hat lange mit Fehlgriffen auf der Tastatur zu
kämpfen gehabt, die sie nicht bemerkte, während sie zu gleicher Zeit im Gesange Beweise richtigen und feinen Gehörs gab und auf dem Klavier genügende
Fertigkeit zeigte.

am wenigsten durch Schelten und Strafe. Drohung und Strafe können äusserliche Thätigkeit veranlassen, nicht aber innerliche Theilnahme (die sie vielmehr ertödten), auf die in der Kunst Alles ankommt. Eben so beeinträchtigt übermässige Uebung die Spannkraft
der geistigen wie körperlichen Kräfte. Man beobachte sich und die
Jugend, und man wird sich überzeugen: der Mensch lernt
mehr in Viertelstunden, als in Stunden, und arbeitet kräf-
tiger in einer einzigen Stunde, als in vielen verbundnen. Denn in
der kürzern Zeit vermag er besser mit gesammelter Kraft zu wirken und auszuharren, bei der Aussicht auf langdauernde Bethätig-
gung geht er lässlicher an das Werk und sinken Eifer und Kraft.
Später mögen befestigter Eifer, gestählte Kraft und Ausdauer aus
freier Lust gewähren, was von aussen niemals ohne Nachtheil
erzwungen wird.

Das ist die rechte Lehre, die vom Kleinsten auf bis zum Grössten das Wesen der Kunst festhält und hervorhebt, und den Schüler
vom Kleinsten auf bis zum Gipfel der Kunst — soweit er empor-
klimmen kann und will — in durchaus künstlerischer Theilnahme
und Thätigkeit erhält. Aber das vermag nur ein Lehrer, der selbst
Künstler, vom Geiste der Kunst erfüllt ist.

# Anhang.

Wir benutzen die Form des Anhangs, um zu manchem einzelnen Punkte, der genauerer Betrachtung bedarf, eine an bestimmte Kunstwerke geknüpfte Erläuterung nachzubringen, durch die wir den geraden Lauf der Lehre nicht unterbrechen wollten. Doch wird der Zweck des Buches nur die nöthigsten Erläuterungen in gedrängter Form erlauben. Aus gleicher Rücksicht berufen wir uns auch nur auf solche Werke, die voraussetzlich jedem gebildetern oder nach Bildung strebenden Musikfreunde leicht zur Hand sind, endlich dürfen wir nur andeuten, nicht ausführen.

## A.
### Rhythmische Gliederung.
#### Zu Seite 214.

Als erstes Beispiel diene Beethoven's Sonate für das Pianoforte aus Es dur, Op. 7, der erste Satz.

Takt 1 und 2, 3 und 4 sind zwei Glieder eines Satzes, der mit dem Eintritte des 13. Taktes zu Ende geht. Mit diesem Takte beginnt eine Wiederholung (die Melodie liegt in der Unterstimme), die mit dem Eintritte des 17. Taktes schliessen will, aber in gleicher Bewegung bis zum 21. und dann 25. Takte fortgeht. Abgesehn von dem Zusammenfall jedes Schluss- und Anfangstaktes treten wesentlich folgende Glieder hervor:

2—2—8 (4 mal 2 verbundne) —4—4 Takte.

Noch deutlicher folgen nun vier Glieder von je 2 Takten, die durch die Aehnlichkeit des Inhalts zu zwei Abschnitten von je 4 Takten zusammenschmelzen; den Schluss macht ein Satz von 8 Takten, wieder in Glieder von je 2 Takten zerfallend.

Mit Uebergehung des nächsten Satzes machen wir auf den folgenden (in punktirten Vierteln) aufmerksam, der noch fasslicher aus viermal zwei Takten besteht, und nach einem festen Schluss in der Dominante wiederholt, dabei aber von seinem dritten Glied aus verlängert wird,

Das Largo derselben Sonate sei unser zweites Beispiel. Sein erster Satz, bestehend aus acht Takten, zeigt Glieder von

1—1—1—1— und 4 Takten.

Nun wird ein Satz von 2 Takten dreimal verändert wiederholt, worauf der erste Satz, in der Mitte erweitert auf 10 Takte, wiederkehrt. Im folgenden Takte beginnt ein neuer Satz von 4 und abermals 4 Takten, dessen erste Hälfte verändert wiederholt wird und auf dem 5. Takte schliesst, mit welchem ein Glied von 2 Takten beginnt, sich wiederholt und mit einer abermaligen Wiederholung seines letzten Taktes zu dem ersten, aber veränderten Thema zurückführt.

Das letzte Beispiel gebe der folgende Scherzo- oder Allegro-Satz. Der erste Theil ist eine Periode in ausgedehnterer Form. Ein Satz von 4 Takten und ein folgender aus Gliedern von 1, 4, und 2 Takten bilden den Vordersatz. Der Nachsatz besteht aus der abgeänderten Wiederholung des ersten Satzes von 4 Takten, einem daraus entnommenen Gliede von 2 und einem Schlusssatz von zweimal 4 Takten, deren letzter auf einen neunten Takt ausgedehnt ist.

So viel als Fingerzeig in die rhythmische Konstruktion dieser Komposition, die keineswegs zu den einfacher konstruirten gehört. Toninhalt, Wiederkehr der Themate u. s. w. werden selbst dem der Komposition Unkundigen die Erkenntniss der Rhythmik in diesem und andern Werken erleichtern; nach einer mässigen Reihe solcher Untersuchungen wird das Gefühl dafür erwachen und allmählich so weit erstarken, dass es keiner förmlichen Zergliederung mehr bedarf, sondern Auffassung und Vortrag ohne Weiteres von der rhythmischen Ordnung erfüllt und geleitet werden.

# B.
## Die Fugenform.
### Zu Seite 286.

Als erstes Beispiel gelte die einfache Fuge aus *Es* dur im zweiten Theile des wohltemperirten Klaviers von Seb. Bach.

Vergleichen wir die beiden zuerst auftretenden Stimmen (Bass und Tenor) mit einander, so findet sich, dass sie — abgesehn von einer Aenderung des ersten Intervalls — s i e b e n Takte weit mit einander gehn. Die sieben ersten Töne des Basses[*] zeigen uns also das T h e m a der Fuge, das hier als Führer auftritt; darauf antwortet der Tenor mit dem G e f ä h r t e n, folgt — ohne Zwischensatz — der Alt mit dem Führer und der Diskant mit dem Gefährten. Dies ist also die erste Durchführung; ein Zwischensatz von zwei Takten führt zu einem in den dritten Takt fallenden Schluss in *B* dur. Der Gegensatz, den der Bass gegen die Antwort

---

[*] Für Kundigere setzen wir zu, dass streng genommen d e r E i n t r i t t des siebenten Taktes Schluss des Themas ist.

des Tenors stellte, wird von Tenor und Alt nur theilweise benutzt; jede am Gegensatz (an der Gegenharmonie) theilnehmende
Stimme bewegt sich im Ganzen nach freiem Belieben.

Dies war also die erste Durchführung, in der die Stimmen
sich von unten nach oben, —

Bass, Tenor, Alt, Diskant, —

ordneten und das Thema regelmässig als Führer und Gefährte auf
Tonika und Dominante wechselte.

Auf dem *B* dur-Schlusse beginnt die zweite Durchführung. Der
Tenor setzt mit dem Gefährten ein, der Bass folgt, ehe der Tenor
das Thema zu Ende gebracht hat, und zwar schon im nächsten
Takt*, — also in der Engführung, — mit dem Führer; im
achten und neunten Takte der Durchführung treten der Alt mit dem
Gefährten und der Diskant mit dem Führer, ebenfalls in engster
Führung, auf, so dass sich folgende Stimmordnung ergiebt, —

Tenor, Bass, Alt, Diskant, —

und das Thema in regelmässigem, aber umgekehrtem Wechsel als
Gefährte und Führer erscheint. Die Durchführung hat wieder hauptsächlich in *Es* dur gestanden und in ihm geendet.

Oder vielmehr (denn der Schluss erfolgt nicht) sie geht in
einen Zwischensatz von acht Takten über, nach dem im folgenden
neunten Takte der Tenor das Thema (als Gefährten) in *As* dur vorträgt** und nun in den beiden folgenden Takten Diskant und Bass
noch einmal die schon dagewesne Engführung bringen (wie sie zuvor
Tenor und Bass hatten), die also diesmal in den beiden Aussen-
stimmen erscheint, und wenige freie Takte die Fuge schliessen.

Ein zweites Beispiel sei die *C* moll-Fuge in demselben Werke,
Theil II. Sie ist so fleissig durchgearbeitet, dass wir taktweis
gehen müssen.

Das Thema schliesst mit dem ersten Viertel des zweiten Taktes.
Der Alt hat angefangen, der Diskant folgt Takt 2 mit dem Gefährten, dann nach einem Zwischensatze, Takt 4 der Tenor mit dem
Führer und, nach einem längern Zwischensatze. Takt 7 der Bass
mit dem (etwas veränderten) Gefährten. Hier konnte die Durchführung schliessen; sie wird aber eine übervollständige, indem
gleich im folgenden Takte nochmals der Diskant, Takt 10 der Alt
und Takt 11 der Bass nochmals mit dem Thema auftreten, worauf
mit dem vierzehnten Takt in *G* moll geschlossen wird.

In demselben Takte tritt in engster Führung der Diskant mit
dem Thema in ordentlicher Grösse und der Alt mit demselben in
der Vergrösserung auf; Takt 15 schliesst sich der Tenor mit

---

* Der erste Ton ist verkürzt, um sich besser vom Tenor abzuheben.
** Der erste Ton ist aus Rücksicht auf den Bass verkürzt.

dem Thema in der Ve r keh r un g an; Takt 16 nehmen Alt und
Diskant, Takt 17 Tenor und Diskant das Thema in ordentlicher
Grösse und Bewegung, aber in der Engführung (der Diskant hat
das Thema zweimal unmittelbar hinter einander), worauf Takt 18
der Alt es nochmals in rechter Grösse (und Engführung gegen den
Diskant) und Takt 19 der Bass es in der Vergrösserung, sowie
unmittelbar darnach Takt 21 in der Verkehrung und Takt 22 in
rechter Grösse und Bewegung nimmt. So ist hier in Einer ungetrennten Durchführung das Thema elfmal aufgetreten, und dabei in
Engführung, Verkehrung und Vergrösserung. Die weitere Untersuchung überlassen wir dem wissbegierigen Leser.

Ein drittes Beispiel gebe die *E* dur-Fuge ebendaselbst. Wir
erwähnen von ihr nur, das von Takt 26 an das Thema durch alle
Stimmen (von oben herab) in der Ve r k l e i n e r un g durchgeführt
wird. Takt 30 tritt die Verkleinerung (zum fünften Male im Basse) in
Engführung gegen das Thema in rechter Grösse (im Alt) auf.

# C.
## Die Rondoform.
### Zu Seite 293.

Die Rondoformen sind in neuerer Musik so häufig und so leicht
erkennbar, dass die flüchtigste Hinweisung auf einige Beispiele genügen wird. Wir nehmen sie der Bequemlichkeit halber aus einer
einzigen Sammlung, den drei Sonaten von Beethoven, Op. 2.*

Erstes Beispiel. Das Adagio der ersten Sonate.

Der H a u p t s a t z ist ein zweitheiliges Lied; der erste Theil
desselben, von 8 Takten (4 Takte Vorder-, 4 Takte Nachsatz)
schliesst im Haupttone; der zweite Theil beginnt mit zwei ver-
schmolzenen Gliedern von je 2 Takten, worauf der Hauptsatz, anders gewendet, mit vier Takten schliesst. Hier beginnt der S e i -
t e n s a t z, der gangartig ausläuft und mit einem aus dem Hauptsatze genommenen Motiv in *C* dur schliesst. Nun tritt der Hauptsatz wieder vollständig (aber verändert) auf und ein weiter geführ-
ter A n h a n g beschliesst das Ganze.

Zweites Beispiel. Das Largo der zweiten Sonate.

Der H a u p t s a t z (*D* dur), wie der zuvor erwähnte gebildet,
schliesst Takt 19. Hier beginnt der e r s t e S e i t e n s a t z (in der
Paralleltonart), läuft freier aus und führt Takt 31 wieder auf den
(im zweiten Theil veränderten) Hauptsatz, der von Takt 32 bis 50

---

* Nähere und zahlreiche Erörterungen der Rondo- und Sonatenformen
giebt Theil III der Kompositionslehre.

reicht. Hier tritt der z w e i t e S e i t e n s a t z auf, und zwar im Haupttone, führt auf den Hauptsatz zuerst in *D* moll (weil *D* dur eben schon gebraucht war), dann in *D* dur und zum Schlusse. In diesen letzten Anführungen ist nur der erste Theil des Hauptsatzes wiedergegeben.

Drittes Beispiel. Das Finale derselben Sonate.

Der Hauptsatz (*A* dur) schliesst Takt 16; er ist von ähnlicher Bildung, wie die vorerwähnten. Ein gangartiger Satz führt Takt 26 zum ersten Seitensatze (*E* dur), nach welchem der Hauptsatz etwas verändert wiederkehrt. Ihm folgt in *A* moll der zweite Seitensatz, breit ausgeführt, worauf der Hauptsatz u n d der erste Seitensatz (dieser jetzt im Hauptton) wiederholt wird. Ein breiter Anhang, dessen Inhalt aus dem Hauptsatz und zweiten Seitensatze genommen ist, beschliesst das Ganze.

Die letzte Rondoform betrachten wir wirksamer nach der Sonatenform.

— —— ——

# D.

## Die Sonatenform.
### Zu Seite 295.

Das erste Beispiel gebe der erste Satz von Beethoven's Sonate, Op. 2, *F* moll.

Der Hauptsatz ist in den ersten 8 Takten enthalten; seine Wiederholung wird (in der Dominante) begonnen, aber nicht verfolgt, sondern auf die Dominante der Parallele (*Es* dur) gelenkt, worauf Takt 20 der Seitensatz in der Parallele selbst (*As* dur) auftritt. Er läuft gangartig aus, und Takt 40 beginnt ein Schlusssatz, mit dem der erste Theil zu Ende geht.

Der zweite Theil beginnt mit dem Hauptsatze (*As* dur), lässt den Seitensatz (in der Unterdominante des Haupttons, *B* moll) folgen und geht damit nach gangartiger Ausführung (Takt 33 des zweiten Theils) auf einen Orgelpunkt.

Der dritte Theil bringt nun den ganzen ersten, — Hauptsatz Seiten- und Schlusssatz, letztere beide im Haupttone, wieder.

Ein zweites Beispiel nehmen wir aus der *F* dur-Sonate von Mozart, Heft 4 No. 3 der frühern, No. 3 der neuen Breitkopf-Härtel'schen Ausgabe, dem ersten Satze.

Der Hauptsatz besteht aus zwei Themen; das erste schliesst Takt 12, das zweite ganz verschiedne und vollkommen vomersten getrennte schliesst Takt 22, beide machen ihre Schlüsse vollkommen in *F* dur. Nun beginnt ein dritter gangartiger Satz in *D* moll, der nach *G* (moll) führt, diesen Schluss aber auf die S. 240 erklärte Weise in einen Halbschluss in *C* (moll) umwandelt.

Nun folgt der Seitensatz in *D* dur, ein erstes Thema von 16 Takten, dann nach einem Gang ein (wenigstens angedeutetes, aus dem vorigen entlehntes) zweites Thema und nach abermaligem Gange der Schlusssatz.

Das Weitere bleibe eigner Untersuchung überlassen.

---

Hier kommen wir noch auf die Seite 295 erwähnte

**gemischte Rondo-Sonatenform**

und betrachten sie in dem Finale der B e e t h o v e n's c h e n *G* dur-Sonate, Op. 31.

Der Hauptsatz stellt sich in zweitheiliger Liedform (S. 290) dar. Ein in der Tonart der Dominante schliessender Vordersatz von 4 Takten, der mit einem Schluss im Hauptttone wiederholt wird, bildet den ersten Theil; den zweiten bildet ein neuer, ebenfalls wiederholter — übrigens unvollkommen schliessender Satz von 4 Takten. Dieser Hauptsatz wird, mit Verlegung der Melodie in den Bass, wiederholt und dann über *E* moll und *D* dur nach *A* dur gegangen. Hier wird auf dem Schlusstone selbst der Seitensatz in *D* dur eingeführt, ein Satz von vier Takten, sehr locker und leicht (dem Karakter des Ganzen gemäss) aus dreimaliger Wiederholung eines Gliedes von zwei halben Takten und der Schlussformel gewebt. Er führt zu einem eng mit ihm verbundnen Schlusssatze, der — mit Hülfe der Unterdominante (*G* dur, denn wir sind jetzt in *D* dur) Miene macht, in der Tonart der Dominante zu schliessen. In diesem Fall wäre der erste Theil einer Sonatenform vollständig ausgebildet.

Allein der Schluss erfolgt nicht; statt seiner wird die (eigentlich blos beiläufig herangezogne) Unterdominante von *D* dur (*G* dur) ohne Weiteres als Hauptton festgehalten und der ganze Hauptsatz (verändert) wiederholt. Bis hierher würden wir die dritte oder vierte Rondoform (S. 292, 293) anzuerkennen haben, die erste Partie durch einen Schlusssatz verstärkt.

Indess auch diese Form wird aufgegeben. Der erste Theil des Hauptsatzes wird nochmals in *G* moll gebracht, weitergeführt, ein ganz neuer Satz zu Hülfe gezogen (er hat nur vier Takte und wird nicht zu einem zweiten Seitensatz und mit dem ersten Theil des Hauptsatzes abwechselnd fortgeführt — ganz wie im zweiten Theil der Sonatenform — auf die Dominante zum Orgelpunkte. Nun folgt wieder in regelmässiger Sonatenform, der dritte Theil.

**E n d e.**

# Sachregister.

(Die den Karakter der Tonstücke bezeichnenden italienischen Kunstausdrücke finden sich S. 97 u. s. w., 315 bis 317 in alphabetischer Ordnung.)

## A.

## B.

Horn 172.
englisches Horn 169.
Hülfslehrer 415.
Hülfston 255.
Hummel 284. 403.
Hundertachtundzwanzigstel 83.
Hundertachtundzwanzigstelpause 92.
Hymne 304.
Hypo 77.

## I.

Jagdhorn, s. Horn.
Iastische Tonart 76.
Imitation, s. Nachahmung.
Indien 16.
Instrument 8. 145.
Instrumentalmusik 6. 7. 147. 267. 296.
Instrumentalsatz 7.
Instrumentenbaukunde 8.
Intervall 44. 47. 333.
enharmonisches Intervall 52.
Introduktion 297.
Ionische Tonart 76.
Josquin de Près 319
Is 36.
l'Istesso tempo 116.
Italiener 13.

## K.

Kammermusik 308.
Kammerton 17.
Kanon 275. 286.
Kanonik 13.
Kantate 303. 304.
Kantilene 199.
Kastratenstimme 152.
Kavatine 302.
Kehlkopf 151.
Kelten 16.
Kennzeichen der Tonart 69. 229.
Kenthorn, s. Klappenhorn.
Kirchenmusik 7. 376.
Kirchenschluss 78.
Kirchentöne 76.
Klammer 123.
Klang 2. 34. 150.
Klangfarbe 4.
Klappe 166.
Klappenhorn 172.
Klarinette 167.
Klausel 242.
Klavicylinder 184.
Klavier 3. 13. 158. 400.
Klavierauszug 360.
Klavierspiel 400.
Klein 47.
Kleiner Dreiklang, s. Molldreiklang.
Knabenstimme 152.
Komma 45.
Kompositionslehre 7. 8. 37. 56. 71. 78.

125. 150. 207. 214. 222. 223. 225.
292. 293. 406. 411.
Konsonant 2. 156.
Konsonanz 49. 50. 225.
Kontrabass 164.
Kontrafagott 170.
Kontrapunkt 7. 272. 273.
doppelter Kontrapunkt 42. 272.
Kontrasubjekt 285.
Kontraton 14. 15.
Konzert, Konzertino 298. 299.
Konzertmusik 308.
Kopfstimme, Kopftöne 152.
Koppel 177.
Kornett 175.
Kreuz 36.
Kriegsmusik, s. Militairmusik.
Krummhorn 168.
Kunstberuf 378.
Kunstbildung 322. 376.
Kunstform 265. 267. 339.
Kunstgehalt 326.
Kunstgeschichte, s. Geschichte der
Musik.

## L.

La 13.
Labialstimme, s. Flötenwerk.
Lage der Akkorde 233. 237.
Larghetto 97.
Largo, Larghissimo 97.
Lattre (Roland) 319.
Laufer 203.
Laut 2.
Laute 161.
Legato, Legatissimo 95. 328.
Lehrer 404. 408. 416.
Lehrmethode 408. 416.
Leibnitz 11. 372.
Leitakkord, s. Dominantakkord.
Leitton 248.
Lentando 99.
Lento 97.
ad Libitum (ad lib.) 95.
Liebesgeige 163.
Lied, Liedform 290. 340.
Lied ohne Worte 300.
Liederspiel 306.
Liegenbleibender Ton, s. Halteton.
Lind (J.) 152.
Linie 19. 20.
Liniensystem 19. 20. 26. 123.
Liszt 121. 124. 170. 254. 298. 348. 360.
404.
Liturgie 304.
Loco 30.
Logier (J. B.) 27. 63.
Longa 85.
Lully 382.
Lydische Tonart 76.

# Abkürzungen und Zeichen.